# LA THEOLOGIE NATVRELLE.

## Tome Troisiesme.

### DES PERFECTIONS DE DIEV: DE SA PROVIDENCE: DE SA IVSTICE:

Par le P. IVES de Paris Capucin.

Reueuë & corrigée en ceste derniere Edition.

A PARIS,

Chez la veufue NICOLAS BVON, ruë sainct Iacques, à l'Enseigne de S. Claude, prés les Mathurins.

M. DC. XXXX.

Auec Priuilege du Roy, & Approbation.

### Permission du Tres-Reuerend Pere General.

Hic liber cui titulus est, La Theologie Naturelle, ab adm. V.P.F. Iuone Parisino cōcionatore Ordinis nostri, lingua Gallica compositus, & à quatuor Theologis nostris, authoritate nostra examinatus, & approbatus vt lucem videat, & typis mandetur, seruatis, seruandis, concedimus. In cuius rei fidem præsentibus, sigillo nostro munitis subscripsimus. Romæ die 26. Febru. 1633.

F. Franciscus Proc. & Vicarius Generalis
Ordinis Capucinor.

### Permission du Tres-Reuerend Pere Prouincial.

Ego infrà scriptus Diffinitor generalis Ordinis Fratrum Minorum Capucinorum & Prouinciæ Parisiensis Prouincialis licet immeritus. Visa licentia adm. Reuerendi Patris nostri Generalis, qua permittitur adm. Vener. Patri Iuoni Parisino Concionatori nostri Ordinis, Typis mandandi librum cui titulus est, La Thologie Naturelle, & cum iam duo Tomi impressi habeantur, potestate ad id mihi tradita ab eodem adm. R. P. Generali nostro permitto quatenus tres reliqui Tomi, qui de hac materia restant, quorum primus habet pro titulo, Des Perfections Diuines. Secundus De la Religion. Tertius denique Des Morales Chrestiennes. Typis item mandari possint, Prius tamen à quatuor Patribus Theologis ex nostris, & à nobis deputatis, examinati & approbati. Obseruatis insuper aliis quibuscumque de iure seruandis. Parisiis, decima-septima Aprilis an. Domini 1635.

F. Lonardvs qui supra.

### *Approbation des Docteurs.*

NOvs fous-fignez Docteurs en la Faculté de Theologie de Paris, certifions auoir leu le troifiefme Tome de la Theologie Naturelle, où il eft parlé des Attributs & Perfections de Dieu, compofé par le R.P. Iues de Paris Capucin, le tout dans les Regles & Canons de la Foy Catholique, Apoftolique & Romaine. A Paris ce dernier iour de Decembre 1635.

   CHAPELAS.            BROVSSE.
   C. de S. IACQVES.

### *Approbation des Theologiens de l'Ordre.*

NOvs fous-fignez Predicateurs & Theologiens de l'Ordre des Freres Mineurs Capucins de la Prouince de Paris, certifions auoir leu exactement, & auec beaucoup d'attention le Troifiefme Tome de la Theologie Naturelle du V. Pere Iues de Paris, Predicateur du mefme Ordre, & n'y auoir rien trouué qui ne foit conforme à la Foy Catholique, Apoftolique & Romaine; que pluftoft y auons reconneu d'excellentes raifons pour donner des fentimens veritables de la grandeur de Dieu, & de fes attributs, comme auffi de puiffans motifs pour nous porter à l'adoration de fes Iugemens auec fubmiffion, & pieté. En foy dequoy nous auons figné la prefente, ce 17. Septembre 1635.

F. Iuuenal de Paris Predicat. Capucin Gardien des Capucins du Conuent de Rheims.

F. François de la Nauue Capucin Gardien des Capucins du Conuent de Meudon.

F. Mathieu de Rheims, Predicateur Capucin, Lecteur en Theologie, & Gardien du Conuent des Capucins de Troye.

F. Martial de Rion, Predicateur Capucin, & Lecteur en Theologie.

### Extraict du Priuilege du Roy.

LOVIS par la grace de Dieu Roy de France & de Nauarre, A nos amez & feaux Conseillers les Gens tenans nos Cours de Parlement, Baillifs, Seneschaux, Preuosts, ou leurs Officiers, & à chacun d'eux, ainsi qu'il appartiendra, Salut. Nostre chere & amée la Vefue Nicolas Buon, Libraire en nostre Vniuersité de Paris, nous a fait remonstrer qu'elle a recouuré vn Liure intitulé, *La Theologie Naturelle en plusieurs Tomes, composée par le R. P. Iues de Paris Capucin :* Lequel elle voudroit imprimer si elle auoit sur ce nos Lettres necessaires. A ces causes desirans bien & fauorablement traiter ladite exposante, apres qu'il nous est apparu de l'acte d'Approbation, signé Longis, Chapelas, Brousse, tous Docteurs en Theologie de la Societé de Sorbonne, cy-attaché sous le contrescel de nostre Chancellerie, luy auons permis & octroyé, permettons & octroyons de grace speciale, pleine puissance & authorité Royalle, par ces presentes, d'imprimer ledit liure, vendre, exposer & debiter en vn, deux, trois, quatre & cinq Volumes, ainsi que bon luy semblera : Et ce pendāt le temps & espace de dix ans entiers & consecutifs, à commencer du iour de l'acheuement de la premiere impression de chacun Volume de ladite Theologie. Defendons à tous autres Libraires & Imprimeurs, & à toute autre personne, de quelque estat, qualité & condition qu'il soit, d'imprimer lesdits liures pendant ledit temps, à peine de deux mil liures d'amēde, & de tous despens, dōmages & interests ; à la charge que ladite exposante en mettra deux exēplaires en nostre Bibliotheque publique, à peine d'estre descheuë du present Priuilege. Si vous mandons, & à chacun de vous enioignons, que du contenu en ces presentes vous fassiez iouyr & obeyr pleinement & paisiblement ladite Vefue Buon, & à ce faire contraignez tous ceux qui pour ce seront à contraindre : Et si voulons qu'en mettant au commencement ou à la fin dudit liure, ces presentes, ou vn bref extraict d'icelles, qu'elles soient tenuës pour deuëment signifiées, & qu'à la collation foy soit adioustée comme au present original : Car tel est nostre plaisir. Donné à Paris le vingtiéme iour de Mars, l'an de grace mil six cens trente-trois. Et de nostre regne le vingt-troisiéme. Signé, par le Roy en son Conseil, PERROCHEL.

*Ce troisiéme Tome de la Theologie Naturelle a esté acheué d'imprimer pour la premiere fois, le huictiéme iour d'Octobre 1635. auquel iour commence à valider le Priuilege. Les deux Exemplaires pour la Bibliotheque du Roy ont esté fournis.* Signé, DV PVYS.

# TABLE DES CHAPITRES
### DES PERFECTIONS DE DIEU.

*Auant-propos.* pag. 1

Chapitre premier. *Dieu veut estre cogneu de l'homme.* p. 17

II. *De la connoissance naturelle de Dieu par l'instinct.* pag. 25

III. *De la connoissance de Dieu par la raison.* pag. 31

IV. *De la connoissance de Dieu par l'extase & reuelation.* pag. 37

V. *Les connoissances que nous auons de Dieu sont confuses, parce qu'il est incomprehensible & ineffable, & qu'il le faut adorer par le silence.* pag. 43

VI. *Encore que Dieu soit ineffable, l'homme peut & doit rechercher quelles sont ses perfections.* p. 51

VII. *De deux moyens par lesquels on peut rechercher les perfections de Dieu.* p. 59

VIII. *Il n'y a qu'vn Dieu.* p. 67

IX. *De l'Vnité essentielle de Dieu.* p. 75

X. *De l'infinité de Dieu.* p. 82

XI. *De l'immensité de Dieu.* p. 90

XII. *De l'Eternité & de l'Immutabilité de Dieu.* p. 99

XIII. *De la beauté de Dieu.* p. 106

XIV. *De la bonté de Dieu.* p. 114

XV. *De la Sagesse & de la Connoissance de Dieu.* p. 121

XVI. *De la Volonté & de l'Amour de Dieu.* p. 127

XVII. *Dieu est le Principe, le milieu & la fin de toutes choses.* p. 134

XVIII. *De la liberté de Dieu.* p. 140

XIX. *De la Toute-puissance de Dieu.* p. 147.

XX. De quelqu'autres noms divins. p.153
XXI. De la gloire de Dieu. p.161

De la Prouidence de Dieu.   Auant-propos. p.167
Ch. I. La felicité de Dieu ne consiste pas en oysiueté. p.174
II. Il est conuenable que Dieu exerce sa Prouidence sur ses creatures. p.181
III. De la Prouidence diuine en la conduite du monde. p.186
IV. Qu'outre les Cieux & les Intelligences Dieu agit en la conseruation du monde. p.194
V. Du concours de Dieu en toutes les actiõs particulieres. 200
VI. La Prouidẽce diuine s'estẽd sur les moindres petites choses. 210
VII. Il faut adorer la Prouidence diuine sans rechercher la raison de ses effets. p.219
VIII. Pourquoy Dieu permet le mal & l'imperfection dans le monde. p.227
IX. Pourquoy il y a des morts, des maladies, & des alterations dans le monde. p.237
X. Des mõstres, & des autres productions defectueuses. p.250
XI. Dieu exerce particulieremẽt sa Prouidẽce dessus l'hõme. 259
XII. De la Prouidẽce diuine au gouuernemẽt des Estats. p.265
XIII. De la Prouidence de Dieu en la conduite des personnes particulieres. p.277
XIV. Dieu a fait l'homme libre. p.282
XV. La Prescience & la Predestination de Dieu n'empeschent pas nostre liberté. p.279
XVI. La Prescience & la Predestination de Dieu n'empeschent pas le merite de nos bonnes œuures. p.289
XVII. La Prescience de Dieu n'empesche pas l'effect de nos prieres. p.296
XVIII. Pourquoy les hommes ne ressentent pas tousiours vn effect fauorable de leurs prieres. p.305
XIX. S'il y a du Destin. p.312
XX. De la bonne fortune. p.325
XXI. Pourquoy Dieu ne rend pas les plus vertueux les plus grands en honneur & en richesses. p.337

XXII. *Pourquoy les bons sont ordinairement les plus affligez en ce monde.* p. 348

De la Iustice de Dieu. Auant-propos. p. 361
Ch. I. Dieu a donné des Loix aux hommes côme vn remede de leur ignorance, & vn suiet de merites. p. 370
II. *Pourquoy Dieu n'a pas rendu les hommes libres, de sorte qu'ils ne peussent transgresser ses Loix.* p. 377
III. *Des graces suffisantes que Dieu donne aux hommes pour les obseruations de ses Loix.* p. 388
IV. *De l'inegalité des graces diuines.* p. 404
V. *De la recompense des bonnes actions en l'autre vie, & de la vision de Dieu.* p. 409
VI. *La Bonté infinie de Dieu n'empesche pas qu'il ne punisse les pechez, comme il recompense les vertus.* p. 416
VII. *Dieu n'est pas cause du mal, & quand il le permet, il ne fait rien qui soit contraire à sa Puissance & à sa Bonté.* 429
VIII. *Comment Dieu concourt à l'action du peché.* p. 421
IX. *Dieu n'est pas cause du peché, quoy que les occasions du mal paroissent faciles, les vertus & ses Commandemens difficiles.* p. 442
X. *L'ignorance ordinaire aux hommes ne les excuse pas du peché.* p. 451
XI. *Des morts subites qui surprennent l'homme dans le peché.* p. 458
XII. *Pourquoy d'vne faute particuliere la peine en est quelquesfois publique.* p. 473
XIII. *Pourquoy les enfans sont punis pour les pechez de leurs peres.* p. 483
XIV. *De la punition des pechez en l'autre vie.* p. 490
XV. *De l'eternité des peines.* p. 500
XVI. *Des misericordes de Dieu.* p. 511

FIN.

# LA THEOLOGIE NATVRELLE DES PERFECTIONS DE DIEV

### AVANT-PROPOS.

'OPINION a fait au monde des loix si peu conformes à celles de la Nature; elle falsifie tellement tout ce qu'elle propose à nos volontez; elle corrompt & emporte les iugemens auec tant d'effort par le tumulte d'vne voix

publique, qu'il ne se faut promettre aucune felicité sous sa tyrannie. S'il nous estoit possible de voir les esprits aussi bien que les visages des hommes qui suiuent le train de cét abus, on ne les trouueroit remplis que de folles & extrauagantes idées; Ils sçauent ce qu'il seroit bon d'ignorer; & sont ignorans des belles choses qui les pourroient rendre heureux, & les conduire auec des plaisirs innocens iusques à la premiere Verité. En effect, les emplois des plus grandes charges sont quelques-fois si bas, si importuns, si des-obligeans, que ce seroit vne grande gesne d'y donner la moindre attention, si la police n'auoit releué ces laschetez, par la magnificence des tiltres, par les honneurs & les profits qui les accompagnent. Cependant l'esprit qui se laisse gaigner à ces attraits, imprime la volonté de fausses amours pour des biens qui ne les meritent pas, & luy faict regarder comme bien-heureux, ces victimes dorées que les passions particulieres, ou que les artifices de l'Estat immolent aux interests du public. Examinez ces eclattantes conditions à qui les peuples rendent leurs hommages, vous y verrez comme dans les mines d'or, des poisons qui estouffent les esprits; Et sans faire d'ouuerture au corps, pour y voir le secret des cœurs, il est aisé de cognoistre que ces estats ne leur donnent point de ioyes qui ne soient trompeuses, ny d'applaudissemens qui ne menassent leur tranquillité.

## AVANT-PROPOS.

Ce n'eſt pas ſeulement dans ces ſeruitudes publiques que l'opinion exerce ſa tyrannie; mais elle violente auſſi les hommes de moindre condition, quand elle leur donne des amours illegitimes, des cupiditez qui croiſſent auec les poſſeſſions; des mouuemens irreguliers qui les eſcartent, au lieu de les approcher de leur fin. La pluſpart ſont pleins de ſouhaits dont les pourſuites n'ont point de repos; de douleurs de les voir bien ſouuent fruſtrez; de troubles & de guerres, que l'amour propre peut rendre auſſi furieuſes dans les petits ſujets de l'œconomie, que celles qui ſont allumées par l'ambition dans les Republiques.

Il faut aduoüer que la volonté de l'homme ne reçoit iamais vne entiere ſatisfaction parmy toutes les faueurs du monde, mais qu'elle ſe trouue bien ſouuent plus pauure dans les abondances exterieures; d'autant que l'vſage ordinaire deſpoüille ces choſes ſenſibles des graces qu'elles monſtroient de loin dans la chaleur de la pourſuite; & comme les eſperances s'y voient trompées, elles font naiſtre de nouueaux deſirs, qui ne permettent ny de poſſeder le preſent, pour qui l'on n'a plus d'amour, ny l'aduenir qui n'eſt pas encore; ſi bien que ce que nous appellons vne iouyſſance, n'eſt à vray dire qu'vne priuation. Auſſi nous voyons fort peu de perſonnes contentes de la maniere de vie qu'elles meinent; & comme si cette grande diuersité de conditions qui se trouuent au monde ne leur suffisoit pas, elles se forgent des contétemens imaginaires, pour auoir tousiours dequoy former de nouueaux desirs. Ce sont là des inquietudes de malades, qui accusent les plus innocens remedes, & qui cherchent à se soulager par le changement de licts, de medecins, & de gardes, d'vne douleur qui les suit par tout, & dont ils portent la cause en eux mesmes.

Ie ne crain point de dire, que les esprits qui suiuent l'opinion du monde, sont dans les accés d'vne dangereuse maladie, & que ces inconstances en sont les symptomes, puis qu'aujourd'huy les plus interessez aduoüent franchement leur misere, & se plaisent au discours qui la represente. C'est peut-estre le seul sujet où la verité se peut dire sans offenser; soit que la conscience qui ressent des peines, se trouue plus soulagée par la compassion, que par la flatterie, ou que l'amour propre cherche sa consolation dans la generalité de cette disgrace, & ses excuses dás vne faute qui est cómune, & qu'il permette qu'on taste ses playes, afin qu'elles soient plus capables de remede estant bien connuës.

Sans faire de grandes consultations, il est aisé de iuger, que le mal qui cause ces déreglemens, & ces inquietudes dans le monde, a sa source en l'intellect, & en la volonté ; & que tous les desordres de nostre vie viennent de ce que ces deux maistresses puissances sont lezées par l'opinion.

## AVANT-PROPOS.

Car si ie iuge bien des choses ; & si ie regle mes appetits par la raison, ie suis dans la pratique des vertus qui m'ouurent le chemin du Ciel, & qui me conduisent au Souuerain Bien. Or comme les Medecins considerent le degré du temperament propre à la personne, pour connoistre de combien la maladie l'en écarte ; Comme les Politiques contemplent le premier establissement de l'Estat où il possedoit le plus de felicité, pour l'y ramener, lors que le temps l'en a fait déchoir par les changemens insensibles des mœurs & des loix; Ainsi nous deuons considerer l'homme dans la beatitude, & voir en quoy consiste sa derniere felicité, pour bien iuger de ses defaux, & des remedes qui leur sont propres. Au Ciel les ames joüissent de la claire vision de Dieu, & le possedent par leur intellect, à cause qu'il est vne essence intelligible, comme ie diray plus bas; leur volonté s'y vnit aussi par vn amour extatique, & transformant, qui l'attache à ce Souuerain Bien, auec des satisfactions immenses qui ne luy permettent iamais de s'en diuertir. Voila la parfaicte santé, & le dernier point de la perfection de nostre ame. D'où il faut inferer par la raison des contraires, que les infirmités qu'elle souffre durant cette vie, procedent de ce que l'intellect & la volonté ne s'vnissent pas à Dieu; que ces deux principales puissances ne s'acquitent pas de leurs fonctions, parce qu'on empesche le commerce qu'elles doiuent auoir auec le Principe de leur vie, & qu'on les suffoque d'humeurs qui ne leur sont pas naturelles. Tellement que le pretieux elixir qui les doit purger auec des suauitez incroyables, & qui les peut mettre dans l'estat le plus approchant de leur derniere beatitude, c'est d'employer serieusement l'vne en la speculation, l'autre en l'amour de Dieu.

Cette vie est vn mouuement qui doit auoir quelque chose du terme où est son repos; C'est l'enfance de l'âge parfait qui nous est promis au Ciel: Il faut donc tascher pour y paruenir, de prendre nostre croissance par vn mouuement aussi continu en son progrez, que le sera la gloire dans son repos, & nous employer auec courage en ces exercices des bien-heureux.

I'aduouë que l'homme tire de grands aduantages des connoissances que luy donne la Philosophie; que par leur moyen il imite, il perfectionne, il assuiettit la Nature; il fait de nouueaux mondes intelligibles; il conduit heureusement ses desseins, & se donne vne espece d'empire sur ses semblables: neantmoins si cette contemplation se termine aux choses materielles, il semble qu'elle l'abaisse pluftost qu'elle ne l'éleue, & que ces sorties de luy-mesme sont plustost les marques de son indigence que de son pouuoir. Quand il se seruiroit de ces lumieres acquises pour le reglement de ses actions, & que des loix de la Nature il en tiraſt les principes de la Morale; Il ſe trouue des eſprits aſſez mal-faits, pour dire que les animaux ſont plus auantagez que nous, en ce qu'ils ſont conduits par vn inſtinct qui les releue des peines de ces acquiſitions; qui leur donne des connoiſ-ſances moins fautiues que ne ſont les noſtres; des induſtries d'où nous auons emprunté celles de nos Arts; des gouuernemens plus affranchis de trou-bles, que les Republiques fondées par les plus ſa-ges Legiſlateurs.

 Tout le liure de l'Immortalité de l'ame reſpond à ces calomnies dont les libertins offenſent la di-gnité de l'homme; & i'ay fait voir qu'en toutes ſes actions, meſme dans le deſordre des mouuemens ſenſitifs, il fait paroiſtre les auantages qu'il a ſur les brutes; mais le grand priuilege de ſa nature, qui nous monſtre ſans controuerſe, qu'elle eſt ſpirituel-le & immortelle; c'eſt quand il forme des con-cepts de Dieu, qu'il porte ſes penſées & ſes affe-ctions iuſques à cette premiere Cauſe. Par cette connoiſſance il n'excede pas ſeulement à l'infiny la portée des beſtes, à cauſe de l'infinité de ſon ob-iect, mais encore il paſſe les bornes de ſa nature, & ſe ſurmonte ſoy-meſme à la faueur des graces dont cette Souueraine Bonté l'oblige: Et dautant que les yeux ſont plus nobles que les mains; la raiſon que les ſens, l'ame que le corps, la fin que ce qui la recherche, le repos, que le mouuement, l'eter-nité, que le temps: durant cette partie de Theologie qui traite de Dieu, ſurpaſſe les autres ſciences, & les regarde au deſſous de ſoy auec la meſme inégalité qui eſt entre les choſes diuines & les humaines.

Si vne ambition naturelle nous fait rechercher les grandes choſes, & ſi ce que le monde a de plus ſublime, eſt moindre que nos idées & nos appetits, nous auons de quoy les deployer auec contentement dans les ſpeculations de Theologie, dont l'obiect qui ſurmonte nos puiſſances, les ſatisfait doublement, & parce qu'il n'y laiſſe rien qui ne ſoit en exercice, & qu'il leur donne la premiere entrée à des lumieres qui paſſent l'ordre de la Nature.

Eleuer ſes connoiſſances, & ſes amours à Dieu, qui eſt vn obiect d'vne perfection infinie, c'eſt faire vn admirable progrez en la vie ſpirituelle, c'eſt traiter vne tres-étroite alliance auec le Ciel: Et s'il eſt vray que l'amour transforme l'amant en la choſe aymée, ie ne voy plus de foibleſſes en l'homme qui ne ſoient couuertes par vn deluge de conſolations inexplicables, quand il s'vnit d'eſprit, & de cœur au principe de toute felicité.

Platon eut cette penſée, & comme pour établir des loix conuenables à ſa Republique, il cherche premierement quelle en doit eſtre la fin: Il ne la met pas dans les richeſſes, qui ne ſont qu'vn bien par opinion, & le ſuiect ordinaire du déreglement des mœurs: Il ne ſe propoſe pas auſſi pour
derniere

derniere felicité cette vaillance de Mars, cét Art ennemy de la societé des hommes, qui sçait troubler leur repos, verser le sang, rauir les biens & la liberté, mettre la famine où la Nature porte l'abondance: qui fait vn triomphe des vols & des massacres, quand ils sont publics. Mais d'autant que nostre nature raisonnable, ayant tout le monde pour inferieur, se doit perfectionner par vn bien qui la surpasse; Il conclud que le bon-heur d'vn Estat, aussi bien que d'vne personne particuliere, consiste en la contemplation du souuerain Estre intelligible, & de la premiere Verité: Il veut que tous les naturels habitans de sa ville soient Theologiens; & afin qu'ils ne soient point diuertis de ce noble employ, il assigne celuy des Arts mechaniques aux esclaues, & aux étrangers.

Quoy que la malice des hommes nourris dans l'opinion ait empesché l'effect de cette bien-heureuse Police, & que le siecle d'or, qui fut au dire des Poëtes sous Saturne le contemplatif, ne reuienne plus par cette reuolution qui nous ramene ceux de fer & d'airain; neantmoins l'idée nous en reste auec les souhaits; & si on ne donne pas cette bonne forme à tout vn Estat, au moins on la peut faire regner sur la plus saine & la plus precieuse de ses parties. Ceux-mesmes qui suiuent le cours du monde, & qui s'engagent dans ce grand commerce où l'on fait perte de la liberté, souspirent apres le repos d'esprit, & se proposent pour derniere fin quelques années où ils pourront vaquer à la contemplation des choses Diuines.

Aussi est-ce la seule Philosophie où l'on se peut promettre la tranquillité de l'ame, & la vraye science où l'homme trouue vne pleine satisfaction; les autres qui n'ont pour obiect que les effects de la Nature, s'arrestent au milieu, & captiuent la generosité de nostre esprit, si elles l'amusent de sorte à des choses moindres que luy, qu'elles l'empeschent de s'éleuer au premier principe. C'est où le porte droict la Theologie; elle luy fait franchir le monde, les Cieux, le temps, l'inconstance, la multitude, & propose à nos connoissances & à nostre amour la mesme souuerainement parfaicte Vnité qui fait la gloire des bien-heureux.

Si les sciences trauaillent à la recherche des causes dont la Nature montre les effets; si leur enchaisneure, & le secours qu'elles se donnent par la communication de leurs principes, ne tendent qu'à faire cette découuerte, nous auons suiet de dire, que la Theologie est la fin de toutes les sciences; puis qu'elle se propose la connoissance du premier Principe pour son obiect.

Ces sciences subalternes sont reduites à considerer leurs suiets autrement qu'ils ne sont au monde, à sçauoir, ou par des abstractions, ou dans les defauts qui accompagnent les indiuidus: Aussi cette fausse idée ne produit point d'effets qui soient infaillibles. Quand vn Medecin sçauroit en perfe-

&tio tous les Aphorifmes, il ne gueriroit pas infailliblemét toutes les infirmitez du corps: Quand vn Prince feroit inftruit de toutes les maximes d'Eftat, il ne fçauroit eftablir vne police exempte de troubles, ny donner à toutes les affaires des yffuës auffi fauorables qu'il fe les propofe. Cela procede de l'indifpofition, & de l'inconftance des fuiets particuliers, fur qui il eft moins facile d'affeoir vn iugement, que de voir les efpeces des chofes au naturel, dans vne eau trouble & coulante auec l'inegalité des ondes: Mais la Theologie contemple vn obiet eternel, inuariable, riche de tout ce qui fe peut imaginer de perfections, & qui ne peut receuoir aucun defaut. C'eft pourquoy fes raifonnemens font plus affeurez que tous les autres, & les conclufions qu'elle tire des excellences de cette nature fuperieure, lors principalement qu'elle eft fecouruë de fes lumieres, font infaillibles.

Comme noftre ame deuient en quelque façon vne multitude, quand elle fe remplit des efpeces des chofes creées; elle deuient par proportion vne vnité, quand elle conçoit, & qu'elle ayme celle qui eft le principe de la nature. En qualité de premiere caufe tres-fimple & inuariable, elle eft vn repos à noftre contemplation: mais comme infinie en perfections, que noftre penfée ne peut égaler, elle tient toufiours nos puiffances en exercice: De forte que nous voyons tout en elle, & nous la contemplons en toutes chofes par vn accord merueilleux qui se fait du mouuement auec le repos, de la recherche auec la joüyssance, de la satisfaction auec le desir.

De là nous deuons conclure, que cette partie de Theologie qui traite de Dieu, est cette Sapience, cette veritable Sagesse tát vantée, & si peu connuë par les anciens Philosophes, parce qu'elle a toutes les conditions qu'ils luy attribuent. C'est vne sciéce de tout, puis qu'elle contemple l'obiect qui comprend toutes choses en son vnité : Elle est superieure à toutes les sciences, ou parce qu'elles s'y rapportent comme les moyens à leur fin, quand des creatures on s'esleue à Dieu; ou en ce que contemplát la premiere Verité elle y voit l'origine des rayons dispersez & rompus dans diuers sujets; elle tient la regle qui doit ajuster leurs raisonnemens, & elle possede les premiers principes d'où dépend tout ce qu'elles ont de certitude.

Il ne faut point douter qu'vn esprit qui porte iusques dans cette source de toute bonté, n'en reçoiue toutes les bonnes qualitez possibles. Quand il s'est accoustumé à ce grand sujet, il regarde les affaires qui tiennent le reste des hommes en admiration, & qui empeschent les conseils, comme de petits negoces, dont il voit de loin tous les incidens; & les expedie auec vne tranquille d'exterité, qui vaut toutes les experiences, & qui semble faire naistre les occasions, pour y appliquer à propos les maximes de sa sagesse.

Sur ces merueilles qui passent les efforts ordinaires de nostre raison, les Poëtes ont forgé les fables d'vn Promethée, qui à la faueur d'vn feu qu'il prit au Ciel, obligea la terre de l'inuention de tous les Arts; d'vne Minerue née du cerueau de Iupiter, qui donne les loix au gouuernement de la paix & de la guerre; d'vn Mercure, qui de son Caducée engourdit les ames, & puis les retire à discretion, des tenebres où il les auoit plongées: c'est à dire qu'il couure ses desseins aux plus clairs-voyans; & qu'il leur donne autant de lumiere qu'il en faut pour les faire bien reüssir.

Cette creance, que la Sagesse nous vient de la communication auec Dieu, est si naturelle & si publique, que tous les Legislateurs s'en sont seruis comme d'vn pretexte tres-specieux, pour donner de l'estime à leurs loix. Trismegiste se represente Disciple de son Pymander: c'est à dire de l'Esprit diuin. Les Pythagoriciens, & tous les Philosophes des Indes, commençoient leurs estudes par les inuocations solemnelles de la Diuinité, d'où les Poëtes s'en sont fait vn Art, & vne partie de leurs Poëmes. Platon definit la Philosophie vne sage pieté; & veut que le Prince monte tousjours à Dieu, par l'amour & la contemplation, pour en receuoir les loix de son gouuernement. Les Perses qui voulurent emporter la palme de la Sagesse Politique sur les autres peuples, ne donnoient le sceptre qu'à ceux qui s'estoient rendus dignes du Sacerdoce; c'est pourquoy ils faisoient porter deuant eux des flambeaux allumez d'vn feu pris deſſus les Autels ; comme par vne publique proteſtation, que les lumieres dont ils ſe ſeruoient en leur conduite, leur venoient de Dieu. Les Empereurs de Rome imiterent ces Princes en ces deux ceremonies, & voulurent authoriſer leur gouuernement, ſe faiſant connoiſtre ſages és choſes diuines, quand ils ioignirent la dignité du ſouuerain Pontife à leur ſceptre, & qu'ils firent auſſi porter deuant eux les torches allumées d'vn feu ſacré. Cela ſe rapporte à la definition que l'Empereur Iuſtinian donne de la Iuriſprudence, qu'il dit eſtre vne ſcience des choſes diuines & humaines, comme ſi l'on ne pouuoit bien exercer la Iuſtice entre les hommes, ſans eſtre inſtruit en celle de Dieu, ſans diſpenſer les Offices dans l'Eſtat, comme il fait les actiuitez dans le monde; & que pour auoir l'habitude de rendre à vn chacun ce qu'il luy appartient, il falût premierement s'acquitter enuers Dieu des hommages qui luy ſont deubs.

L'homme eſt vn petit Monde, & vn petit Eſtat, dont la Police n'eſt point differente, pour eſtre dans vn ſujet de moindre eſtenduë ; c'eſt pourquoy il doit auſſi emprunter les preceptes de ſa Morale, des ſpeculations de Theologie, reconnoiſtre que Dieu eſt le Prototype, ſur lequel il ſe doit regler en la conduite de la vie publique ou particuliere; la lumiere vniuerselle qui anime nostre raison pour le discernement de toutes choses, & que selon le sentiment des Platoniciens, nostre felicité durant cette vie consiste à contempler l'idée de ce souuerain bien.

Vne ame priuée de sa connoissance est vn vaisseau sans pole & sans gouuernail, qui est dans le peril continuel du naufrage ; c'est vn aueugle abandonné de conduite, en hazard de souffrir autant de cheutes qu'il fait de pas ; car comme celuy qui n'entend pas l'vnité, ne peut former de nombres par son assemblage; comme ne sçachant que c'est de la couleur, il ne peut parler de ses differences ; comme ne connoissant pas vn visage, on ne peut iuger entre plusieurs tableaux celuy qu'il represente mieux. Ainsi sans la connoissance du souuerain bien, de la premiere Verité, du premier des estres, il est impossible de sçauoir ce que les choses naturelles, ou nos actions possedent de bien, qui consiste en vne participation de sa ressemblance.

Ce que nous appellons Vertu n'est autre chose qu'vne Iustice qui chastie l'insolence des passions, & qui entretient l'homme dans son deuoir : Il faut donc apprendre de la Theologie, quelles sont les loix du Souuerain de nos ames, afin d'exercer cette Iustice, & nous instruire de sa nature & de ses volontez pour luy obeyr. Puis que nous auons l'aduantage entre toutes les creatures inferieures, d'estre formez à sa ressemblance, nous trahirions nostre bon-heur, & serions extremement ingrats de ses biensfaits, si nous n'estions ialoux de sçauoir quelles sont ses perfections, afin d'y conformer nostre vie autant qu'il nous sera possible, & ne porter pas moins son image en la bonne conduite de nos actions, qu'en la capacité de nos puissances.

Taschons donc de descouurir cét Original de toutes nos Loix, cette Raison originaire, cette Lumiere qui anime toutes nos connoissances, cette Verité, cette Bonté, qui doit estre le modelle de nostre vie, cét Immobile sur qui doiuent rouler tous ses mouuemens. C'est le dessein de ce Tome, où apres auoir déduit au premier les preuues de l'Existence d'vn Dieu, qui a produit le monde materiel de rien, & le conserue dans l'ordre que nous y admirons. Au second qu'il a creé les ames raisonnables immortelles, & capables comme les Anges, de sa Beatitude dans vne autre vie. Apres l'auoir ainsi representé Createur des choses visibles & inuisibles, nous allons contempler en ce troisiéme, les grandeurs & les perfections infinies de son Essence; outre qu'en cet effort genereux de nostre esprit consiste toute la felicité que nous pouuons esperer en cette vie ; outre que cette speculation est la regle la plus asseurée de nostre Morale, & de nostre Politique ; outre les indicibles contentemens

## AVANT-PROPOS. 17

tentemens que reçoit l'ame, de sçauoir comment elle se peut rendre agreable à son Souuerain: outre tous ses interests, elle se sent encore animée à cette recherche par deuoir, & par les volontez de cette souueraine Majesté.

## DIEV VEVT ESTRE COGNEV
### de l'homme.

#### CHAPITRE PREMIER.

CELVY des Planettes qui a les plus fortes influences, & qui tient vne espece d'empire au monde, paroist aussi dans le Ciel auec tant d'éclat, qu'il obscurcit tous les autres pour auoir seul nos admirations; il veut estre reconnu par les choses mesmes insensibles quand il les fait retourner vers luy. que si nos yeux s'arrestent sur d'autres objets, c'est tousiours à la faueur de la lumiere qui les represente, & qu'il leur auoit donnée pour se faire voir. Cette police du monde qui permet autant de maiesté, que de puissance à cet astre; iustifie celle des hommes qui assigne aux dignitez ciuiles des marques particulieres

C

d'honneur, par lesquelles on reconnoift la qualité des personnes en les voyant, & on leur rend les respects où ils mettent le fruict principal des plus belles charges. Vn Prince ne vient pas pluftoft au sceptre, qu'il eft éleué fur vn throfne, pour eftre reconnu de fes fuiets, & en receuoir les premiers hommages par des acclamations publiques; les monnoyes portent fes armes, ou fon visage, comme s'il eftoit prefent à tous les commerces; les actes iudiciaires s'expedient fous fon nom, & fous fon authorité, comme s'il rendoit la iuftice en perfonne; Il donne les graces, il exerce fes liberalitez, il pouruoit aux plus beaux offices par luy-mefme; la ftructure de fes Palais eft fuperbe, fon train magnifique, il a des gardes, & marche auec cét appareil mefme entre les peuples où il regne par amour; Tout cela pour fe faire reconnoiftre Roy, & pour fe conferuer vne maiefté, fans laquelle fon gouuernement feroit moins iufte & moins heureux, tant à fon égard, qu'en confideration de fes peuples. Car s'il les oblige de fa fageffe, s'il deffend leurs interefts, s'il protege l'innocence contre la force par fa Iuftice, s'il leur conferue la paix contre l'inuafion des ennemis, & la mauuaife foy des vfurpateurs; s'il les entretient dans l'abondance; s'il repare les fterilitez de la Nature, par le cours qu'il donne au commerce; Ils doiuent auffi reconnoiftre toutes ces faueurs par beaucoup de respects & de venerations. Or ils s'en difpenſe-roient ayſement, & ne rendroient pas meſme l'o-beyſſance qu'ils doiuent aux Loix, ſi le Prince ne iettoit dans leurs eſprits vne eſtime de ſa gran-deur & de ſa puiſſance, pour préuenir le meſpris qui accompagne touſiours les choſes com-munes.

De là il eſt ayſé de conclure par application, que Dieu veut eſtre reconnu des hommes, & qu'é-ſtant vn plus veritable principe des lumieres in-tellectuelles, que le Soleil ne l'eſt de la ſenſible, il ſe plaiſt à découurir ſes perfections à celle des creatures inferieures, qui ſeule eſt capable de les adorer. Il eſt le premier autheur de tous nos biens, il ſouſtient nos vies, il donne la vigueur à nos puiſſances par le concours de la ſienne, c'eſt l'aſy-le de nos infirmitez, la Bonté ſous la protection de laquelle nous ſommes affranchis d'autant de mal-heurs, qu'il y a de cauſes qui nous peuuent nuire; Il eſt donc tres-équitable que nous l'adorions en re-connoiſſance de tant de bien-faicts; Et ſi cela eſt iuſte, luy qui eſt la Iuſtice meſme, veut ſans dou-te, que nous ayons la connoiſſance de ſes perfe-ctions, comme vn moyen ſans lequel il ne nous ſe-roit pas poſſible de nous acquiter de ce deuoir, ny de practiquer aucune vertu.

Ie conſidere le Ciel éclattant de ſes lumieres, comme le ſuperbe portique d'vn Palais qui pu-blie de loin la gloire de la Maieſté diuine. Les

Aftres qui formant leurs periodes, reuiennent au poinct d'où ils font partis par vn mouuement dont la continuë eſt ſans fin, & l'ordre ſans confuſion, me ſemble vne Milice celeſte qui entre ſucceſſiuement en garde, auec des armes qui n'ayant que de la beauté, ne combattent que la dureté de nos cœurs pour en tirer de l'amour; L'email des prés, l'eſclat de pierreries, les bigareures des fleurs, des conques, des oyſeaux, l'harmonie de ces petits habitans des bois, me ſemble vn équipage auantageux, & vne commune ioye des moindres Officiers, qui monſtrent la magnificence de ce ſouuerain Monarque; Mais il faut que noſtre raiſon en tire les conſequences, & que nous ayons quelques idees des grandeurs de Dieu, pour y rapporter les beautez des creatures.

Puiſque les choſes materielles nous portent tant de reſpect, qu'elles cedent la pluſpart à nos inuentions, & qu'elles trauaillent pour nos intereſts, comme pour ſeruir leur Createur en la perſonne de ſes fauoris, nous voila chargez par pluſieurs obligations à le reconnoiſtre, à ſçauoir par les priuileges accordez à noſtre eſpece; par les auantages que nous tirons du monde materiel; par les beautez dont ſa Maieſté ne l'a enrichy, que pour nous éleuer à ſa connoiſſance. Les loüanges que nous luy rendons, accompliſſent la fin que doiuent auoir les choſes creées, de retourner ſpirituellement à leur principe, & s'y rejoindre, comme elles en sont decoulées par amour.

Les Cieux & les elemens le loüent à leur mode, en ce qu'ils font parade des faueurs dont il les a gratifiés, & qu'ils continuent dans l'obseruance des loix qu'il leur a prescrites: mais ce n'est-là que l'agitation d'vn instrument, toute dépendante de la force de celuy qui le conduit; Ce n'est qu'vn exterieur sans ame, sans dessein, sans affection: C'est pourquoy Dieu qui est vn estre intellectuel, se plaist à receuoir les vœux de l'homme libre & intelligent, comme vn hommage qui luy agrée beaucoup plus luy estant rendu par vne nature plus excellente, & qui a de grands rapports à la sienne.

Il se connoist, il s'ayme, il ioüyt d'vne eternelle complaisance de ses infinies perfections; aussi nous ayant creez à son image, il est à croire qu'il veut estre connu & aymé de nous durant cette vie, & qu'il nous ordonne de faire vn continuel progrez en ces sacrez exercices, qui nous mettent dans vne plus naifue ressemblance de sa nature.

Hors cette grace, toutes les autres, & les puissances mesmes que nous donnent nos industries sur les choses materielles, me semblent petites. Au contraire, comme du moindre present d'vn Prince l'on en fait vne piece de cabinet, Ainsi c'est vn thresor de consolations à l'homme de connoistre Dieu, & de sçauoir que tout ce dont il ioüit

C iij

est vn effect de sa liberalité. Qui pourroit croire qu'il nous refusast cette grace, & que nous ayant obligé d'infinies faueurs, il nous déniast la principale qui nous donne moyen de les reconnoistre?

Si le feu n'attache point ses flammes aux matieres qui sont éloignées de luy, au moins il leur enuoye ses lumieres, & la nuict il respand bien loin ses especes sur les obiects qui ne peuuent ressentir son actiuité ; Si le Soleil & la Lune n'éleuent pas iusques à leurs globes, les fleurs qui sont sous leur domination particuliere, au moins ils les font retourner vers eux, & ressentir leurs attraits par vne complaisance de sympathie, qui leur est au lieu de l'vnion : Ainsi supposé que l'estat de cette vie, que la foiblesse du corps, que les obscuritez de l'ame qu'il tient prisonniere, nous empeschent cette parfaite iouyssance de Dieu que nous esperons au Ciel, il est à croire, que sa bonté tres-communicatiue nous donne dans cét éloignement les lumieres de sa connoissance, afin que nous ayons des desirs conformes à nostre deuoir, & qu'au moins nous puissions tendre au souuerain bien, qu'il ne nous est pas encore permis de posseder.

La loy de Platon vouloit qu'on enleuast les enfans du sein de leur mere si tost qu'ils estoient nez, & qu'ils fussent nourris en commun, sans reconnoistre ceux qui les auoient mis au monde, & sans se tenir redeuables de leur naissance à d'autres qu'à la Patrie, afin qu'il luy donnaſſent toutes leurs affections. C'eſtoit réuerſer les loix de la pieté naturelle, ſous couleur de mieux eſtablir la ſocieté ciuile; c'eſtoit fomenter la negligence qu'on apporte d'ordinaire à la conſeruation des choſes qui ſont communes; & eſtouffer les flammes de l'amour, ne luy aſſignant point d'obiect particulier; mais quand les hommes quiteroient toutes les alliances du ſang & de la nature, pour donner toutes les forces de leurs ames à Dieu, ſe feroit vne ſublime pieté, libre de reproche, parce qu'en effect nous luy ſommes redeuables de tout noſtre eſtre, comme à la premiere cauſe: Il eſt le Createur de nos ames, noſtre Pere; & ſon amour ne nous fait agir que pour le Ciel, qui eſt noſtre Patrie. Au reſte nous eſtant donnez à luy, nous en deuenons plus forts, meſmes dans les actions humaines: & pour nous bien acquiter des deuoirs de noſtre vie à cauſe qu'il en eſt le modelle, cõme i'ay dict, & qu'il nous donne les loix auſquelles nous aſſuiettiſſons plus librement toutes nos puiſſances.

Ie tiens que nous ſommes plus redeuables à ſa bonté de nous auoir obligés de cette lumiere qui nous égale aux celeſtes intelligences, que de nous auoir donné la vie qui nous eſt commune auec les brutes, & qui ne ſeroit guere moins déreglée ſans cette faueur. Cela ſe peut voir entre les Athées, dont les mœurs ſont ſi eſtranges en diſſolutions, les plaiſirs ſi abominables en leurs crimes, les perfidies si noires, & les degats qu'ils font dans la societé des hommes, si horribles, qu'en effect ils ne se seruent de l'excellence de leur nature, que pour en faire vne plus grande corruption de vie. Ceux qui aduancent, mais qui ne sont pas encore tombez dans cét abysme, ne se relaschent iamais au gré de leurs passions, qu'apres auoir faict volontairement eclypser cette lumiere qui leur monstre vn Dieu, aux loix duquel ils doiuent obeyr.

Il est vray, que cette pensée est si puissante sur l'esprit de l'homme, pour le diuertir du mal, & le porter à la vertu, que tous les Legislateurs l'ont mise pour loy fondamentale de leur Republiques. Ils aduoüent que sans elle les deux parties de la Iustice, qui assignent les peines & les recompenses, seroient trop foibles pour tenir les peuples dans les termes de leur deuoir: que qui ne croiroit point de Dieu, trouueroit touliours assez d'expediens pour surprendre les Magistrats, & couurir vn crime par vn autre.

Personne ne doute que Dieu estant la Bonté, la Iustice, la Vertu mesme, n'ait le vice en extreme horreur; qu'au contraire il n'ayme la vertu, & ne se plaise à voir les hommes dans cette grande integrité de vie qui les approche plus prez de ses perfections. Il veut donc qu'ils ayent sa connoissance sans laquelle ils ne se peuuent affranchir du mal, ny vouloir efficacement le bien; & il leur donne cette lumiere plus necessaire à la conduite des
mœurs,

mœurs, que n'eſt celle du Soleil à la maturité des fruicts.

Nos ames en ſont capables, hé! pourquoy laiſſeroit-il dans leurs puiſſances vn vuide qu'il ne permet pas dans les choſes materielles? Pourquoy les fruſtreroit-il d'vn moyen abſolument neceſſaire pour reuſſir à leurs fins, pour éuiter le deſordre de leurs actions, & pour aduancer ſa gloire; d'autant que les images de ſes perfections qu'il a voulu grauer dans les creatures, ſe multiplient preſque à l'infiny, quand les hommes peuuent les recueillir des choſes mortelles, & d'vne qualité ſenſible en former la penſée d'vn attribut diuin: quand ils conforment leur vie à ce ſouuerain exemplaire; qu'ils l'ayment, qu'ils l'adorent, qu'ils s'y complaiſent, & y trouuent leur derniere felicité. Toutes puiſſantes conſiderations qui nous obligent de croire, que Dieu veut eſtre conneu des hommes, & qu'il leur donne ſa connoiſſance par diuers moyens.

*De la Connoiſſance naturelle de Dieu par l'inſtinct.*

## CHAPITRE II.

LA ſouueraine Bonté donnant l'eſtre aux choſes materielles, les accompagne d'inſtincts, par lesquels elles font sçauantes sans consultation, pour choisir ce qui leur est propre, & se porter auec beaucoup de certitude à leurs fins. Cette motion naturelle leur est comme vn tuteur qui veille à la conduite de leurs actions, qui poursuit leurs droicts, qui empesche qu'elles ne soient prodigues de leurs vertus, trop lasches à rechercher des partis qui leur sont auantageux, ou à se deffendre contre les entreprises de leurs contraires. Ainsi les pierres, & les choses inanimées se portent par le mouuement droict comme le plus viste, au lieu où elles trouuent la conseruation & l'accroissement de leurs qualitez: les plantes sçauent extraire d'vne mesme terre vne humeur conforme à leur temperament: si on les place contre leurs ennemies, elles languissent, & n'ayant pas le mouuement pour s'en eschapper, vous diriez que le desespoir leur donne la resolution de finir leurs peines, en perdant la vie: C'est ce qui fait mourir les figuiers, si on les plante contre les roseaux, les vignes contre les choux, les oliuiers dans le voisinage des chesnes: au côtraire, elles font vn progrez merueilleux, quand elles sont proches de celles pour qui elles ont de la sympathie: comme si la complaisance leur estoit vne nourriture, & si l'amour leur donnoit la force & l'industrie de deuenir plus parfaites, afin de se rendre plus agreables. Tous les iours on void dans les brutes les mesmes inclinations d'amour, ou de haine pour certains sujets, elles se monstrent capables d'vne connoissance autre que celle des sens: quand l'hirondelle se sert de l'esclaire pour rendre la veuë à ses petits: quand le cheureüil recourt au dictame comme au Chirurgien qui doit retirer le fer de sa playe: quand les oyseaux portent dans leurs nids certaines herbes qui en nettoient la vermine: quand le chich se purge auec le chié-dan, l'ours auec les fourmis, l'elephant auec l'oliuier.

Dans cette publique liberalité de Dieu qui instruict toutes les creatures de ce qui importe à leur conseruation, il n'est pas à croire que les esclaues estant gratifiez de presens, l'homme qui en est le maistre soit oublié, & qu'il n'aye pas ce qui luy est conuenable pour ioindre sa fin. Si donc la connoissance de Dieu luy est absolument necessaire pour cét effet, comme i'en ay déja fait la preuue, il s'ensuit qu'il la porte naturellement grauée dans l'ame, & que c'est vn de ces premiers principes que nous auons sans estude. Aussi sa lumiere est si vniuersellement répanduë sur tous les peuples, que mesme les plus barbares en sont éclairez, & elle est si viue dans tous les cœurs, que les plus criminels ne la peuuent esteindre; comme ie l'ay fait voir au premier Tome.

Il est vray que dans l'Europe où les enfans sont dés le berceau éleuez dans les sentimens de Religion, & instruicts à l'adoration de Dieu, la connoissance naturelle y paroist moins, & semble couuerte par celle qui est apprise; comme les foyes changent si fort, qu'elles ne paroissent plus les mesmes matieres, quand elles sont teintes, & employées aux estoffes ; les marbres polis & enchassez auec artifice dans les bastimens, ne paroissent plus ce qu'ils estoient au sortir de la carriere. Pour bien iuger de ce sentiment naturel de Dieu, & sçauoir ses forces, il le faut voir dans les peuples du nouueau monde qui n'ont iamais esté instruits d'aucune Religion, & dont l'esprit n'est pas cultiué. Quand les nostres les ont abordez, & ont demandé aux plus anciens, comme aux plus sages d'entr'eux, s'ils pensoient qu'il y eût quelqu'autre chose que le Ciel, la terre, la mer, & les autres obiets qu'ils voyent auec les yeux ? S'ils ne pensoient pas qu'il y eust quelque Souuerain qui regist le monde, & qui entretient cette admirable police entre ses parties. Aussitost les mains & les yeux éleuez au Ciel, apres vne assez longue suspension d'esprit, ils reclamerent vn Toupan, ou prononcerent quelque autre nom par lequel ils vouloient signifier vn Souuerain Monarque de la Nature. Si on continuë de les interroger, pour sçauoir si ce premier principe a produict le monde de toute eternité? s'il l'a faict de rien & sans aucune matiere; si cette production ne luy a point apporté de changement, quelles sont ses connoissances ; si ses perfections peuuent receuoir de l'accroissement, ou du dechet; s'il peut estre heureux estant tout seul; s'il est en vn certain endroit, ou s'il remplit tous les espaces, & si on leur fait plusieurs autres semblables questions; Ils ne vous respondent que par le silence, ou auec des voix & des souspirs qui tesmoignent que l'ame souffre beaucoup dans ces obscuritez & ce demy-iour.

Il est vray que ces lumieres sont imparfaites, non seulement en ce qu'elles sont confuses, qu'elles tiennent l'esprit esgaré dans vne suspension, où il ne sçait que croire de Dieu; mais aussi en ce qu'elles sont trop foibles pour nous faire connoistre parfaitement ce qui luy est agreable dans les mœurs & la Religion. Comme cette Bonté souueraine nous oblige continuellement de ses bien-faits, aussi nous luy deuons rendre sans cesse nos vœux, au moins par des intentions virtuelles; lors que les diuertissemens necessaires de la vie ne nous en permettent pas de plus expresses. Or cette lumiere naturelle qui ne represente bien Dieu, que dans des esprits calmes, s'éclipse souuent dans celuy de ces barbares remply des fureurs de la guerre, des auiditez de la chasse, des passions d'amour, de haine, de vengeance, & de ces exercices dont la continuë pourroit effaroucher les esprits des climats les plus temperez. Si quelques-fois ce rayon diuin iette quelque esclat entre ces nuages, c'est comme vn esclair qui passe viste auec vne lueur tremblante où les objets meurent à nos yeux, deuant qu'ils soient apperceus. Appellez-vous vn iugement sain qui n'a que des interualles; & ces affections assez fortes enuers les choses diuines, qui semblent les prophaner si-tost qu'elles se presentent, & qui disparoissent lors que l'on en doit recüeillir le fruict ? La barbarie de leurs mœurs, ces cruautez qui les portent iusques à se paistre de la chair humaine, font assez paroistre que la connoissance de Dieu qu'ils ont par l'instinct, n'est pas assez forte pour seruir de regle à leurs actions. Ils ne sçauent que c'est de ces innocentes voluptez du Paradis qui entretiennent les bonnes ames dans leur deuoir; de ces confiances amoureuses qui leur font répandre tous leurs desirs dans le sein de la souueraine bonté; de ces genereuses resignations qui nous font trouuer du contentement dans les incommoditez de la vie, & triompher en esprit, dans les trauerses où le corps demeure vaincu. Tellement que si Dieu pouruoit toutes les creatures des conditions propres pour reüssir à leurs fins, & si cette lumiere naturelle n'est pas suffisante à l'homme pour regler sa vie, & pour obtenir sa felicité, il faut conclure qu'il doit employer d'autres plus puissants moyens.

*De la Connoissance de Dieu par la raison.*

## Chap. III.

Dans cette grande diuersité de productions qui paroissent au monde, la Nature garde cette maxime, de donner aux moindres choses en naissant, quasi tout ce qu'elles peuuent auoir de bonté, & aux plus nobles des actiuitez par lesquelles d'vn foible commencement elles s'auancent au plus haut degré des perfections propres à leur espece. Vn simple composé elementaire reçoit toutes ses bonnes qualitez à l'instant que la forme s'y establit, & puis il demeure sans progrez, sans accroissement, & dechet tousiours par vne insensible diminution sous la violence de ses contraires. Mais le vegetable a des commencemens si foibles, vne croissance si douce & si peu sensible, que nous regardons ces grands effects qui partent d'vne si petite cause, comme vn miracle de la Nature, que nostre raison ne se pourroit persuader sans l'experience. Voyez comment vn chesne sort premierement de son gland auec vne petite pointe foible, & aussi peu de racines qu'vn champignon; apres il les enfonce dans terre, il fait esclorre ses premieres fueilles, il esleue, il durcit sa tige, il estend & multiplie ses branches dans le cours de plusieurs années, iusques à ce qu'il ait atteint cette hauteur qui lasse nos yeux, & cette force capable de porter le faix de nos edifices; neantmoins tant qu'il vit il est attaché à la terre qui luy pouruoit en repos d'vne nourriture dont elle a fait la premiere & la principale digestion dans son sein. L'animal a ses commencemens plus foibles & moins solides, il vit d'vne vie de plante aux premiers iours de sa formation dans le lieu où la nature y trauaille, & où estant attaché, il en succe sa nourriture par vn organe, qui se peut comparer à la racine : Au sortir de ces prisons, l'amour de la mere qui en fait encore comme vne partie demie separée d'elle-mesme par ses soins, le cole à son sein, le nourrit iusques à ce que l'âge ait meury ses forces, & lors il a le mouuement pour acquerir ce qu'il receuoit de la liberalité d'vn autre dans son impuissance; Quant à sa conduite & au choix des moyens qu'il doit tenir pour aduancer à sa fin, par ce que sa nature est tousiours trop foible pour cet acte de iugement, la raison vniuerselle supplée à son deffaut, elle luy imprime des instincts qui l'emportent où il deuroit aller ; & le rendent tout instruit de ce qu'il apprendroit si son espece estoit raisonnable.

Selon ce droict commun de la Nature, nostre ame estant spirituelle, immortelle, & d'vne cathegorie superieure à celle des brutes, ne doit pas seulement estre conduite par l'instinct, mais elle se
doit

doit seruir de la raison, comme d'vne puissance qui luy est propre, & qui luy est accordée pour s'auancer à ce qui la perfectionne ; d'autant qu'elle luy donne le mesme aduantage sur le reste des animaux, qu'a l'animal sur la plante, par le sens, & le mouuement local ; & la plante sur le simple composé elementaire par les fonctions vegetables. De sorte que comme la plante prend sa croissance, & s'inuestit successiuement de ses bonnes qualitez par vne vigueur qui est en sa forme ; Comme l'animal cherche sa nourriture & ses plaisirs par le mouuement qui le porte en diuers lieux : Ainsi l'homme doit par sa raison faire vn acquest de ces precieuses habitudes qui rendent sa vie plus heureuse, & qui l'approchent de Dieu, comme de sa derniere fin: Et d'autant qu'il est vne fin surnaturelle, aussi ses graces secourent nostre foiblesse, & il se fait connoistre à nous, premierement par l'instinct & par la raison, pour mettre nos puissances en exercice, & puis par les reuelations, par l'extase, en fin par la gloire.

Mais pour suiure le cours ordinaire de la Nature, & pour ne point rendre ses forces inutiles, il faut employer nostre raison pour rechercher la connoissance de Dieu, autrement ce seroit renuerser l'ordre qu'il a mis au monde; Car comme il est vne substance intellectuelle, il a graué son image sur toutes choses selon la portée de leur nature ; & comme il en a fait qui le representent, il y en doit auoir quelqu'vne qui le connoisse. Si à la faueur de la lumiere les corps enuoyent les especes de leurs couleurs qui en sont les foibles images; si les fontaines & si les miroirs monstrent leurs surfaces parées des beautez du Ciel, il y a des yeux pour les voir en leur naturel; & en ces reflexions, dont les corps qui les portent ne sont pas sensibles. Si de mesme toutes les creatures en l'ordre qu'elles tiennent au monde, en leurs sympathies, en leurs actiuitez, en leur durée, en leurs plaisirs, sont les portraicts de la Sagesse, de l'Amour, de la Puissance, de l'Eternité, de la gloire, & des autres perfections de Dieu; sans doute l'homme est entr'elles par la raison, ce qu'est l'œil par sa puissance visiue aux couleurs, & à la lumiere; il doit & s'esleuer à Dieu, & remarquer les traicts de ses perfections sur les creatures qui les portent sans les connoistre. Car il faut vne actiuité qui responde par opposition à leur puissance: il faut des oreilles qui se laissent charmer à leurs concerts: il faut vn auditeur de cette eloquence, qui par les periodes des temps; par les figures, les actions & les mouuemens des corps, prononce vn continuel panegyrique à son Createur; autrement ces beautez, ces spectacles, ces magnificences seroient en quelque façon inutiles; les creatures ne se reporteroient pas à leur principe, & le monde seroit dans vne espece d'ingratitude, si l'homme n'auoit la raison pour en tirer des considerations qui l'vnissent à Dieu.

Puis que noſtre vie & nos exercices ſe continuent en ce móde auec le téps, ces connoiſſances de Dieu que nous tirons ſucceſſiuemét des choſes ſenſibles, nous ſont conuenables; elles diſtillent les ſentimés de ſon amour dedás nos cœurs pour les rendre fertiles en bónes œuures, ſans leſquelles il eſt impoſſible de luy agreer. Si nous n'auions qu'vne idée confuſe de ſon exiſtéce, telle que nous donne l'inſtinct, elle ne nous pourroit pas ſeruir de regle pour diſcerner quels ſont les meilleurs moyens de noſtre códuite, car on ne peut rien voir ſans diſtinction. Comparez les Barbares auec les Philoſophes, auec vn Socrate, vn Platon, vn Ariſtote, vn Seneque, qui ont eu de ſi ſublimes ſentimens de la Diuinité, & découuert ces genereuſes maximes de Morale, dót la pratique nous donne la tranquillité de l'ame; Vous iugerez combien il nous eſt neceſſaire de perfectionner les lumieres de la Nature, par celles de la raiſon.

I'ay déduit au premier Tome les demonſtrations tirées des choſes ſenſibles qui nous obligét de croire qu'il y a vn Dieu, & par le meſme moyen ie puis inferer quelles ſót les excellécesde ſa nature infinie. Car de la multitude ie móte à l'vnité qui eſt ſó principe; du mouuemét au repos, d'où il cómence & où il ſe doit terminer; de l'ordre admirable du móde, ie cóclus qu'il y a vne raiſó vniuerſelle, cóme desactiós du corps ie iuge qu'il eſt informé de ſon ame. Quád ie contéple vn premier mobile qui ſe fait ſuiure des autres Cieux; vne lumiere qui réplit les vaſtes eſpaces

E ij

de l'air; des corps, qui se font paroistre exépts d'alteration; des quantitez qui peuuent se diuiser; & des nombres, qui se multiplient iusqu'à l'infiny: l'en tire cette consequence, que cette premiere cause qui doit auoir beaucoup plus de perfection que ses effets, est tres-simple en son vnité, souuerainement Sage, Toute-puissante, Eternelle, Immense, Infinie.

Neantmoins cette derniere consideration me fait aduoüer, que mes connoissances sont imparfaites, parce qu'estant limitées, elles ne sçauroient bien comprendre vn objet qui est infiny; & puis elles ne procedent que par des effets qui n'égalent iamais leur cause; & l'on pourroit mieux iuger du Soleil en voyant la terre esclairée de ses lumieres, que de Dieu contemplant les creatures qu'il a produites. Ie cherche vne Vnité, & ie ne rencontre icy qu'vne multitude inombrable de diuerses choses qui partagent mes attentions. Ie cherche vne essence, cependant celle de tous les objets sensibles se cache au fonds de la matiere; & se couure du voile des accidens; au lieu d'vne eternité, d'vne paix, d'vne puissance sans bornes, d'vne bonté sans reproches, ie voy toutes les parties du monde, dans le mouuement, dans les alterations, dans les troubles, dans l'indigence; Ie voy que les vnes s'esleuent sur les ruines des autres, que le Soleil qui donne les fertilitez à nos terres, brusle certains climats par ses chaleurs, & offence les oyseaux de nuict par sa lumiere; enfin qu'il ne

DES PERFECTIONS DE DIEV. 37

se rencontre point icy de bonté si vniuerselle, qu'il ne se trouue aussi plusieurs suiets qui en soient blessez. Il doit donc y auoir quelque lumiere plus nette & plus éclatante que celle de la raison, pour nous découurir les grandeurs de Dieu; & nostre esprit en reçoit desia quelque rayon, quand en cette sublime matiere il n'est pas satisfait de son raisonnement, & qu'il conçoit l'idée d'vne perfection qui ne se peut expliquer par le discours.

*De la Connoissance de Dieu par l'extase, & la reuelation.*

## CHAPITRE IV.

LEs planetes ont quelquesfois de si fauorables constitutions, qu'ils nous donnent des iours d'Esté au cœur de l'Hyuer. A Rome, en Babylone, en Thessalie, en Crete, on celebroit certaines Festes pédant lesquelles les esclaues portoiét l'habit, & faisoient les actions des personnes libres. Quand le Ciel rencontre la mer dans vne grande tranquillité, il y peint sa face, & fait éclatter ses beautez exemptes de nos communes alterations, sur cét element qui est le theatre de l'inconstance. Il est vray que nostre vie dans ce monde n'a que des glaces, des horreurs, des sterilitez, si vous en faites comparaison auec celle où l'ame iouyra

E iij

nettement de son Soleil; il est vray que les incommoditez du corps, les mouuemens sensitifs, l'empire de l'opinion, nous imposent vne espece de seruitude; L'Ocean n'a pas plus d'orages, que cette vie de disgraces & d'accidés inesperez qui troublent nostre repos; neantmoins la bonté de Dieu nous peut donner quelques calmes entre ces tourmentes, des serenitez parmy ces broüillards, des dispenses de nos suiections, & nous permettre quelque petit essay des contentemens du Ciel.

Lors qu'vne bonne ame dégage ses affections des choses humaines, par les genereuses practiques de la vertu; qu'elle ramasse ses forces, & se recueille dans son vnité pour ioindre celle de son principe, Dieu l'éleue quelques-fois à luy, & remplit toutes ses puissances d'vn si grand abord de douceurs & d'illustrations, qu'elle pense, non seulement voir, mais toucher cét vnique obiect de ses amours, & que viuant dans vn monde de lumiere, la verité luy soit deuenuë sensible.

Dans ces bien-heureux accez, & dans ce grand iour de l'Eternité, elle decouure tout d'vne veuë plus de veritez qu'vne lógue estude ne luy en pourroit apprendre, & ses sublimes concepts luy monstrent auec beaucoup de certitude les raisons de plusieurs mysteres qui tiennent les autres esprits en difficulté. Elle contéple, elle admire, elle iouyt, elle ayme, elle adore, toute enuironnée d'esclats de lumiere; inondée de consolations ineffables, iusques à ce que l'infinité de son obiect luy fasse aduoüer la foiblesse de sa puissance. Elle agit aussi beaucoup moins qu'elle ne patit ; mais souffrances plus heureuses que toutes les actiuitez, puis que c'est le propre de nostre nature de receuoir des lumieres, & les ardeurs de ce grand Soleil.

 Certainement c'est la vraye & solide Theologie de connoistre les choses diuines par le rayon diuin : c'est en parler apres auoir veu, & non par rapport, ny imparfaictement, comme celle qui donnant beaucoup de ses attentions à la subtilité de paroles, les diuertit bien souuent de la substance, & laisse le principal pour son accessoire. Ces longueurs de suppositions, de diuisions, de raisonnemens, d'instances, de responses sont les appuis de nostre foiblesse, le marcher chancelant & langoureux d'vn esprit infirme, qui ne laisse pas de souffrir des cheutes sur le fondement immobile & tres-asseuré de la reuelation : mais quand il plaist à Dieu de gratifier vne ame par ses faueurs extraordinaires, il la releue de beaucoup d'infirmitez propres à nostre nature, & luy accorde par priuilege vne espece de cónoissance qui a de gráds rapports auec la sienne : il est vne vnité tres-simple, il est immobile, eternel, infiny, le dernier terme de nostre gloire ; aussi il se fait voir par vne lumiere simple, tranquille, dégagée de ces discours de raison qui s'acheuent auec le temps.

 Mais comme les extremitez de toutes choses ont

de grãds rapports,& que la supreme partie de l'air se trouue autãt alterée par les qualités du feu, que l'est l'inferieure par les vapeurs de la terre:Ainsi l'ame au sortir de ces extases se void bié souuét dãs des cõfusions qui ne sont pas moindres, quoy que fort dissemblables,de celles qu'elle auoit par les premieres notions de l'instinct. Car estant accoustumée à connoistre par les especes, elle s'estonne d'auoir fait de si grandes descouuertes sans leur entremise; & à peine se peut-elle persuader vne iouyssance vraye,dont il ne luy reste que des images confuses. Durãt ce bien-heureux estat elle estoit aucunemét transformée en l'obiect diuin; de composée qu'elle estoit d'acte & de puissance, il luy sembloit n'estre qu'vne vnité; elle a donc suiet de se mesconnoistre dans cette sublime condition, ou quand elle retombe dans la multitude.

Comme les nuages qui viennent apres les beaux iours dont nous auons parlé, nous font trouuer la face de l'Hyuer plus hideuse: comme les feintes libertez qui ne duroient que bien peu de temps,faisoient plus paroistre les miseres de la seruitude ; & comme on se plaint dauantage de l'infidelité de la mer, quand la surprise d'vn grain de vent change promptement sa bonace en vne tourmente: Ainsi l'ame décheuë de ces sainctes ecstases, trouue le procedé ordinaire de nostre vie extremement rude; & il ne luy seroit pas supportable, si vne genereuse resignation aux volontez de Dieu n'en adou-
cissoit

ciſſoit les peines. Ce ne ſont que larmes, que ſouſpirs, que langueurs, que gemiſſemens d'vn amour priué de ſon obiect: mais, ô larmes, ô ſouſpirs, ô langueurs, mille fois plus ſouhaitables que toutes les voluptez du monde, puis qu'elles donnent vn grand meſpris de ce qu'il ne faut pas aymer; qu'elles entretiennent nos cœurs dans de profonds ſentimens de Dieu, & dans la fidelité que nous deuons à ſon ſeruice.

 Les connoiſſances qui s'acquierent dans les eſcholes, informent l'eſprit d'habitudes & de lumieres plus conſtantes, & qui ſont moins ſuiettes à s'éuanoüir; mais elles ſont quelquefois ſi peu de fruict pour les bonnes mœurs, qu'on les peut comparer à ces regiós voiſines du Pole, où les iours qui ſont plus longs, laiſſent neantmoins l'air touſiours chargé de nuages, & la terre dans vne eternelle ſterilité. Quoy que le miel qui tombe du Ciel deſſus les freſnes ne puiſſe ſouffrir les ardeurs du iour ſans s'exhaler, il eſt neantmoins infinimét plus pretieux pour les Medecines, que celuy dont les abeilles font leur piquorée ſur les fleurs, & leurs prouiſions dans leurs ruches pour paſſer l'Hyuer. Ainſi les illuſtrations de l'extaſe ont moins de durée que celles qui ſont appriſes par le trauail de l'eſtude; elles craignent la conuerſation & le grand iour, neantmoins elles ſont de puiſſans remedes contre l'infirmité des ames, & pour enflammer les cœurs en l'amour de Dieu.

l'estimerois plus vn mot de cette eschole celeste animé de son esprit, que tous les discours de l'éloquéce, & toutes les speculations de Metaphysique; comme quand les Saincts passoient les nuicts, ayant les yeux baignez de larmes de pieté, le cœur gros de sentimens qu'ils exprimoient par vne seule parole où ils récontroient tout ce que la pensée se peut figurer de sublime, comme ô Amour, ô Bonté, ô Sagesse, ô mon Dieu & mon tout, & autres semblables qui faisoient vne courte, mais sçauante, & vigoureuse Theologie.

Quoy que ces sentimens ayent leurs remises, il en reste dans ces bonnes ames de fortes dispositiós pour s'éleuer à Dieu dans toutes les rencótres, pour demeurer tranquilles dans les aduersitez; pour s'entretenir en la presence de la Maiesté qu'elles seruent auec des respects, des modesties, vne égalité de mœurs qui me font tous les iours estimer leur condition plus heureuse que celle des plus grands Monarques.

Il est vray que leur conduite, & leur créance pourroit estre fautiue si elle n'estoit reglée par les reuelations de la Foy. Ils doiuent y estre soufmis, s'en seruir comme d'vn pole, & d'vne regle qui est infaillible, dont auec l'aide de Dieu, i'espere traiter au Tome suiuant : Mais enfin entre tous ces aduantages du Ciel & de la raison, il faut aduoüer ingenuëment que nos connoissances sont encore tres-imparfaites.

*Les connoissances que nous auons de Dieu, sont confuses,*
*parce qu'il est incomprehensible & ineffable; &*
*qu'il le faut adorer par le silence.*

## CHAPITRE V.

CE monde où se passe nostre vie est d'vne constitution moyenne entre l'estre & la priuation, le repos & le mouuement, les richesses & l'indigence. C'est pourquoy l'homme qui est sa principale partie, & la fin pour qui toutes les choses materielles trauaillēt, n'a des forces que selon cette loy commune. Il fait ses vertus de la mediocrité, son temperament & quelquesfois son esprit s'offensent des moindres excez; la meilleure forme de Republique est celle qui est moyenne entre la tyránie & l'estat democraticq, les richesses, & la paureté. Mais cette moderation se rencontre particulierement en ce que comme le iour & la nuict partagent également nostre temps; ainsi la doctrine & l'ignorance se conseruent vn droict égal, mesme dans les esprits releuez ce semble par dessus la condition commune de nostre nature.

Vn grand personnage qui viuoit il y a deux siecles represente cette verité, par vne figure qui l'explique sensiblement. Il fait deux triangles qui se penetrent; l'vn de lumiere, dont la baze est en haut,

F ij

& la pointe en bas; l'autre de tenebres, dont au contraire la baze est en bas, & la pointe en haut; Cette baze de lumiere qui est sans la moindre petite ligne d'obscurité, represente Dieu, qui est tout acte, & à la science infinie duquel rien des choses possibles, futures, ou existentes n'est inconnu. L'estage qui luy est proche où la pointe des tenebres s'insinuë, c'est celuy des Anges, composez d'acte & de puissance, & qui peuuent estre perfectionnez par de nouuelles illustrations: Il place l'homme en la moyenne partie de ce triangle, également meslée de tenebres & de lumieres. Les animaux sont plus bas dans les plus grandes tenebres, dont le regne & la baze reside dans la matiere premiere, voisine du rien, de l'obscurité, & de la priuation. Voila comment l'homme qui est le milieu des deux mondes, comme nous l'auons fait voir au Liure de l'Immortalité de l'ame, n'a que des lumieres meslées de tenebres.

Nos ignorances paroissent principalement en ce que dans l'extreme desir que nous auons de connoistre la cause de toutes choses, nous y reussissons fort peu, de sorte que de toutes les passions la curiosité se trouue tousiours la moins satisfaite. Quand vne science reçoit ses principes d'vne autre, elle en croit, mais elle n'en connoist, & n'en prouue pas la verité; elle ne fait aussi qu'effleurer plusieurs matieres que d'autres traittent à dessein, tellement que tout ce qu'elle promet d'instruction, n'est qu'vne petite estincelle au milieu d'vne grande nuict.

Nos yeux se respandans sur les choses materielles n'y découurent pas tout ce qui leur tient lieu de principe ; nous ne voyons pas le premier Mobile ; les poles des Cieux ; le poinct qui commence la quantité ; les formes substantielles d'où procedent toutes les actions ; la vertu generatiue dans vn petit grain ; les qualitez agissantes dans les mixtes, non plus que celles qui sont les thresors de nostre vie. Les Philosophes n'ont peu encore descouurir les veritables principes des mineraux, des vents, des fontaines, des foudres, & de quantité d'autres meteores ; Tout cela, & le monde mesme par sa figure ronde qui n'a ny commencement, ny fin, monstre assez que la premiere cause estant infinie, & moins proportionnée à nos connoissances que toutes les autres, nous est incomprehensible.

Nous en pouuons tirer vne consequence de ce que plus les objects de nostre contemplation sont releuez, nous en descouurons moins facilement la nature ; Les influences des Cieux nous sont moins connuës, quoy qu'elles soient plus actiues, que les qualitez elementaires ; La nature du sensitif nous est plus cachée que celle du vegetable ; celle de nostre ame, & des Anges, beaucoup plus que de toutes les autres choses creées. Si la veuë de nostre esprit se trouue foible à proportion que les objects sont plus releuez, Dieu qui est infini-

F iij

ment esleué au dessus des creatures, nous doit estre incomprehensible ; Il possede en effet cette Maiesté que les Princes du monde affectent, quand ils nous font des mysteres de leurs conseils, quand ils rendent l'accés de leurs personnes tres-difficile, & qu'ils donnent leur veuë, ou vne petite parole pour vne grande faueur.

Ce n'est pas que Dieu estant toute lumiere, toute verité, toute beauté, ne soit souuerainement intelligible, mais il ne l'est pas à nostre esgard, par ce qu'il l'est infiniment en luy-mesme; de sorte que l'extréme perfection de sa nature confond la foiblesse de la nostre : Comme si le Soleil estant en son Apogée, & en son Midy, enuoye à plomb sa lumiere dans vn air d'azur, nos yeux s'esblouyssent, & deuiennent aueugles de trop de clarté, quand ils sont si temeraires de le regarder en face. Ils ne voyent d'abord qu'vne roüe flambante, au lieu de la tranquille netteté de cét Astre ; & puis aussi-tost tout l'air plein de bluettes de feu, fond en gros sur eux, & consommeroit leur humidité, si les paupieres n'y opposoient leurs barricades ; si les larmes ne taschoient d'esteindre cet embrazement, mais par vn secours qui pour sauuer la vie à cette puissance, luy oste l'honneur, & redouble ses obscuritez.

Nous auons receu l'estre dans le temps, nos forces ont leurs limites, nos connoissances sont la plus grand' part tirées des especes, ou de la comparaison des choses sensibles, elles procedent par definitions, qui expliquent les natures particulieres, par ce qu'elles ont de societé & de difference auec les autres; Or Dieu est eternel, infiny, hors de toute comparaison, de tout genre, de toute espece, de toute categorie, de sorte qu'il seroit moins difficile de bien iuger de la beauté d'vn visage, par les traits confus, & la noirceur de son ombre, que de comprendre les perfections infinies de cette premiere cause, qui ne peuuent estre veües en elles mesmes, qui ne paroissent au monde que par des foibles reflexions, & qui n'ont point de rapport necessaire auec les autres parties de la Nature.

Que si Dieu est incomprehensible à cause de ses excellences infinies; il est encore plus ineffable, dautant que comme dans tous les Arts mechaniques la main n'égale iamais l'idée; ainsi dans la contemplation les paroles sont tousiours moindres que les concepts, & l'on y remarque autant d'inégalité, qu'entre la peinture & le naturel.

Les noms sont inuentez pour signifier la distinction des choses, qui conuiennent en genre, en espece, ou en accidens. Or si Dieu est l'original de tous les estres, sans auoir aucun de tous ces rapports auec eux, il est assez distingué par sa nature, sans luy donner le nom propre, si on ne dit qu'il est ineffable. Car quand ie luy appliquerois tous les noms qui peuuent estre imaginez, pour fignifier ces excellences par diuers concepts, comme firent les Philofophes, ie ne fçaurois egaler ce qui eft infiny ; & il en faut toufiours reuenir à cette libre confeffion, qu'il ne peut eftre ny compris, ny nommé. C'eft ce femble abreger nos peines, & preuenir les longues recherches où il fe fait vne diuerfion de noftre efprit, de le dire tout d'vn coup ineffable. Les Philofophes & les Religions s'employent à l'envy à qui luy donnera des qualitez plus magnifiques ; mais fi dans les autres combats ceux qui ont la victoire, emportent les palmes ; dans celuy-cy c'eft triompher que de fe fentir vaincu par la grandeur du fujet ; comme c'eft auoir la veuë forte, de defcouurir de grands efpaces apres les limites où il femble aux foibles yeux que la terre fe conjoint au Ciel.

Quand ie ne me fouuiens plus du nom d'vne perfonne, on m'en propofe plufieurs fucceffiuement pour ayder ma reminifcence, & ne le rencontrant pas, ie dis toufiours que ce n'eft pas celuy que ie cherche. Dictes de Dieu qu'il eft vn, qu'il eft bon, qu'il eft puiffant, qu'il eft iufte ; tout cela n'égale pas encore mon idée qui me le reprefente tout autre que ces termes ne le fignifient par leur fucceffion ; car ie le conçois Eternel, quand on le dit Infiny ; tres-fimple quand on le dit Immenfe, ma penfée anticipe tous ces difcours, mon efprit demeure en fufpens tout efblouy de ces lumieres, qui l'inuitent d'aduancer dans vn progrez de connoiffance, noissance, pour tascher à ioindre dauantage l'infiny; & qui l'arrestent, de peur d'offenser cette souueraine vnité, la broüillant dans la multitude.

 Cela fist dire aux anciens Sages qu'il faloit adorer Dieu dans le silence: ce que les Romains signifierent par leur Harpocrate dépeint serrant ses deux leures auec le doigt esleué: ils en portoient ordinairement l'image en leurs anneaux d'vne figure ronde, pour monstrer qu'ils deuoient tousjours auoir cette pensée comme à la main, que Dieu eternel ne se peut comprendre durant cette vie qui s'écoule, & par des discours qui s'acheuent auec le temps. Aussi la nature nous apprend à signifier ce qui passe la portée de nos esprits, par les admirations du silence, & à taire ce que les paroles ne sçauroient assez bien representer; comme le Peintre qui couurit la face du pere, dont il ne pouuoit exprimer la douleur, sur la mort violente de sa fille.

 Quelques Heretiques ont mis les tenebres pour principe de l'Vniuers. C'estoit vne extreme absurdité de croire que la priuation peut produire quelque chose, & que les beautez du monde eussent vne si honteuse origine: mais il est vray que ces tenebres qui surprennent l'ame en la contemplation de Dieu, produisent de grandes merueilles, & qu'elles sont bien souuent la cause de nostre bon-heur; d'autant qu'il ne les faut pas considerer comme vne langueur, vn assoupissement,

& vne lethargie de l'esprit ; mais comme l'effect d'vne genereuse actiuité, qui ayant affranchy les bornes de la nature, le met en estat de receuoir des liberalitez de la premiere cause, ce qu'il ne pouuoit acquerir par ses propres forces. Ses ioyes & ses rauissemens redoublent sur cette consideration, que l'object de ses desirs a des beautez incomprehensibles; & il se tient plus riche de posseder vn thresor qui est inombrable.

Si les amours de la terre ont moins de douceur dans la iouyssance que dans les recherches, parce que nostre ame qui aspire à l'infiny se trouue abusée par des objects d'vne si petite estenduë ; ses contentemens doiuent estre extremes & continuels, quand elle se void amoureuse d'vn sujet qui a plus de beautez, qu'elle n'a de forces pour l'adorer; quand elle void qu'elle aduance, qu'elle profite tousiours sans trouuer de terme, & que ses poursuites luy valent des iouyssances.

Cela consiste dans le sentiment, & non pas dans les paroles, ny dans le discours. Les ames seules qui en ont les bien-heureuses experiences, sçauent, sans le pouuoir dire, quelles sont ces extraordinaires faueurs du Ciel. Ce sont des essences precieuses qui ne doiuent pas estre euentées, des confiances qui doiuent estre tenuës sous le secret ; des biens faits trop grands pour estre connus d'autres que des sainctes ames qui les reçoiuent.

Dans la Cour des Princes, les paroles suppléent au défaut du cœur : en celle de Dieu il faut que le cœur satisfasse au lieu des paroles, mais si nos discours sont trop foibles pour exprimer ses grandeurs, il nous est permis de les publier par nos bonnes œuures, & nostre constance à son seruice; comme les Cieux le loüent par la continuë de leur mouuement. Ce silence qui parle, cette ignorance si docte, ces poursuites qui possedent, nous donnent vn grand commerce auec le Ciel, & mettent en l'ame la paix où tendent les combats de nostre dispute.

---

*Encore que Dieu soit ineffable, l'homme peut & doit rechercher quelles sont ses perfections.*

### CHAP. VI.

L'Amour Diuin est dans le cœur de l'homme vn feu qui ne peut demeurer couuert, il s'attache sur toutes les matieres pour les transformer en soy, & apres auoir pris des forces par cet accroissement, se porter auec plus de vigueur à son centre. Si le monde en la disposition de ses parties, en l'actiuité de ses causes, en l'harmonie de ses contraires, luy donne de puissantes preuues de la sagesse & de la toute-puissance de Dieu, pourquoy ne feroit il pas son profit de ces auantages, & pourquoy ne trouueroit il pas ses consolations à contempler ces portraicts de beautez diuines, durant l'exil de cette vie qui le priue de sa presence? Ce souuerain object est infiny en perfections, c'est pourquoy nous ne deuons point icy mettre de fin à nos recherches, ny rendre inutiles des puissances qui nous sont données pour le connoistre; Il est immense, & n'y a point de lieu où il ne soit & par essence, & par quelque sorte de representation; serions nous si peu affectionnez, de ne pas recueillir ces cheres especes, qui nous aident à conceuoir les excellences de sa nature, & ces lumieres qui estant ramassées dans nostre cœur, y peuuent causer les embrazemens des Seraphins?

Ce n'est donc pas bien cognoistre les forces de l'amour diuin, de se le figurer sans mouuement; de croire qu'il soit satisfait d'vn respectueux silence, & d'vne confusion d'esprit, quand il se peut donner la parole, & de plus grandes lumieres par le discours de la raison. Aussi tous les Sages reconnoissent vne double Theologie, l'vne qui consiste en ces douceurs, ces extases, & ces vnions où l'ame toute recueillie en elle mesme agit fort peu, & ne faict quasi que receuoir les illustrations diuines: L'autre est vn effort genereux de nostre esprit, qui recherchant la cause de tous les objects dont il a l'idée, se porte iusques à la premiere, & veut descouurir la source de ce grand flux d'essences, de vertus, de mouuemens qui entretiennent le monde: De sorte que d'vn principe de nature, ou de reuelation;

il en tire les consequences de plusieurs autres veritez qu'il doit croire, & nous explique les grandeurs de Dieu, que les creatures materielles ne nous monstroient que par signe.

Il est vray que ces extases, cette suspension d'vn esprit confus des trop grandes lumieres diuines, ce sacré silence, ces vnions, ces conferences mysterieuses du cœur auec le souuerain amour, sont de grandes & souhaitables prerogatiues, mais elles sont rares; c'est pourquoy elles ne nous dispensent pas d'vser des discours de la raison, comme d'vn moyen que la nature nous a rendu familier. La bonne fortune presente quelquesfois des thresors; Les Princes ont souuent tiré des personnes de la lie du peuple, pour en faire leurs fauoris, & les éleuer aux plus grandes charges; mais si tous les hommes vouloient quiter leur trauail sous ces esperances, les Republiques periroient bien-tost auec les Arts & le commerce. Dans les longues nauigations on a quelquesfois découuert des Isles inhabitées, pleines de fruicts, de gibier, d'eaux douces, & d'autres rafraischissemens du vaisseau; mais ce seroit vouloir perir sans naufrage, de se mettre en mer sans prouisions, & de se fier aux secours qu'on peut receuoir de ces heureuses rencontres. Ainsi nous ne deuós pas negliger les efforts de nostre raison, sous pretexte que Dieu nous oblige quelquefois des sublimes lumieres de l'extase; ordinairemét il ne nous les donne qu'apres que nous auons déployé tout

G iij

ce qui eſtoit des forces de noſtre nature; & comme il veut que noſtre raiſon leur ſerue de preparatif, il permet auſſi qu'elle les digere, & qu'elle en tire de grands aduantages, quand elle s'en ſert pour le reglement de nos penſées, & pour la conduite de noſtre vie.

Quitter toutes les ſpeculations des grandeurs de Dieu, ſous pretexte qu'il eſt ineffable, ce ſeroit vne reſpectueuſe irreligion; vne ignorance affectée, qui ne meriteroit point d'excuſe; vn meſpris, dont le crime ſeroit plus enorme de ce qu'il ſe couuriroit des apparences de pieté. Comme nous ne voyons les corps qu'auec la diſtinction de leurs couleurs, & de leurs figures, noſtre eſprit ne peut rien connoiſtre ſans vne certaine determination de concepts, & c'eſt luy oſter la veuë de la répandre dans les vaſtes eſpaces de l'infiny. Apres que i'auray dit de Dieu, qu'il eſt bon, qu'il eſt tout Puiſſant, qu'il eſt Iuſte, ie ne laiſſeray pas d'aduoüer que ces excellences n'ont point de bornes, ainſi ie ſatisfaits & à la foibleſſe de noſtre nature, par ces idées qui ſignifient certaines choſes; & à l'infinité de la ſienne, par ce ſentiment, que tout ce que i'en conçois eſt infiniment moindre que ce qu'il poſſede.

Nos vertus conſiſtent en vne imitation proportionnée de ſes perfections, & en l'accompliſſement de ſes volontez. Hé! le moyen de former noſtre vie ſur cét exemplaire, s'il demeure touſiours couuert

### DES PERFECTIONS DE DIEV. 55

à nos yeux; le moyen de donner à nos actions cette trempe qui les fait bonnes, si nous n'auons qu'vne idée confuse & indeterminée de ce souuerain obiect, sur qui elles se doiuent regler?

C'est vn puissant motif pour arrester les precipitations de la cholere, & la vaincre par les remises de la vengeance, quand on considere que le monde n'auroit plus d'hommes si Dieu faisoit vne prompte iustice de tous les pecheurs; que ses foudres ont plus de menaces que d'execution; & que dans vne crainte publique à peine voyons-nous vn dommage particulier. On s'anime aux deuoirs de la charité, si l'on contemple que cette bonté souueraine fait éclairer son Soleil sur les bons & sur les méchans, qu'elle assiste les moindres petites choses, de toutes les proprietez & industries necessaires à leur conseruation: la vertu deuient genereuse à conseruer son innocence parmy la contagion du monde, quand elle se propose vn Dieu present & tres-intime à toutes choses, neantmoins tousiours recueilly dans son vnité souuerainement accomplie, sans souffrir ny meslange, ny alteration. Nous n'aurions pas ces puissans motifs de vertu: nous serions priuez des consolations qui temperent toutes les aigreurs de cette vie; & il ne nous seroit pas possible de rendre nos vœux & nos sacrifices à Dieu, auec ce qu'il nous demande d'integrité: enfin nous ne pourrions pas l'aymer sans la connoissance particuliere de ses perfections.

On le peut iuger par l'exemple des Payens, qui n'ayans pas ces fauorables lumieres, abuferent de celle de nature, & ne s'en feruirent que pour fe ietter plus dextrement, & auec quelque forte de choix dans le precipice. Les vns fe forgerent des diuinitez qui authorifoient les crimes; ils mirent dans le Ciel des adulteres, des ialoufies, des infirmitez, des guerres, & n'eurent que des abominations pour leurs facrifices: les autres baftirent des Temples aux ferpens & aux Crocodiles, prefenterent leurs vœux à ces productions qui font les pechez de la Nature, & qui ne peuuent eftre veuës fans horreur.

Quelques-vns des Sages qui fe mocquerent de cette impertinente & facrilege multiplicité de Dieux, s'en figurerent vn fans Prouidence, fans Iuftice pour les affaires du monde, & dont toute la gloire confiftoit en oyfiueté: Les libertins tombent quafi dans les mefmes impietez fous pretexte de Religion, quand ils difent que Dieu eftant incomprehenfible & ineffable, il fuffit de l'adorer par le filence, fans s'informer des perfections de fa nature, des decrets de fes volontez, ny des œuures qui luy peuuent eftre agreables. Car ainfi ne reconnoiffans plus de cómandemens diuins, ils ne s'aduoüent iamais coulpables d'aucune tranfgreffion, ils fe mettent en liberté de fuiure leurs fens, & authorifent les crimes, fupprimant les loix qui les defendent, & qui portent les preceptes de la vertu.

Mais

## DES PERFECTIONS DE DIEV.

Mais ils disent, Dieu est infiny, or du finy, à l'infiny il n'y a point de proportion, c'est donc trop de vanité à l'homme de chercher les excellences de la nature diuine, pour en tirer les regles de sa conduite. O tyrannie de l'impieté, en quels malheurs elle precipite les hommes? Ames infortunées qui taschét d'esteindre vne lumiere si absolument necessaire au monde, parce qu'elle découure leurs crimes: Esprits malades qui se figurent ces actions impossibles, pour qui leur malice volontaire les rend impuissants? Il s'ensuiuroit de leur opinion, qu'vn homme de bon esprit, apres auoir consommé son âge dans les estudes de Theologie, n'auroit pas de plus grandes connoissances de Dieu, qu'vn païsan nourry dans les Pyrenées sans science, & qui n'a que des habitudes sauuages dont il entretient sa vie. L'experience ordinaire des personnes doctes, les consolations, & les gousts interieurs de celles qui s'estudient à la deuotion, combattent assez ces fausses maximes, quand on ne les pourroit destruire par le raisonnement.

Il est vray, Dieu est infiny, & nos forces sont limitées, mais de là il ne faut pas conclure, que si nostre ame ne peut égaler toutes ces perfections, si elle ne les peut comprendre selon le degré qu'il les possede, qu'au moins elle n'en puisse former quelque pensée; & qu'elle ne soit obligée de s'y appliquer, & par deuoir, & par interest. De ce qu'ils disent il s'ensuiuroit qu'il n'y auroit point de beatitu-

Tome 3.

de, & que les ames innocentes ne iouïroient pas au Ciel de la vision de Dieu, parce qu'elles ne deuiennent pas infinies, & qu'elles demeurent tousiours dans vne extreme disproportion auec la nature diuine? Que s'il est vray, comme i'en feray la preuue plus bas, que les bien-heureux iouïssent de la vision de Dieu, quoy que leurs ames soient d'vne nature finie, il s'ensuit que cette qualité qui n'empesche pas les lumieres de gloire, ne doit pas empescher celles de la raison, & de la foy, & que ce defaut qui ne les exclud pas de la parfaite connoissance de Dieu, ne nous doit pas priuer de celle, que nous nous pouuons acquerir par le discours, quoy qu'elle n'égale pas ce grand obiect.

Nos yeux estant trop foibles pour voir toute la lumiere du Soleil recueillie dans son globe, & répanduë dans le monde, la reçoiuent neantmoins à proportion de leurs forces, & s'en seruent pour le discernemét de leurs obiets; Nos poulmós ne laissent pas de respirer l'air, encore qu'ils n'attirent dás eux qu'vne petite partie de sa quantité; Les moindres personnes qui ne sçauent pas dresser des panegyriques à vn Prince triomphant, ne laissent pas de s'instruire des plus remarquables de ses conquestes, pour luy donner des acclamations, & d'apprendre ses volontez, pour luy consacrer leurs seruices. Ainsi quoy que Dieu nous soit incomprehésible à l'égard de ses perfections infinies; les hommes ne laissent pas d'en auoir quelques idées qui leur feruent pour l'adorer, & comprendre cette infinité par leur puissance, comme ils connoissent la vaste estenduë de l'Ocean, quand l'œil n'en voit point les bornes.

La pierre se porte à son centre qui est immobile, par le mouuement: & nos esprits s'éleuent à Dieu Eternel & infiny, par le discours successif de la raison; tousiours neantmoins par son concours, & à la faueur des graces qu'il nous communique. Si estant vne tres-simple vnité il a voulu grauer quelques traits de sa ressemblance sur la multitude inombrable des choses materielles; s'il a determiné l'étenduë infinie de sa puissance à certaines productions; s'il nous figure son Eternité tousiours égale par la suite du mouuement; son infinité par la quantité qui a ses bornes; Pourquoy trouuera-on estrange, qu'il permette aux hommes de le connoistre & de l'adorer auec des puissances limitées? La difficulté reste donc seulement de sçauoir comment nous y deuons proceder.

---

*De deux moyens par lesquels on peut rechercher les perfections de Dieu.*

## Chapitre VII.

LA consideration du monde materiel fut le plus puissant motif qu'eurét les anciens pour s'éleuer à la cónoiffance de Dieu, & les excellences qu'ils attribuent à fa nature, furent premierement tirées par la comparaifon de celles qui tóbent deffous les fens. Comme ils virent tãt de merueilles en l'Vniuers; la bonté des chofes fingulieres en l'accópliffement de leur eftre; leurs beautez en la difference, & en la proportion de leurs parties; leurs forces, leurs vertus, leurs actiuitez, leurs amours, & cete generale alliance qui de tãt de corps, n'en forme qu'vn monde, ils commencerent à faire vn iugement particulier, & moins confus des perfections de Dieu. Car fur ce que la raifon, la Police de la nature, & de leurs Eftats, leur faifoit voir que la caufe doit contenir la vertu de fes effects, que le feu a la chaleur, le Soleil la lumiere qu'ils communiquent: le Prince toute l'authorité qu'il partage en diuers offices; ils iugerent qu'on pouuoit attribuer à Dieu comme à la premiere caufe, toutes les perfections qui fe trouuent dans les creatures, & qui de foy n'enferment aucun defaut : comme d'eftre Vn, Bon, Tout-puiffant, tres-Sage, Eternel, Glorieux, & ainfi des autres.

Et dautant que les Cieux contiennent par eminence toutes les bonnes qualitez des chofes inferieures, qui fe trouuent particulierement recueillies dans les fept planetes, ils fe feruirent de leurs noms comme de diuers concepts, pour expliquer les excellences de la nature diuine. Sa bonté par Iupiter, dont les influéces font fi fauorables, que feló

Firmicus, les hommes seroient immortels s'il regnoit seul dans le Ciel ; La profondeur de ses conseils par Saturne; son pouuoir qui par son concours donne l'actiuité à toutes choses, & qui les arme contre leurs contraires, par Mars; L'Amour eternel qui est la premiere cause du monde, d'où procede celuy qui marie les creatures, & qui entretient les generations, par Venus, sa souueraine Sagesse, d'où dépend la disposition & la conduite du monde, par Mercure; Sa Clemence qui s'accommode à nos besoins particuliers, & qui tempere ses forces à nostre portée, par la Lune, changeante en ses lumieres, & qui haste son cours pour faire en vn mois vn extraict de toutes les vertus que le Ciel promet à la terre par les periodes de plusieurs siecles : Enfin toutes ces bonnes qualitez recueillies en vn seul suiet, par le Soleil.

Sans recourir à ces noms diuins que l'idolatrie a rendus infames, & dont les peuples ont abusé, l'on peut expliquer plus nettement les grandeurs de Dieu par ces perfections que les Theologiens appellent simplement simples, à cause qu'elles n'enferment aucun defaut en leur signification. Comme dire qu'il est vn, qu'il est tres-simple, & sans composition de parties, Eternel, Infiny, Immense, tres-Sage, tout-Puissant; & afin de nous escarter de ces tiltres, dont la propre signification represente vn suiet riche de qualitez qui luy suruiennent, & imparfait de ce qu'il est dans la composition,

H iij

on peut l'exprimer par des penſées abſtraites, comme quand on dit, qu'il eſt vne vnité, vne bonté, vn Infiny, vne Sageſſe, vne Toute-puiſſance, vne gloire, vne Eternité ſans fin & ſans limites.

Il eſt vray que ces concepts portent leurs differences, & qu'ils partagent nos attentions, de ſorte que la bonté ne ſignifie pas la iuſtice, la ſageſſe l'infinité, l'amour la toute-puiſſance; mais cela procede de la foibleſſe de noſtre eſprit qui ne peut encore exprimer des perfections infinies par vne ſeule penſée. Comme il agit dans le temps, & dans vne vie qui ne continuë que par vn mouuement ſucceſſif, il eſt contraint de faire à repriſes ce qu'il ne ſçauroit acheuer en vn inſtant. Ainſi la main ne peut diſcerner la figure ronde ſi elle ne taſtonne à loiſir le corps qui la porte, & ſi elle ne ſe coule par vn mouuement doux & continu ſur l'égalité de ſa ſurface. Nous auons beſoin de pluſieurs paroles, & d'vn long diſcours pour bien repreſenter la beauté d'vn diamant qui tout d'vn coup ſe monſtre à noſtre œil, & ſe fait aimer ſe faiſant connoiſtre.

Neantmoins noſtre eſprit ſe reléue luy-meſme de ſon defaut, & fait en ſorte qu'il n'eſt point preiudiciable aux grandeurs de Dieu, quand il proteſte que ſon eſſence tres-ſimple comprend dans l'vnité, infiniment plus que nous ne pouuons repreſenter par les longueurs de noſtre raiſonnement, qu'il eſt Bon, de ſorte qu'il eſt tout enſemble iuſte, Sage, Tout-puiſſant, Miſericordieux : que ſes diuins attributs sont comme vn discours, dont il ne faut point couper les mots, ny les syllabes, qui ensemble n'expriment qu'vne pensée.

Apres nous estre figuré Dieu auec tout ce que nous connoissons de perfection pure & innocente, il faut encore aduoüer que ce que nous en disons est infiniment moindre que ce qu'il possede, & que les plus sublimes de nos loüanges ne s'arrestent que sur vne ombre refléchie de ses beautez, d'autant qu'elles sont toutes prises par la comparaison des choses sensibles, dont l'existence singuliere, les limites, les foiblesses, les déchets, les pauuretez, tousiours aux emprunts, & dans vne continuelle dependance, ne peuuent assez bien representer la premiere cause souuerainement heureuse en la iouyssance de ses propres biens, qui sont sa propre nature. C'est pourquoy, afin de purifier nos pensées des defauts qui accompagnent les attributs, que nous donnons à Dieu par vne voye positiue, nous y employons le negatif, & disons que Dieu n'a rien de tout ce qui rend les creatures moins accomplies.

Comme elles sont dans la composition & la multitude, il faut conclure qu'il est vne tres-simple vnité; si elles ont receu l'estre, & si d'elles-mesmes elles sont suiettes à le perdre, si elles sont dans certains lieux; si leurs vertus ont leurs bornes, si leurs connoissances ont des nuages ; si leur conduite est en tutelle ; si elles souffrent au rencontre des objects pour qui elles n'ont point de sympathie. De là nous inferons que Dieu est Eternel, Infiny, Immense, Impassible, Immobile, en ses connoissances, & en ses decrets, en fin nous le conceuons affranchy de toutes les imperfections des choses creées.

C'est vne merueille qu'en ce tableau que nous tirons des beautez diuines, les ombres ont plus d'esclat que les couleurs; & qu'il y a moins de defaut en nostre pensée, quand nous disons ce qu'il n'est pas, que quand nous luy attribuons quelque excellence; car estant infiny il n'est pas proprement ce que nous pouuons conceuoir auec vne puissance finie, & par des comparaisons trop basses pour sa nature; mais il est tres-vray qu'il n'a aucun des defauts dont nous l'exemptons par les attributs negatifs; & en cela nostre pensée n'est aucunement fautiue.

Voilà donc deux moyens de connoistre Dieu; l'vn de luy attribuer toutes les perfections; l'autre de le dire exempt de tous les defauts. Voulez-vous sçauoir ce que c'est que Dieu? dit Seneque, il est tout ce que vous voyez, & tout ce que vous ne voyez pas. Apres que vos yeux & vostre esprit auront contemplé toutes les merueilles de la nature, qu'vn respect sacré porte vos pensees plus loin sans bornes & sans terme, & vous fasse dire que les plus eminentes qualitez des creatures, ont moins de rapport auec l'essence diuine, que la couleur

leur noire auec le corps du Soleil: Il est tout ce que nous voyons, par ce qu'il contient tout ce que le monde a de bonté; son Essence est le principe, le fondement, & la derniere fin de toutes choses. Il est tout ce que nous ne voyons pas, d'autant qu'il contient toutes les perfections existentes & possibles, sans les defauts qui les accompagnent. C'est pourquoy les Egyptiens le figurerent par hyeroglyphique, ou sur des matieres qui ont de l'éclat, comme sur l'or, le cristail, les diamans, & les autres pierres precieuses; ou sur d'autres obscures & noires, à cause que nous en parlons, ou luy attribuant des perfections, ou le supposant net de tout ce qui leur est contraire, & qu'au reste nos connoissances ne sont iamais sans tenebres.

Nous voyons deux arts, qui par des moyens opposez reüssissent heureusemét à la mesme fin qu'ils ont de representer les corps; La Peinture par l'application des couleurs qui enfoncent, qui releuent, qui donnent les iours, les figures, les proportions, & representent les choses auec des naïuetez qui nous les font paroistre viuantes; La Sculpture tout au contraire ne fait qu'oster de la matiere sur qui elle trauaille, & apres auoir esbauché, vuidé & poly, elle trouue des proportions au naturel, dans vne masse où elles estoient confuses. Cela nous figure sensiblement ces deux moyens de connoistre Dieu, dót l'vn luy attribuë plusieurs perfections, comme des couleurs qui le representent; l'autre qui ne fait

Tome 3. L

que nier de son Essence, tout ce que la raison iuge ne luy estre pas conuenable.

Ces arts acheuent leurs œuures, toutesfois en sorte qu'ils n'égalent iamais la Nature, puis qu'ils ne font que déguiser la surface de la matiere, & laissent son interieur sans forme, sans vie, sans mouuement. Tout ce que la Theologie peut dire de Dieu par ces deux methodes, est moindre à l'esgard de ses perfections infinies, que les effects de ces arts comparez à ceux de la Nature. C'est pourquoy nostre esprit n'y est iamais entierement satisfait, & quand i'aurois toutes les sublimes pensées qui ont iamais esté dans les plus grands hommes du monde, ie découure encore des espaces infinis où ie ne puis arriuer; tout ce que i'en conçois, tout ce que i'en dits est tousiours moindre que ce qui en est, & ce que i'en voudrois penser, & en voudrois dire.

Apres tout, il faut aduoüer que cette souueraine cause se cognoist mieux par les negations, que par les affirmations; par le silence, que par le discours; & à vray dire, si ce silence mysterieux où s'instruisent les bonnes ames, se pouuoit aussi facilement communiquer que le reste de nos pensées, nos raisonnemens seroient moins necessaires; mais au moins il faudroit des paroles pour expliquer ce silence, & l'esprit n'y deuroit pas apporter moins d'estude que dans la Theologie affirmatiue; comme le trauail du Sculpteur qui fait son œuure en oſtant, eſt plus rude & plus empreſſé que celuy du Peintre qui acheue ſon deſſein couchant les couleurs.

I'ay veu là-deſſus les Liures des plus grands Theologiens, & i'ay taſché d'eſclaircir leurs concluſions par des raiſonnemens pris de la nature ſelon mon deſſein ; Mais il eſt vray que ie demeure confus quand ie conſidere l'eſtenduë de cette matiere, qui laiſſe touſiours plus à deſirer qu'on ne découure ; principalement entre vne guerre d'opinions, où les forces de l'eſprit ſont diuerties par les difficultez qu'il trouue à prendre party. Mon Dieu qui rendez les langues des enfans diſertes ; conduiſez ma plume ; & puis que ie ne trauaille que pour voſtre gloire, donnez moy la grace de toucher les cœurs qui s'y oppoſent, afin de les conduire à la Foy, par la raiſon.

*Il n'y a qu'vn Dieu.*

## Chap. III.

LA grandeur de noſtre ſujet ne nous permet pas de proceder auec l'ordre qu'on ſe preſcrit aux autres matieres, où l'on ſe fait iour par vn progrez plein de douceur, & qui d'abord ne bleſſe point l'œil de trop de lumiere. Dieu dont nous voulons deſcrire les excellences, eſt infiny, eternel, tres-simple & sans distinction de parties ; C'est pourquoy quelque diuersité que l'on se propose pour s'en faciliter le concept, l'excellence de sa nature surmonte tousiours l'effort de nostre artifice, & nous presente à coup tous ses attributs dans le discours qu'on ne pensoit faire que d'vn seul. Cela nous contraint d'anticiper dans ces premiers Chapitres sur les preuues que nous deuons faire dans les suiuants, & quelquesfois de repasser en peu de mots sur les raisons d'vn autre discours. Ainsi nous ne pouuons connoistre l'Vnité de Dieu, sans en jetter les fondemens sur plusieurs autres de ses attributs, & sur cette maxime generale, qu'il possede des perfections infinies. Nous auons desia dict beaucoup de choses sur ce sujet dás le premier Tome, neantmoins le suiet particulier de celuy-cy m'oblige d'y joindre encore cette speculation pour prouuer qu'il n'y a qu'vn Dieu.

Cette verité qui semble auoir esté combatuë par la creance commune des peuples dans le paganisme, estoit neantmoins si nette & si tranquille dans l'esprit de tous les Philosophes, que pas vn de ceux qui estoient en quelque consideration n'en a fait aucune difficulté. Trismegiste, Platon, Aristote, Plutarque, Ciceron, Seneque, la publient vne infinité de fois dans leurs œuures; c'est le premier principe, & la consequence commune de toutes leurs speculations morales, ou naturelles. S'ils contemplent les vastes corps des Cieux,

& des élemens dans des alliances qui de tous ne forment qu'vn monde; s'ils voyent dans les composez vne inombrable diuersité de parties, de vertus, d'actiuitez, sous le gouuernement d'vne seule forme; quand ils considerent que les choses mesmes inanimées se monstrent industrieuses en leurs resistances pour se garentir de la diuision, comme d'vn mal, qui apres auoir abbatu les forces, ruine l'essence; Ils iugent qu'il n'y a qu'vne seule premiere cause, qu'vn entrepreneur de ce grand ouurage du monde, qu'vne Essence vniuerselle qui le remplit, qui le soustient, & qui ne doit estre qu'vne, ou elle ne seroit pas ce que nous deuós necessairemét croire qu'elle est. Le Ciel nous monstre quantité d'estoilles fixes de mesme grandeur, mais il n'y a qu'vne planete de mesme espece; qu'vn Soleil qui contient les vertus de tous, auec vne lumiere hors de toute comparaison; les plus belles choses de la nature sont vniques aussi bien que les plus grandes charges d'vn Estat; aussi on leur donne le prix par la rareté, & on explique leur excellence, quand on dit qu'elles sont sans pareil. Or il faut supposer en Dieu, tout ce qui peut estre de perfection. C'est donc vne extreme absurdité, de dire qu'il y en ait plusieurs, & de rendre vne bonté que nous iugeons souuerainement accomplie, commune à plusieurs essences.

 La multitude des choses procede de certaines conditions indiuiduelles, qui en les perfectionnant, marquent leur defaut, en ce qu'elles ont besoin de ces secours estrangers, & leur imposent vne seruitude en mettant des bornes à leur existence. Ie feray voir que celle de Dieu est autant esloignée de la composition, que du defaut, qu'elle est simple, & abstraite de la multitude & du singulier; Il n'y a donc qu'vn Dieu, comme il n'y a qu'vne blancheur, quand nous la considerons en elle-mesme separée de tous ses sujets.

Si Dieu est vn principe infiny en bonté comme i'en feray la preuue, il est impossible qu'il y en ait plusieurs, par ce que chacun possedant toute l'éstenduë de la bonté sans aucune limitation, l'vn seroit l'autre, & on ne peut admettre de multitude sans difference.

Que si la nature diuine se pouuoit multiplier, elle se pourroit multiplier à l'infiny, à cause que sa puissance ne doit point receuoir de bornes, & qu'il ne se trouue point d'authorité superieure qui les luy impose: si elle peut estre multipliée à l'infiny, elle le doit estre en effect, d'autant que cette nature est tout acte, extremement éloigné de la puissance passiue qui est vn defaut, vn vuide, vne imperfection propre à la matiere. Il y auroit donc vn nombre infiny de Dieux, ce qui n'est pas possible; ou toutes choses qui ont l'estre, & qui le peuuent auoir, seroient des Dieux, parce que l'existence singuliere qui fait nombre, pourroit estre adioustée à celuy qu'on supposeroit desia de Dieu; Ainsi

DES PERFECTIONS DE DIEV. 71

il n'y auroit chose aucune possible ny existente, à cause que ces Dieux en occuperoient la place: il n'y auroit point d'imperfection, tout estant d'vne côdition diuine, outre mille autres absurditez que l'esprit peut remarquer dans cette multitude infinie, & sans limites.

Par tout où se trouue la multitude, ses parties sont dans vne notable difference de vertus, & ordonnées de sorte que les moindres dependent des plus accomplies. Cela se void dans les élemens, dans les parties de nostre corps, dans toutes les assemblées, & toutes les especes de gouuernement, quoy que l'estat populaire s'efforce de mettre tous ses citoyens dans vne grande égalité de droicts, neantmoins il ne subsisteroit pas seulement vn iour, s'il n'éleuoit les personnes de plus grande capacité aux charges à qui le reste du peuple rend obeïssance. Cela ne se pourroit pas pratiquer entre le nombre infiny de Dieux, qu'on suppose dans vne égalité de perfections, & dont la durée, qui consiste en vn moment eternel; & la puissance qui doit estre tousiours la mesme, ne donneroient point lieu à vn gouuernement successif.

Que s'ils sont égaux en perfections infinies, leur multitude est inutile, parce qu'vn seul seroit suffisant pour tout ce qu'on se peut imaginer de grandeur; & puis c'est supposer ce qui emporte vne manifeste contradiction, comme i'ay dit. Ou si leurs vertus sont differentes, ils ne sont plus

Dieux, eſtant imparfaits, l'vn pourroit vouloir ce que l'autre ne voudroit pas, & dans leurs diuiſions le monde ſe verroit reduit à de plus lamentables calamitez, que n'en ſouffrit Rome durant les guerres ciuiles de ſes citoyens ambitieux. L'vn pourroit connoiſtre & agir ſans l'authorité de l'autre; mais ce qui feroit vne marque de ſa puiſſance, mettroit des bornes à celle de ſon competiteur, ſur qui reciproquement il n'auroit point d'empire; ainſi pas vn ne ſeroit infiny en ſageſſe, ny en puiſſance: & comme chacun ſeroit enuironné d'vn nombre infiny d'égaux, ſa iuriſdiction n'auroit aucune eſtenduë; s'il n'a point de droict ſur tout ce que les autres peuuent ſans luy, il eſt infiniment plus dans le defaut, la priuation, la foibleſſe, & l'impuiſſance, que dans la perfection & l'authorité.

Ces raiſons obligerent les Philoſophes de parler des Dieux autrement que les Poëtes. Car Platon dit, qu'il y a vne ſouueraine Vnité, vne premiere Cauſe, vn premier Moteur, vne ſouueraine Intelligence qui a donné l'eſtre à toutes les autres; que ſi elles ſont immortelles, c'eſt qu'elle les veut conſeruer en cét eſtat; ſi elles ont quelque puiſſance, ce n'eſt que par ſa commiſſion, enfin il parle des Diuinitez inferieures à l'égard d'vn ſouuerain Iupiter, comme nous faiſons des Anges comparez à Dieu, de qui ils peuuent tenir le gouuernement des Cieux, des Elemens, des Royaumes.

Mais

Mais au reste il est certain que tout releue d'vn seul, & que le monde est conduit par la Monarchie, comme par la plus parfaite, la plus seure, la plus durable, la plus glorieuse espece d'Empire. Si quelques-vns luy preferent l'Aristocratie, c'est parce qu'il faut apprehender qu'vne seule teste n'ait pas toute la sagesse; que les ambitions, les prodigalitez, l'humeur feroce d'vn Prince, ne changent le gouuernement Royal en tyrannique, & que l'Estat au lieu de faire quelque progrez, ne souffre de grandes alterations sous les diuers iugemens de ceux qui viennent au Sceptre. Tous inconueniens qui ne se peuuent pas rencontrer en Dieu, souuerainement bon, sage, tout-puissant, & dont les decrets sont inuariables. D'où il faut conclure qu'il est seul, puis que les excellences de sa nature luy donnent tous les biens purs, sans aucun des inconueniens qui accompagnent la Monarchie.

La consultation de plusieurs personnes peut donner de grandes lumieres aux affaires; mais quand il faut tirer vne bonne resolution d'vne multiplicité d'aduis, vn seul y est necessaire, & les grands desseins n'ont iamais eu de fauorables yssuës, que sous la conduite d'vn seul qui passoit les autres en prudence; la Loy domine, & tient le lieu d'vn Monarque dans l'Aristocratie; quoy que les dignitez n'y doiuent pas estre perpetuelles, pour rompre les entreprises de ceux qui pretendent à la Souueraineté ; neantmoins il faut y entretenir certains offices non fuiets au changement, pour empefcher celuy de tout l'Eftat, & faire qu'au moins il ait quelque partie immobile fur qui fes mouuemens puiffent rouler fans confufion. Ce qui fait connoiftre que l'Vnité donne la force à la multitude, par l'ordre, par la iuftice, par la verité ; qu'elle eft toute-puiffante fi l'on la confidere feule affranchie des defaux mortels, & qu'ainfi elle appartient au gouuernement de Dieu.

Nous experimentons que la police de noftre vie eft plus tranquille, les entreprifes de nos actions beaucoup mieux reglées, lors qu'il n'y a qu'vn Dieu qui regne dedans nos cœurs, & que fes volontez nous feruent de Loy; que fi les paffions y éleuent plufieurs idoles, d'vn Mars par la cholere, d'vne Venus par l'impureté, d'vne Diane par l'inconftance, d'vn Saturne par les haines irreconciliables; l'ame en ce miferable eftat fouffre des inquietudes, des pauuretez, des feditions, ou perdant fes forces, elle tombe en la puiffance de fes ennemis, & ruine en foy l'image qu'elle deuoit conferuer de l'vnité de fon principe.

## De l'Vnité essentielle de Dieu.

### Chapitre IX.

LOrs que les nuées nous couurent la face du Ciel, nous ne laissons pas de connoistre le costé du Pole par le moyen de l'aymant; sans leuer les yeux on peut iuger où est le Soleil sur nostre horizon, si on regarde les Heliotropes: & sans sortir de nous mesmes nous auons de puissans indices des grandeurs de Dieu, par les inclinations de nostre ame, qui le recherche par sympathie, comme le principe de son estre & de sa gloire. De sorte qu'on peut iuger qu'il possede tout le bon-heur dont nostre esprit libre de la tyrannie des sens conçoit les desirs, & qu'il est dans cét estat de souueraine felicité, que nos puissances meuës par ses attraits, se proposent pour derniere fin. Or quand nostre intellect tire vne conclusion de plusieurs antecedens; quand sa curiosité se fait iour dans les secrets du monde; quand il visite les Cieux, les Elemens, les abysmes; qu'il examine les Arts, & les Sciences, c'est qu'il veut découurir vne verité égale par proportion en toutes choses. Tous les Sceptres, tous les thresors, tous les honneurs, toutes les beautez du monde ne sont pas capables de donner vne pleine satisfaction à nos volontez, parce qu'-

elles souspirent pour vn bien vniuersel, qui ne se trouue pas en toutes les choses creées, où la perfection n'est que par piece, imparfaite, & sa iouyssance n'est permise que par interualles. Il y a donc vne premiere Verité, vn original de la nature & de la raison, où aspire nostre Intellect, vne Bonté infinie, vne Essence tres-simple, qui contenant tous les biens possibles, est souuerainement heureuse en soy, & le legitime obiect de nos amours.

Ce procedé de nos ames qui montent tousiours en desirs vers vne Essence tres-simple, souuerainement parfaite, & dégagée de toute composition, est conforme à celuy de la nature, où nous voyons que la multitude se rapporte à l'vnité, & que les plus nobles causes contiennent par éminence les perfections partagées entre les inferieures; l'indiuidu se rapporte à son espece; l'espece à son genre; tous les genres à celuy de l'estre, que nous appellons generalissime; le temps & le mouuement, à l'instant indiuisible; les nombres à l'vnité; toutes les figures geometriques à la circulaire, qui est la plus simple, & neantmoins la plus capable de toutes; le cercle à son centre, qui est l'origine de son égalité: Des accidens qui reçoiuent le plus & le moins, l'on vient aux formes substantielles, affranchies de cette diuersité: Des Elemens & des mixtes l'on monte aux corps celestes, plus simples, & moins suiets aux alterations; De là aux formes independantes de la matiere, & puis aux substances qui en sont toutes separées, comme ie l'ay déduit au precedent Tome, Les lignes qui s'approchent tousiours d'autant plus qu'elles s'écartent de la circonference, se ioignent enfin, & deuiennent vn poinct indiuisible au centre où elles tendoient; Ainsi ce progrez de la nature, qui s'esleuant de la multitude & de la diuision commune aux petites choses, r'allie tant qu'elle peut ses vertus dans l'estat qu'elle a le plus accomply, nous monstre sensiblement qu'il y a quelque essence tres-simple, qui luy tient lieu de fin, & de principe, & qui contient toutes les perfections imaginables, dans vne souueraine Vnité.

Nos Ames & les Intelligences sont immaterielles, comme ie l'ay prouué, neantmoins elles ont quelque espece de composition, en ce que leur existence est comme vne partie qui se joint à l'estre pour l'accomplir; Elles sont perfectionnées par plusieurs puissances, plusieurs accidens; leur estre qui est dans la dependance n'est pas necessaire, & pour expliquer cét estat où elles sont capables de priuation, de déchet & d'accroissement, on dit qu'elles sont composées d'acte & de puissance. Ce sont là des taches & des defauts en leur nature, d'autant que tout composé signifie de l'imperfection, en ce que l'vne de ses parties a besoin d'estre soulagée d'vne autre, à qui elle tient lieu de matiere; & comme elles profitent reciproquement de leur vnion, elles nous asseurent de leur commune indigence. Ces parties estoient en estat de pouuoir s'vnir, deuant qu'estre vnies; c'est pourquoy elles ont eu besoin d'vne vertu estrangere, qui les ait portées à l'vnion, parce que n'ayant en propre que la puissance, elles n'ont peu d'elles-mesmes la reduire en acte; Enfin tout composé ne tenant ses perfections que d'emprunt; estant dans vne dependance mutuelle, & d'vne authorité superieure, se peut dissoudre, cesser, ou perdre ses excellences, perdant le secours des causes qui l'entretiennent. Ce seroit vn grand blaspheme de se figurer ces desaduantageuses qualitez en Dieu, & d'offenser sa nature de ces reproches. Estant Eternel, Infiny en puissance, & en perfection, comme nous en ferons la preuue; il n'a iamais esté en estat de n'estre pas, de receuoir son essence d'vne autre cause, de la perdre; ou y souffrir du déchet, sous quelque effort qu'on puisse s'imaginer.

Aussi n'est elle pas perfectionnée par des accidens dont la nature est coulante & fragile, dautant que par ce moyen il seroit suiet à des alterations contraires à son immutabilité; Il ne seroit pas la premiere cause, puis qu'il seroit dans la dependance de celle qui l'enrichiroit de ces faueurs; il auroit quelque chose en soy qui y seroit par vne existence moins noble que celle de la substance; Enfin il ne seroit pas vn estre necessaire, opposé au contingent, qui peut estre, & n'estre pas; Toutes considerations dont la moindre estant bien pesée, forcent

### DES PERFECT. DE DIEV. 79

nostre raison d'auoüer, que Dieu est vne Essence tres-simple, & libre de toute composition, comme elle est souuerainement parfaicte.

De là il faut necessairement conclure qu'il n'est pas vn corps, par ce que le corps de soy est composé, finy, diuisible, perissable, qui doit ses forces, & son mouuement à vne vertu estrangere, en comparaison de laquelle il est moins noble, puis qu'il en est le suiet, & le feudataire.

Nous auons fait voir au Liure de l'Immortalité de l'ame, & des Anges, que les choses ont d'autant plus de perfection, qu'elles sont dégagées de la matiere, & moins dans la condition commune des corps. Dieu donc que nous deuons reconnoistre riche par Essence, de toutes les perfections, & affranchy de tous les defauts imaginables, est vn Estre tout spirituel, tres-simple, & vne Vnité qui ne souffre point de diuision.

L'Vniuers porte son Image par vne vnité non pas simple, mais composée, par ce qu'il ne pouuoit estre égal à son principe, & qu'il deuoit representer son infinité par la multitude. Neantmoins ses parties ont tant de rapport, qu'on peut dire auec Anaxagore, que tout est en chaque chose, & que le monde est comme ces glaces de miroir, dõt la continuité est distinguée par de petits ronds qui representent chacun l'espece d'vn mesme obiect à proportion de leur grandeur. Toutes les choses materielles iusques aux moindres, sont composees des quatre Elemens, & d'vne cinquiéme essence; elles ont leur forme & leur matiere; leur genre, leur espece, leurs proprietez, leurs accidens; elles se reposent dans leur vnité singuliere, qui est leur bien. Ainsi l'on peut faire de grãds discours sur les moindres choses, & bastir vne science des mouches aussi bien que des Corps celestes, puis que ce n'est qu'vn mesme Art, qui fait diuerses productions sur differentes matieres. I'ay aussi monstré que toutes les parties du monde s'entretiennent par vne suite extremement douce, & si continuë, qu'elle ne laisse point de vuide, non plus dans la liaison des especes, que des corps qui emplissent le lieu.

Nostre ame qui estant immaterielle, a plus de rapport auec le premier principe, ne se contente pas en ses desseins, de cette vnité de composition, qui paroist au monde, mais elle en affecte vne plus simple, & qui est autant qu'elle peut, desgagée de la multitude. C'est ce qu'elle entreprend par les Arts qui font vn métail de plusieurs; vne eau, vne essence, vn remede d'vn grand nombre d'ingrediens, par des mixtions où les parties perissent pour former vn nouuel estre, & vn effect meilleur que ne sont ses causes. Les Legislateurs qui voulurent introduire la communauté de biens entre les peuples, en ostant les termes de mien, & de tien, curent cette idée, mais l'issuë n'en fut pas heureuse, parce que ces biens estant materiels, ils sont dans la condition de toutes les autres choses de mesme nature,

nature, qui doiuent estre dans la diuersité, & partagez selon les besoins de chacun. Mais pour ce qui est du gouuernement raisonnable, qui s'étend sur la nature spirituelle, l'vnité y est à souhaitter autant qu'il se peut, & les Republiques seroient affranchies de leurs plus insignes calamitez, s'il estoit possible que leurs peuples n'eussent qu'vn cœur, & qu'vne intention. Aussi on laisse le moins que l'on peut de choses à l'arbitre des Magistrats, d'où peut naistre la diuersité, & on determine quasi tout par la Loy qui regne dans la Republique, comme Dieu dans l'Vniuers.

Neantmoins cette Image de l'vnité diuine est est extremement defigurée par vn nombre presque infiny d'accidens, où il faut interpreter la Loy, l'estendre, la racourcir, quelques fois luy imposer le silence, & violenter son equité dans vne cause particuliere pour vn bien public. Il n'y a que le Sage qui se rendant maistre de ses passions, se tirant de la multitude, où s'embarassent les foibles esprits, & se recueillant en luy-mesme, se rend plus semblable à l'vnité essentielle de Dieu. Quand il s'est vne fois prescrit la Loy diuine pour vne regle certaine de ses actions, il est tranquille entre les tumultes de la Cour, les persecutions de la malice, les rauages de la fortune, & se donne vne liberté contre qui toutes les tyrannies du monde deuiennent impuissantes.

Les eaux qui boüillonnent toutes pures naisfantes de leur source, ne gelent point; nos corps seroient exempts de douleurs, au moins vn simple remede les remettroit en santé, dit Hipocrate, s'ils n'estoient point composez de parties contraires. Ie puis dire que l'ame s'affranchit des inquietudes du monde si elle n'y mesle point ses affections, si elle se rend à elle-mesme pour se donner toute à Dieu, à cette supreme Vnité qui est son bon-heur; Quand elle quitteroit les triomphes, les Gouuernemens & les Empires pour se recueillir dans cette glorieuse Vnité; elle ne se met pas à l'estroit, mais elle donne vne vaste estenduë à ses puissances, puis qu'elle s'allie d'amour à la nature diuine, qui est tellement vne, qu'elle est infinie.

*De l'infinité de Dieu.*

## CHAP. X.

CE tiltre semble d'abord interdire ma plume, aussi bien que mes pensées, par la proposition d'vn object sans terme, dont on a suiet de croire qu'il est impossible de se former vn terme mental. Si vne seule des perfections diuines épuise toutes les forces de l'eloquence, le moyen de faire vn discours de celle qui les comprend toutes, qui en est & le sommaire, & le fondement? Car si vous demandez pourquoy Dieu est par essence en tous

### DES PERFECT. DE DIEV.

les espaces; pourquoy il est eternel, tout sage, tout-puissant, dans vne gloire exempte de toute alteration; la responce qui satisfait à toutes ces difficultez, c'est de dire qu'il est infiny ; non seulement parce qu'il est la premiere cause sans commencement, & sans fin, mais en ce qu'il possede par essence toutes les perfections possibles, sans nombre, sans terme, sans mesure, sans que chose aucune si accomplie qu'elle soit, les puisse égaler. Nostre dessein n'est donc pas de representer par le discours, ce qui ne peut estre compris de la pensée: Ie n'entreprends pas de mettre tout l'Occean dans vne coquille, ny de supporter toutes les lumieres d'vn Soleil, dont le moindre rayon esblouyt nos yeux; mais au moins il nous est permis d'expliquer sa grádeur par nostre foiblesse, & nos esprits surmontez peuuent ioindre leurs experiences à la raison, pour conclure que les perfections diuines sont infinies.

Pour expliquer cette infinité, il ne suffit pas de dire, que Dieu estant la premiere cause, contient par éminence la bonté de toutes les autres, par ce que ces bontez particulieres, quoy que l'on les considere en gros, sont tellement limitées, qu'elles peuuent receuoir de l'accroissement ; & Dieu ne feroit pas infiny , s'il n'auoit ses excellences que dans certaine mesure; Elles excedent donc toutes les choses creées, autant qu'il est possible, & qu'on se le peut imaginer, c'est à dire à l'infiny. Car donnez moy telle perfection limitée que ce soit, elle peut receuoir, & nous luy pouuons fouhaiter de l'accroiffement ; ainfi Dieu n'auroit pas toutes les perfections poffibles, s'il ne les auoit infinies.

Il me femble qu'il eft infiny, par ce qu'il eft le premier des eftres, qu'il n'y a point d'inftant imaginabler où il n'ait eu fon exiftence ; ainfi eftant de luy-mefme, fans commencement, & dans vne parfaite independance qui laiffe tous les principes, & toutes les caufes infiniment au deffous de foy ; il a deu poffeder en acte toute l'eftenduë de l'eftre poffible ; dautant que l'acte eft deuant la puiffance, comme l'vnité deuant les nombres, & les chofes ne font poffibles, qu'en fuppofant l'acte & la caufe qui leur peut donner l'eftre: S'il eftoit donc poffible qu'il y eût des perfections infinies, elles eftoient en effect dans ce premier eftre, dont l'exiftence independante & neceffaire, exclud le poffible, & le contingent.

Les limitations procedent toufiours d'vne puiffance fuperieure qui eftablit l'ordre, difpenfant les offices felon la capacité des fujets ; Ainfi le Prince qui a la fouueraine puiffance de fon Royaume, diftribuë les charges, leur affigne les exercices & les refforts, & faict que l'vne a l'intendance fur l'autre. Voilà comment la fouueraineté precede la limitation, dont elle eft la caufe ; & comme Dieu eft infiny, deuant qu'on fe doiue rien imaginer de poffible, il s'enfuit de là que fon exiftence n'a point de limitation, n'y ayant point de cause antecedente qui la luy puisse auoir donnée; Il ne l'a pas aussi de luy-mesme, d'autant qu'il est d'vne nature tres-simple, éloignée comme nous auons dit, de toute composition, d'acte & de puissance. Or comme vne pure priuation telle qu'on se la peut imaginer, n'a aucune partie de bonté, ainsi l'estre simple qui luy respond par opposition, ne doit estre dans aucun defaut. La qualité qu'il porte d'vniuersel, luy donne aussi cette insigne prerogatiue, & fait qu'il possede toutes les perfections possibles de l'estre, comme vne blancheur considerée dans l'abstraict, a tout ce qui est de la blancheur.

Nous auons icy quelques images de cét infiny, dans la puissance de la matiere, la multiplication des nombres, la diuision de la quantité, & dans ces vastes espaces que nostre imaginatói se represente sans bornes au delà du lieu. Il faut donc admettre vne Verité réelle, & vn naturel de ces portraicts; vne Essence qui soit infinie par effet, comme toutes ces choses ne le sont qu'en puissance; & si nous conceuons l'Infiny, il doit estre, autrement nostre concept qui n'est qu'vne action du nombre des accidens, auroit plus d'étendüe que la substance; & le Createur seroit plus parfait dans l'idée de ses creatures, qu'il ne le seroit en luy-mesme.

Les anciens eurent vne idée confuse de cette

perfection de Dieu, lors que plusieurs Philosophes assignerent l'infiny pour principe de l'Vniuers, quoy que l'application particuliere qu'ils en firent fût fausse ; Et quand les Romains disoient que leur Dieu Terminus estoit sans terme, & que pour cét effect il n'y auoit point de couuerture à l'endroit où il estoit posé dans le Capitole ; les Sages interpreterent cela autrement que les politiques, & l'appliquerent à Dieu, qui a l'infinité comme pour specification de sa nature ; que si nos connoissances & nos amours s'étendent sans aucunes bornes, qu'il doit y auoir quelque infiny capable de les satisfaire.

Si l'esprit trouue de la difficulté à conceuoir comment Dieu peut-estre vn, & neantmoins toutes choses ; & comment cette estroite & indiuisible recollection d'vnité s'accorde auec les vastes étenduës de l'infiny : il en aura l'éclaircissement s'il considere les plus nobles causes, qui en la singularité de leur nature contiennent par éminence les diuerses perfections des choses inferieures ; comme l'ame raisonnable, celle du vegetable & du sensitif ; les Cieux, toutes les qualitez des élemens, & des mixtes, dans vne essence que la plufpart des Philosophes appellent simple & dégagée de composition ; Vne figure de Geometrie peut auoir des angles sans nombre qui la rendent inégale & rabboteuse, mais à force de les multiplier, ces disproportions se couurent, & il s'en fait vn cercle, dont la circonference égale & polie reduit la multitude qu'elle contient en l'vnité. Si vous tirez vne grande ligne droite en trauers, auec vne perpendiculaire au milieu, sur qui l'on pose vn pied du compas pour former plusieurs cercles, dont la circonference touche la ligne superieure, le plus petit cercle la touche fort peu ; les autres l'approchent, & la suiuent dautant plus qu'ils sont plus grands ; de sorte que si la perpendiculaire estoit estenduë à l'infiny pour y poser le pied du compas, la circonference du cercle qui en seroit tiré, égaleroit la ligne droite; ainsi la ligne courbe, & la ligne droitte ne seroient plus qu'vne mesme chose. Comme ces vnions de choses differentes & contraires, se iustifient par des preuues qui ne sont pas dans les sentimens communs, on peut iuger que l'Estre infiny comprend en son vnité toutes les perfections possibles par des moyens ineffables & qui surpassent les plus sublimes de nos pensées.

Mais dit-on, s'il est infiny, il doit remplir toute l'étenduë de l'estre, & n'y laisser point de place pour les existences des choses particulieres; comme s'il y auoit vn corps d'vne grandeur infinie, qui occupast tout le lieu, il seroit seul, & n'en permettroit point d'autre. Ie responds que Dieu n'est pas dans l'ordre des choses creées, pour empescher leur existence par la sienne ; il est infiniment au dessus des substances & de la nature; c'est vn estre tout abstraict de la puissance & de la matiere. Or comme s'il y auoit vne blancheur abstraite, elle n'empes-cheroit pas qu'il n'y en eust de particulieres atta-chées à diuers sujets ; Ainsi l'existence infinie de Dieu n'exclud pas celle des choses creées. Vn corps infiny ne laisseroit point de place pour les autres, parce que les corps se font de la resistence, & ne peuuent compatir en mesme lieu; mais si la penetration leur estoit permise, il y en pourroit auoir plusieurs compris dans celuy dont la quantité seroit estenduë par tous les espaces. Les rares qualitez du Ciel n'empeschent pas l'alteration des choses mortelles, qui perdent la vie sous vn Soleil tousiours égal en ses lumieres. Hé! pourquoy s'imaginer que l'essence de Dieu doiue exclure toutes les autres, & que ses perfections doiuent nettoyer tous les defauts? C'est le priuilege de sa nature d'auoir cette infinité ; ainsi elle doit laisser les choses qui sont subalternes dans vn estat inferieur, autrement il ne seroit pas le premier des estres, la premiere cause & la plus parfaite ; il ne pourroit rien produire, il auroit les mains liées par la propre infinité de sa puissance; Il ne pourroit rien, parce qu'il pourroit tout, si pour estre infiny il occupoit tellement toute l'étenduë de l'estre, qu'il ne pût faire aucunes productions. Cette infinité n'est donc pas materielle, & n'est pas tout ce qui est de particulier, parce qu'elle seroit imparfaite; mais elle cósiste en vne certaine éminence, qui contient toutes les bontez possibles, & les surpasse sans aucune proportion.                                     Nature

DES PERFECTIONS DE DIEV. 89

Nature admirable qui semble petite, en ce qu'elle n'a point de parties, neantmoins infinie, puis qu'il n'y a point de perfections possibles qu'elle ne contienne. Pour nous conformer à cette Vnité infinie autant que nostre condition nous le permet, il faut que nostre cœur deuienne tres-simple, ne meslant point ses affections auec les choses sensibles ; & qu'vne profonde humilité nous fasse paroistre moindres en la presence de Dieu, que n'est vn atome en comparaison de toute la terre. Et puis l'adorer auec cette grandeur de courage qui nous éleue au dessus du monde, qui nous fait regarder sous nos pieds, comme de petites ordures, ces pompes dont la vanité des hommes s'est fait des idoles. C'est pour la connoissance, pour l'amour, pour le seruice de cette nature infinie, que nous deuons déployer les auiditez comme infinies de nos puissances ; elle est seule capable de les satisfaire ; ie ne dis pas seulement dans l'Eternité de la gloire que nous esperons au Ciel, mais encore durant les infinitez de cette vie, elle nous comble de tant de douceur, que nos ames qui paroissent auparauant capables de tout, se trouuent trop foibles pour les supporter. Elles souffrent dans ces trop grandes inondations de graces ; elles languissent heureusement parmy ces amoureuses transformations, & confessent qu'il faut vn autre estat & vne autre vie, pour posseder pleinement cet infiny.

Tome 3.                                         M

*De l'Immensité de Dieu.*

## Chapitre XI.

IL semble que le premier appetit de toutes les choses sensibles soit de se donner de l'étenduë, puisque dés l'instant de leur formation elles croissent, & employent tout ce qu'elles ont de vertu pour profiter en grandeur. Les corps que nous manions tous les iours paroissent petits à nos yeux; neantmoins c'est vne merueille de remarquer qu'ils contiennent en racourcy tous les espaces du lieu ayant toutes les dimensions de la quantité. Il y a quelques animaux & quelques simples qui croissent autant qu'ils durent; les autres seulement iusques à vn certain âge, où les principes de leur vie deuenus trop foibles, pour faire de nouueaux acquéts, ne trauaillent plus qu'à leur conseruation; de sorte que s'ils ne remplissent point dauantage de lieu, ce n'est pas faute d'appetit, mais par impuissance. Au reste ils suppléent à ce defaut de leur quantité, par l'emission des qualitez occultes, & des especes qui les representent dans les espaces, où ils ne peuuent estre de corps. La lumiere qui est la plus noble de toutes les qualitez sensibles, tesmoigne tant d'auidité d'occuper tout le lieu, qu'elle s'y répand en vn instant; si le corps qui la produit n'est pas assez fort pour éclairer tout l'espace qui est entre nous & luy, au moins il fait vne grande diffusion d'especes qui nous le monstrent de bien loin plus grand que le naturel. Nos yeux les reçoiuent, & ils s'étendent de la terre iusques au Ciel, ils découurent en vn instant la moitié du monde; Les oreilles entendent aussi les sons de bien loin, & ces deux sens, qui comme les plus nobles de tous, sont seuls capables de la beauté, ont leurs puissances plus étenduës dans le lieu. C'est par leur moyen, & par le mouuement local, que les animaux sont quasi par tout, ce que les oyseaux ont par auantage à cause qu'ils sont dominez du feu, qui est le plus noble des élemens.

 Ces corps qui auec les Cieux ont partagé tous les espaces du lieu, gardent cét ordre, que ceux dont les qualitez sont plus eminentes, ont aussi leurs Spheres plus étenduës, de sorte qu'elles enferment les inferieures. La mer estant auprès du Pole, éloignée des chaleurs qui luy sont côtraires, inonde toute la terre, & se creuse des abysmes sans fôds, où naissent ces monstres dont la grandeur nous est vn prodige. Enfin c'est vne loy commune de la nature, que plus les choses sont fortes & parfaites, plus elles se donnent d'étenduë dans le lieu, & l'occuperoient tout si leur puissance égaloit leur inclination. De là i'ay conclud au Traicté des Anges, que le nombre estant entre les choses spirituelles, ce qu'est la grandeur entre les corps, ces bien-heu-

M ij

reux esprits doiuent estre en plus grand nombre que les especes inferieures. Ceux des plus hautes Hierarchies ont les spheres de leur actiuité plus étenduës, selon mesme l'opinion d'Aristote, qui tient l'Intelligence motrice du premier Mobile, la plus parfaite de toutes, parce qu'elle est presente au globe le plus grand, & le plus actif.

Cette Loy generale de la nature nous monstre que c'est vn bien d'occuper beaucoup de lieu, puis que toutes choses en ont le desir; que les plus parfaites en ont plus de jouyssance; & que quand elles n'y peuuent estre elles-mesmes, elles s'y representent par des moyens qu'elles substituent en leur place. Ainsi les corps remplissent de grands espaces de l'air de leurs especes; le Soleil nous éclaire la nuict par les étoilles; les planetes qui sont sous la terre, enuoyent leur irradiation dans les signes opposez, d'où elle se reflechit dessus nous, auec quasi la mesme force que s'ils estoient eux-mesmes sur l'Horison. Si donc c'est vn bien d'estre en tout lieu, & si c'est estre aussi riche en la nature, que l'est entre les hommes, celuy qui a de plus grandes possessions; au contraire si ce qui est reduit dans vn petit espace, est dans vne pauureté semblable à celle des païsans, qui n'ont droit que dans leurs cabanes, il faut conclure sans difficulté que Dieu est par tout, parce qu'entre toutes ses perfections, il doit auoir celle-cy qui est souhaitée de toute la nature, & qui n'enueloppe aucun defaut.

Il est Infiny, comme nous l'auons prouué, il est donc Immense, c'est à dire, qu'il n'y a point de lieu qu'il n'occupe, sans bornes, & sans aucunes limites, par ce que la limitation, comme elle n'est pas toute dans l'acte, & qu'elle peut receuoir de l'accroissement, elle signifie vn defaut qu'on ne doit iamais supposer en Dieu.

S'il n'estoit point en tout lieu, il se pourroit mouuoir, & acquerir vne nouuelle situation, qui luy seroit ou pire, ou meilleure, ce qui est fort esloigné de ses perfections, qui ne peuuent receuoir de déchet ny d'accroissement. Son Essence est vne bonté infinie, sa diffusion doit donc estre sans aucunes bornes ; C'est vne cause vniuerselle qui doit tousiours estre presente à ses effects pour les soustenir ; & si nostre ame est toute en chaque partie de nostre corps; pourquoy Dieu ne seroit il pas tout en chaque espace du lieu?

Les Princes voudroient pouuoir estre tout à la fois en toutes les places de leur Empire, pour agir d'eux-mesmes, pour voir, pour entendre autrement que par les yeux & par les oreilles d'autruy. Quand ils n'ordóneroient rien, leur presence a vne secrette vertu qui retient les peuples dans le respect, qui se concilie la bien-veillance, qui arreste les seditions sans armes, qui redonne le cœur aux soldats sans harangue, enfin qui fait les mesmes effects dans l'estat, que le Soleil dans le monde, & que l'ame dans nostre corps. Et dautant que cette prefence vniuerfelle ne leur eſt pas permiſe; ils ſe ſeruenr d'vne qui eſt ſucceſſiue, viſitant leurs prouinces; ou d'vne artificielle, par les Lieutenans & les Magiſtrats qui les repreſentent; par les expeditions qui ſe font ſous leur nom, par les monnoyes qui portent leur face. Pour cet effet les Empereurs Romains enuoyoient leurs images par tout leur Empire, & leur donnoient meſme le priuilege de ſeruir d'azile aux miſerables; afin que quand le peuple en receuroit des bienſfaits, il s'y figuraſt vne preſence comme reelle, & qui n'eſtoit pas ſeulement feinte & inanimée. Nous deuons croire que Dieu poſſede par effect cette preſence vniuerſelle que les Princes n'ont qu'en deſir, ou par artifice; d'autant qu'aucune des códitions propres au gouuernement, & qui luy ſont glorieuſes, ne luy doit manquer. Que s'il nous eſtoit permis de bien connoiſtre les infirmitez des choſes materielles, comment elles coulent d'elles-meſmes à la priuation, leur exiſtence nous ſeroit vne preuue tres-aſſeurée, qu'elles ne ſubſiſtent que par le pouuoir de Dieu.

Il eſt par tout, non ſeulement par preſence, c'eſt à dire, qu'il connoiſt plus diſtinctement tout ce qui eſt de la nature des choſes, que nous leur exterieur quand elles ſont à vne iuſte diſtance de noſtre veuë ſans aucun obſtacle; mais auſſi par puiſſance, d'autant que tout ſubſiſte à la faueur de ſon concours particulier, & par eſſence, à cauſe que vous ne ſçauriez aſſigner de lieu où il ne ſoit pas, mais il remplit & ſupporte tout.

## DES PERFECT. DE DIEV.

La plus grande difficulté de nostre esprit en cette matiere, procede de nostre imagination accoustumée aux choses sensibles, & qui nous represente cette immensité diuine, comme la diffusion de l'air, ou d'vne liqueur, qui est moindre en chacune de ses parties, qu'en son tout. Ce qui neantmoins n'est pas vray de Dieu, parce que sa nature est vne, tres-simple & indiuisible ; il est en tout lieu, sans distinction de parties, puisqu'il n'en a point, comme l'ame est toute en tout le corps, & comme la prudence n'est pas moindre dans vn homme de petite, que de grande taille.

Si l'on rectifie cette puissance, & si l'on en oste les defauts par la raison, il me semble qu'on peut expliquer cette immensité de Dieu, & se la representer par vne lumiere, eternelle en sa duree, infinie en son étenduë. Figurez-vous que le monde est au milieu, comme vne petite boule de cristal qui en est toute penetrée, & que l'esclat qu'elle contient en soy, n'est qu'vne petite bluette en comparaison des grands espaces qui l'enuironnent ; ostez cette petite boulette, la lumiere demeure tousiours égale & tranquille, elle est moins dans le cristal qu'en elle-mesme ; c'est le corps diaphane qui en reçoit sa perfection, sans qu'elle soit alterée en sa substance, & tout ce qui luy suruient n'est qu'vne relation extrinseque, d'auoir enrichy de cette precieuse qualité, vne matiere qu'elle auoit produite capable de la receuoir. Le monde est moindre en comparaison de Dieu, que n'eſt ce petit poids de criſtal au milieu de cette vaſte eſtenduë de lumiere. Dieu le produit, le conſerue, l'emplit, le ſouſtient, eſtant touſiours égal en luy-meſme, & ſans qu'il y ait du changement que dans le monde, qui auec l'eſtre en reçoit ſa perfection ; Comme donc cette lumiere ſubſiſte par elle-meſme, & non pas par le criſtal, ſans lequel elle eſt, & à qui elle n'eſt point attachée, Ainſi l'eſſence de Dieu touche les creatures ſans s'y confondre, & leur eſt tellement vnie, qu'elle en eſt infiniment ſeparée par l'infinité de ſes perfections: Et quand on dit qu'il eſt dans les eſpaces imaginaires, c'eſt dire qu'il eſt dans ſon infinité, par ce qu'on ne ſe ſçauroit imaginer d'eſpaces ſi vaſtes & ſi eſtédus, qui ne ſoient comme vn petit grain comparez à ce monde infiny de lumieres.

Triſmegiſte repreſente encore cette immenſité de Dieu, par vn cercle, dont le centre eſt par tout, & la circonference n'eſt en aucun lieu, & ſans bornes: il l'appelle vn cercle, par ce que cette figure eſtant ſimple comprend la multiplicité de toutes les autres: ſon centre eſt par tout, par ce qu'il eſt également preſent à toutes choſes; & ſa circonference n'eſt en aucũ lieu, à cauſe que ſon infinité ne reçoit point de limites, & qu'elle eſt touſiours au de-là de tout ce que l'imagination ſe peut figurer de grand.

Cette penſée a du rapport à celle de ces Philoſophes qui le mettoient & au deſſus des Cieux, & au centre de la terre; ſi ayant vne nature tres-ſimple, il touche il touche neantmoins toutes les extremitez du lieu: cela signifie qu'il est par tout, en sorte qu'il assiste, qu'il enuironne, qu'il soustient ce qui est au plus haut estage des existences creées.

Vne certaine inclination naturelle nous porte à leuer les yeux & les mains au Ciel dans la surprise de quelque disgrace où nous reclamons le secours de Dieu. Ce n'est pas qu'il soit plus dans le Ciel que sur la terre, & qu'au milieu des combats où nostre foiblesse a besoin de sa protection ; mais par ce que ces corps superieurs sont les plus apparentes images de sa bonté, de sa sagesse, de sa puissance : les signes & les organes de ses liberalitez ordinaires, nous tournons la veuë du costé d'où les biens nous viennent, & nous supposons la cause au lieu qui nous donne de si fauorables effects.

Sans suiure nos yeux & nostre instinct, nous pouuons auec raison adorer cette Maiesté infinie, comme presente en tous les hommes, afin de nous animer aux œuures de charité ; & en nous mesmes, pour nous contenir dans les termes de nostre deuoir. Les Egyptiens peignoient les Images de leurs Dieux sur les enseignes de guerre, afin que les soldats eussent honte de faire quelque lasche tour en leur presence. C'est peut-estre ce qui a donné subiect de croire que la figure d'Hercule grauée dessus vn anneau, rendoit ceux qui la portoient victorieux, non pas que ce Talisman tirast sa vertu du Ciel, mais de l'imaginatiue & de la raison, qui se representant vn grand personnage, nous inclinent à l'imiter. Il est vray que si les hommes auoient cette ferme creance, que Dieu est present par tout; qu'il lit dans nos cœurs, & qu'il void tous les ressorts de nos pensées ; ils seroient retenus par le respect, & par la crainte de cette Maiesté infinie, & seroient honteux de se relascher deuant Dieu, à des actions, qu'ils ne voudroient pas commettre deuant les hommes.

Mais laissons les sentimens de crainte, pour ceux de l'amour; admirons & nous croyons riches d'vn grand thresor, de pouuoir adorer Dieu en toutes choses; particulierement en nous, si nous voulons ouurir les yeux de l'esprit à ses lumieres, & apres nous estre écartez des bruits que faict l'opinion dãs le monde, nous rendre attentifs aux douceurs de ces entretiens. C'est la plus genereuse & la plus saincte practique dont l'homme se puisse seruir pour bien viure, & se donner la tranquillité de l'ame entre les trauerses du monde. Que la fortune luy soit ennemie; que les puissances enuieuses de sa vertu luy fassent la guerre; que les biens, l'honneur, la santé, luy soient rauis, s'il contemple Dieu dans son cœur, il est tousiours comme dans vn Temple, où il luy offre ses peines en sacrifice ; il se tient trop honoré de combattre, & de donner les preuues de sa vertu deuant son Prince: Il porte vn Ciel dedans luy, qui le rend heureux parmy les souffrances, qui luy fait trouuer sa patrie dans les exils; des richesses & des contentemens plus solides que ceux de la terre, dans vn estat que les hommes iugent miserable. Enfin cette veuë de l'immensité luy donne vn esprit vniuersel, pour tirer des instructions de toutes choses; & genereux pour n'estre point idolatre des puissances humaines au preiudice de la souueraine Maiesté qu'il enuisage, & deuant qui les couronnes de la terre perdent leur éclat. Il s'affranchit d'autant plus de toutes les seruitudes du monde, qu'il se considere dans vne plus grande dependence de cette souueraine Maiesté : comme il reçoit ordre de ses volontez pour sa conduite, il prend autant de part à sa gloire, que les fauoris à celle de leur Prince; Il se void tout enuironné de lumieres, comblé de consolations ineffables, auec des douceurs, des constances, des tranquillitez qui appartiennent proprement à l'Eternité.

*De l'Eternité, & de l'Immutabilité de Dieu.*

### CHAP. XII.

LA plus aigre & la plus commune plainte qu'on fait des choses du monde, vient de ce qu'elles n'ont rien de solide; qu'apres de grandes promesses, & des attraicts qui ont entretenu long-temps nos poursuites, vn coup de disgrace renuerse toutes nos esperances. Il y a ie ne sçay quelle loy fatale qui ruine ainſi ce qui nous paroiſſoit baſty ſur des meilleurs fondemens, qui aſſuiettit toutes les choſes mortelles à la viciſſitude des Aſtres qui ſouffrent leur occident & leurs cheutes, apres leurs exaltations & leurs lumieres. Et comme les tremblemens de terres confondans les veines des eaux, tariſſent les anciens fleuues, & en ont fait naiſtre où il n'y en auoit point ; comme la mer ne nous laiſſe point de terre, que ces inondations n'en reprennent autant en d'autres riuages ; Ainſi les felicitez du monde ſouffrent des reflus, & leurs agitations font ſucceder les ſterilitez à l'abondance ; ſi bien qu'vn meſme âge void ſouuent à ſec ces grandes fortunes enflées de biens & d'honneurs qui s'eſtoient faict vn cours dans le monde, auec l'admiration commune des peuples.

Ces grands changemens viennent de ce que les choſes mortelles ne ſubſiſtét pas par elles-meſmes, & que n'ayant l'eſtre que par emprunt, & par depédáce, elles ſont contraintes de s'en dépoſſeder à diſcretion des cauſes dont elles releuent. C'eſt pourquoy les anciens Legiſlateurs qu voulurent affranchir leurs Eſtats de cette viciſſitude, taſcherét de les eſtablir, de ſorte qu'ils ſe peuſſent ſouſtenir ſans vn ſecours eſtranger d'armes & de commerce : Et les ſages qui veulent auoir la tranquillité de l'ame, ne mettent leurs contentemens qu'aux biens qui leur ſont propres, & non pas en ceux qui dependent de la fortune. Mais il eſt vray que les Republiques &

les personnes particulieres sont trop pauures pour
estre inuariables, & pour n'auoir pas besoin de faire
de nouueaux acquests : les vnes sont composées
de parties contraires ; les autres d'vne diuersité
de puissances qui les mettent tousiours dans vne
mutuelle subiection : en sorte que si elles ne souffrent
point de changement par le defaut des causes
exterieures, elles y sont suiettes, & peuuent perdre
leur felicité par le mauuais ordre de leurs parties.

Il n'y a que Dieu seul qui soit immuable, d'autant
que, comme i'ay dict, sa nature est tres-simple,
infinie, qui ne peut souffrir de déchet, qui preuient
& qui possede tout ce qu'on se peut figurer
d'accroissement. Nous appellons eternité, cette
existence tousiours égale en ses perfections infinies,
sans cause, sans progrez, sans commencement, sans
fin; toute recüeillie dans vn instant, & neantmoins
vne étenduë qui n'a point de bornes non plus que
de succession.

En ce sens, quand le monde auroit esté creé de
tousiours, selon les Platoniciens, il ne seroit pas
proprement eternel, parce qu'il est finy, & dans la
dependance d'vn premier principe : l'eternité est
vne prerogatiue qui n'appartient qu'à Dieu seul, &
qui est tellement de son essence, qu'il ne seroit pas
s'il n'estoit eternel. Pour ce qui est du terme qui
nous deuance, parce qu'il ne peut estre produict,
ny par vn autre : autrement il ne seroit pas Dieu, ny
premier principe; ny par luy-mesme, ce qui est im-

possible, comme i'en ay faict ailleurs la demonſtration : ainſi il doit touſiours auoir eſté par vne durée ſans commencement. Quant à l'aduenir, s'il pouuoit n'eſtre pas, la gloire dont il preuoyoit la decadance, ſeroit imparfaicte ; & la veuë de cette grande felicité qu'il ſeroit condamné de perdre, ſeroit accompagnée de regrets, de craintes, de douleurs qui naiſſent d'vn deſir fruſtré, & qui font reſſentir les miſeres futures comme ſi elles eſtoient preſentes. Il finiroit, ou par des defauts qui luy ſeroient propres, ou qui luy ſeroient imprimez par la violence de quelque contraire : Ainſi ayant de l'imperfection, ou de la foibleſſe, il ne ſeroit pas cette eſſence ſouuerainement accomplie, dont nous conceuons l'idée ſous ce terme de Dieu.

Ie croy que c'eſt vne prouidence particuliere qui a meu tous les peuples à le ſignifier par des noms compoſez ſeulement de quatre lettres, & qui dans cette prodigieuſe diuerſité de ſyllabes, dont ſe ſeruent les diuerſes langues pour exprimer vne meſme choſe, les a fait toutes concourir en ce nombre myſterieux ; parce que comme l'vnité ſignifie le point, le deux la ligne, le trois la ſuperficie, auſſi le quatre repreſente le ſolide, le plain, l'égal, & cette figure ſur qui les anciens mettoient l'image de la vertu ; pour ſymbole de ſa conſtance.

Ce nombre & cette figure ſont diuiſibles, mais Dieu eſt vne Vnité, vne identité tres-ſimple, en

## DES PERFECTIONS DE DIEV. 103

sorte que n'ayant point de terme d'où il prenne son commencement, il n'en peut auoir où il rencontre sa fin.

Si les choses se continuent dans l'existence, & se deffendent de ce qui les peut alterer, à proportion de ce qu'elles ont de vertu; celle de Dieu estant infinie, il s'ensuit que sa durée doit estre tousiours égale sans fin; C'est vn immobile qui produit & qui souftient tous les mouuemens de la nature; c'est comme l'vnité qui donne le mouuement, l'espece, le progrez aux nombres, d'autant qu'il est à toutes les choses creées le principe, le milieu, & la fin, qui ne finit point.

Nostre esprit éleué entre des mouuemens qui ne subsistent que par vne succession, où la partie qui naist, suppose tousiours la mort de la precedente, a bien de la peine à conceuoir vne durée égale, sans parties, sans suite, & tellement étenduë, qu'elle soit toute recüeillie dans vn instant. Mais la raison corrige icy le defaut de l'imaginatiue qui se figure cette durée comme le cours du temps & d'vn fleuue : par ce que l'eternité de Dieu n'est autre chose que son existence, & son existence estant son essence, il s'ensuit que l'eternité n'est autre chose qu'vne vie tousiours égale, dans vn bon-heur infiny.

Les mouuemens des Cieux qui nous mesurent le temps, & ceux de la nature d'où procedent les naissances & les corruptions, se font dans cét immobile, tout de mesme que si cette petite boule de cristal dont nous auons parlé, estoit resoute en liqueur qui se remuast dans cette vaste étenduë de lumiere qui la penetre & qui l'enuironne.

Ie ne m'arreste pas icy à monstrer que la creation du monde, & celle qui se fait tous les iours des ames raisonnables, n'apporte aucun changement en Dieu : c'est vne matiere que i'ay traittée dans le premier Liure ; seulement ie respons à ceux qui estant accoustumez à l'inconstance, s'estonnent de ce que Dieu trouue sa gloire dans vne vie tousiours égale, & qui n'est resioüye d'aucune diuersité. Aristote au liure du Monde, respond à cela, que le plaisir consiste au repos, & non pas au mouuement, puisque le mouuement aspire au repos. Par toutes les diuersitez qui partagent les affections, l'homme cherche vn souuerain bien, & ne le pouuant auoir tout à la fois, il tasche de ioüyr successiuement de ses parties ; mais si le tout luy estoit offert, il demeureroit tranquille en sa ioüyssance, & ne se mettroit pas en peine de chercher ce qu'il possederoit. Comme si vn corps occupoit tous les espaces, il ne se remueroit plus, parce que son étenduë luy donneroit ce qu'vne moindre quantité ne pourroit auoir que par vne suite de mouuemens qui luy feroient faire autant de pertes, que d'acquisitions. D'où il faut conclure que Dieu qui comprend en son essence tout le bien possible, auec infiniment plus de perfection, qu'il ne s'en trouue dans les choses particulieres, fait aussi son eternelle felicité de la

possession

possession de luy-mesme, comme d'vn bien qui seul luy est proportionné, & dont il ne se pourroit diuertir, sans faire vn extreme préiudice à sa sagesse, & à son bon-heur.

Il n'appartient qu'aux foibles esprits d'aller continuellement au change, de souffrir en mesme temps vn flus & reflus, comme l'Euripe, & de ne se donner pas mesme du repos quand ils rencontrent le bien qu'ils cherchent, parce que rien d'arresté ne peut auoir de rapport auec leur humeur volage: mais ceux qui ont fait quelque progrez en la sagesse, demeurent fermes dans leurs premieres resolutions, & poursuiuent tousiours vn mesme obiect auec vn mesme desir, encore que quelques fascheuses rencontres les empeschent d'y aduancer d'vn pas égal. Que si nous ressentons de la volupté dans le changement, c'est, dit ce Philosophe, vne marque tres-asseurée des foiblesses de nostre nature, qui ne se sçait pas tenir au bié, & d'vne maladie passionnée pour des agitations qui flattent ces inquietudes. D'où il infere que Dieu possedant tous les biens possibles en luy-mesme, il ne peut iamais auoir aucun suiet de changement, & sa felicité consiste en cette constante & inuariable possession de luy-mesme.

Quant à nous, puis qu'il nous reste tousiours de grandes lumieres à receuoir, quantité de vices à combattre, & de vertus à conquerir, changeons tous les iours en mieux, par vn progrez continuel

Tom. 3. O

de merites: mais que les mouuemens de nostre vie se reglent, que les entreprises de nostre courage s'animent par la veuë de cette eternité immobile où nous aspirons. Estre eternellement bien-heureux ; voir & posseder en Dieu des felicitez inexplicables pour iamais, sans fin & sans terme : ô que c'est vn prix pour qui les peines de cette vie nous doiuent paroistre legeres ! que les fatigues sont aduantageuses qui nous donnent les esperances de posseder par tousiours vne beauté qui est infinie !

*De la Beauté de Dieu.*

## Chap. XIII.

LE monde me semble beaucoup moins considerable en la grandeur, qu'en l'ordre de ses parties, & c'est auec beaucoup de suiet qu'il tire sa denomination de son ornement, comme d'vne qualité la plus éclatante qui couure toutes les autres. I'admire dans les elemens ce meslange si bien proportionné de qualitez sympathiques auec les contraires, que leurs alliances s'entretiennent sans empescher les conquestes de leurs actions. La terre se monstre plus passionnée de paroistre belle que riche, puis qu'elle produit fort peu de fruicts sans fleurs, & vn nombre infiny de fleurs sans esperance de fruicts. L'horreur de ses rochers sur les montagnes, n'est qu'vne negligence affectée qui la fait paroistre plus belle dans l'étenduë des plaines empanachées de forests, emaillées de fleurs, éclatantes par le moyen des eaux qui leur donnent les couleurs du Ciel. La mer ne perdroit iamais cét auantage, ny le poly de son frond, si elle n'estoit violentée par les vents ; mais en recompense de ces mauuais iours, elle nous donne tant de raretez en ces miraculeuses productions ; en ces conches taillées, tournées, ciselées, marquetées auec tant d'artifice ; en ses poissons, son corail, ses perles, qu'elle enrichit les cabinets des plus curieux de ces beautez qui se font regarder auec admiration durant plusieurs siecles. Celles du Ciel sont encore plus rauissantes, puis que nos yeux sont trop foibles pour les supporter, & qu'elles mettent en extase les plus forts esprits qui les contemplent. Il n'y a point d'homme dont le cœur ne sente quelques émotions extraordinaires, & dont les pensées ne fassent de genereuses saillies au dessus du monde, lors qu'il considere ces voultes d'azur éclattantes d'vn si grand nombre d'étoilles; que s'il considere leurs dispositions, leurs vertus, leurs aspects, leurs rencontres, leurs periodes si parfaictement reglées, qu'elles nous compassent les saisons, & adioustent tous les mouuemens des choses inferieures, c'est lors que la bouche n'a que des souspirs pour témoigner les suspensions de l'esprit à la veuë de tant de merueilles.

O ij

Ceux qui n'ont pas l'œil aſſez vigoureux pour remarquer cette beauté vniuerſelle du monde, peuuent ſe contenter de celle qui paroiſt ſur les choſes particulieres, où l'on trouue touſiours d'aſſez grāds ſuiets d'eſtonnement. L'on void que le moindre petit animal a tous les organes neceſſaires à ſes fonctions, parfaictement bien proportionnez, auec vn aſſortiſſement de pluſieurs autres parties, qui ne feruent qu'à le rendre plus agreable ; que de couleurs, que de bigarures, que de plaiſantes marqueteries ſur les aiſles des papillons. L'auarice regarde auec regret l'or des cantarides, & de pluſieurs autres inſectes émaillez d'vn verd, ou d'vn rouge tranſparant, comme des richeſſes dont la nature s'eſt renduë prodigue en des ſuiects de trop peu de conſequence. Mais ſes artifices paroiſſent auec plus d'auantage ſur les fleurs, qui ſont auſſi l'obiect des plus grandes curioſitez. Outre ce que leur mélange compoſe ſur les parterres vne beauté qui rauit nos yeux, & qui ne ſe peut regarder ſans complaiſance ; ſi l'on les veut obſeruer de prez, l'on trouue en chacune des petits miracles. Les pannaches, les broderies, ces filets blancs deſſus l'incarnat d'vne Tulipe, ne ſont point des productions hazardeuſes de la nature, puiſque les hommes ont trouué l'art d'en iuger à l'aſpect des fonds ; que ſi la fleur paſſe le commun par quelque traict extraordinaire, elle deuient le ſpectacle d'admiration de toute vne ville ; le plaiſir de la poſſeder huict iours, entretient l'eſprit durant vne année; & celuy chez qui elle se rencontre le premier, luy donne son nom, comme si la naissance de cette nouuelle beauté ne luy estoit pas moins glorieuse, que la découuerte d'vn nouueau monde.

Puisque la nature se trauaille tant à produire ces raretez qui ne sont propres qu'au plaisir des yeux; puis qu'elle y employe la plus fauorable de ses saisons, & qu'en cela elle nous monstre tous les ans quelque nouuel essay de ses estudes ; C'est vne preuue qu'il y a quelque obiect d'vne souueraine beauté, dont elle tasche continuellement de tirer des portraicts plus accomplis, & de recompenser ce qu'il a d'infiny, par vne suite inombrable de diuersitez.

Si chacune chose a sa beauté particuliere, & si celles qui sont contraires conuiennent en cette raison commune, comme nous disons aussi bien vne belle nuict qu'vn beau iour, vn beau blanc qu'vn beau noir : Il faut necessairement monter à quelque cause vniuerselle qui contienne toute la beauté possible sans contrarieté, & qui en a répandu les rayons en diuers suiets, afin de nous attirer à sa connoissance.

Du nombre nous venons à l'vnité qui luy est iointe, & de celle là à vne autre vnité qui est abstraite, comme nous l'auons déduit au premier Tome; Ainsi cette beauté commune dont tous les estres creés portent quelque lustre, nous conduit à celle qui eſt infinie, vniuerſelle en ſon exiſtence, & le prototype de tout ce qui nous agrée dans le monde.

Auſſi l'homme a naturellement vne idée de beauté par le moyen de laquelle il iuge de celle de tous les obiets, & connoiſt les aduantages que l'vn emporte ſur l'autre ; que ſi toutes les Nations ne s'accordent pas en ce ſentiment, & ſi les vnes mettent la beauté où les autres trouuent de la laideur, c'eſt de l'amour propre qui ne ſe veut pas aduoüer pauure d'vn ſi grand bien, change la loy, pour excuſer le defaut ; & fait gliſſer entre ces peuples des opinions qui font paſſer les figures propres à leurs climats, pour d'excellentes beautez. C'eſt touſiours vne idée vniuerſelle, quoy que corrompuë, d'vne beauté dont diuerſes choſes ſont participantes, & qui en ſuppoſe vne veritable qui ſoit la cauſe & le principe de tout ce qui eſt beau.

Et d'autant que nous ſignifions la beauté par vn concept ſeparé de toutes les autres perfections; comme elle eſt auſſi la fin de pluſieurs productions de la nature, l'obiect particulier de nos recherches & de nos amours; Ie ne doute point apres le grand ſainct Denys, qu'on n'en puiſſe faire vn attribut particulier de Dieu. Et il me ſemble que vouloir expliquer ſans excellences par les autres noms, ſans celuy de la beauté, c'eſt faire la deſcription du Soleil ſans rien dire de cét éclat merueilleux qui le rend admirable à noſtre veuë.

Comme cét astre qui est la cause vniuerselle des generations, contient toutes les beautez sensibles par sa lumiere qui en est l'ame: Ainsi l'on doit attribuer à Dieu de la beauté, comme à celuy qui en est le premier principe, & mettre entre ses perfections celle dont la participation fait durer le monde: Car la beauté n'est autre chose qu'vn empire de la forme sus la matiere, où elle establit l'ordre auec vn grand éclat d'actiuitez, au lieu des tenebres, de la foiblesse & de la confusion.

Les plus sublimes Philosophes nous representent Dieu comme vn cercle de bonté, qui produit, qui attire, qui perfectionne; attributs admirables qui se trouuent tous compris dans celuy de la beauté. Dautant qu'elle luy conuient en qualité de premier principe, comme i'ay dit: s'il produit, c'est auec vne complaisance, & dans vn ordre qui se doiuent rapporter à la beauté; Il attire les animaux au bien particulier qui est vne image de l'vniuersel, par les delices dont il assaisonne les actions de la nature; Il éleue à luy les ames raisonnables par les attraits de ses graces; & quand les Grécs donnent à la beauté vn nom qui signifie *Appeller*, ils nous enseignent que l'ordre du monde, & que les perfections corporelles sont des voix qui nous persuadent la bien-seance en nostre conduite, pour nous aduancer à cét estat où le Verbe Diuin, qui est toute lumiere, & toute beauté, sera nostre gloire.

Si vous me demandez en quoy consiste la beauté de Dieu, i'aduouë franchement que ie ne la sçaurois bien connoistre durant cette vie; & quand i'en aurois quelque veuë, mes pensées & mes paroles seroient trop foibles pour l'exprimer; Le moindre de ses rayons porte les Saincts dans l'extase; il les met dans vn parfaict oubly du monde & d'eux-mesmes; & si ses douceurs sont trop vehementes, elles détachent l'ame du corps, afin qu'elle soit plus capable de les posseder.

Quand vn sage s'est acquis vn empire sur ses passions, & appaisé ses mouuemens qui donnent de l'inquietude, son ame toute recüeillie dans l'vnité de son essence, se void comme vne lumiere tranqüille; elle s'entretient, elle se possede auec douceur, & dans vne complaisance dont tous les obiets de la terre ne peuuent la diuertir. S'il nous est permis d'expliquer la beauté de Dieu par celle que nous experimentons en nous mesmes, nous pouuons dire que c'est cette perfection infinie qui l'entretient dans vn eternel agréement de luy-mesme; C'est cette lumiere qui fait les connoissances, & qui nourrit les ardeurs sans fin des esprits qui sont en gloire.

Il ne faut point dire que la beauté ne se trouue que dans les suiets qui subsistent par vne composition de parties: Car nous auons fait la preuue aux autres Tomes, qu'elle tient de la nature spirituelle; qu'elle n'est pas vne proportion de lignes d'ombres, ny de couleurs, mais quelque chose qui

leur

leur suruient; Aussi la beauté d'vn visage est plus rauissante que celle d'vne musique, parce que l'œil est vn sens plus subtil, & plus éloigné de la matiere, qui n'est l'ouye: les belles qualitez de l'esprit se font plus aymer de ceux qui procedent auec raison, que celles du corps; & vn Prince gaigne bien plus l'amour de son peuple par les actions singulieres de prudence, qu'il fait à l'entrée de son Empire, que par la maiesté de son visage, de sa taille, de son train, de ses habits & de ses palais; Tellement que si la beauté est plus rauissante dans les choses spirituelles que dans les corporelles; Si elle reüssit de l'vnion, qui est vne image de l'vnité, elle doit estre infinie en Dieu, extremement éloigné de la matiere, & qui contient toutes les perfections possibles dans vne tres-simple vnité. Il est le souuerain bien. Or le bien pour estre complet, doit estre enrichy de la beauté, parce que son propre c'est de se répandre comme la lumiere, d'attirer ce qui est né pour venir à luy, & de delecter ce qu'il gratifie de sa iouyssance.

Dieu donc est vne beauté infinie; mais si selon les Platoniciens, la beauté est la fleur de la bonté, on peut dire que nous n'auons icy cette fleur qu'en bouton, sans qu'elle nous déploye toutes les merueilles de ses couleurs & de ses parfums; nous n'en auons qu'vne veuë fort éloignée, neantmoins elle est capable de gaigner toutes nos affections, de deliurer nos cœurs de la seruitude où vn fol amour les auoit miserablement reduits, de briser ses chaisnes, de triompher de sa tyrannie. Il ne faut que gouster vn peu les delices celestes dont Dieu solicite nos affections, pour nous rendre fidelles à son seruice, & pour nous reconnoistre redeuables de nostre bon-heur aux attraits de sa beauté, & aux largesses des graces que nous receuons de sa bonté infinie.

*De la Bonté de Dieu.*

### Chap. XIV.

IL n'y a point d'attribut diuin dont nous parlions auec plus de cœur, qui soit vn plus doux entretien de nos pensées, que la bonté; Il est vray qu'elle nous donne vn ressouuenir de nos obligations; mais outre que ce nous est vne debte extremement glorieuse, de nous voir fauorisez par le Monarque du monde, & l'obiect de son amour, elle nous remplit encore d'esperances de receuoir de continuels bien-faits d'vne main qui nous a tousiours esté si liberale.

Toute la nature nous est vn regiftre des graces que nous receuons de cette souueraine bonté si continuës, qu'elles ne nous laissent quasi pas le loisir de considerer celles du passé, tant elles nous tiennent occupez à recüeillir celles du present. Si le Ciel nous réiouït de ses lumieres ; si l'air est tousiours prest à moderer la chaleur interne qui nous suffoque; s'il distille les vapeurs en pluyes au temps conuenables ; si la terre qui les reçoit en fait ses fertilitez, & rend au centuple ce que nous luy auons commis; si la mer & les vents seruent à nostre commerce ; si les fossiles, les plantes, les animaux, se trouuent disposez à nos vsages; si le monde ne nous fournit pas seulement nos necessitez, mais s'il entretient mesme nos plaisirs. Toutes ces choses, & vne infinité d'autres dont l'enumeration seroit trop longue, sont les effects de la souueraine bonté de Dieu.

Comme elle a créé toutes choses, & les a mis de la priuation dans l'estre, elle soustient la foiblesse de leur nature, auec des soins plus charitables que les meres n'en ont pour leurs enfans. C'est pourquoy les Egyptiens la representerent en leurs hieroglyphiques par vne femme couuerte de mammelles pleines & distillantes de laict. Les Grecs bastirent vn superbe Temple au Dieu qu'ils appellerent *Bon*, & donnerent à celuy qu'ils reconnoissent pour le Pere & le Souuerain des autres, le nom du planette dont les influences sont plus fauorables. Les Romains entre vne infinité d'eloges qu'ils donnerent à Iupiter, pour signifier les faueurs qu'ils disoient en auoir receuës en plusieurs rencontres, le plus general, & le plus celebre estoit de l'appeller le Tres-bon, & le Tout-puissant, comme s'il ne se-

seruoit de son pouuoir que pour nous bien faire. Domitian & Caius Empereurs voulurent porter ce mesme titre, auec cette persuasion, qu'ils ne meriteroient pas de tenir la lieutenance de Dieu en la conduite des hommes, ny d'en representer la puissance, s'ils ne l'imitoient en sa bonté; c'est pour cette mesme raison que les autres Empereurs prenans le Sceptre, auoient coustume de faire quelques largesses au Peuple, en spectacles, en festins, en distributions d'argent, ou de bled, & protestoient par effect ce que chez les autres Nations les Roys promettoient auec serment, qu'ils n'vseroient de leur pouuoir, que pour le salut & la felicité du peuple. Vous diriez qu'Alexandre n'entreprenoit ces grandes conquestes, que pour auoir dequoy faire de grandes liberalitez, à ceux mesme qu'il auoit vaincus, changeant leurs subiections en bien-veillance, & conseruant par ses bien-faits ce qu'il s'estoit acquis par ses armes. Il estoit si liberal qu'il ne donnoit pas moins qu'vn talent aux particuliers, des Villes & des Prouinces à ses Capitaines; ainsi sa bonté alloit du pair auec sa puissance, & comme il n'y eut iamais Prince plus victorieux, il n'y en eut iamais de plus magnifique.

La bonté de Dieu est plus vniuerselle, plus liberale, & plus innocente que celle des plus illustres Princes du monde; car elle pouruoit de sorte aux principales parties de l'Vniuers, qu'elle donne encore à toutes les choses particulieres, tout ce qu'elles demandent pour leurs neceſſitez, & pour leur plaiſirs; & c'eſt dans ces petits ſuiects qu'on peut remarquer les plus grandes merueilles de ſa Prouidence. L'harmonie d'vn Roſſignol retranché dedans ſon buiſſon, me fait connoiſtre qu'il n'eſt pas moins auantagé de tout ce qui peut ſeruir aux contentemens de ſa nature, qu'vn Aigle qui monte à l'eſfort auec ces ſuperbes eſplanades, & qui ſemble dominer à toute la terre. Les petits Poiſſons qui ſe jouënt au bord de l'eau, nous monſtrent par la viuacité de leurs détours, leurs ſauts, & leurs ioyeuſes gliſſades, qu'ils ne ſont pas moins heureux que les Baleines auec leur prodigieuſe grandeur, releguées dans les abyſmes de la mer du Nort. Des meſmes lieux que ces monſtres habitent, tous les ans il en ſort des colonies de poiſſons qu'on peſche au paſſage, en ſi grande foule qu'ils mettent les vaiſſeaux en peril; d'où l'on peut iuger qu'il reſte des vaſtes étenduës dans la mer, pour la ſeureté & la propagation de ſes plus foibles habitans. Les Loups auec toute leur auidité n'empeſchent pas que les foreſts ne ſoient fertiles en venaiſons; Les Autours, que les campagnes n'ayent des compagnies de Perdrix; Enfin quand le feu qui entre les Elemens eſt le plus violent en action, le plus étendu en ſa ſphere, ne ruine pas les fertilitez de la terre; quand vne ligne de ſable borne l'impetuoſité de la mer; quand les Planetes ſont libres en leurs influences dans trois cens ſoixante degrez du Zodiaque, & ne ſont bruslez que du Soleil qu'en l'espace de seize minutes, par vne rencontre qui ne leur est pas ordinaire : Quand les petites Etoiles n'ont pas moins de temps pour déployer leurs lumieres que le Soleil, & quelques-vnes ont cét aduantage sur luy, qu'elles ne souffrent point d'Occident ; Tout cela & vne infinité d'autres remarques que l'on pourroit faire, nous monstrent que la bonté diuine prend le soin des petites choses ; qu'il les protege contre les vsurpations des plus fortes ; & qu'en tout l'ordre de la nature la bonté à tousiours l'aduantage sur la puissance. Cela signifie que Dieu qui pouuoit ne pas donner l'estre au monde, & qui le pourroit reduire au neant, l'a fait neantmoins & le conserue continuellement par sa bonté si vniuerselle en sa préuoyance, si liberale en ses faueurs, que toute la nature qui s'en ressent obligée, n'est que comme vne voix d'acclamation publique qui luy rend des actions de graces.

Cette grande & inépuisable diffusion de biens, est vn argument tres-asseuré des richesses & de la bonté de sa nature, qui consiste en ce qu'il contient en son essence, tres-simple, comme nous auons dit, toutes les perfections possibles. De sorte qu'il differe de quelque creature que ce soit, & si accomplie qu'elle puisse estre. Premierement, en ce qu'il a ses perfections sans dependance, estant eternel, & le premier acte. Secondement, en ce qu'elles sont infinies, n'y ayant point de cause superieure qui leur aye prescrit des limites. Tiercement, les creatures reçoiuent leur derniere perfection par vne diuersité de puissances, d'habitudes, de proprietez, de formes accidentelles: mais Dieu possede la sienne par essence; elle est sa propre nature, & c'est vn defaut en nostre esprit de s'y figurer de la distinction pour s'en faciliter le concept. Enfin les perfections de Dieu sont eternelles, inuariables, sans receuoir de déchet ny d'accroissement, parce qu'elles anticipent tout le possible, & sont affranchies de toute contrarieté.

Comme cette bonté infinie est le principe, elle est aussi la fin de la nature, & c'est pourquoy toutes choses appetent le bien: Les estres particuliers leur bien conuenable, & tous estans considerez en gros, recherchent vne inombrable diuersité de biens, qui sont vn vestige de l'infiny ; Mais l'homme qui ne voit rien dans le monde qui ne soit au dessous de ses excellences; luy dont les pensées sont vniuerselles, les affections infinies, doit consacrer toutes les forces de son esprit, & toutes les ardeurs de son cœur, à la recherche d'vne bonté infinie. Quand nous y aurons employé tous nos efforts, ie ne les mets pas au rang des reconnoissances, mais en celuy des bien-faits, & ie considere la grace que Dieu nous fait de le connoistre, & de l'aymer, comme vne faueur incomparablement plus grande que celle d'vn Prince, qui permet à quelqu'vn l'accez de sa personne, & qui l'honnore de ses familiaritez.

Le bien-fait à cela de propre qu'il gaigne les cœurs les plus farouches ; les Lions mesmes s'y monftrent fenfibles quand ils careffent ceux qui leur donnent la nourriture. Quoy ? faut-il que l'homme foit plus mefconnoiffant enuers Dieu, que les beftes feroces ne le font enuers luy ? que receuant des faueurs fi continuelles de fa bonté, il en veüille ignorer la caufe, pour ne luy pas rendre ce qui luy eft deub? Ce n'eft pas feulement vne ingratitude, vn defaut d'hommage qui merite vne priuation de droict ; mais c'eft vn crime de leze Maiefté Diuine, vn facrilege, vne profanation de fes graces, vne efpece de defefpoir qui nous rend induftrieux à noftre ruine, & qui nous arme contre nos propres interefts. Pourquoy s'arrefter à boire l'eau trouble des ruiffeaux, puis qu'il nous eft permis d'aller iufques à la fource ? Pourquoy s'arrefter aux careffes des creatures, cependant que Dieu nous offre les fiennes, auec toutes les faueurs de fa Prouidence dont ie parleray plus bas; & que nous ayant mis au plus haut étage des chofes creées, il veut felon l'ordre de fa fageffe, que nous mettions en luy toute noftre felicité.

*De la sagesse & de la connoissance de Dieu.*

## Chapitre XV.

L'Empire que nous auons sur les animaux, les arts qui perfectionnent, qui s'assujettissent la nature, les aduantages que se donne la prudence sur l'impetuosité d'vne force aueugle, enfin toutes les merueilles de l'esprit de l'homme, sont autant de preuues sans contredit, que l'essence intellectuelle est la plus noble & la plus puissante. Cette seule consideration nous oblige de l'attribuer à Dieu, qui estant le premier principe des choses creées, doit en posseder toutes les perfections par eminence, & au souuerain degré. Les membranes du cerueau qui sont le principe du sentiment par tout le corps, l'ont tres-exquis & tres-subtil, comme le témoignent les violentes douleurs de la teste, causées par vne petite vapeur qui ne s'accorde pas à leur temperament. Le Soleil possede au dernier poinct d'excellence la lumiere dont il communique quelques rayons aux autres planettes. D'où il faut conclure, que si Dieu est le createur des Anges, & des ames raisonnables qui sont des substances spirituelles; s'il leur domine, & s'il est l'object de leur felicité, il doit aussi estre d'vne nature spirituelle, infiniment plus intelligente par ce droict de regale que la cause se conserue sur ses effects, & la fin sur les choses qui en esperent leur perfection.

Il imprime dans les animaux cét instinct qui les porte à tout ce qui leur est conuenable auec vne conduite aussi bien reglée, que s'ils agissoient par iugement : Il fait que les Cieux continuent leurs periodes, les elemens leurs vicissitudes sans confusion, & que la nature garde inuiolablement les loix qu'il luy a prescrites, Ainsi voilà la pretention d'vne fin, le choix des moyens, vne conduite constante en ses ordres, & parfaitement heureuse en ses succés. Ce qui suppose vne intelligence dont les lumieres doiuent estre nettes, les dispositions puissantes & infaillibles pour bien gouuerner cette inombrable multitude d'estres particuliers. C'est ce que nous auons faict voir au premier Tome, par l'ordre admirable des parties du monde, que la premiere cause qui l'a estably est intelligence, & que l'ordre vniuersel est l'effect d'vne raison vniuerselle.

Personne ne doute que le gouuernement des Estats ne soit l'œuure d'vne eminente sagesse, aussi les Princes portent les plus illustres marques de leur empire, sur la teste qui est le siege de la raison; & par vne couronne faite d'or, qui est le Soleil des métaux, pour monstrer que ses lumieres doiuent estre de grande estenduë : anticiper la fin d'vne affaire dés sa naissance ; la clore sans interruption, &

auec la mesme iustesse qui fait la figure ronde.

Ce fut la pensée de Philippe Auguste Empereur, lors qu'il bastit vn autel commun à Hercules, & aux Muses, comme s'il n'eust voulu faire qu'vne Deité de ces deux, & monstrer que la sagesse doit estre inseparable de la puissance en ceux qui gouuernent. Hé! comment peut-on conceuoir que Dieu soit present à toutes les parties de l'Vniuers, pour les assister de son concours, qui reduit les forces des elemens au poinct d'vne actiuité qui renouuelle le monde sans le destruire; qu'il peust entretenir ce grand commerce de naissance & de corruptions, empescher la guerre de tant d'ennemis, & pouruoir à tant de necessitez, s'il n'estoit d'vne nature souuerainement intelligente?

Il est extremement esloigné de la matiere, comme nous l'auons dict, son essence est donc toute spirituelle, toute lumiere : desorte que comme le Ciel ne nous monstre de toutes ses parties, que celles où brillent les astres, ainsi quand tous les autres attributs diuins nous seroient cachez, celuy de la sagesse nous seroit tres-euident. Et ie croy que les secrettes émotions de ioye qui espanouyssent nostre cœur, si tost que nos yeux voyent la lumiere, viennent de ce que cette precieuse qualité est vne image de l'essence intellectuelle du premier principe.

Supposé que Dieu possede tout le bien possible, qu'il soit infiny en perfections, eternel en sa durée, immense en son estenduë, il ne seroit pas bien-heureux, toutes ses excellences seroient des lumieres eclypsées, des terres steriles dans vn fonds d'or, enfin des puissances mortes, si sa nature n'estoit intellectuelle, d'autant que la felicité ne consiste pas seulement en la possession du bien, mais encore à connoistre ce que l'on possede, & en la complaisance qu'on reçoit de ses aduantages.

Le Magnanime est, dit Aristote, celuy qui estant digne de grandes choses, se croit tel qu'il est, & sçait quelle est la portée de ses merites. Aussi on ne peut pas dire, que les estoiles, les fleurs, les perles, les pierreries soient bien-heureuses auec leur beauté, par ce qu'elles n'en ont pas le sentimét: ny qu'vn Prince iouysse de la gloire de ses Estats, quand la melancolie luy oste l'vsage de la raison, & luy fait croire qu'il est mort, ou cruche. De là nous iugeons les auares, les jaloux, les trop ambitieux miserables parmy des biens, dont ils ne sçauent pas gouster les delices, & dans des passions qui leur cachent ce qu'ils possedent, pour les faire souspirer apres ce qu'ils ne peuuent auoir. S'il n'y a donc point de felicité sans connoissance, celle de Dieu qu'on doit croire souuerainement heureux, doit estre proportionnée à l'excellence de sa nature; & comme il possede des perfections infinies, qu'il les connoist, & les gouste en perfection: que son eternelle felicité consiste en la veuë & en la complaisance infinie qu'il a de luy-mesme.

La beauté des marbres, des tulipes, de l'or, des pierreries, & des autres choses inanimées n'est pas inutile, quoy qu'elles ne la connoissent pas, parce que l'homme est au monde capable de la considerer, d'en faire le plaisir de ses yeux, & l'instruction de son esprit. Mais si Dieu ne connoissoit pas les excellences de sa nature, elles seroient inutiles, parce qu'estant infinies, il ne se trouueroit point d'estre capable de les conceuoir. Il ne se pourroit pas determiner à diuerses productions, s'il ne sçauoit quelle est sa puissance. Hé! qui se peut imaginer quel seroit le desordre general du monde sous vne aueugle diuinité?

Pour euiter ces sacrileges absurditez, il faut conclure que Dieu se connoist parfaitement soy-mesme, qu'il connoist sa bonté, son eternité, sa puissance, sa sagesse qui est son essence mesme, & tout ce qu'on peut s'imaginer se deuoir faire en nous par des actes de reflexion. Il void aussi d'vne seule veuë toutes les choses singulieres, existentes, ou possibles, comme nous en ferons la preuue plus bas. En vn mot, dautant que tout doit estre compris par vne connoissance qui est infinie; Rien ne se peut cacher à vne lumiere qui penetre tous les espaces, & en comparaison de laquelle toute l'étenduë de l'estre est moins qu'vn atome, dans le lieu qui est éclairé du Soleil.

Quelque aduantage de nature ou d'esprit qu'ayent les Princes, ils doiuent tousiours estre aux emprunts de la sagesse, & perfectionner leurs idées par le concert des meilleures testes de leur Royaume. Agamemnon prenoit conseil de Nestor, Cresus de Solon, Pericles d'Anaxagore, Denys le Tyran de Platon, Alexandre d'Aristote, Neron en l'heureux commencement de son Empire, de Seneque: De sorte que si Mercure conioint au corps du Soleil y fait vne tache, tout au contraire les bons Conseillers approchans d'vn Prince augmentent l'éclat de sa gloire. Que si pour estre plus secret il ne veut consulter que son iugement, il luy sera necessaire d'ignorer beaucoup de choses, dont les surprises & les consequences donneront des yssuës aux affaires toutes autres qu'on ne les attendoit. Enfin quád il auroit à gages des espions dans toutes les societez, & dans toutes les familles, comme en auoit Hieron Tyran de Syracuse, la plus grande partie des choses mesmes tres-importantes luy sera couuerte, & cette multiplicité de rapports, qu'il n'est pas tousiours facile de concilier, donne des connoissances moins asseurées que les cóiectures, puis qu'elles trompent souuent, & qu'elles font commettre des fautes irreparables. Mais les connoissances de Dieu sont infaillibles, parce qu'il les prend de luy-mesme; il void dans son decret qui a determiné l'estre des choses, & le concours qu'il leur veut donner, tout ce qu'elles peuuent faire, toutes leurs proprietez, toutes leurs inclinations, tous leurs mouuemés. Et comme il a cette connoissance dés l'eternité, la chose qui n'est pas encore ne luy peut enuoyer d'especes, mais il les préuient par la tranquille étenduë de ses lumieres, c'est pourquoy il me semble qu'Homere eut suiet de l'appeller vn Oeil infiny.

La fantaisie a des connoissances beaucoup plus vniuerselles que les sens, la raison que la fantaisie: mais cette premiere Intelligence les a toutes en vn instant sans succession, & par elle-mesme. Ce que ie dois expliquer plus au long au suiuant Traicté, parlant comme Dieu connoist les choses particulieres & contingentes. C'est assez d'auoir icy donné cette idée generale de son infinie sagesse, qui est en effect sa propre essence: mais si nous la voulons considerer auec vne distinction de concepts, c'est vn moyen necessaire de sa Toute-puissance, de sa gloire, de son amour.

*De la volonté, & de l'amour de Dieu.*

## CHAPITRE XVI.

LEs oyseaux saluent le Soleil à son leuer par leurs concerts, les fleurs par la monstre de leurs beautez, les Heliotropes par leurs regards: l'herbe Silenite se tourne à la Lune, & peint son croissant sur ses fueilles à proportion de ce qu'il est dans le Ciel; s'il y a quelque secrette vertu dans les mixtes, il s'en trouue d'autres qui les recherchent par sympathie; les abeilles recueillent le miel qui tombe du Ciel. Certains poissons sont alterez des eaux douces qui poussent au milieu des mers. L'homme est allé chercher dans les abysmes de deux elemens, les thresors qui contentent la curiosité, pour monstrer qu'il n'y a point de beauté en la nature qui n'ait ses admirateurs, & qui ne soit l'obiect de leur amour.

C'est vne merueille que le Soleil se lasse plustost d'estre sur nostre Horizon, que les fleurs de le regarder, les fontaines defaillent à l'auidité des poissons marins, les thresors à celle des hommes, enfin l'amour n'égale pas seulemét les suiets qui le nourrissent, mais il les surpasse; & dans le monde on void plus de recherches que de iouyssance. De là i'infere, que si Dieu est vne beauté & vne bonté infinie, qu'il doit estre possedé par vn amour infiny: & parce qu'il n'y a point d'autre infiny que luy-mesme, il doit auoir en soy vn amour sans fin, eternel en sa durée, extreme en ses ardeurs, tousiours attentif à son obiect, dont il ne peut exceder, mais seulement égaler les perfections infinies, par vne puissance infinie.

L'amour propre arme toutes les passions de l'animal pour la conqueste des biens qui luy agréent, & pour la défaite de tout ce qui luy contrarie; Il est le principe des plus genereuses actions de l'homme dans l'ordre de la nature: l'organe dont la police

lice se sert fort aduantageusement pour tous ses desseins: le thresor d'où le sage tire de solides contentemens dans la solitude, & se trouue riche de ses propres biens dans les plus cruelles disgraces. Cét amour qui regne si puissamment dans nôstre interieur, & qui tient les autres sous sa conduite, est vne image de l'amour eternel de Dieu, accompagné de la connoissance infinie de ses perfections, & eternellement satisfait de leur iouyssance.

Sans cét amour il ne seroit pas bien-heureux; luy qui anime, & qui recompense les actions de la nature par le plaisir, n'en gousteroit point, s'il ne s'aymoit infiniment, dautant que la delectation suppose qu'on ayme le bien qui la produict; la felicité deuient onereuse si elle n'est pas agreable; la ioye procede toûjours de la satisfaction des desirs, & de la rencontre fauorable des obiets proportionnez à la puissance qui les recherchoit.

Nous voyons que la societé des parties du monde s'entretient par vn amour reciproque qui fait descendre les plus nobles causes aux secours des foibles; qui éleue les inferieures, pour ioindre celles dont elles doiuent estre perfectionnées, & qui conioint les égales par les attraits de la sympathie. Ce nombre ternaire, indiuisible, où l'vnité fait le commencement, le milieu, & la fin, est le symbole effectif d'vn amour toûsiours égal en la iouyssance de son obiect, & qui possede dans l'vnité ce parfaict accord que le monde nous represente, par le divers assemblage de ses parties. Il s'y fait vn mouuement pareil à celuy du cercle, où la ligne touche le point qu'elle quitte, par vn éloignemét qui n'est qu'vn progrez qui s'y vient réioindre pour établir vne figure la plus égale, la plus spatieuse de toutes, & qui n'ayant que des parties en puissance, possede en effet sa forme dans l'vnité. Ie n'oserois encore parler en ce Tome de la Souueraine Vnité, Egalité, & Connexions, c'est à dire des trois personnes Diuines, dans vne tres-simple essence, que ie confesse de cœur & de bouche, & que i'adore de tout mon esprit. C'est vn mystere que ie tiens purement de foy, & à qui ie craindrois faire tort de le traitter seulement par la raison naturelle, d'où l'on ne peut auoir que des conuenances foibles, si on les compare aux preuues infaillibles de la reuelation C'est pourquoy sans sonder ce mystere ie ne faits que considerer icy qu'il faut necessairement admettre en Dieu vn amour eternel, par lequel il s'ayme, & est souuerainement bien-heureux en la iouyssance de ses infinies perfections.

I'ay dit ailleurs, que cét amour semble estre en quelque façon sorty de luy-mesme par la production des creatures, & qu'il les rappelle à soy par le moyen de l'homme où elles sont toutes comprises. Sa faueur est grande de nous auoir donné vn estre si noble, mais ie la tiens bien plus signalée, en ce qu'il nous permet de l'aymer, & que sa grace nous donne ce mouuement, qui seul nous peut mettre au centre de nostre bon-heur. Par le moyen de l'amour nous produisons en quelque façon Dieu dans nos cœurs, où il n'estoit pas, de sorte qu'il se rend par maniere de dire l'œuure de sa creature; il se fait vn auec elle, afin que comme elle a naturellement de l'amour pour soy, & pour ses productiõs, elle en ait aussi pour luy, si elle ne se veut desaduoüer elle-mesme. Artifice admirable de l'amour diuin pour gaigner les hommes! heureuses transformations! O que l'amour propre pris en ce sens nous est glorieux, puis que de s'aymer ainsi, c'est aymer Dieu en nous, comme c'est voir le Soleil dans les fontaines qui le representent; & sentir la chaleur du feu par vn fer qui la reuerbere. Mais c'est en effect ce bel astre qui peint ses lumieres sur ce cristal liquide, qui n'auoit que des dispositions à les receuoir; c'est le feu qui enrichit cette matiere d'elle-mesme sombre, de ses éclatantes qualitez, & c'est l'amour diuin qui fait son semblable, quand il iette ses flammes celestes dans nos cœurs, d'eux-mesmes trop foibles pour vne si genereuse production.

Platon explique cette verité par vne feinte mysterieuse, quãd il dit que nostre amour a Dieu pour Pere, parce que ses desirs qui ne peuuent estre rassasiez par toutes les choses mortelles, & qui tendẽt à l'infiny, monstrent la noblesse de son origine, quoy que les appetits des sens fassent quelquesfois vne diuersiõ de ses forces à de mauuaises pratiques;

Il ne pourroit pas s'éleuer iusques à Dieu, s'il n'eſtoit ſa ſource; il n'en receuroit pas tant de careſſes, ny de faueurs qui paſſent les termes de la nature, s'il n'eſtoit admis dans les droicts de l'adoption; mais il a la pauureté pour mere, dautant qu'il procede d'vne indigence qui cherche à ſe ſoulager, & qu'il ſe porte à Dieu, pour tirer de cette ſur-abondante bonté, des faueurs capables de remplir ſon vuide. Ainſi l'honneur de ſa nobleſſe, & la neceſſité de ſes intereſts ſont deux motifs tres-puiſſans, qui l'obligent à quitter le monde pour trouuer ſes felicitez dans le Ciel. Neantmoins eſtant dans la conuoitiſe, il eſt touſiours meſlé de defauts, il n'a qu'vne demie liberté, à cauſe de ſa mere qui eſt eſclaue, il ne tient ſes mouuemens que par emprunt ; il eſt dans la dependance de ſon principe, & ſon intereſt, qui eſt le plus ordinaire de ſes motifs, porte ſon reproche. Mais l'amour de Dieu enuers nous, eſt eternel, independant, plus liberal à donner, que le noſtre n'eſt prompt à receuoir ; enfin incomparablement plus parfait, comme l'amour naturel qui deſcend touſiours, ſe trouue plus accomply dans les peres enuers leurs enfans, qu'au contraire. Ce nous doit eſtre vne grande conſolation dans noſtre foibleſſe d'auoir ce ſupport, & de ſçauoir que ſi noſtre amour n'a pas les aiſles aſſez fortes pour ſe leuer, celuy de Dieu nous preſte les ſiennes pour nous porter à l'obiet de noſtre felicité, pourueu que nos affections ſoient entieremét détachées du monde, & qu'elles ne luy fassent point de resistance. C'est vn feu qui nous purge de nos defauts; vne magnificence Royale, qui du fumier nous met sur les throsnes; vne beauté qui ne donne pas seulement de l'admiration, mais aussi beaucoup de son lustre aux ames qui la recherchent.

Ie prise infiniment plus les connoissances de Dieu qui naissent de son amour, que celles qui s'acquierent par le trauail de l'estude, & qui bien souuent apres auoir esté cultiuées auec beaucoup de soin, demeurent steriles. Que sert de voir le port que l'on ne veut pas aborder, & les hautes branches d'vn arbre dont on ne peut recueillir les fruits? La connoissance attire l'object dedans soy, & le reçoit à proportion de sa capacité, l'amour le va chercher au dehors, il s'y transporte, & s'il se porte à Dieu, il en reçoit des forces qui ne se peuuent exprimer. Les connoissances se forment par le moyen de certaines distinctions; elles procedent lentement, elles ne découurent iamais toute la beauté de leur sujet, & n'enuoyent à la fois que quelques parties; mais l'amour est vnitif; vn élan du cœur rejoinct toute l'ame, & auec elle tout le monde à son principe. Les lumieres de cette saincte Philosophie sont si puissantes, qu'elles mettent l'esprit en extase; ses efforts si grands & si miraculeux en douceur; qu'ils sont ineffables à ceux mesmes qui en ont les bien-heureuses experiences. Iamais on ne les possede de sorte qu'on ne souhaite de les posseder encore dauantage, & d'auoir plus de cœur pour produire de plus ardentes affections. Par ce que cette vie est encore dans le mouuement, il semble tousiours aux plus parfaits qu'ils commencent; ils recherchent quoy qu'ils possedent, cet object qui est le principe, le milieu & le dernier terme de nostre felicité.

*Dieu est le Principe, le milieu, & la fin de toutes choses.*

## Chapitre XVII.

Nostre esprit qui ne peut comprendre vne nature infinie par vn seul concept, en forme plusieurs, & donne à Dieu tous les tiltres qui signifient quelque perfection, afin de mieux representer par cette diuersité, l'estenduë sans borne de ses excellences; mais par ce que ses pensées pour s'approcher de l'infiny par la multitude, s'escartent ce semble de l'vnité & de la simplicité de la nature diuine, nous les recueillons toutes en trois paroles, disant que Dieu est le principe, le milieu, & la fin de toutes choses.

Il a ces trois qualitez à l'égard des creatures, dautant qu'il leur a donné l'estre, qu'il leur conserue, & que toutes leurs actiuitez se rapportent à luy comme à vne derniere fin. Ainsi ce Philosophe qui se croyoit né pour voir le Soleil, le tenoit comme le principe de sa vie, en ce qu'il auoit concouru à sa generation, par vne vertu independante & eternelle selon sa pensée; comme milieu, puis qu'il ne subsistoit que par la faueur continuelle de ses influences, & qu'il ne le pouuoit voir que par ses lumieres; comme sa fin, en ce qu'il mettoit sa felicité en la contemplation de cette grande merueille du monde.

Dieu est veritablement le principe, la source, la premiere cause de toutes les existences de la nature, qu'il deuance à l'infiny en durée, & en estenduë de perfections. Aussi nous auons combatu au premier Liure l'opinion de ces Philosophes qui se sont figurez vne matiere premiere eternelle, comme vne masse sur qui Dieu a déployé les formes qui la distinguent, & qui reduisent ses indifferences à des mouuemens determinez. Nous auons veu que c'est combattre sa Toute-puissance de le mettre dans la condition des choses naturelles; dont les plus fortes ne font que la moitié d'vn composé, en ce qu'elles ont besoin d'vn suiect qui reçoiue ce qu'elles produisent ; que comme il est Toutpuissant, il a deub tout faire, & la matiere & la forme par sa creation ; que ce seroit blesser sa grandeur, de luy donner la matiere premiere comme collegue de son Empire ; de croire que ce sujet qui est le dernier des estres, si proche du rien qu'il ne se peut expliquer que par quelques negatiues luy soit égal en durée ; que ses auiditez soient demeurées durant vn espace infiny sans estre remplies; & que la bonté diuine ait si long temps veu ces langueurs sans les secourir.

Dieu est donc le principe des choses materielles, il l'est aussi des spirituelles, comme tout le Tome precedent en fait la preuue. Il est le Createur de nos ames, en ce que sans employer aucune matiere en leur formation ; sans aucun merite de leur part, il leur a voulu donner vn estre si noble par le seul motif de sa bonté. Si ceux qui se disent creatures des Princes pour en auoir receu quelques signalez bien-faits, ne se peuuent dispenser de leur seruice sans vne ingratitude qui les rend abominables entre les hommes: si les vassaux s'acquittent de leurs hommages enuers les Seigneurs dont ils tiennent quelque terre à fief : si les Disciples doiuent de grands respects à leurs maistres; les enfans à leurs pere & mere. Il faut considerer que nos obligations sont infiniment plus grandes enuers Dieu, de qui nous tenons non seulement l'estre, mais le bien estre; De sorte que manquant à nos reconnoissances enuers ce premier principe, c'est par vn seul acte commettre toutes les ingratitudes, toutes les impietez, vn sacrilege horrible qui merite toutes les peines, par ce qu'il offense vn infiny, tous les principes, & toutes les creatures en leur Createur.

Que la vanité me semble & ridicule & digne

de larmes, de ces idoles d'ambitió, qui se donnent la gloire de leurs bós succés, sans les rapporter à d'autre principe qu'à leur puissance; & qui reçoiuent pour vray tout ce dont la flaterie les endort comme des malades. Ils doiuent sçauoir que ce qu'ils ont de nature est vne lumiere qui dépend du concours continuel de Dieu; que s'ils reüssissent en quelques notables actions, que c'est sa souueraine puissance qui se veut seruir des moindres choses pour de grands effets, & qui employe quelquesfois les plus infames d'entre les hommes pour executeurs de sa iustice. Ainsi les plus sages doiuent aduoüer leur foiblesse aux pieds de cette souueraine Maiesté, & tirer des motifs d'humiliation, des mesmes sujects pour qui l'impieté des esprits audacieux se fait dresser des Panegyriques. Si c'estoit anciennement vn crime de leze Maiesté de s'asseoir au thrône Royal, quoy que ce fût sans mauuais dessein: nous deuons iuger que Dieu est si ialoux de sa gloire, qu'il n'en laisse iamais les vsurpateurs impunis, & que ces maudites creatures qui entreprennent d'estouffer tout ce qui ne fait pas pour leurs projets, seruent enfin de spectacle qui iustifie ce qu'elles pensoient abolir.

Dieu veut estre adoré, & comme le principe, & comme le moyen vniuersel de tout le bien qui se fait au monde; s'il a donné l'estre à toutes choses, il les conserue, il secourt leurs debilitez, & leur donne les assistances necessaires à leurs actions; quant aux hommes, ils ne pourroient pas posseder en perfectió les vertus morales, moins encores celles qui passent les termes de la nature, sans le secours de ses graces, comme nous en ferons la preuue. Il est vne bonté qui produit, vne beauté qui attire, vne gloire qui perfectionne: & comme il est à luy-mesme, le principe, le milieu, & la fin, par ce qu'il a son exiftence, ses vertus, sa gloire de luy-mesme, & de toute eternité ; ainsi ayant concouru à la naissance des choses naturelles, il leur pouruoit de moyens & de forces necessaires à l'action, & puis il se propose en quelque maniere pour leur fin, en ce que d'vn foible cómencement elles s'éleuent à vn degré de perfection plus sublime, & qui represente mieux celle qui est infinie. Mais comme l'estre de l'homme est vniuersel, en ce qu'il possede tous les degrez inferieurs de la nature, & que son ame est participante d'vne vie qui n'est point suiette aux loix de la mort, il se doit aussi proposer pour fin vne bonté vniuerselle & infinie en perfections. Le poinct se trouue au commencement, en la continuë, & à la fin de la ligne: l'vnité de mesme, cómence, forme & acheue tous les nombres: Ainsi Dieu est le commencemét, le milieu, la fin de toutes choses dans l'ordre de la nature, à cause que toutes les bontez se rapportent à la sienne; particulierement en l'homme, qui est son image, qui n'agit pour le Ciel que par le secours de ses graces, & qui doit retourner à luy comme à sa derniere fin : parce que, comme c'est vne partie indiuisible de la ligne, qui touche le centre indiuisible, l'ame raisonnable, qui est vne substance spirituelle, se reünit à l'vnité du premier principe, & comme la plus qualifiée des creatures inferieures, elle approche plus prés de ce souuerain Monarque.

Si les actions prennent leur merite, & leur denomination de la fin, les nostres deuiennent en quelque façon diuines, quand elles aspirent à Dieu, & qu'elles ne pretendent que d'accomplir ses volontez. Nous sommes ses sujets, & ses seruiteurs par beaucoup de tiltres ; C'est pourquoy tout nostre trauail se doit rapporter aux interests de sa gloire. Il ne sera pas moins reconnoissant enuers nous, que les anciens l'estoient enuers leurs esclaues, à qui ils donnoient la liberté pour recompense de leurs longs & fidels seruices. Nous la receuons dés cette vie, par les graces qui nous tirent de l'esclauage du peché, qui nous rendent maistres de nos passions, qui mettent vn merite à nos bonnes œuures, & nous acquierent vn droict à la gloire où est nostre vraye liberté. C'est de cet estat si sublime d'où découurant les accords des parties du monde, & les succés admirables de la prouidence de Dieu en la conduite des creatures, nous connoistrons quel est le principe, le milieu, & la fin de toutes choses; qu'il a tout fait pour sa gloire, & pour nostre salut, auec des liberalitez qui n'ont point d'autre motif que son amour.

*De la Liberté de Dieu.*

## Chap. XVIII.

Qvelque route que tiennent les vaisseaux sur mer, ils se conduisent à la faueur de leur pole; Quelques discours que la Medecine entreprenne du corps humain, elle suppose qu'il est viuant; Ainsi les diuerses speculations qu'on fait de Dieu, se reglent sur ce principe, que son essence est souuerainement accomplie, qu'il possede toutes les perfectiós possibles & imaginables. En cet estat il ne faut point douter qu'il ne s'aime necessairement, par ce que si le bien est aimable, le bien necessaire & infiny doit estre infiniment & necessairement aimé ; autrement il y auroit des obscuritez en ses connoissances, du déreglement en sa volonté, & du defaut en sa gloire, si son amour n'égaloit pas ses perfections, s'il les laissoit inutiles, ne se donnant pas toute la felicité qui peut naistre de leur connoissance, & de leur amour infiny, dont il est seul capable.

Il est certain qu'il veut & aime les autres choses, & leur existence est la preuue infaillible de ses volontez, par ce que le Ciel, les elemens, ne seroient pas s'il ne les vouloit ; mais nous disons, que sa volóté & son amour ne se portent pas de mesme sur ces choses exterieures, que sur son essence, d'autant que s'il ne la vouloit & aymoit infiniment, il ne seroit pas Dieu, n'estant pas souuerainement heureux: mais il est dans vne telle independance des creatures, que quád il n'y en auroit aucune, il n'auroit pas moins de perfection ny de gloire. C'est pourquoy la Theologie dit, que Dieu s'ayme necessairement, parce que son amour est son essence mesme necessaire; mais qu'il ayme les creatures librement, à cause que son amour n'a pas la mesme connexion auec elles qu'auec son essence. Ainsi cette liberté est vne de ses perfections, en ce qu'elle signifie vne nature complette, indépendante, & souuerainement heureuse en la iouyssance de ses propres biens.

 Les agens naturels s'emportent à leurs actions, & y employent toutes leurs forces auec vne necessité qui d'elle-mesme ne se donne point de dispense: les Cieux continuent leurs mouuemens sans intermission; le feu brusle autant qu'il embrasse de matiere capable de le receuoir; l'eau moüille, l'air se respand; Ainsi dans le monde toutes les autres causes agissent auec necessité sur les suiets où elles en trouuent les dispositions, d'autant qu'elles n'ont pas la conduite de leurs puissances: mais elles suiuent les mouuemens qui leur sont imprimez par vne cause superieure. Or il faut que le moteur soit dans vn autre estat, que ce qu'il meut; la corde bandée sur le luth sonne necessairement quand les

S iij

doigts la pincent : mais il nous est libre de la laisser dans le silence, ou dans vn relasche qui casse sa voix ; vne espée perce, ou tranche selon que la main la porte ; mais le soldat a la liberté de ne s'en point seruir, & de la laisser inutile dans vn cabinet; Ainsi des agens necessaires au monde, il faut monter à vne premiere cause souuerainement libre à leur imprimer des mouuemens, & qui tienne la nature plus-suiette aux loix de ses volontez, que ne le sont les instruments des arts à la main de ceux qui les employent.

C'est vne relation dont vn terme emporte & suppose l'autre, que s'il y a des causes necessaires, il y en doit auoir de libres, & comme des diuers mouuemens des corps on s'éleue iusques à vn premier moteur ; des actions qui se font auec necessité l'on doit monter iusques à vne premiere cause sourainement libre, comme elle est souuerainement parfaite & independante. Quand Aristote suppose qu'il y a des hommes naturellement nez dans la seruitude, en ce qu'ils n'ont pas le iugement assez net, ny les resolutions assez fortes pour se bien conduire, il conclud qu'il y en a d'autres qui naissent dans la liberté, & pour l'empire, ayant l'esprit bon, la dexterité, la force, & les autres parties necessaires au gouuernement. Dans vne ville où il y a des esclaues, il y a des maistres, qui tous releuent d'vn Prince. Dans le monde on void les causes naturelles necessitées à leurs actions, comme des esclaues; il y a des hommes & des Anges libres qui leur commandent. Cét ordre nous conduit à vne premiere cause, qui seroit defectueuse en ce qui luy est deu de perfection si elle n'auoit auantageusement cette liberté, qui manque aux moindres, & qui se trouue dans les plus nobles de ses creatures.

Il nous suffit de croire à nos yeux, & de regarder le monde, pour conclure que c'est vn œuure de la liberté de Dieu. Nous n'y voyons rien que de limité: les formes, les quantitez, les figures, les vertus y sont dispensées auec vne certaine mesure, & tout y est à l'estroit. Car le monde pouuoit auoir vne circonference plus étenduë dans les espaces imaginaires; le Soleil plus de lumiere, la terre plus de fecondité; les Lions pouuoient auoir la vitesse des oyseaux, l'odorat subtil des vautours, l'inclination de nager comme les Castors, des forces plus grandes, des armes plus auantageuses. Enfin figurez-vous vne infinité d'autres conditions qui pouuoient estre données à la matiere; Il faut que ce soit vne cause libre qui ait ainsi determiné ses puissances; qui ait donné des loix & des mesures à toutes choses, & qui de la masse infinie des possibles n'en a pris que le nombre determiné de celles qui se suiuent en la nature.

Dieu est Tout-puissant, & n'y a rien de possible qu'il ne puisse reduire en acte. Si donc il estoit vn agent necessaire, & qu'il fist ses productions auec la mesme necessité qu'a le feu de communiquer sa chaleur, & le Soleil ses lumieres, il eut produit en vn instant tout ce qui peut estre; & dautant que la matiere n'est iamais iointe à vne forme si noble, qu'elle n'en puisse encore receuoir de plus parfaites, & que cét accroissement redouble sans fin, sans qu'on y puisse assigner de dernier terme, il n'y auroit rien au monde de tout ce que nous y voyons, parce que tout eust esté produit au dernier point de l'excellence qu'il pouuoit auoir, toutes les diuersitez seroient confuses dans vn effect qui seroit au dernier poinct de la perfection possible, si Dieu estoit vn agent necessaire, & s'il ne se fût determiné volontairement à certaines productions; Il n'y auroit point de naissances successiues, parce qu'elles pouuoient estre dés l'eternité. Enfin il faudroit que Dieu eut épuisé tout ce qu'il a de puissance; mais si elle est infinie, & inépuisable, on ne se pourroit figurer de determination dans ses effects, qui ne luy fissent tort, & qui ne portassent vn reproche de son impuissance. Cela monstre qu'on ne peut conceuoir Dieu Createur du monde, sans le supposer libre pour déterminer l'indifference de la matiere, & faire que de toutes les choses qui pouuoient estre, il y en eust certaines qui eussent leur existence à certaines conditions.

Il ne faut point dire que cette liberté signifie vne puissance, qui n'estant pas toute reduite en acte, est par consequent dans le defaut. Car au contraire

traire nous auons fait voir, que c'est vne puissance, non pas passiue, mais actiue, accompagnée d'vne grande perfection, en ce qu'elle suppose Dieu dás vne totale independence du monde, & souuerainement heureux en soy sans les creatures. Quand les Princes tiennent pour maxime de ne rien accorder à leurs suiets par contrainte ; d'éleuer ceux qu'il leur plaist dans les charges; de faire les traictez de paix les armes à la main ; Ils affectent cette liberté d'agir comme la plus glorieuse preuue de leur puissance, sans laquelle, de Roy ils seroiét esclaues. Dieu de mesme ne seroit pas Tout-puissant ny souuerain, si quelque loy inéuitable l'eust reduit à produire les creatures; à leur imprimer & leur conseruer leurs vertus, par vn espece d'obligation, dont il eust esté contraint de leur faire le payement.

S'il n'agissoit que par necessité, ce seroit en luy vne foiblesse semblable à celle des vaisseaux qui répandent la liqueur que leur trop petite capacité ne peut contenir ; & à ce fleuue qui ne donne les fertilitez aux terres d'Egypte que par vn débordement de ses flots, pour qui son canal est deuenu trop estroit. Ainsi les hommes ne luy auroient pas plus d'obligation, qu'au feu qui les échauffe, & aux esclaues qui les seruent par necessité.

Ie passe ces considerations que i'ay deduites au premier Tome, pour respondre icy à cette obiection ; Que Dieu ayant resolu de toute eternité, ce qu'il deuoit faire, il n'est plus libre à cette heure de faire autrement; qu'ainſi ſa ſageſſe qui ne reçoit point de nouueaux aduis, & ces decrets qui ne prennent iamais le change, empeſchent ſa liberté. Ie dis que les termes meſmes de cette inſtance portent ſa reſponſe, ſi l'on veut examiner cette affaire ſelon l'ordre que nous y deuons mettre auec raiſon. Nous auons repreſenté que Dieu eſt tres-libre en ſes productions exterieures, parce qu'il eſt dans l'independance des creatures; qu'eſtant ſouuerain, il ne ſe trouue point de cauſe qui donne la loy à ſes puiſſances, que rien ne l'oblige à des faueurs qui ſont de pures liberalitez, & qui ne donnent point d'accroiſſement à ſon bon-heur. Que ſi ſa ſouueraine Sageſſe anticipe tout l'aduenir dés l'inſtant de l'eternité; ſi ſes volontez ſont touſiours les meſmes; ſi la verité, ſi la bonté, qu'il poſſede toûjours également, l'entretiennent dans les meſmes reſolutions, ce n'eſt pas vn defaut, mais vne perfection de liberté. Comme on ne dira pas qu'vn homme ſage ſoit moins libre, auec la prudence qui l'entretient dans vne grande égalité d'eſprit, & qui luy donne de conſtantes reſolutions ſur tous les incidens des affaires, que ces petites ames qui ſe laiſſent emporter à tout vent; qui renuerſent les premiers deſſeins de leur raiſon, par ceux qu'vne nouuelle lumiere, ou qu'vn accident ineſperé exige de leur foibleſſe; & qui n'ont point d'autre preuue de leur liberté, que leur inconſtance. Vous deuez conceuoir de meſme que

Dieu n'est nullement necessité à la production des creatures; comme i'en ay fait la preuue ; que si sa volonté eternelle a son effect infaillible dans le temps, ce n'est pas vn defaut, mais vne genereuse continuation de liberté qui ne trouue point d'obstacles, & qui monstre par cét heureux succez de ses desseins, sa Toute-puissance.

*De la Toute-puissance de Dieu.*

## Chapitre XIX.

LE droict des gens qui a rendu les victorieux maistres des vaincus; ces loix équitables, qui donnent le sceptre à la vertu, & qui distribuent la puissance à proportion des merites, sont des reglemens que la police des hommes emprunte de celle du monde. Le Ciel dont la constitution est meilleure que celle de toutes les autres choses materielles, est riche d'vne vertu si vigoureuse & si absoluë, qu'il les gouuerne comme souuerain. Le plus noble & le plus haut des élemens est le plus actif, l'estre raisonnable comme le plus accomply, exerce sa domination sur les élemens, les plantes & les animaux; toutes les actions naissent de la forme, qui est la plus excellente partie du composé, & selon qu'elle est plus parfaite, elle tient vn plus grand empire dessus la matiere. Enfin puis que

T ij

dans tout l'ordre de la nature, l'on void touſiours les puiſſances proportionées à la dignité de l'eſtre, & que ce monde materiel nous eſt vn pourtraict de l'archetype; il en faut tirer cette concluſion, que Dieu poſſedant toutes les perfections poſſibles, dans la tres-ſimple vnité de ſon eſſence, eſtant infiniment bon, il eſt Tout-puiſſant.

Premierement en luy-meſme, parce qu'en ſe poſſedant, il poſſede tout ce qu'il veut, & toute la bonté poſſible, de ſorte que l'infinité de ſa nature préuient tous les deſirs par la ioüiſſance; & la multitude de tous les obiets, par ſon vnité. Comme auſſi le moment de ſon eternité deuance tout le non-eſtre, & ne laiſſe aucune place à la priuation, ny dans les eſpaces que noſtre eſprit ſe figure comme paſſez, ny au preſent, ny pour l'aduenir: Il eſt vn acte trespur, infiniment éloigné des foibleſſes de la matiere, ſouuerain, eternel, infiny, ainſi Tout-puiſſant, parce que l'eſtre poſſible n'a point de bontez qui le puiſſent perfectionner, ny de contraires qui le menaſſent d'aucune alteration.

Comme Tout-puiſſant dedans ſoy, il a fait au dehors la production du mode de rien, ſans aucun ſujet qui le deuançaſt, & qui receût l'impreſſion de ſa vertu à la maniere des agés naturels; Ce que i'ay moſtré au premier Tome eſtre vn acte de toute-puiſſance, comme auſſi d'auoir donné à la matiere premiere cette diſpoſition à receuoir toutes les formes, auec des accidens ſans nombre & ſans limites.

La nature ne souffre point de vuide qui ne soit remply, ny de puissances passiues, qu'elle n'en ordonne d'autres actiues qui les secourent, au moins en quelques parties, pour ne rendre point toutes leurs affections inutiles. Si la terre a de la disposition à produire les plantes & les animaux, les elemens ont des vertus seminaires qui la font conceuoir. Si nos yeux ont de l'inclination pour la lumiere, le Ciel la leur donne. Tous nos sens trouuent des objects proportionnez qui les satisfont; les brutes n'ont point d'instincts qui ne rencontrent dequoy se mettre en exercice. Selon cette regle il doit y auoir vn acte infiny, qui responde par opposition à la puissance infinie de la matiere; qui possede en son estre souuerainement heureux, plus qu'il ne manque à ce premier suiet de composition, & qui luy puisse donner tout ce qu'elle peut receuoir.

Il est vray que Dieu ne fait pas tout ce qu'il pourroit faire, & quoy que sa puissance soit infinie, il n'a pas produit vn autre infiny, à cause, comme nous auons dit, que cela est dans la contradiction, & que l'infiny ne se peut multiplier. Et puis nous venons de monstrer qu'il est vne cause libre, qui ne déploye pas toute sa vertu dans son action; non moins puissant quand il n'agit pas, que quand il agit; comme vn Prince n'est pas moins riche quand il retient, que quand il exerce ses liberalitez; Le sage ne possede pas moins les

T iij

bonnes qualitez de son esprit dans la solitude, que dans l'employ des charges publiques. Aussi l'homme qui s'approprie tant qu'il peut les excellences diuines, fait gloire de n'auoir pas employé toutes ses forces dans les emplois mesmes qui paroissent les plus releuez, par ce que comme la voix n'est pas agreable, qui éclatte autant qu'elle peut, l'action semble moins glorieuse, & tenir desia de la foiblesse quand elle épuise toute la puissance. C'est pourquoy les esprits doiuent surpasser au double les affaires qu'ils entreprennent, autrement les forces qu'il faudroit employer toutes entieres en la production d'vn effect, se diuertissent dans le combat, & sont arrestées par vne égale resistance. La vigueur de nostre ame, aussi bien que de nostre esprit a ses bornes, & le grand poinct de sagesse, c'est de se donner des emplois conformes à sa capacité, où l'on puisse reüssir sans inquietude. Mais quand Dieu auroit faict encore dix mille mondes, sa Prouidence ne seroit pas plus empeschée à les gouuerner qu'vn seul; son repos seroit égal, il ne viendroit point aux approches de la foiblesse, ny aux termes d'vne source tarie, & d'vn thresor épuisé, par ce que sa puissance est infinie.

Si elle ne l'estoit, & si elle auoit quelques bornes, la science par laquelle il se connoist, luy monstreroit sans cesse son defaut, & ce qui ne luy seroit pas permis de faire par vne espece de reproche, qui ne se pourroit accorder auec sa gloire.

Enfin si toute sorte de limitation procede, comme nous auons dit, d'vne puissance superieure, Dieu estant la premiere cause, eternel, infiny, autant en durée, qu'en perfections, son pouuoir qui ne releue d'aucun souuerain, ne doit non plus souffrir de limites, que le domaine des Rois, de cens & de redeuances.

Les Princes se sont souuent efforcez d'imiter la Toute-puissance de Dieu, affectant vne Monarchie vniuerselle; mais par vne ambition furieuse, qui remplit le monde de calamitez, & qui le laisse dans la souffrance des moyens iniustes, sanglans, sacrileges, dont elle se sert pour vne fin qui ne reüssira iamais. Dautant que l'esprit de l'homme est trop foible pour empescher les desordres naissans de l'antipathie de tant de Nations, pour tenir le sceptre contre les entreprises d'autant presque de coniurez, qu'il se trouue de bons courages impatiens de la seruitude; & pour donner couleur à tous les desseins de police, dont le propre interest des peuples se tient offencé. Les autres ont voulu rendre la Loy souueraine dans les Estats, ce qui causeroit vn gouuernement tyrannique, comme dit Platon, parce que ne pouuant pouruoir à tous les cas particuliers, il y auroit vne extreme iniustice en cette extreme égalité, d'où vient que les fautes sont tousiours tres-grandes, qui naissent d'vne maxime generale mal appliquée. Les Romains donnerent vne authorité souueraine à leur Dictateur, & aux Consuls qu'ils enuoyoient en quelques expeditions, quoy qu'ils la rendirent de peu de durée pour en corriger l'excés; neantmoins on void que tous les sages ont creu la souueraine puissance necessaire au gouuernement, puis qu'ils l'ont recherchée mesme entre les perils de l'ambition. Elle est donc tres-souhaitable de soy, si l'on la peut garentir des ignorances, des foiblesses, de la malignité, des tyrannies, où s'emporte nostre nature. Or comme Dieu est exempt de tous ces defauts, & qu'il est infiniment bon, il ne faut point douter que sa puissance ne soit infinie pour regir en perfection l'Empire du monde.

Elle paroist en ce qu'il contient les Cieux, les elemens, les especes, dans vn ordre tousiours égal entre les vicissitudes continuelles qui le composent. Que si le salut des hommes demande quelques effects extraordinaires, il se monstre le souuerain de la nature en dispensant de ses loix, & la faisant agir contre sa coustume. Combien de fois cette bonté toute-puissante s'est-elle declarée pour la iustice, contre toutes les apparences humaines, & ietté la confusion sur le visage de ceux qui ne iugeoient rié d'impossible à leurs desseins, apres que la flaterie les auoit esleuez comme des idoles pour receuoir l'adoration des peuples? Combien de fois a-t'elle vengé les iniures faites à ses autels, & aux personnes consacrées à son seruice? renuersé les fortunes

tunes insolentes, & reduit ceux qui s'estoient rendus les arbitres des biens, de la vie, & de l'honneur, au rang des pauures & des criminels? Nous deuons tout esperer d'vne Toute-puissance qui est ioincte à vne bonté infinie; toutes choses nous sont possibles auec son secours: que si nous ne sommes pas tousiours victorieux de nos ennemis; c'est que nous ne sçauons pas nous seruir des graces qui nous sont offertes par cette souueraine misericorde, adorable par vne infinité de tiltres.

*De quelques autres Noms diuins.*

### CHAP. XX.

Quand le Soleil s'écarte de nostre Horizon, il ne s'y fait pas seulement representer par la Lune dont la clarté vaut vn demy iour, mais encore par vn grand nombre de petites estoiles, qui ne laissent pas d'auoir beaucoup de rapport auec luy, en ce qu'elles éclattent de sa lumiere. Les Empereurs triomphans ne prenoient pas plus de plaisir aux Panegyriques des Orateurs, qu'aux diuers tiltres d'honneur que les acclamations du peuple leur donnoient, quoy que ce ne fussent pas ceux qui signifioient leurs plus signalées victoires. Ainsi outre les attributs de l'vnité, de l'infinité, de l'eternité, de la sagesse, de la beauté, de la bonté, de la Toute-

Tome 3. V

puissance de Dieu, & les autres dont la Theologie se sert ordinairement pour expliquer les perfections de son essence, la pieté des bonnes ames en forme quantité d'autres moins significatifs, mais peut-estre non moins agreables à sa Maiesté, s'ils partent du cœur par vne surabondance de respect & de dilection. Considerez ces menuës loüanges, comme des couronnes de fleurs, elles peuuent estre mises entre celles qui sont faictes d'or & de pierreries : quand ces foibles expressions de sa grandeur, seroient les innocentes caresses; & les begayemens de nostre enfance, ie ne doute point que l'amour eternel ne les agrée, puis que sa Toute-puissance a de la sympathie auec nos infirmitez.

Aussi nous l'appellons *Pere*, pour protester que nous luy sommes redeuables de nostre estre; qu'il est le Createur de nos ames; qu'estant enfans de famille, ses volontez doiuent estre la regle des nostres, que tout nostre bien est vn effet de sa Prouidence paternelle. Nom plein de douceur, puis qu'il signifie vne puissance moderée par l'amour, & qui nous doit remplir de plus grandes consolations, que n'en auoit Rome sous les Empereurs qui se firent appeller Peres de la Patrie, afin qu'elle esperast toutes sortes de felicitez de leur clemence. Leur gouuernement ne s'accordoit pas tousiours à cette aimable qualité; ils pouuoient l'vsurper pour preuenir les opinions, & pour exercer à couuert leurs violences; Mais la bonté de Dieu est inuariable, sa puissance ne paroist ordinairement au monde que pour executer les desseins de son amour, de sorte qu'entre tous les tiltres d'honneur & de reconnoissance, nous luy deuons particulierement donner celuy de Pere. Il anime les bons courages à former de genereuses resolutions pour la vertu, afin de ne point ternir le lustre de leur noblesse, & de ne point degenerer d'vne naissance qu'ils tirent du Ciel. Tant que l'homme considere Dieu comme pere, il se conforme à ses volontez auec vne extreme resignation: il ne pense iamais auoir droict de faire contre ce que sa Majesté témoigne d'auoir le plus agreable: Tous ses efforts ne tendent qu'à signaler sa fidelité par ses seruices, de peur d'estre coulpable de la plus noire, & de la plus honteuse de toutes les ingratitudes enuers son Pere celeste.

Il s'y sent attiré par ses bien-faits, & si puissamment porté par le secours de ses graces, que ce qu'il pense faire pour l'acquit de son deuoir, luy est vn surcroist de faueur qui augmente ses obligations. Tellement que, comme il n'agit dans le bien que par sa bonté, il peut dire qu'il est sa VIE. Dieu est vne vie à soy-mesme, parce que son existence ne releue d'aucun principe: que sa gloire consiste en la iouïssance de ses propres perfections infinies, dâs vne eternité où la mort & les alterations n'ont point de droict: La nature seroit trop foible pour la moindre action, auec ses formes, ses qualitez, ses or-

V ij

ganes, & mesme auec l'influence des corps superieurs, si elle n'estoit assistée de cette cause vniuerselle, & si les Estres particuliers, qui ne sont pas seulement capables de s'entretenir eux-mesmes, ne receuoient de cette vie originaire, la force de se multiplier par les generations, C'est elle qui alentit les flammes de nos concupiscences, & qui offre continüellement à nos cœurs, des remedes aussi doux & aussi fauorables, que l'est l'air à nostre respiration. Ce qui se fait dans le commerce du monde pour la commodité des sens, & sous le regne des passions, n'est qu'vne vie animale trop basse pour la dignité de l'homme, & qui n'a point de rapport à la grandeur de son origine. Mais perfectionner les puissances intellectuelles de l'ame; agir pour le Ciel, pour vne gloire qui ne finira iamais; pour vn bien qui comprend l'objet de tous nos desirs, c'est vne vie que nous ne pouuons auoir dans le temps, que par la faueur du *Roy des Siecles*.

Les Saincts donnent à Dieu cet attribut, parce qu'il est eternel; que de l'estat immobile de sa gloire & de sa sagesse, il a prescrit les periodes des Cieux, & les vicissitudes des choses inferieures. Les Astres ne continuent leurs influences & leurs mouuemens que selon ses ordres; il a preueu ces grands changemens qui nous remplissent d'admiration dans l'Histoire; & deuant que ces prodiges eussent leur naissance, il a sceu quelle en deuoit estre la fin ; parce qu'il forme vn concert de tous les temps, de tous les effects de la nature, & de la raison, où ces diuers euenemens que nous appellons des faueurs, des disgraces, des inconstances de la fortune, sont des éclats, des feintes, des roulades, des pauses de voix qui entonnent le Cantique de ses loüanges. Les penser entendre dans vn terme si court que celuy de nostre vie, c'est iuger d'vne excellente peinture par vn seul traict, d'vne musique par vn ton de voix, d'vn discours par vne syllabe.

Cela nous apprend à décharger nos esprits de ces pensées pleines d'inquietudes qui donnent de sinistres interpretations aux choses, & iugent temerairement de ce qui est reserué à la prouidence du premier principe. Comme Roy des siecles il cōduit ce qui passe auec le temps, à des fins plus glorieuses que nous ne le pouuons conceuoir. Les Theologiens l'appellent aussi la *Verité*, parce qu'il met toutes choses au poinct où elles doiuent arriuer selon le proiet de sa science eternelle. Il est premierement la Verité en luy-mesme, dautant qu'il connoist & possede en soy tout le bien necessaire pour la perfection de sa nature infinie, & que son essence respond au concept qu'il a d'vne souueraine felicité. Et puis il est la verité des choses creées, en ce que son Idée est l'original de leur nature, & qu'elles sont d'autant plus parfaites, qu'elles y sont plus conformes. C'est pourquoy le sage qui vit selon la raison, & la loy diuine, ne se croit pas moindre, quand toutes les personnes interessées au party des sens le condamneroient ; il iuge luy-mesme selon les regles de la premiere verité: ceux qui le iugent par opinion, & au temps qu'il est contraint de souffrir les excez de leur tyrannie, il ne laisse pas de les regarder, comme des criminels qui font amende honorable deuant le throsne de Dieu. S'il est la premiere verité, s'il est immense, & present par tout, il void mieux dans le secret de nos ames, & penetre plus auant dans nostre interieur, que nous-mesmes : quand donc la flatterie, & l'impieté des Cours dresseroit des autels, comme anciennement aux sacrileges, & traiteroit les plus innocens comme criminels ; c'est vne grande consolation aux bonnes ames de voir que la premiere verité condamne ces iniustices; & que le peu d'auantage que les méchans vsurpent en ce monde, doit estre puny d'vne confusion eternelle. C'est en cette autre vie où la verité de toutes les actions sera manifestement connuë. Aussi sous cette esperance les sages ne perdent rien de la bonne estime qu'ils doiuent faire de la vertu : & quoy que toutes les puissances du monde liguées contre sa gloire, tiennent les passages, ils trouuent tousiours moyen de s'y aduancer, parce que Dieu qui leur donne ces sainctes resolutions, comme premiere verité, se rend encore par ses graces, le *chemin* qui les y conduit.

Si sa Prouidence meine les brutes & les choses inanimées aux fins où elles doiuent arriuer, elle ne refusera pas ce secours à la plus noble des creatures inferieures. Car comme il est la voye des estres irraisonnables par l'instinct, il est de l'homme par la grace, qui ne luy donne pas seulement en cette vie les esperances, mais encor quelque participation de la gloire.

C'est pourquoy la Theologie mystique l'appelle vn *feu* qui échauffe, & transforme les cœurs disposez à le receuoir. Ils croissent à mesure qu'ils se changent en ce grád obiect, & ces flammes sacrées redoublent leur embrazement à mesure qu'elles trouuent plus de matiere, par vn progrés qu'on peut dire n'auoir point de fin, parce que la cause qui produit ces bien-heureuses transformations est infinie. Ne nous plaignós plus icy d'estre voyageurs, puis que cét estat est si fauorable à l'accroissement de nos merites; puisque nous pouuons y estre purgez par les ardeurs de ce feu sacré; & y receuoir ces merueilleuses illustrations pour lesquelles Dieu est appellé par les Saincts vne *lumiere*.

Auparauant l'ame ne voyoit que par l'opinion, qui comme ces faux miroirs nous representent les choses autres qu'elles ne sont, ses esperáces estoient pour ce qu'il faut craindre; ses amours pour ce qui meritoit ses auersions; elle dónoit côtre les écueils, & prenoit les precipices pour des chemins: mais depuis qu'elle est entrée dans cette region de lumiere, le móde n'a plus de perils qu'elle ne connoisse, plus de fards & de déguisemés qui la surprennét, elle sçait le prix de toutes choses, & le rang qu'elles doiuent tenir en son estime, & cette lumiere luy fait vn grand iour pour voir également le passé comme l'aduenir. Elle considere que Dieu l'a crée de rien par le seul motif de sa bonté; qu'il la soustient par le moyen de ses graces. Elle void la vanité des biens de fortune, l'inconstance, les empressemens, les soins, les perils qui les accompagnent; elle esquiue tant qu'elle peut ces dangers, & trauaille pour la gloire, qui est sa derniere fin.

L'esperance de la pouuoir ioindre luy donne des consolations indicibles; & Dieu qui est appellé *Paix*, à cause qu'il possede toutes les felicitez imaginables dans l'estat immobile de son eternité, la rend tranquille entre les clameurs de l'opinion, les persecutions de la malice, les changemés des estats, mesme entre les ruines qui doiuent accueillir le monde. Elle reçoit la vie dás la region de la mort, la fermeté entre l'inconstance, la verité entre les mensonges, des sacrées ardeurs entre les glaces, des lumieres entre les tenebres, & mille autres faueurs de celuy qui est la vie, la voye, le Roy des siecles, la verité, vn feu, vne lumiere infinie.

Enfin nous pouuons dire, que Dieu est la raison primitiue, la source de tous les estres, vne forme vniuerselle, vne substance immobile d'où procedent, & qui soustient tous les mouuemens : vn repos parmy les agitations, vne eternité dans le téps, vne immensité qui comprend tous les espaces, vne
sublimité

sublimité dás la profondeur, vne vnité dans la multitude, la verité de l'intellect, & la ioye de la volóté.

L'eloge le plus celebre que les esprits bien-heureux luy donnent, c'est de l'appeller *Sainct*, par ce que selon la signification du mot Grec, il est extremement esloigné des foiblesses de la terre, & de la matiere; d'autant qu'il est vn acte tres-pur, comme nous auons dit, souuerainement heureux par luy-mesme, & dans vne gloire qui ne tient rien de la contagion des sens. De là vient que ceux des hommes qui aspirent à la perfection, mortifient le corps, & le reduisent à vn estat, où l'ame semble n'y estre attachée que pour triompher de ses insolences, & luy donner auec la vie, les loix de l'integrité. Ce n'est pas merueille si les prophanes blasphement contre ce bien-heureux estat qu'ils ignorent, si estant ennemis d'eux-mesmes, ils le sont de Dieu, & de ce qui tourne à sa gloire.

## De la Gloire de Dieu.

### CHAP. XXI.

Comme les sens gouſtent de grandes delices au rencontre des obiects proportionnez à leurs puissances; aussi l'estre intellectuel trouue ses plaisirs en la iouyssance du bien qui luy est propre, auec des satisfactions plus douces & plus solides, comme sa nature est plus excelléte. C'est pourquoy quelques Philosophes ont mis le souuerain bien de l'homme en ces ioyes, en ces applaudissemens de la conscience qui suiuent les actions de vertu, & qui luy decernent des triomphes interieurs, quand toutes les passions ennemies de son honneur voudroient la faire passer pour criminelle.

Ie laisse aux Stoïciens à subtiliser sur cette opinió, lors qu'ils nous representent la vertu si genereuse, qu'elle n'agit que pour elle-mesme: si sublime que chose aucune ne la peut passer pour luy tenir lieu de fin; trop pure & trop innocente pour faire son souuerain bien de la volupté, & pour auoir vne fin commune auec tous les vices; que la volupté suruient à la vertu, comme les fleurs aux moissons, qui seroient bonnes sans ces beautez hazardeuses, dont les campagnes se trouuent émaillées sans aucun dessein du laboureur: neantmoins si vous ostez l'equiuoque de ce nom, que l'vsage employe pour signifier ce qui n'est pas dans l'honnesteté, il est vray que la vertu, comme la plus heureuse des habitudes, est touſiours accompagnée de plaisir, autrement elle seroit ingrate enuers elle-mesme, dans l'ignorance de ses propres biens; elle laisseroit perdre les fruits precieux qu'vn autre ne pourroit eueillir; & sous pretexte de se rendre sobre, elle deuiendroit insensible. Elle ne peut auoir la connoissance de ses merites, qu'elle n'en tire la mesme satisfaction que chacun reçoit de l'accomplissement de ses desirs; & ie n'estimerois pas vn puissant Monarque plus heureux qu'vn pauure manœuure, s'il ne sçauoit pas gouster les aduantages de sa dignité & de ses richesses.

De là il est aisé de conclure, que Dieu qui connoist les perfections infinies de son essence, qui les ayme, comme il les connoist & les possede, s'y complaist infiniment, & se donne en luy-mesme vne gloire independante de toutes ses creatures. Quand le sage tire ses plus solides contentemens de son interieur, & qu'il se rend spectateur de ses actions, pour leur rendre ce qu'elles meritent d'applaudissement, cela se fait par vne reflexiō de connoissance, & vn retour de l'ame qui n'est pas entierement tranquille ny dans vne parfaite possession de son bien tant qu'elle en fait les recherches; Mais Dieu qui est vn acte tres-simple & infiny, n'est point subiect aux longueurs, ny aux defauts de ces reflexions. Dés l'instant de son eternité il est tout ensemble le Theatre & le Iuge de ses grandeurs; l'Amant & l'Aymé; cette fruition est sa mesme Essence; & la gloire qu'il se donne, n'a rien de posterieur aux excellences qui la meritent.

Comme toutes les creatures portent son image, en leur estre, en leurs proprietez, en leurs vertus, aussi elles imitent la gloire de son essence, par celle qu'elles taschent de luy donner selon les forces de leur nature. Les Anges qui l'approchent de plus prez, sont aussi les plus ardens en ce zele; leurs Hierarchies ne font diftinguées, comme i'ay dit, que pour celebrer fes perfections; ils le connoiffent, l'ayment, l'adorent, le glorifient fans relafche, parce qu'ils ne peuuent quitter cét obiet qui eft le centre de leur felicité ; ny fe diuertir d'vn bien infiny, où tous leurs defirs trouuent vne furabondante fatisfaction.

Les chofes materielles n'ayant pas ces connoiffances de Dieu, ne luy peuuent rendre ces deuoirs & ces hommages de gloire comme font les Anges, neantmoins elles s'en acquitent autant qu'il leur eft permis, en ce qu'étalant la perfection qu'elles en ont receuës, elles publient par vn langage muet celles de leur Createur, comme vn beau tableau répand fes efpeces au lieu de voix, pour faire connoiftre l'artifice de fon Peintre.

Chacun demeure d'accord que les fleurs, les conques, les pierreries, n'ont pas leur beauté pour elles-mefmes, puis qu'elles n'y font pas fenfibles; & qu'au lieu de feruir à leur conferuation, elles les trahiffent, en ce qu'elles attirent deffus elles l'appetit des caufes exterieures qui en font leurs dépoüilles; Ces beautez ne font pas auffi la fleur de la beauté particuliere des eftres, dautant qu'ils n'ont aucunes vertus rapportátes à ce merueilleux éclat, & la plus part ne font recommandables que par cét exterieur qui charme la veuë; Elles font donc la fleur & la monftre d'vne beauté effentielle ; & comme il n'y a que l'homme capable de les remarquer;

il s'en doit seruir comme d'vn rayon pour s'esleuer à la souueraine bonté, pour luy rendre autant de gloire en esprit, & par ses vœux, que ces choses materielles luy en donnent par la magnificence de leur équipage.

La gloire essentielle de Dieu consiste en la iouyssance de ses infinies perfections; & celle que nous luy deuons rendre, à nous approcher de sa nature autant que la nostre le peut permettre; il faut que son amour d'où naist son eternelle cóplaisance, qui preside aux Princes des Hierarchies celestes, & qui donne le mouuement à la nature, commande à nos cœurs, & soit le premier mobile de to⁹ nos desseins.

Puis que nous sommes composez de corps & d'ame, il faut que ces deux parties concertent pour entonner vn Cantique de loüanges à leur Createur; & si l'appetit des sens nous donne quelque trauerse, il en faut faire vne victime, & ioindre ce sacrifice reel à celuy des vœux que l'esprit doit continuellement presenter à Dieu. Taschons de respondre à son amour eternel, luy donnant nos cœurs; à sa sagesse par vne saincte conduite, à sa puissance y assujettissant les nostres; à son eternité & à son immutabilité par de genereuses resolutions à la vertu; à sa bonté par des deuoirs charitables; à sa beauté par nos admirations, & par l'integrité de nos ames; à ses soins particuliers; à ses chaleurs; à ses lumieres: à sa sainteté par nos obeyssances; & par vne conduite qui nous rend capable de ses graces.

Cette gloire que nous donnons à Dieu durant cette vie, eſt vn chemin pour venir à celle qui ne finira iamais, lors qu'on s'approche de cette bien-heureuſe eternité, par tout ce que noſtre condition nous peut permettre de reſſemblance. Les fleuues ſortent de la mer par des veines qui ſe cachent ſous l'eſpaiſſeur de la terre, mais ils y retournent tout à découuert, & ſe groſſiſſent à deſſein, de toutes les eaux qu'ils rencontrent, pour luy rendre vne reconnoiſſance publique, & vn hommage plus ſignalé. Quand l'origine de nos ames ne nous ſeroit pas ſi manifeſte, les faueurs que Dieu nous fait par les creatures deſtinées à nos vſages ; par les priuileges de noſtre eſpece ; & les graces particulieres dont il nous ſecourt, ſont ſi ſenſibles, que ce ſeroit vne ſacrilege ingratitude de ne les pas reconnoiſtre par nos ſeruices, de n'agir pas pour ſa gloire, & de ne rendre pas nos fidelitez auſſi publiques, & auſſi communes que le ſont les effects de ſa Prouidence.

# LA THEOLOGIE NATVRELLE DE LA PROVIDENCE DE DIEV.

### *AVANT-PROPOS.*

'HOMME a naturellement vne si estroite sympathie auec la perfection, qu'il ne la peut connoistre sans l'aimer, ny l'aimer sans luy rendre de grands respects en quelque suiet qu'elle se rencontre; l'on a veu des Princes victorieux pleurer la mort de leurs ennemis, qui auoient des qualitez recommendables. La beauté du corps, ou de l'esprit a faict vne infinité de fois tomber les armes des mains aux soldats

échauffées à la pourfuite de leur conquefte, & changé leurs infolences en venerations; quand les peuples fe font affuiettis aux perfonnes de grand merite, ils ont volontairement perdu leur liberté pour rendre de l'honneur à la vertu; & s'il fe rencontre que l'on luy vueille rauir, les plus audacieufes des paffions s'arment pour venger l'iniure qui luy eft faite.

Neantmoins fi l'on examine les fecrets mouuements de l'homme en ces rencontres, on trouuera qu'il cherche par tout fes commoditez, & que les indigences de cette vie ne luy permettent guere d'affections qui ne foient meflées de propre intereft. Car on peut dire que les grands Capitaines font aifément touchez de compaffion dans la mauuaife fortune de leur femblable, par ce qu'elle les menaffe des mefmes accidens, & les aduertit qu'il n'y a point d'armes, ny de puiffances à l'efpreuue des coups de la mort : On peut dire que l'amour s'enflamme par les efperances; que les peuples fe font foufmis au gouuernement politic, pour y trouuer vne vie plus douce que dans les forefts; que l'indignation s'irrite contre les mefpris de la vertu, par ce que chacun apprehende de les fouffrir en fon particulier, & d'eftre mal traité luy-mefme de cette iniuftice, fi elle s'eftoit impunément eftablie entre les hommes.

Cela nous fait aduoüer, que Dieu eftant vne beauté, vne bonté, vne vertu, vne fageffe infinie,

merite

merite toutes nos amours, & que le traitté que nous auons fait de ses perfections suffiroit pour gaigner nos cœurs, si nous en auions vne veuë aussi nette, & vne iouyssance aussi tranquille, qu'elle nous est promise en la gloire. Mais puisque nos connoissances sont confuses, & nos affections si foibles durant cette vie, qu'elles doiuent estre soustenuës par des considerations de propre interest; Certes il seroit à craindre que les hommes ne se monstrassent bien froids en l'adoration de Dieu, s'ils n'en auoient rien à esperer, & qu'ils n'eussent pas plus d'amour pour les excellences de sa nature, que pour ces beautez qu'ils ne voyent que dans l'Histoire & dont le cœur se diuertit aisément, apres vne legere complaisance qui n'a point de suite.

Il se trouueroit des ames perduës qui le desaduoüroient pour leur Createur, s'il ne leur faisoit aucun bien, comme les enfans ne sont pas obligez de reconnoistre pour leur pere celuy qui apres leur auoit donné la vie, les exposeroit sans prendre le soin de leur education. Hé! comment pourroit-on croire qu'il fut le Prince du monde, s'il n'y exerçoit cette vertu qui establit l'ordre, & sans laquelle vn Royaume, vne famille, ny les moindres societez, ne peuuent non plus subsister, qu'vn corps auec la diuision de ses parties?

Ostez le sentiment de la Prouidence, il ne reste plus de Religion, soit qu'on ne croye plus de Dieu, ne luy attribuant plus les effets de la Nature ; ou quand on le voudroit croire, perſonne ne ſe mettroit en peine de luy agréer par des vœux & des ſeruices qu'il ne verroit pas. Or c'eſt ruiner la ſocieté des hommes de rompre la Religion qui en eſt le nœud ; il n'y auroit plus de loix naturelles, ſi on ne veut point reconnoiſtre de Legiſlateur ; & celles des Princes, qui ne s'eſtendent pas iuſques au principe de l'action, laiſſeroient aux peuples la liberté de commettre tous les crimes qui pourroient eſquiuer les peines de la Iuſtice, & aux plus puiſſans, d'exercer toutes les cruautez où ils ne trouueroient point de reſiſtence.

En quel deſeſpoir ſe verroient reduits les miſerables s'il n'y auoit point de bonté ſuperieure, de qui ils deuſſent attendre quelque ſecours, & deuant laquelle ils peuſſent au moins décharger leurs cœurs par des plaintes ſecrettes, qui n'oſent ſortir de leur bouche ſous l'oppreſſion d'vne tyrannie qui en fait des crimes. Ie ne m'eſtonne pas ſi les Athées qui nient la Prouidence diuine, condamnent l'homme comme le plus miſerable des animaux, parce qu'en effect ſans les conſolations que nous donne cette créance, il ſemble à pluſieurs que nous ſommes moins auantagez en beaucoup de choſes. A leur dire le corps exige de nous vne tres-rigoureuſe ſeruitude ; il eſt nud, deſarmé, foible, dans de ſi continuelles indigences, qu'il faut que toute la nature trauaille pour le ſecourir ; la douleur y eſt plus sensible que la volupté; le mal ne s'y guerit que par vn autre, il y suruient en vn instant, & ne se peut guerir qu'à la longue ; On le préuient par la crainte, on le fait reuiure par le souuenir, on l'augmente par l'opinion, qui donne la gesne aux esprits les plus innocens, qui iette du fiel dans toutes les douceurs de la nature, qui rend les hommes pauures parmy l'abondance, & miserables hors leur mauuaise fortune. I'ay respondu au Liure de l'Immortalité de l'ame, à ces accusations que l'homme dresse contre luy-mesme, & i'ay representé que s'arrester seulement à ces disgraces qui nous humilient, sans considerer les aduantages de corps & d'esprit que nous auons sur les brutes; c'est ne vouloir voir sur la terre que les venins qu'elle produit, sans tenir compte des antidotes, des fruicts, des thresors, des beautez qu'elle nous presente. C'est ne remarquer dans le corps, que cette humeur noire qui le rend froid & pesant; sans celles, qui auec la chaleur celeste, luy donnent sa bonne disposition. Mais au reste quand nostre vie seroit affectée à ces disgraces, au poinct qu'on nous les represente, & qu'elles luy seroient des charges, dont il ne luy seroit pas permis de se dispenser, elles semblent si douces, qu'elles sont mesme des suiets de consolation à ceux qui croyent la Prouidence diuine. Car ils les reçoiuent comme des perseruatifs, ou des remedes ordonnez pour leur salut; comme des occasions d'honneur, qui fauorisent les bons

Y ij

courages, & qui donnent de l'experience aux petits; comme des combats d'vn moment, qui feront recompenſez d'vne eternité de gloire. Enfin ils ſe tiennent tres-aſſeurez, qu'il ne peut y auoir de mal en ce qui dépend de la conduite d'vne bonté, & d'vne ſageſſe toute-puiſſante.

Que ſi l'homme iouyt d'vne grande tranquillité de vie, & que toutes choſes luy ſuccedent ſelon ſes deſirs; Le ſentiment de ſa Prouidence fait qu'il ſe tient redeuable à Dieu de ſon bon-heur; il baiſe la main qui l'oblige de ces grandes liberalitez, & s'en monſtre reconnoiſſant par ſa fidelité en l'obſeruation des Loix. Cette créance l'entretient encore dans vne genereuſe modeſtie, ſous la conduite de laquelle il éuite les eſcüeils, où les fortunes inſolentes, & enflées de trop de bon-heur ſe vont briſer. Comme il ſe conſidere touſiours en preſence de ſon Prince, & de ſon iuge, il vſe de ſon pouuoir, en ſorte qu'il n'excede iamais les termes de ſa commiſſion, afin de s'entretenir dans ſa faueur, & ne point tomber dans les peines de ſa iuſtice. Il ſçait que le Ciel s'eſt vne infinité de fois armé pour la protection de l'innocence; qu'il a fait retourner les fleches ſur ceux qui les enuoyoient; enſeuely les flottes chargées de chaiſnes pour emmener les peuples captifs, & remply les ports du naufrage de ces vſurpateurs, qui les penſoient remplir de leurs triomphes. Ainſi l'amour & la crainte retiennent dans vne grande égalité ceux qui croyent la Prouidence diuine, & empeſchent tous les deſordres qui naiſſent, ou d'vne baſſeſſe de cœur, ou des aui-ditez de l'ambition.

C'eſt pourquoy apres auoir repreſenté, que Dieu poſſede ſouuerainement en ſoy la beauté, la bonté, l'immenſité, l'eternité, la ſageſſe, l'amour, la toute-puiſſance, nous allons voir qu'il déploye continuellement ces attributs en faueur de ſes creatures, & particulierement de l'homme, au ſeruice duquel il a deſtiné le monde. Ie ioints l'vtil à l'honneſte, afin que ſi noſtre amour eſt trop foible pour l'adorer par la ſeule conſideration des excelléces de ſa nature, il s'y porte par intereſt, & qu'il aye cette ſeconde aiſle, qui l'eſleue plus alaigrement au Ciel.

C'eſt prendre part en quelque façon à la grandeur & à la gloire de Dieu, de voir que nous ſommes ſes domeſtiques, qu'il nous permet de l'approcher, qu'il entend nos vœux, qu'il ſçait nos neceſſitez, que le cours de noſtre vie eſt vne ſuite de ſes bien-faicts. Quelle conſolation de nous veoir ſous la tutelle vtile & honorable de Dieu! de ſçauoir tres-aſſeurément qu'il a connoiſſance de nos beſoins, qu'il les ſecourt ſelon nos merites; & autant qu'il importe à noſtre ſalut; qu'il tient compte de nos ſeruices, qu'il leur donne des recompenſes qui excedent noſtre penſée. Cependant comme vn amour legitime ſe tient extrémement offenſé des ſoupçons & des iniures qui le méconnoiſſent; ce ſouuerain Monarque a ſubiet de déployer les plus rigoureuses peines de sa iustice, contre les sacrileges qui nient sa prouidence: qui ne veulent pas reconnoistre vne faueur sans laquelle ils n'auroient pas vn moment de vie ; qui se le figurent dans vn estat indigne de sa bonté, & des excellences de sa nature.

*La Felicité de Dieu ne consiste pas en oysiueté.*

### CHAPITRE PREMIER.

L'On peut quelquesfois pardonner à l'homme, s'il cherche l'excuse de ses defauts dans les exemples, parce que l'amour naturel de la vertu se tient moins deshonoré du vice, quand il est public, & que la coustume en couure la honte. Mais de noircir l'innocence, afin qu'en sa comparaison les meschans semblent moins coulpables, c'est vne calomnie incomparablement plus odieuse, qu'vne laideur qui extermineroit toutes les beautez, aupres desquelles elle est plus difforme; ou qu'vn aueugle, qui voudroit éteindre toutes les lumieres qu'il ne sçauroit veoir, & qui le monstrent impuissant; que si cette imposture s'attache aux personnes éleuées aux charges, elle deuient plus outrageuse par ces consequences, & n'y a pas moins de mal à supposer des vices en ceux qui sont proposez au peuple pour modelle de ses actions, que de ietter du poifon dans les fontaines publiques. Si c'eſt vn crime de leze Maieſté d'impoſer à vn bon Prince, les excez dont on ſe veut faire vn droiᶜt par ſon exemple; quel ſacrilege abominable de charger Dieu de defauts; pour excuſer ceux de noſtre eſpece; de ſe figurer en ſa nature ſouuerainement accomplie, des laſchetez qui nous ſont propres, & de le dire foible, afin que nous paroiſſions moins infirmes.

Epicure eſt tombé dans cette furieuſe extrauagance, lors que pour ſouſtenir ſon opinion du ſouuerain bien de l'homme, qu'il mettoit en la volupté, contre le ſentiment de tous les Philoſophes, il a recouru à vne pretenduë imitation de Dieu, & dit qu'il n'eſtoit heureux, que parce qu'il eſtoit eternellement oyſif, ſans prendre le ſoing des choſes humaines.

Mais la nature qui nous eſt vn portraiᶜt de ſes perfeᶜtions, conuaint publiquement cette penſée ſacrilege par ſes effets, & par l'ordre de ſes parties, où elle ne permet non plus d'oyſiueté, que de vuide. Toutes ſont dans vn exercice continuel auec des vertus qui aſpirent à l'action, comme à vn terme plus noble, & qui tient ſur elles le meſme aduantage, qu'à la fin ſur les choſes qui la recherchét. Cette Loy eſt ſi generale qu'on peut reconnoiſtre la dignité de l'eſſence par l'étenduë de l'action, & en tout le monde, en tous les degrez de la nature, ce qui eſt le plus excellent, eſt le plus aᶜtif ; Ainſi l'est le feu entre les élemens; puis l'air, l'eau, & la terre qui estant la moindre, se tient immobile; neantmoins ses diuerses productions, les fruicts dont elle couure sa face, les thresors qu'elle amasse & qu'elle forme dans ses abysmes, nous font bien connoistre qu'elle ne languit pas dans l'oysiueté. Le simple composé élementaire répand continuellement ses especes, & ses qualitez occultes pour ioindre ce qui luy est sympathique, & combattre ce qui luy donne de l'auersion. Le vegetable agit en la mesme sorte, & de plus il attire, il retient, il digere sa nourriture, il croist, & fait ses acquisitions par vn trauail qui ne se donne point de relasche durant la vie. Les animaux ont de plus le mouuement local, auec les actions des sens internes & externes plus continuës en ceux qui sont les plus nobles. Les Cieux ne se donnent point de relasche en leurs mouuemens, & à nous obliger de leurs influences. Enfin l'ame raisonnable dont l'essence ne releue point de la matiere, agit sans cesse par ses desirs qui la transforment en vne infinité de suiets; par les recherches de la raison, qui penetre les Cieux & les abysmes, qui la fait estre en tous les temps, & en tous les lieux, qui ne laisse pas mesme de repos à l'imaginatiue durant le sommeil, & qui luy donne tant de viuacité, qu'entre tous les animaux les hommes sont ceux qui naissent dans vne mesme espece, auec des faces & des inclinations plus differentes. Ainsi l'on void que les plus nobles des estres

font

moins dans l'oysiueté, d'où il s'ensuit qu'elle ne se doit nullement rencontrer en Dieu, infiny en perfections, & qui possede en souuerain degré tout le bien que les creatures participent auec beaucoup de defaut.

L'oysiueté, à vray dire, n'est qu'vne langueur qui naist de foiblesse; qu'vne maladie qui tient les forces en interdit; qu'vn estat semblable à celuy des bannis & des criminels, qu'on repute morts quand ils n'ont plus d'action ciuile. Quelle apparence dóc de l'attribuer à Dieu, qui est, comme nous auós dit, Tout-puissát, eternel, vne vie, vne liberté, vne gloire; vne constance infinie. Sans cesse les sources fecondes font couler leurs eaux, le Soleil enuoye sa lumiere, les fleurs embaument l'air de leurs parfums, les bons Princes exercent leurs misericordes enuers le peuple: & on se veut figurer vne souueraine bonté sans communication, vn amour tout-puissant, sans aucun effect; vne sagesse eternelle qui n'agit non plus en faueur du monde, que si elle estoit dans vne profonde stupidité, & au rang des choses inanimées. Certes comme nous ne donnons point de blasme aux personnes qui sont disgraciées de la nature, mais à celles qui ne se seruent pas bien de ses aduantages, l'on peut dire qu'il y auroit moins d'inconuenient en Dieu, s'il auoit moins de perfectiós; que si les ayant, il les rendoit inutiles par son oysiueté; s'il laissoit perdre ses fruicts sans les recueillir pour soy, ny en faire part à ses creatures.

Tome 3.            Z

Les Philosophes nous representent la matiere premiere comme vn vuide, comme des tenebres, comme le dernier des estres voisin de la priuation, sans forces, sans actiuité, & seulement en attente de celle dont elle peut estre inuestie auec les formes: Si Dieu luy est directement opposé, comme nous en auons fait ailleurs la demonstration, il s'ensuit qu'il est tout acte, comme elle est toute foiblesse, & d'vne nature qui de soy languit dans vne interminable oysiueté. Ses productions infinies se font en luy-mesme, comme l'explique la Theologie Chrestienne : de sorte que dans l'entretien eternel de sa connoissance & de son amour, il iouyst d'vne gloire infinie; & on ne peut dire, qu'il soit demeuré oysif, mesme deuant la creation du monde; aussi depuis qu'il luy a donné l'estre; c'est vne extrauagance insupportable de s'imaginer qu'il ne l'oblige plus de sa Prouidence, & qu'il s'est deschargé de sa conduite, comme d'vn soin qui troubleroit la tranquillité de sa gloire. Outre les raisons que nous allons déduire pour cõuaincre cet erreur, il est bien facile de iuger, que si les productions exterieures coustoient quelque chose à Dieu, qu'il ne peust s'y employer sans se diuertir de son repos, & de soymesme, il n'auroit pas fait la creation du monde, parce qu'il ne doit iamais engager sa felicité, & il ne seroit pas Dieu s'il pouuoit tomber dans vn estat où elle receust quelque diminution.

Il est vray que comme le corps souffre ses lassitudes par vne dissipation d'esprits dās le grand trauail : qu'ainsi l'ame raisonnable sent ses forces moins genereuses quand elles se diuertissent dans vne multiplicité d'affaires, & semble qu'elle s'oste ce qu'elle leur donne d'attention. C'est pourquoy l'on a veu des sages refuser le gouuernement public, de peur qu'vne apparente domination ne les rédist esclaues de trois puissans maistres, de l'Estat, des affaires particulieres, & de l'honneur. Ils se moc-quoient des ambitieux qui sont prodigues de leur liberté la voulant accroistre, & qui recherchent par vn grand trauail, vn autre beaucoup plus lassant. Ceux-mesmes qu'vn amour legitime de la patrie engage dans ces emplois, doiuent aussi souuent recourir à la retraite interieure, que le corps au sommeil, & à la refection, pour reparer les forces qu'ils ont consommées, & se rendre à soy-mesme, afin qu'ils se puissét mieux prester à la Republique ; mais cela procede d'vne infirmité qui n'est pas égale en tous les esprits, & dont quelques-vns qui semblent estre au monde pour signaler les excellences de nostre nature, auec les graces du Ciel, tiennent bié peu : parce que, cóme les Aigles & les Dauphins prennét plaisir dans l'agitation de leurs elemens, où ils ont dequoy déployer leurs forces : ainsi l'on void des ames si genereuses, qu'elles aiment les grandes affaires, & se iouent dans les occasions qui apporteroient d'extremes inquietudes aux petits courages. L'esprit d'Auguste auoit cette trempe, &

Z ij

quoy qu'il prit les refnes d'vn Empire fort embroüillé, il luy dónavne profonde paix, par le moyé de celle qu'il poſſedoit en ſon interieur. Ie croy que les ſignes qu'il auoit naturellement imprimez ſur ſon corps, auec vne diſpoſitió ſemblable aux eſtoiles de la petite Ourſe, eſtoient vn augure de la fermeté de ſon eſprit, qui deuoit donner la loy à toutes les puiſſances du monde, cóme le pole void rouler autour de ſoy toutes les autres parties des Cieux. Les intelligences qui les meuuent, ne ſuiuent pas leurs agitations; le mouuement s'appuye, & ſe termine ſur l'influence eſt d'autant plus vigoureuſe, que l'agent ſe conſerue dans l'vnité & dans le repos. Auſſi ces miroirs qui recueillãt les rayons du Soleil, font du feu de ſa lumiere, doiuent eſtre tenus arreſtez; Ce ſont toutes figures de la ſageſſe infinie de Dieu, plus puiſſante ſans comparaiſon, que celle de ces grands genies que les hommes admirent, parce qu'il connoiſt tout en luy-meſme: que de l'eſtat immobile de ſon eſſence il donne le mouuement à la nature, & pouruoit à tous ces beſoins ſans aucun trauail.

Comme il a ſa grandeur ſans les dimenſions de la quantité; ſa Toute-puiſſance ſans aucun ſecours d'accidens, ny de proprietez: l'accompliſſement de ſa nature & ſa beauté ſans aucun aſſemblage de parties. Ainſi eſtant le premier principe du monde, il le conduit, de ſorte qu'il a toute la bonté de l'action, ſans rien ſouffrir de ſes changemens, & le repos qu'on se figure dans l'oysiueté, sans estre suiet à l'imperfection de ses langueurs. Aussi Pythagore vouloit qu'on l'adorast le visage tourné vers cette partie du Ciel, d'où commence le mouuement, parce qu'il en est la premiere cause, & qu'il est plus égal en son essence, que ne l'est le premier mobile en son cours : & d'autant que nous le deuons adorer auec vne constante fidelité, auec les hommages reels du cœur, & de l'action, qui respondent autant qu'il nous sera possible aux faueurs de sa Prouidence.

*Il est conuenable que Dieu exerce sa Prouidence sur ses creatures.*

### CHAPITRE II.

LEs diuerses coustumes des peuples, qui ont deferé les dignitez aux nobles, aux Prestres, aux vieillards, aux plus courageux, nous confirmét vne mesme verité, que les resnes du gouuernement doiuent estre en la main de ceux qui sont les plus excellens en merites. La nature qui a graué les loix de cette iustice dans nos cœurs nous en donne les exemples au monde, où nous voyons que toutes choses sont tellement subordonnées, que les plus parfaictes tiennent vne espece d'empire sur les inferieures. Cette seule consideration que nous auons plusieurs fois touchée, suffit pour conclure, que Dieu gouuerne le monde, d'autant que sa nature est infiniment accomplie; & n'y a point d'apparence de croire qu'il n'ait pas vne souueraineté, dont ses perfections luy donnent le droict auec toutes les qualitez auantageuses qu'on peut souhaiter à celuy qui manie le sceptre.

Aristote en demande trois, à sçauoir, qu'il ayme l'estat; qu'il ait assez de puissance pour l'execution de ses volontez, & vne iustice qui les tempere de sorte, qu'elles n'excedent iamais les termes de la raison. Persone ne peut douter de l'amour de Dieu enuers le monde, puisque c'est son œuure & son pourtraict: & si cét amour eternel l'a voulu gratifier de l'estre, il ne luy refusera pas les assistances necessaires pour le conseruer. La nature ne donne à aucun subiet la puissance de produire, sans les inclinations & les moyens de nourrir son fruict. Ainsi tous les animaux trauaillent à éleuer leurs petits, auec des soins si empressez, si industrieux, si charitables, qu'ils nous donnent tous les iours de noueaux suiets d'admiratió. La mere qui les a portez, est aussi plus sensible à l'amour, & contribuë dauátage à leur nourriture, soit en laissant succer sa propre substance conuertie en laict; ou cherchant d'ailleurs ce qui peut flatter leur goust, sans charger la foiblesse de leur petit estomach.

Si le Soleil possede souuerainement la lumiere qu'il nous communique: si le feu contient en soy toute la chaleur, dont les autres fuiets ont quelque petite participation, Dieu qui eſt le principe de cét amour, auec lequel les cauſes s'employent à la conſeruation de leurs effects, le doit auoir en ſoy plus fort, & plus eminent ; aymer dauantage ſes creatures, que les meres ne font leurs petits.

Il exerce dóc ſur elles ſa prouidence, ſans laquelle le bien-fait de la creation ne ſeroit pas plus à eſtimer que celuy des meres, qui expoſent leurs enfans apres les auoir mis au monde ; ou des maiſtres qui chaſſent de leurs maiſons leurs ſeruiteurs quand ils ſont infirmes, & perdent ſelon les loix le droict qu'ils auoient ſur eux. Ces cruautez que noſtre raiſon deteſte naturellement, ne ſeroient pas blaſmables entre les hommes, ſi Dieu n'exerçoit point ſa prouidence ſur ſes creatures, parce qu'il eſt le modele de nos actions, & toutes les cauſes ne deuroient point aimer leurs effects, ſi la premiere n'auoit point d'amour pour les ſiens.

Il faudroit dire que la creation ſeroit vn coup de hazard, ou l'œuure d'vne puiſſance qui ſe ſeroit eſpuiſée par vn ſeul effort. Et certes il euſt eſté meilleur que le monde euſt receu moins de perfection, que d'eſtre priué de l'influence continuelle de ſon principe ; comme i'eſtime plus les petits ruiſſeaux d'vne fontaine qui ne tarit point, que les boüillons impetueux & peu durables d'vn torrent ; vne amitié qui ayant ſa ſource dans le cœur, continuë toûjours ſes bons offices, qu'vne humeur qui ne laiſſe plus rien à esperer apres vne prompte & aueugle profusion d'vn seul bien-faict.

Mais comment se peut-on imaginer vne bonté infinie, qui ne communique rien de ses faueurs; vne main auare dans des thresors qui ne souffrent point de diminution; vne lumiere qui se retient sans se répandre dans des espaces disposez à la receuoir; vn amour qui se sert seulement de sa liberté, pour continuer ses refus.

Nous deuons attribuer à Dieu tout ce qui est plus conforme à l'excellence & à la gloire de sa nature infinie. Or il est bien plus conuenable à sa bonté, qu'estant le createur de toutes choses, il leur continuë ses faueurs, que s'il les expose à la mercy de leurs contraires. Il y a bien plus de gloire d'exercer sa prouidence en la conduite de l'Vniuers comme souuerain Monarque, que de le laisser sous l'empire de la fortune, comme impuissant, ou peu affectionné à sa conseruation. Ces passions ambitieuses de commander qui se trouuent ordinairemét plus puissantes dans les esprits les plus forts, si la Philosophie ne les modere; les respects qu'on rend à ceux qui gouuernent, & par raison, & par ie ne sçay quelle préoccupation d'esprit qui s'y figure de la Maiesté; les dignitez qu'on decerne pour recompense de la vertu, sont autant de preuues, que la condition de ceux qui commandent est plus honorable, que celle des autres qui ne sont pas dans ces grands emplois, & par consequent elle

conuient

conuient à la Maiesté diuine.

Si l'on ressent du plaisir à faire du bien, parce que cette communication entretient la personne dans vne secrette estime de son abondance, qu'elle est le propre effect de l'amour & de la bonté; & que chacun ayme le bon-heur de ceux qu'il oblige, comme vne production de sa puissance, les delices doiuent estre d'autant plus grandes en ceux qui gouuernent, que leur obiect & leurs liberalitez ont plus d'étenduë; & ie pense que cette seule consideration d'auoir de l'honneur en profitant au public, peut adoucir les peines de ces charges de soy ingrates, importunes, & qui changent les libertez exterieures en seruitudes. Les hommes achetent cherement ce bien, à cause que leurs puissances sont limitées, & qu'ils ne peuuent appliquer leur esprit à vn suiet, sans le diuertir d'vn autre. Mais Dieu qui est Tout-puissant, qui void toutes les veritez en luy-mesme, qui peut conduire les creatures auec le mesme repos dont il iouyssoit deuant qu'elles fussent en l'estre, en doit auoir le gouuernement, puis qu'il est deu à l'excellence de sa nature, qu'il est cóuenable à só amour, qu'il tourne à sa gloire, & qu'il ne luy dóne point de trauail. Les hommes mesmes dont les sentimens ne sont point préoccupez de passion, ne refusent iamais vne faueur qui ne leur couste rien: hé! comment Dieu abandonneroit-il ses creatures sans les obliger de son concours qui leur est absolument necessaire, & sans en prendre la

Tome 3.          A a

conduite qui ne leur est point à charge, qui conuient à son amour, à sa sagesse, & à sa toute-puissance, comme nous allons veoir.

*De la Prouidence diuine en la conduite du monde.*

## CHAP. III.

NOus sommes extrémement redeuables à la Prouidence diuine, de ce qu'elle nous rend ses effects si publics & si familiers, qu'ils se presentent à nous de toutes parts; & que pour les veoir, il nous suffit d'abaisser les yeux sur les moindres petites parties du monde. Si l'on veut considerer l'industrie des abeilles en la confection de leur miel, & au bastimét de leurs forts en exagone: la preuoyance des fourmis en leurs amas; les ruses des araignes en leur chasse; l'artifice differend des oyseaux à bastir leurs nids, pour la commodité & les seuretez de leur petite famille; l'inclination de quelques-vns à fuïr les rigueurs de nostre Hyuer par leurs passages, & à trouuer le Printems dans vn autre climat que celuy de leur naissance: Enfin, le discernemét admirable que font toutes les brutes de ce qui leur est bon, d'auec ce qui leur est mauuais, de leurs alimens; de leurs poisons, & de leurs remedes; leurs dexteritez en leurs amours, & en leurs combats: Entre ces merueilles il n'y a point d'homme qui ne se sente forcé de reconnoistre vne intelligence vniuerselle qui preside au monde, & qui donne à toutes ces choses particulieres vne conduite aussi iudicieuse, que si elles estoiét pourueuës de raison.

L'air n'est-il pas comme vn Iardinier à gage qui arrouse la terre quand elle en a besoin, & qui remediant à sa seicheresse, seconde sa fecondité pour nous faire des productions, que tous nos artifices ne peuuent imiter? Quand vn Laboureur seme le grain qu'il deuroit ce semble conseruer pour sa nourriture, il sçait que toutes choses sont icy conduites auec vn ordre qui ne souffre point de déreglement, & le cours des années qu'il a veuës, le rend iuge de l'aduenir; Il tient pour chose infaillible, que le Ciel aura tousiours ses lumieres & ses chaleurs; l'air ses pluyes; la terre sa fermeté, auec ses qualitez liberales, qui rendent au cétuple ce qu'on luy commet, & qu'il recueillira plusieurs gerbes pour vne petite poignée de semence.

Quelle merueille de voir comme ce petit grain germe dans terre, & poussant dehors demeure en herbe iusques à ce qu'vn bon establissement de ses racines, luy donne les asseurances de sa nourriture; lors il éleue sa tige garnie de nœuds par interualles, afin qu'elle soit assez forte pour soustenir le faix de l'espic ; & détrempee d'vne humidité qui la rend souple à tous vents, pour ne point rompre sous leur violence. Vous diriez que cette plante ayant vn presage de sa mort durant les rigueurs de l'Hyuer prochain, tranſmet toute ſa ſubſtáce en ſes grains, diſpoſez en ordre, afin que la diſtribution en ſoit égale, & garnis d'vne aſpreté qui les défend. Quaſi toutes les graines ſont ainſi couuertes d'vn eſcorce dure, amere, épineuſe, qui offence le gouſt & l'attouchement, & qui rebutte les animaux moins reſolus qui penſent en faire leur proye.

Mais la vertu qu'ont les choſes inferieures d'entretenir leurs eſpeces par les generations, vient principalement des Cieux, dont l'ordre, les qualitez, les mouuemens, les rencontres, ſont autant de voix qui loüent Dieu, & de lumieres qui nous monſtrent ſa Prouidence; c'eſt elle qui entretient ces vaſtes corps dans l'éclat de leurs vertus, & dans la iuſteſſe de leurs periodes; qui regle la viciſſitude des ſaiſons; le domaine alternatif des élemens dans le cours des ſiecles; les grandes années; les criſes & les notables alterations du monde, dont i'ay traitté dans le premier Tome, & fait voir que la nature à laquelle on rapporte tous ces effects, n'eſt autre choſe que la loy diuine qui ſuppoſe ſon Legiſlateur; que c'eſt vne ſuite de cauſes qui roulent ſelon l'ordre que la ſouueraine intelligence leur a preſcrit.

Les choſes artificielles peuuent retenir long-temps les qualitez exterieures qu'elles ont receuës de leur ouurier, & ſe conſeruer ſans qu'il leur continuë ſon induſtrie, parce que ces formes ſont mortes, & comme elles n'ont point d'action ; comme elles ne pretendent à aucune fin, elles n'ont besoin d'aucune conduite. Vn tableau qui est sorty de la main du Peintre, conserue sans luy son dessein, ses figures, & ses couleurs, iusques à ce que l'air les efface petit à petit auec ses humiditez; que la lumiere les mine auec sa chaleur refléchie; & que l'humeur qui les conjoint estant consommée, elles tombent en écailles. L'acier retiendra long-temps la figure que l'enclume & le marteau luy auront donnée; si on ne luy fait point de violence; mais les choses naturelles qui sont dans vn continuel exercice, ne pourroient s'y conseruer si elles n'estoient sous la conduite d'vne sagesse superieure; au moins depuis la Creation du monde ses plus solides parties seroient consommées de roüille, dans le desordre, & destruites par la violence de leurs contraires. Elles agissent pour certaines fins particulieres, qui se rapportent à vne generale, & neantmoins elles n'en ont pas comme nous auons dit, ny la pretention, ny vn iugement qui fasse choix des moyens propres pour y reüssir; Elles sont donc gouuernées par vne souueraine intelligence, & qui supplée à leur defaut, & qui les fait agir selon ses desseins.

Ie veux qu'elles ayent quelques proprietez inseparables de leur essence qui les poussent à l'action; qu'elles ayent des organes, des sympathies, & des contrarietez qui les y animent, ce sont toutes puissances aueugles & furieuses qui les precipiteroient, au lieu de les mettre en possession de leurs fins; si la

Aa iij

sagesse diuine ne les moderoit. Comme vn vaisseau equippé de voiles, peut bié de luy-mesme s'aduancer en mer, estant poussé d'vn vent fauorable; mais ou il se brisera contre les écueils; ou il n'arriuera pas à vn certain port, s'il n'est gouuerné par vne personne bien instruite en la nauigation.

J'ay monstré que les elemens qui ont l'inclination d'agir selon toute l'estenduë de leurs forces, feroient vn chaos du monde, si vne main Toutepuissante n'arrestoit leurs fougues, & ne les retenoit en bride. Elle empesche que le feu estant le plus estendu, & le plus actif n'vsurpe toute la matiere, que l'Ocean ne dissolue toute la terre par le moyen de ses veines qui la penetrent, ou qu'il n'en couure toute la surface par le droict qui luy appartient comme superieur, & par des inondations, qui ne deuroient point auoir de reflus à cause de son humidité tousiours disposée à se répandre, quand elle s'est fait vn chemin.

Tous les sages qui ont consideré ces miracles continuels dans le monde, ont conclud qu'il estoit sous la conduite d'vne cause intelligente, que les vns appellent l'ame du monde, par vne pensée bien grossiere, qui se figure Dieu comme vne forme, & vne partie d'vn composé; D'autres l'appellent Nature, parce qu'il en est le souuerain, comme on donne aux Princes le nom des terres qui luy sont sujettes; D'autres luy ont donné autant de noms qu'ils ont veu d'effects de sa Prouidence ; mais enfin c'est vne confession publique de tous les siecles, que le monde est gouuerné par vne premiere cause infinie en sa sagesse & en sa puissance, pour regler vne infinité d'éuenemens.

 Car c'est vne extrauagance insupportable de dire que l'ordre, la beauté, la iustesse des parties de l'Vniuers, soit vn effect de fortune, comme c'est vne pure folie de croire qu'vn Palais parfaitement bien basty, & riche au dedans de precieux meubles, se soit ainsi rencontré tout fait par hazard. Chacun sçait que ce qui dépend de l'hazard n'a point de suitte qui soit constante ny ordonnée, non plus que les vagues de la mer; les nuages poussez des vents; les atomes qui se pesle-meslent dans les rayons du Soleil; Les parties du monde, les especes; les proprietez, les puissances de toutes choses seroient ainsi confuses; Le Ciel nous feroit sans ordre le iour & la nuict, l'Hyuer & l'Esté, & la Nature ne pourroit acheuer aucunes productions si elle n'estoit conduite par vne souueraine Intelligence.

 Ie ne fais qu'effleurer ces considerations que i'ay déduites autre part, pour respondre à ce qu'on dit, que la Prouidence diuine ne paroist gueres en la disposition du monde, puis que de ce petit poinct de terre qui en fait le centre, elle en a rédu les extremitez voisines du Pole, inhabitables à cause du froid, & le milieu sous la ligne, à cause de la chaleur. Premierement ie puis côsiderer les dix degrez de 180. de noſtre Hemiſphere, comme vne enchaſſure dont la noirceur, les ſterilitez & la priuation feruent à donner du relief aux viues couleurs de ce grand tableau de la Diuinité. Et puis cette derniere partie du monde n'eſt pas tant inhabitée à cauſe du froid, que des mers qui l'occupent toute auec beaucoup de raiſon. Dautant que la terre eſt, comme nous auons dit, le centre du monde, où tout ce qui le compoſe ſe doit rencontrer, & où les Cieux & les autres elemés ont leurs colonies. Ainſi ce dernier degré eſt la region, où l'eau, où la froideur de Saturne qui eſt le premier des Planettes, où les humiditez de la Lune qui eſt le dernier, tiennent leur empire. Il eſtoit neceſſaire que l'Ocean euſt ce climat eſloigné des chaleurs qui les conſomment, afin qu'il luy fuſt comme vne ſource d'où il ſe reſpandiſt dans les eſpaces que Dieu luy permet : auſſi l'on obſerue que les nauigations ſont plus viſtes auec le meſme degré de vent, du Nord au Midy, par ce qu'elles ſuiuent le cours de la mer; que du Midy vers le Nord.

Les mers qui ſont incomparablement plus profondes en ces extremitez, nourriſſent ces monſtres marins, qui ſont quelques fois pouſſez iuſques dás nos plages pour ſeruir de ſpectacle à nos admirations, & pour d'autres vtilitez qu'on tire de leur capture : C'eſt dans ces abyſmes, qui ne ſont point troublées de nos nauigations, que les poiſſons peuplent en repos, & ce ſont les reſeruoirs d'où la Prouidence

uidence tire cette inombrable multitude de harans, de moluës, de saulmons qu'on va tous les ans pescher au passage, & qui seruent à la nourriture d'vne grãde partie des hommes. S'il se trouue quelque terre découuerte en ces regions glacées, elles sont fertiles en Loutres, en Castors, en Elans, en Oyes, en plusieurs autres sortes de gibiers qui viennent quelques fois iusques à nous par trop d'abondance, comme les abeilles iettent leurs essains, quãd les ruches sont trop estroites pour les loger. Ces regions si fecondes ne doiuent donc pas estre iugées inhabitables, puis qu'elles ne nous sont pas moins vtiles, que le sont aux Gentils-hommes les basses cours destinées à la nourriture de leurs troupeaux, & que les offices qui seruent à leurs valets.

Quant à la Zone Torride, l'experience nous a desabusé de l'opinion qu'auoient les Anciés, qu'elle estoit inhabitable, puis qu'on y a trouué des hommes dont la vie est plus longue & plus vigoureuse que n'est la nostre; & que ceux mesmes qui ont pris naissance dãs les climats temperez, s'habituent sans peine dans l'Amerique, à cause que les chaleurs sont temperées par l'humidité, & la fraischeur des nuicts tousiours aussi longues que les iours. Cette region moyenne qui represente celle du Soleil entre les planetes, est aussi la plus fertile de son métal. Les mines y sont frequentes; la terre y produit les fruits, & presente à l'homme la nourriture sans qu'elle soit cultiuée ; les parfums embaument les forests

& les campagnes; On entretient là le feu de certains bois de couleur & aromatiques, que nous tenons icy fort precieux. Les Perroquets que l'on en apporte nous font iuger de la beauté de plusieurs autres oyseaux trop delicats pour supporter le froid de nostre climat ; les serains nous donnent vn essay de l'harmonie rauissante dont iouyssent ces terres dominées par Apollon. Et ces bestes qui semblent des hommes, en leur figure, en leurs ruses, en leurs instincts, nous font aduoüer que les productions sont plus parfaites où le Soleil a plus de vertu. Cela suffit entre vne infinité de remarques que l'on pourroit faire pour excuser ces regions estrangeres, des blasmes dont l'ignorance les charge, & pour conclure que Dieu exerce sa Prouidence aussi bien en la disposition, qu'en la conduite du monde.

---

*Qu'outre les Cieux & les intelligences Dieu agit en la conseruation du monde.*

### Chap. IV.

L'Empire que tous les Philosophes donnent au Ciel, sur le monde inferieur, consiste en ce que les choses materielles reçoiuent leurs forces, ou s'alterent à proportion de ses influences. Elles ont toutes des sympathies particuliéres auec quelque astre, qui est le principe des amitiez qu'elles se témoignent reciproquement, & quoy qu'elles ne soient pas toutes si sensibles, que celles de l'aymant auec le pole, des fleurs iaunes auec le Soleil, des herbes lunaires auec la Lune; neantmoins la raison iointe à nos experiences nous oblige de les aduoüer: Dautant que ces qualitez occultes qui regnent dans les remedes de la medecine, & dans les venins; ces vertus qui auec vne petite quantité, font des effects si prodigieux; qui guerissent, ou offencent les parties de nostre corps, selon qu'elles sont dominées des signes celestes, ne procedent pas des elemens, & ne peuuent venir que des Astres.

Leur grand nombre ne cause point de desordre, & ne fait qu'vn estat Aristocratique, par ce que comme toutes les parties du Zodiaque, & toutes les estoiles fixes participent aux vertus des sept planettes; aussi toutes les choses inferieures s'y rapportent comme aux sources communes de leurs existences. C'est pourquoy Trismegiste les appelle les sept Princes establis de Dieu au gouuernement du monde, non seulement en consideration des qualitez materielles qu'ils communiquent aux corps, mais principalement à cause des intelligences qui les conduisent, & qui par cette mesme vertu qui leur imprime le mouuement, semble le donner à tout l'Vniuers. Ce grand Philosophe suit en cela la caballe des Chaldéens & des Hebrieux, qui faisoient profession d'aller iusques au premier principe des choses, en contemplant la nature de ces intelligences motrices, par vne science plus releuée par dessus cette commune Astrologie qui s'arreste à considerer seulement la vertu des Cieux, que ne l'est l'Astrologie par dessus cet art qui connoist quelques proprietez des simples, sans en rechercher les causes superieures.

Nous aurions vn ample sujet d'admirer la Prouidence diuine en ce qu'elle a reduit cette multitude inombrable d'especes, & de choses particulieres sous vn gouuernement si bien temperé, & qu'elle en oste toutes les confusions par le moyen de cet ordre. Si nous en auions vne nette connoissance, rien ne nous sembleroit petit dans le monde; les moindres choses nous donneroient moyen de produire ces grands effects qui nous paroissent maintenant comme des prodiges; il n'y auroit point de maladie dont l'homme ne sceust les remedes asseurez, soit qu'il la voulût vaincre par ses contraires, ou la repousser en fortifiant la nature; nos pensees s'estendroient bien auant dans l'aduenir, & sans consulter les Ephemerides, nous verrions sur les petits sujets qui nous passent deuant les yeux, quelle seroit la constitution du Ciel. Que si nostre nature a perdu ces sublimes connoissances en punition de ses crimes, & si elles sont reseruées à vne vie plus heureuse que celle-cy, au moins il nous faut adorer la Diuine Prouidence en cet ordre que la raison nous persuade, quoy

## DE LA PROVIDENCE DE DIEV. 197

que la veuë ne nous en soit pas permise.

Cependant les libertins tirent auiourd'huy ces considerations à contre-sens, quand ils disent, que Dieu ayant disposé les parties du monde dans vn si bel ordre, l'ayant mis sous le gouuernement des planetes, & des Intelligences, il se doit décharger sur elles de sa conduite. Cela nous donne suiect de renouueler icy les plaintes de cét abus ordinaire, qui mesure la Toute-puissance de Dieu aux foiblesses de nostre nature, qui suppose ses lumieres aussi troubles, & ses capacitez d'aussi peu d'étenduë que le sont les nostres. On parle de le décharger du gouuernement du monde, comme s'il luy estoit onereux? comme si cette conduite épuisant ses forces, luy faisoit souffrir vn trauail contraire à son repos? comme si le monde qui est moins à son égard, que la terre en comparaison des cieux, pouuoit lasser sa puissance & sa sagesse infinie?

Il faut sçauoir que Dieu regit l'Vniuers, & qu'il donne l'ordre à ses parties, sans aucune inquietude, à cause qu'il est Tout-puissant. Il ne se priue pas d'vn Empire deub à l'excellence de sa nature, qui tourne à sa gloire, comme i'ay dit, & où l'on ne se doit rien imaginer que des delices, parce que c'est vn effet de son amour. La gloire que luy donnent ses creatures par leurs beautez, & par le concert de leurs mouuemens, deuient plus grande, & en quelque façon infinie, d'auoir vn principe infiny; Par ce moyen il tient dauantage cette gloire de

Bb iij

luy-mefme, & il eſt conuenable, que comme il ſe donne de toute éternité celle qui luy eſt eſſentielle en la iouyſſance de ſes infinies perfections, il ſe defere auſſi celle qui luy peut venir du monde, cóme de ſon image, le conduiſant, & le rapportant à ſoy.

On ne peut pas oſter à l'amour le droict de gouuerner ce qu'il a produit, & ce qui doit eſtre ſous ſa protection, ſans faire vne iniuſtice notable à ſes intereſts. Vne mere tient à des-honneur de n'auoir pas la tutelle de ſes enfans, quoy que les loix luy ferment l'entrée des autres charges publiques. Vn Prince eſt offenſé par ſes peuples, s'ils cherchent des ſecours eſtrangers; le moindre pere de famille à qui la fortune n'eſt point tout à fait contraire, ſeroit honteux que ſes domeſtiques allaſſent mandier d'ailleurs leur entretien. Hé! comment Dieu qui eſt le principe de la bonté, de l'amour, de la puiſſance, permettroit-il que ſes creatures ayant receu l'eſtre de ſa main, n'en receuſſent pas la conduite, & la conſeruation?

Si l'on nous obiecte qu'ainſi le pouuoir des intelligences commiſes au gouuernement du Ciel & du monde ſeroit inutil; Ie reſponds qu'vn Prince a des miniſtres non tant pour ſuppléer à ſes defauts, que pour donner plus d'éclat à ſa Maieſté. Dieu veut que les Anges ſoient les plus viues images de ſes perfections, autant eſſentielles que relatiues; c'eſt pourquoy comme il eſt le ſouuerain Monarque des creatures, il permet à ces bien-heureux esprits vne espece d'intendence sur leur conduite, afin qu'ils representent mieux sa souueraineté; qu'ils tiennent sa Lieutenance, non pas pour secourir ses forces qui sont infinies, mais comme vn priuilege de leur nature, & vne marque insigne de sa grandeur.

 Rome decernoit des triomphes aux Consuls, des victoires emportées par leur cóseil, quoy qu'ils ne se fussent pas trouuez au champ de bataille. Ainsi Constantin escrit au Senat qu'il auoit défait les ennemis, lors mesme qu'il en estoit éloigné de plus de cent lieuës: Et anciennement en Allemagne les Capitaines iuroient solemnellement, qu'ils défereroiét tout l'hóneur de leurs combats à leurs Princes. En ce sens on peut dire que Dieu gouuerne le monde, quand les Anges y sont employez, parce qu'ils n'agissent que selon ses ordres, & ne mettent en execution que ce qui est determiné par sa Prouidence; mais de plus il faut considerer qu'il n'est pas absent, comme estoient ces Princes, des occasions dont ils se donnoient la gloire. Car il est en tout lieu, par essence, par puissance, & par presence, comme i'ay dit; Il donne la vertu d'agir non seulement aux intelligences qui gouuernent par sa commission, mais encore aux choses particulieres qu'elles conduisent. Ainsi nous iugeons qu'vn Prince garde la maxime d'Estat, qui luy commande de faire ses liberalitez par luy-mesme, lors qu'il les fait distribuer en sa presence par vn Thresorier. Le Soleil donne doublement sa lumiere aux Etoiles, & en ce qu'il leur enuoye son rayon direct, & quand il le donne à vne, par l'entremise de l'autre. Nostre ame est toute en toutes les parties du corps pour leur inspirer la vie ; elle y employe le ministere du cœur, du foye, du cerueau, mais en sorte que la vertu de ces principaux organes, ne peut estre ny enuoyée, ny receuë sans sa presence. Ainsi Dieu donne la force aux intelligences de gouuerner le monde, neantmoins elles ne pourroient rien sans son assistance, & ses illustrations continuelles ; toutes les vertus demeureroient impuissantes; toutes les actions seroient mortes, toutes les ouuertures de la matiere seroient bouchées, si outre le gouuernement des Cieux & des Anges, Dieu n'y donnoit encore son concours particulier.

*Du Concours de Dieu en toutes les actions particulieres.*

### CHAPITRE V.

Qvelques-vns s'estonnent de ce que Dieu n'a pas produit les creatures auec assez de perfection, pour agir d'elles-mesmes sans aucun secours, comme si sa bonté se fût monstrée plus magnifique de les rendre plus semblables à luy par l'independence. Les hommes se sont forgez cette difficulté

culté sur l'inclination naturelle qu'ils ont à ne se point assuiettir, & sur ce que les faueurs qu'ils tiennent d'emprunt, leur semblent vne espece de seruitude. Cela peut estre lors qu'ils se sousmettent à leurs semblables, ou à leurs inferieurs ; & que le bien-fait qui soulage leur necessité, les publiant moindres que ceux qui le donnent, leur fait perdre les prérogatiues de leur estat. Mais quand on le reçoit d'vne personne fort éminente, au lieu de reproche, c'est vn honneur d'estre iugé digne de son election, & vne grace d'autant plus grande qu'elle continuë dauantage : Les courtisans ne voudroient pas receuoir en vne heure toutes les faueurs qu'ils doiuent esperer de leur Prince, à condition de n'approcher plus de sa personne, & d'estre à iamais bannis de la Cour ; l'honneur qu'ils y reçoiuent leur est plus cher que les profits qu'ils en tirent, au moins ses faueurs redoublent, quand elles leur sont dispensées succesiuement auec de continuelles preuues de sa bien-veillance. De là i'infere que le monde est dans vn estat plus glorieux, de subsister par le concours continuel de Dieu : que si dés l'instant qu'il fut creé, il en eust receu la force d'agir de luy-mesme, & de continuer le commerce des generations sans son influence. Tellement que cét estat où l'on se figure moins de liberté, & moins de vertu, rend les creatures plus conformes à leur principe, en ce qu'elles subsistent par luy : que leurs actions sont des effets de la puissance, & des témoignages de son amour. La lumiere ne donne la vie aux couleurs, qu'à la presence de la cause qui l'a produict, parce que cette qualité est trop pretieuse pour s'attacher aux matieres inferieures, & pour demeurer desvnie de son principe: Ainsi l'estre & l'actiuité appartiennent propremét à Dieu, comme à la premiere cause toute-puissante, & ce sont des aduantages trop signalez pour estre possibles en quelque subiet que ce soit, sans son influence continuelle.

Figurez-vous qu'en cét instant d'eternité qui a precedé la creation du monde, hors Dieu, il n'y auoit qu'vne pure priuation diametralement contraire à l'estre, qui ne le pouuoit ny desirer, ny receuoir, ny retenir, comme n'ayant aucune habitude auec luy, ny aucun commerce. Les choses estant consideréеs selon leur nature, trempent encore dàs ce defaut originaire; cette seruitude les accompagne: c'est vn poids qui les porteroit tousiours dans la priuation, si elles n'estoient soustenuës par le premier estre, & le premier acte, qui peut continuellement surmonter le rien. Dans les Estats on iuge les personnes particulieres de trop basse qualité, pour auoir les plus importantes charges, en titre d'office: C'est pourquoy elles ne leur sont données que par maniere de commission, comme si ceux qui en sont pourueus n'estoient que des instrumens en la main du Prince, qui n'ont de pouuoir qu'autant que son authorité leur en donne.

S'il luy estoit possible, il se rendroit present à toutes les parties de son Royaume; & s'il auoit toutes les qualitez requises au gouuernement, il expedieroit luy-mesme les plus grandes parties des affaires qui se font par ses officiers; mais parce que sõ corps ne peut estre en mesme temps qu'en vn lieu: il est reduit à voir beaucoup de choses par les yeux, à les entendre par les oreilles, en iuger par le iugement d'autruy. Au moins il doit faire par interualles, ce dont les infirmitez de nostre nature ne luy permettent pas la continuë. Imiter ces sages gouuerneurs de Grece, Æacus, Minos, Radamanthus, qui visitoient tous les ans leurs prouinces, comme le Soleil les signes du Zodiaque; & y tenoient les assises; pour remedier par leur presence aux abus de leurs officiers. Auguste se seruoit fort heureusement de cette pratique, & comme il se rendoit souuent iuge des causes particulieres, le peuple s'abstenoit des procedures iniurieuses; & les Magistrats de commettre des concussions, de peur qu'elles ne vinssent à sa connoissance.

Quelques politiques ne trouuent pas bon que le Prince s'engage dans ces emplois, de peur qu'il n'expose sa reputation par des arrests moins iudicieux que l'on n'esperoit; qu'il ne foule le peuple, par la surcharge de ses visites; qu'il ne luy imprime de mauuaises mœurs, par les corruptiõs ordinaires en la Cour; qu'il n'attire sur soy la haine publique, par la códamnation des plus puissás, qui ne sõt pas

Cc ij

toufiours les plus iuftes; enfin pour ne point faire beau ieu à la perfidie, par vn gouuernement qui aille toûjours vn mefme chemin, & qu'elle puiffe attendre au paffage; mais ils ne laiffent pas de recognoiftre, que la prefence du Prince eft tres-neceffaire à fes Eftats, & qu'il deuroit eftre par tout fi fa nature le luy permettoit; au moins y affifter fucceffiuement, fi fes ignorances, fes déreglemens, fes foibleffes, ne menaçoient de plus de mal, que fa prefence ne promet de bien. Or Dieu qui eft fouuerainement Sage, Bon, Tout-puiffant, doit poffeder par effect au gouuernement du monde, ce que les Princes n'ont qu'en defir en la conduite de leurs Eftats; Il eft immenfe, comme i'ay dit, il remplit & fouftient tous les efpaces du lieu; il eft par tout par éffence, par prefence, par puiffance; pourquoy veut-on prefcrire des bornes à fa bonté? le rendre aueugle entre fes creatures, où il n'eft pas moins que dans le Ciel? & empefcher fa main toute-puiffante qu'elle ne les affifte autant que le permettent leurs difpofitions.

Il eft vne caufe vniuerfelle, qui en cette qualité doit verfer fes influences fur tous les eftres particuliers. Il eft le premier moteur, rien donc ne fe doit mouuoir fans fon concours; nous le deuons confiderer comme la premiere & la plus parfaite de toutes les caufes: ainfi fa prouidence doit pouruoir aux befoins de toutes fes creatures, comme nous voyons cette regle generale au monde, que les

DE LA PROVID. DE DIEV. 205

eſtres les plus accomplis témoignent le plus d'amour, & continuent dauantage leurs ſoins, & leurs aſſiſtances enuers leurs productions.

 Les plantes & les arbres iettent leurs graines auſſi bien que les inſectes, apres les auoir enueloppez de quelque deffence; & garnis d'vne humeur qui reſiſte au froid: Les poiſſons viſitent ſouuent le lieu où ils ont frayé, iuſques à ce que le Soleil ayant fait éclore leurs petits, ils ſe chargent pour quelque temps de leur conduite. Les meres des animaux parfaits ramaſſent en leurs mammelles vne prouiſion extraicte de leur ſubſtance pour la nourriture de leurs enfans; Les plus grands & les plus parfaits des poiſſons, comme les Baleines, les Dauphins, les Veaux marins font le meſme; Les oyſeaux eſtans plus parfaits que les inſectes, couuent leurs œufs, & quand les petits en ſont éclos, ils trauaillent à les nourrir & les nettoyer, auec vne ſeruitude, des ſoins, des aſſiduitez qu'on ne iugeroit pas poſſibles à leur humeur volage, ſi on ne les voyoit par experience. Il n'y a que l'Autruche qui abandonne ſes œufs ſur le ſable de l'Ethiopie, mais par vne prouidence particuliere qui l'en écarte, de peur qu'au lieu de les faire éclore, elle ne les cuiſe par ſa trop vehemente chaleur, iointe à celle de ces regiõs bruſlées. Le ſoin d'vne brute enuers ſes petits ne dure qu'autant qu'ils ſont foibles: mais celuy de l'homme enuers ſes enfans dure toute la vie, comme ie l'ay dit ailleurs; il s'enſuit de là que Dieu eſtant le premier

Cc iij

& le plus excellent de tous les principes, eternel & infiny, qu'il continuë ses faueurs à ses creatures sans aucun relasche, & tant qu'elles sont disposées à les receuoir.

Si le Soleil ne se lasse point de verser ses influences pour l'entretien des estres dont il a secondé la generation : Si le droict est entre les Iurisconsultes, comme vn principe vniuersel qui donne vigueur à toutes les actions. Si la loy, ou si le Prince sont dans l'Estat des sources fecondes qui entretiennent le cours de son commerce : Si le cerueau se represente en toutes les parties du corps par les nerfs, le cœur par les arteres, le foye par les veines; enfin si toutes les causes vniuerselles sont tousjours prestes à secourir ce qui en dépend ; Dieu qui est infiny en bonté, immense en estenduë, ne refusera pas son assistance continuelle aux choses creées.

Elles dépendent plus de luy, que les formes artificielles de la nature ; que les traits d'vn burin, du cuiure qui en est graué ; que le dessein & le coloris d'vne peinture, de la toile qui les supporte ; Rien donc, ne subsisteroit sans son concours, il est le principe, le milieu & la fin , comme nous auons dit, aussi il se trouue plus intime dans toutes choses, que le poinct dans les parties de la ligne, & l'vnite dans les nombres ; & comme il est vn acte tres pur, estant par tout, il agit par tout. Le Tribun du peuple de Rome auoit pour vne marque insigne de sa dignité, de ne se pouuoir absenter de la ville durant vn seul iour, comme si sa presence eust esté absolument necessaire à la conseruation de l'Estat: & c'est vn droict de la Toute-puissance de Dieu, de ce que le monde qui en est produit ne dureroit pas, s'il ne luy estoit present.

Les Seigneurs se font renoueller les hommages par leurs vassaux en tout changement de fief; Les Princes font, comme i'ay dit, mettre leur nom aux expeditions iudiciaires, comme s'ils en estoient les Iuges en personne: La police veut que les bien-faicts se dispensent auec des moderations qui les rendent continus, afin que ceux qui les font soient reconnus necessaires au soulagement des personnes qu'ils gratifient. Toutes pratiques qui supposent, & qui taschent d'imiter le concours continuel de Dieu en la conseruation des creatures: car puis que d'elles-mesmes elles coulent au rien, comme i'ay dit, leur existence est vne preuue de son secours particulier : c'est comme vne continuelle creation, & de nouuelles inuestitures, qui nous rendent le bien-fait de sa Maiesté tousiours present, & qui nous obligent à de continuelles reconnoissances.

Aussi i'ay monstré que les generations ne pourroient pas entretenir les especes, & que les agens particuliers n'ont pas d'eux-mesmes la force d'y reüssir sans le secours d'vne puissance superieure. On le peut aisément iuger de ce que cét ordre, cette admirable symmetrie, cette iuste conformation de membres & d'organes si propres aux fonctions où ils doiuent estre employez, est vne œuure d'intelligence & de raison : Elle n'est pas, ny en la semence, ny en l'animal, ou qui n'en est pas capable, ou qui ne s'y rend pas attentif : elle vient donc de dehors, & ce doit estre vne cause vniuerselle qui assiste toutes les naissances, qui forme tant de chef-d'œuures, dont les plus rares esprits ne peuuent assez admirer la beauté. Il ne faut point dire que c'est la nature qui fait tout cela, si on ne veut signifier Dieu par ce nom, puisque ce doit estre vn principe intelligent, qui donne vne disposition si iudicieuse à vne matiere confuse. Le creux & le moule d'vne image bien taille la represente en perfection sur la cire qu'on iette dedans, encore qu'elle y soit versée par hazard, ou par vne main ignorante. Mais il n'en est pas ainsi de la formation de l'animal au ventre de la mere, où il n'y a point de vase disposé & taillé de sorte qu'il puisse donner vne figure conuenable à l'humeur qui est son principe. Au contraire elle se ramasse, se couure au commencement d'vne pellicule, sous laquelle se fait la distinction du cerueau, du cœur, du foye, des veines, des os, des nerfs, des muscles, de tous les membres, comme par vne vertu separee de celle de la mere. Et puis cette instance n'a point de lieu en la generation des insectes, & des oyseaux qui naissent d'vn œuf, dont les liqueurs ne sont point determinées

en

en leurs figures, par vn vase qui les reçoiue ; elles se peuuent bien épaissir, mais non pas prendre leurs proportions par la seule chaleur qui les couue; sans le secours particulier d'vne cause intelligente.

Mais, dites vous, si Dieu agit en toutes choses, elles n'agissent donc point, & leur pouuoir deuient inutil, si l'on admet celuy du premier principe qui est plus que suffisant. Ie responds que Dieu ayant voulu grauer l'image de sa puissance sur ses creatures, leur a donné la vertu d'agir comme causes particulieres, quoy qu'il les seconde comme cause vniuerselle, chacune agissante selõ la nature. Nous voyons vn lierre qui s'attache au mur, & qui en tire quelque substance auec les petites racines dont ses rameaux sont tout dentelez ; mais sa vie, sa verdure, & la force mesme qu'ont ces petites racines de succer leur nourriture, depend de la maistresse racine qui est dans terre, & qui estant couppée fait seicher toute la plante. Ainsi les causes secondes agissent par les proprietez de leur nature, neantmoins en sorte que leur vertu, & l'effect qui reüslit de leur action, dépendent du secours continuel, & immediat du premier principe.

Rien ne nous doit sembler impossible en la conqueste de la vertu, & en la défaite des vices, estant secondez d'vn bras tout puissant. Et ne faut pas que nostre foiblesse nous fasse perdre le cœur, puis que la Prouidence Diuine ne neglige pas les moindres petites choses.

Tome 3. Dd

*La Providence Diuine s'eſtend ſur les moindres petites choſes.*

## Chap. VI.

L'Ignorance humaine a couſtume de mettre des bornes à la Toute-puiſſance de Dieu, & d'obſcurcir ſa gloire ſous pretexte de luy donner plus d'éclat, comme ces lueurs qui paroiſſent autour des étoiles deuant les orages, les offuſquent quand elles ſemblent les couronner. Ainſi quelques-vns ont creu, qu'il exerçoit ſa Prouidence en la conduite des Cieux, des elemens, & des plus notables parties du monde; mais qu'il abandonnoit les petites choſes à la fortune & aux accidents; comme ſi c'eſtoit vn acte indigne de ſa grandeur d'en prendre le ſoin. Opinion extremement iniurieuſe à la qualité qu'il porte de premier principe; car s'il a donné ſon concours à toutes choſes pour les faire naiſtre, il eſt conuenable qu'il leur continuë pour les conſeruer; & ſi ſa main toute-puiſſante les a mis en l'eſtre, elle ſeule les peut ſouſtenir. Il n'auroit pas le plus de bôté entre toutes les cauſes, & ſon amour n'excederoit pas celuy des peres enuers leurs enfans, ſi apres auoir produit ces creatures, il leur refuſoit ſon ſecours, & s'il iugeoit celles-là indignes de ſa Prouidence, qu'il n'a pas iugé indignes d'estre mises au nombre de ses effects.

Leur multitude inombrable ne nous doit estonner, comme si elle empeschoit son attention. Premierement, parce que ses connoissances infinies se font iour dans tous les obiets, & ne souffrent aucune ignorance, comme si vous supposez vne lumiere qui occupe tous les espaces du lieu, il n'y aura point de tenebres. Et puis ce souuerain intellect n'emprunte point d'especes des choses particulieres pour en former des concepts, comme nous auons dit; mais il les connoist toutes en luy-mesme, & son essence luy est vn fidel registre, où il void nettement d'vne seule veuë, tout ce qui releue de son domaine.

On ne peut pas dire, que les moindres creatures, & celles que nous iugeons defectueuses, soient affranchies d'vne redeuance qui est commune aux plus parfaites. Si elles sont moins auantagées de la Nature, il s'ensuit qu'elles ont moins de vertu pour subsister d'elles-mesmes, ainsi elles ont plus besoin du concours de Dieu en leur naissance, & en leur conseruation; & par consequent il les connoist comme il les assiste; autrement il ne se connoistroit pas luy mesme comme cause vniuerselle, s'il ne voyoit distinctement tous les objects qui reçoiuent ses influences.

La veuë est meilleure qui porte plus loin, & qui découure iusques aux moindres petites parcelles de son object : Aussi quand elle est fortifiee par

Dd ij

les lunettes d'approche, elle apperçoit les eſtoiles que nous appellons obſcures, & trouue meſme des taches dans le Soleil. Vn bon Anatomiſte ne connoiſt pas ſeulement les principales parties de noſtre corps, mais ſa ſcience eſt d'autant plus parfaite, qu'il en diſtingue vn plus grand nombre ; & elle ſeroit admirable s'il pouuoit faire vne nette diſſection de toutes les veines capillaires; des petits nerfs qui ſont meſlez dans le gros des muſcles, & de cette tiſſure delicate qui couure & penetre le corps pour luy inſpirer le ſentiment. Le vulgaire ne connoiſt de tous les aſtres, que le Soleil & la Lune ; & de tous les mouuemens du Ciel, que celuy qui va d'Orient en Occident ; Mais vn bon Aſtrologue ſçait la nature, les proprietez, la ſympathie des autres planettes, & d'vne grande quantite d'étoiles fixes qu'il diſtingue par les degrez de grandeur. Il ſeroit plus docte s'il ſçauoit les vertus particulieres de celles, qui compoſent les conſtellations; les qualitez non ſeulement des decanats, mais des degrez, des minutes, des ſecondes, des tierces du Zodiaque; s'il pouuoit meſurer auec vne iuſteſſe infaillible tous les mouuemens naturels, violens, du deferent, de l'epicycle, & s'il obſeruoit ceux qui nous obligent de corriger les tables aſtronomiques apres quelques ſiecles, comme elles manquent à cette heure de plus d'vn demy degré en la poſition de Iupiter. Chacun ſçait le nom des arbres fruictiers, des herbes potageres, & des legumes de ſa Prouince; mais vn bon Arborifte fait profeſſion de connoiſtre toutes les plantes, meſme étrangeres, leurs vertus, le degré de leur temperament, & de compter entre les ſimples, celles que l'on foule aux pieds. La ſcience eſt donc d'autant plus parfaite, qu'elle a vne veuë plus entiere de toutes les parties de ſon obiet, & ce qui eſt vil en ſon eſtre, ne laiſſe pas d'eſtre precieux en la connoiſſance, parce qu'il eſt vn bien de l'intellect, & vn accompliſſement de la verité. D'où il faut conclure, que la connoiſſance de Dieu qui eſt infinie, & ſouuerainement parfaite, comprend iuſques aux choſes les plus viles; que ſon amour qu'il égale, & ſans lequel rien ne pourroit eſtre, les rend le ſuiet de ſa Prouidence.

La Police affecte tant qu'elle peut cette connoiſſance vniuerſelle de toutes les parties de l'Eſtat, afin d'y établir vn ordre plus entier, qui en banniſſe la confuſion. C'eſt pourquoy il ſeruit grandement à Cyrus de ſçauoir les noms de tous les ſoldats de ſon armée, pour les animer à leur deuoir, pour recompenſer à bon marché leur courage, les nommant auec honneur, & faiſant connoiſtre qu'il les auoit en eſtime. Themiſtocles fut encore aduantagé de cette memoire prodigieuſe, qui luy fourniſſoit les noms & les qualitez de tous les Citoyens d'Athenes, & qui rendit ſon gouuernement heureux, parce que dans cette grande connoiſſance des capacitez de chacun, il luy eſtoit ayſé de practiquer les deux parties de la Iuſtice. Rome, & tous les autres Estats bien policez auoient leurs Censeurs qui s'informoient non seulement des facultez de l'œconomie de chaque famille, mais encore des emplois, des mœurs, de la portée de toutes les personnes particulieres. Quoy? refuseroit-on à Dieu au gouuernement de l'Vniuers, cette Prouidence generale qu'on croit necessaire aux Princes, & qui leur est à souhaitter pour la códuite de leurs Estats? Comme il est le souuerain bien, il doit posseder par effet tous les aduantages des hommes, ceux-mesmes qu'ils n'ont qu'en desir; & il ne seroit pas le Monarque absolu du monde, s'il ne gouuernoit toutes ses parties.

Nous n'y verrions pas vne police si admirable, si sa Prouidence n'estoit vniuerselle: parce que les grandes desolations suruiennent souuent par le desordre des petites choses, comme les vaisseaux coulent à fonds, faisant eau par vne fente; & la mer noye les Prouinces, à cause de quelque petite ouuerture qu'elle rencontre en ses digues. L'on a veu toutes les moissons d'vne campagne rauagées par vne petite vermine, ou abbatues par ces méchátes herbes qui entortillant la tige, étouffent l'espy, & empeschent sa maturité. Les chenilles & les anetós peuuent estre en si grande quantité, qu'ils dépoüillent les arbres fruictiers, & rendent les vignes & les forests en la plus belle saison de l'année, au mesme estat que nous les voyons au fort de l'Hyuer. Pline rapporte qu'en Espagne & en Thessalie les taupes minerent des bourgs tous entiers, & en firent fondre les baſtimens; qu'en France des villages ont eſté rendus deſerts par les grenoüilles; en Afrique par les ſauterelles; en Italie par les ſerpens; que les hommes furent contraints d'abandonner l'Iſle Gyaros l'vne des Ciclades, en eſtant chaſſez par les ſouris. Il eſt donc neceſſaire que la Prouidence diuine s'étende ſur les moindres, & les plus viles de toutes ces choſes, pour empeſcher ces excez qui pourroient ruiner les hommes, incommoder leurs demeures, & rauir les eſperances de leur trauail. Si quelquesfois elle a permis ces diſgraces, c'eſt ſeulement pour faire connoiſtre qu'elles ſont poſſibles, pour nous obliger à la reconnoiſſance de ſa bonté qui nous en protege; & qui donne vne telle trempe aux Elemens, qu'ils ne ſe trouuent pas ordinairement diſpoſez à faire ces mal-heureuſes productions.

Au reſte ces choſes ne ſont mauuaiſes qu'en veuë des degats qu'elles nous cauſent, mais en ſoy elles ſont bonnes, comme ie l'ay dit ailleurs; & d'autant qu'elles participent de l'eſtre qui eſt bon, & qu'en effect elles ont des beautez, des vertus, des inſtincts qui nous en rendroient les admirateurs, ſi nos paſſions irritées par nos pertes, ne nous en rendoient ennemis. I'admire bien plus les organes des ſens, de la phantaiſie, de la memoire, de diuers inſtincts dans la teſte d'vn moucheron, qu'en celle d'vn elephát. C'eſt vne grande merueille, que tant de veines, d'arteres, de nerfs, de muscles propres à donner le sens & le mouuement, soient distinguées sans confusion dans ce petit corps, qui à peine peut estre veu de nos yeux; & en cela Dieu fait plus paroistre sa prouidence, que dans les autres animaux, comme l'artifice du Peintre est plus excellent en de petits pourtraits qui representent bië le naturel, que dans les grandes figures. I'ay monstré ailleurs que les plus rauissantes beautez, les plus rares industries de la nature, se rencontrent dans les petits suiets, comme la lumiere dans les diamants, la Musique dans les Rossignols, l'artifice de diuers ouurages dans les abeilles, les fourmis, les araignées, les vers à soye: c'est donc manquer de raison, de s'imaginer que Dieu refuse le secours de sa prouidence à ces petites choses dont les beautez & les industries nous en donnent de plus grandes preuues.

Mais quand ces petites creatures n'auroient point ces eminentes qualitez, quand nous les iugerions moins parfaites, de ce qu'elles seruent à la beauté du monde, quand leur excez n'y est point nuisible; & ces dégats mesmes qui paroissent auec de la disproportion dans vne année, peuuent estre pris pour des ornemens, si on les regarde dans l'étendue de plusieurs siecles. S'imaginer qu'elles ne sont pas vn effect de la Prouidence Diuine, mais de la fortune, c'est à dire qu'vn Peintre n'applique pas les ombres où consiste la principale industrie
de

DE LA PROVIDENCE DE DIEV. 217
de son art; qu'vn Maistre de Chœur ne marque
pas les notes & les pauses de sa Musique; qu'vn
bon Capitaine n'ordonne pas les feintes, les retrai-
tes, les suspensions d'armes, quelquesfois les incommoditez de viure, selon qu'il veut mouuoir le
courage de ses soldats.

Le Ciel enuoye de plus precieuses influences
aux astres qui sont dans les moindres degrez de la
nature, comme dans les pierreries, les metaux, les
fleurs: les Princes & les iuges témoignent plus de
faueur aux vefues, aux orphelins, & aux autres personnes qui sont plus abandonnées de secours:
Pourquoy Dieu qui est la premiere des causes vniuerselles, refuseroit-il son assistance aux natures
qui ont moins de forces? pourquoy sa bonté ne se-
roit-elle pas aussi disposée à leur conseruer, qu'à
leur donner l'estre?

Les puissances organiques ne peuuent plus s'attacher à vn obiect, quand elles se sont remplies
d'vn excellent: L'œil qui s'est vn peu arresté sur le
Soleil, voit apres toutes les couleurs couuertes d'vn
crespe qui les rend obscures; on ne regarde plus
auec plaisir les fleurs des campagnes, apres auoir
admiré les gentilles extrauagances de la nature sur
vne belle tulipe: vne bouche nourrie à la Cour ne
trouue plus d'appetit aux viandes ordinaires des
laboureurs, non plus que les Atheniens aux Me-
nestres, autant desagreables à la veuë qu'au goust,
dont la ieunesse de Lacedemone viuoit. Mais les

Tome 3. Ee

puissances intellectuelles ne s'offencent point, quand elles passent d'vn grand obiet à vn moindre; au contraire elles en font leurs plaisirs & leurs instructions, & trouuent du contentement à releuer vn suiet par son contraire. Ainsi la Iurisprudence considere aussi bien l'iniustice, que le droict: la Medecine, les maladies, que l'égalité du temperament. Les personnes nourries dans les delices des grandes fortunes se delectent aux actes sanglants des tragedies, & y versent des larmes de compassion, auec plaisir : les plus sages sont bien aises de voir les extrauagances des fols : Et selon les anciens, Momus le bouffon se trouuoit tousiours en la compagnie des Dieux. Si l'esprit de l'homme suiet à d'estranges émotions, peut ne point perdre sa felicité en considerant les moindres obiets; Dieu, dont la gloire, qui est son essence mesme, est tousiours égale, ne s'abaisse, & ne s'offence point, quand il exerce sa Prouidence sur les dernieres creatures.

Si la grande inégalité qui est entre luy & ces obiets estoit capable d'arrester les faueurs de sa Prouidence, les Cieux, les hommes & les Anges en seroient exclus; il n'auroit creé, & ne conserueroit aucune des creatures, à cause que les plus parfaites estant finies, elles n'ont aucune proportion auec son essence qui est infinie. C'est donc vn assez iuste titre aux petites choses, d'estre vne production de sa bonté, pour receuoir les secours de sa Prouidence, qui assiste toutes les parties de l'Vniuers, quoy que les raisons de sa conduite ne nous soient pas tousiours bien cogneuës.

*Il faut adorer la Prouidence Diuine sans rechercher la raison de ses effects.*

### Chap. VII.

LA nature se plaist à vaincre nos cognoissances par ses liberalitez, & à nous faire vne infinité de biens, à condition que nous ne verrons pas les thresors d'où elle les tire : Les vents purgent l'air, donnent le rafraichissement à nos poulmons, portent nos vaisseaux en tous les quartiers du monde, sans que la Philosophie ait encore peu recognoistre leur origine : Les fleuues & les fontaines courent à la mer, & laissent autant de delices que de richesses dans nos cãpagnes; neantmoins quoy qu'on ait dit des vapeurs qui se resoudent en eau dans les concauitez de la terre, des veines qui les portent, des grands reseruoirs, qui estant opprimez par sa pesanteur, font iaillir les flots, personne n'a descouuert au vray la source de cette inepuisable fecondité. Les cieux nous obligent de leurs continuelles influences, qui ne sont point apperceuës de nos sens; leur mouuement surprend nostre veuë : & nostre raison a bien de la peine à trouuer la preuue des intelligences qui les conduisent : enfin nous ne voyons pas les formes substantielles, qui sont les principes de l'action ; les sympathies, les vertus, les proprietez des mixtes se tiennent couuertes, & ne sont cogneuës que par la longue experience de leurs effects.

Tout cela monstre sensiblement, que nous deuons remettre nos soins sur la bonté de Dieu, porter tousiours vn iugement tres-auantageux de ses dispositions, & qu'en effect il demande de nous cette déference, lorsqu'il nous fauorise d'vne infinité de biens, dont il ne nous permet pas de sçauoir les causes. Il nous veut éleuer comme des enfans de famille, qui sans prendre le soin des affaires de la maison, sont pourueus honorablement de ce qui est necessaire à leur entretien : tout ce qu'on demande d'eux, c'est qu'ils reçoiuent ce bon traictement sans murmure, & auec le respect des personnes qui les en obligent. Dieu prend le titre de pere enuers ses creatures, comme i'ay dit, qualité qui n'emportant pas moins d'amour, que de puissance, nous aduertit de nous sous-mettre auec tout ce qui se peut de respect à sa conduite, & par deuoir, & par interest. Si les loix n'obligent pas les tuteurs testamentaires à donner caution, parce que le iugement du pere qui les a nommez, est vne preuue assez forte de leur suffisance ; elles tiennent le pere mesme incomparablement plus affectionné au bien de ses enfans, & sa conduite plus nette de tout reproche; neantmoins il peut manquer aux deuoirs de la pieté, ou surpris par l'ignorance, ou emporté par des mouuemens passionnez, qui donnerent sujet aux loix de regler ses dispositions, & de rompre quelques fois les dernieres volontez comme inofficieuses: Mais c'est assez de dire, que Dieu gouuerne le monde, pour conclure que l'ordre y est accomply, & ses faueurs dispensées auec vne iustice qui donne à chaque chose ce qu'elle doit auoir de perfection: Il ne peut y auoir d'abus, ny d'ignorance, dans vn establissement faict par le souuerain Amour, & la souueraine verité; ny de mal en ce qui procede du souuerain bien.

Si vous considerez Dieu comme la premiere cause, les hommes sont obligez de se soufmettre à sa conduite, quand ils n'y descouuriroient aucune raison qui peust satisfaire leur curiosité, & ils deuroient adorer ce qu'ils ne sçauroient connoistre. Chaque science suppose tousiours des principes qu'elle reçoit d'vne superieure, & quoy qu'elle forme plusieurs difficultez sur les propositions qui sont proprement de son ressort; neantmoins elle reuere tant ces premieres maximes qu'elle tient d'emprunt, qu'elle les met hors de controuerse. Donnons carriere à nos esprits tant qu'il nous plaira sur les questions naturelles; les disputes en sont innocentes, & l'esprit mesme qui est surmonté dans ce combat de raison, y fait tousiours la conqueste de quelque nouuelle lumiere: mais demander pourquoy Dieu permet vne chose, & non pas l'autre, & se roidir dans ces instances auec vn iugement opiniastre, qui condamne s'il n'est satisfait: c'est vne temerité sacrilege, qui ne meriteroit que le chastiment pour response, d'autant qu'elle va contre ce principe vniuersel, que tout ce qui est ordonné de Dieu est tres-iuste, & ne doit pas auoir vne autre constitution. Cette pensée de respect bien prise est le plus sublime poinct de la science; car c'est veritablement sçauoir de connoistre la volonté de Dieu, qui est la premiere de toutes les causes, la verité, l'idée primitiue & dominante sous laquelle les choses creée, ont d'autant plus de perfection, qu'elles y sont plus conformes.

Quand nostre esprit se figure des qualitez qui luy semblent bien seantes dans quelque suiet; quád il veut enrichir l'œuure de Dieu, & qu'il y souhaite des beautez qu'il n'y trouue pas, c'est ordinairement que son œil n'est pas assez bon pour voir celles qui meritent d'y estre admirées. Vne eauë flotante monstre le Soleil auec vn mouuement conuulsif, qu'il n'a pas, & ne peut representer l'égalité de celuy qui luy est propre. Ainsi l'ame agitee de passions se represente les choses toutes autres qu'elles ne sont en leur naturel, & condamne comme vn defaut, tout ce qui n'a pas des qualitez propres à satisfaire ses appetits. Vn homme qui fait son souuerain bié du plaisir des sens, dás vne parfaite santé, iuge inutil ce qui ne contribuë pas à cette vie animale, & n'eſtime point les raretez qui ſe font voir auec tant d'éclat, pour l'inſtruction de l'eſprit. Il voudroit que les moindres viandes euſſent la ſaueur des plus delicates: que toutes les pierres fuſſent des diamans, toutes les fleurs des roſes & des tulipes, que tous les oyſeaux euſſent l'harmonie du Roſſignol, que toutes les matieres euſſent l'odeur de l'ambre; & tous les animaux la proprieté des ciuettes: mais il ne void pas qu'il renuerſe l'ordre de la nature en oſtant la diuerſité, & que ſes paſſions meſmes ſe ſévrent de ce qu'elles trouuent de delicieux dans le priuilege de la iouyſſance, ſi elles rendent toutes les beautez communes.

Ces petites creatures que vous meſpriſez vous ſeroient vn ſpectacle de grande admiration, ſi voſtre veuë eſtoit aſſez forte, & voſtre eſprit aſſez amoureux de Philoſophie, pour contempler l'artifice de leurs figures, leurs inſtincts, leurs proprietez, le nóbre preſque infiny d'habitudes logées dás des organes ſi petits, qu'ils nous ſont imperceptibles. Mais ſi vous pouuiez connoiſtre les ſympathies qu'elles ont auec les autres parties du monde, vous ſeriez contraint d'aduoüer qu'elles ne doiuent pas auoir plus de forces, comme vne baſſe ne doit pas s'eſleuer plus haut, pour bien tenir ſa partie dans vn concert. Au moins ſi noſtre eſprit ſe trouue trop raualé pour ces connoiſſances vniuerſelles, & trop laſche pour des obſeruations ſi curieuſes; ſi ce qu'il sçait, ne sert principalement qu'à luy faire aduoüer ce qu'il ignore, il doit assujettir sa raison, qui est imparfaite, à celle de Dieu, qui est toute lumiere, & toute verité.

Les malades abandonnent leur iugement, & leurs appetits à la discretion de leur Medecin; les apprentifs suiuent l'instruction de leur maistre; ceux qui plaident, de leur Aduocat; l'authorité de Pythagore estoit vn oracle entre ses disciples; enfin l'estat le plus proche de la sublime Sagesse, c'est d'en receuoir facilement la direction; c'est pourquoy les hommes tombent dans la plus insigne folie, si ayant tant de preuues de leur ignorance, ils se veulent neantmoins rendre Iuges de la souueraine verité; s'ils condamnent, au lieu de respecter ce qu'ils n'entendent pas; s'ils passent iusques à vne sacrilege insolence qui censure les œuures de Dieu.

C'est luy contester le tiltre de Souuerain, de ne pas soufmettre nos iugemens à sa conduite; & c'est offencer excessiuement sa Maiesté, de luy demander compte de ce qu'elle ordonne contre l'opinion de nostre esprit foible, & obscurcy de tant de nuages. Rome s'est gouuernée fort heureusement l'espace de trois cens ans, auec vne Iurisprudence fondée sur le seul iugement de ses Magistrats; depuis les loix des douze Tables qui furent premierement escrites, & les autres qui les ont suiuies, obligerent le peuple à leur obseruance, sans rendre raison

raison de ce qu'elles ordonnoient ; & quand leur equité seroit assez forte pour gaigner le consentement du peuple, estant declarée, la police veut que bien souuent on la tienne comme vn mystere, afin de rendre l'empire plus absolu, & plus conuenable à nostre nature, en ce qu'il s'estend iusques dessus les esprits. Les hommes seroient mal-heureux dans les Estats, s'ils n'assujettissoient leur iugement aux personnes qui les gouuernent : mais ils le seront bien plus dans la conscience si leur raison se reuolte contre la conduite du souuerain Monarque du monde ; ils souffriront le supplice d'vn Promethée, s'ils s'esleuent dans le Ciel auec la presomption d'en rauir le feu, c'est à dire, s'ils vsurpent l'authorité de iuger la Prouidence Diuine. Au contraire, il n'y a point d'ames plus tranquiles que celles qui en adorent les decrets auec vne parfaite sousmission ; qui croyent iuste tout ce qu'elle ordonne ; qui accusent leur ignorance, & non sa bonté, quand les euenemens leur semblent déraisonnables. Cette multiplicité de discours qui partage l'esprit des hommes, se peut comparer à vn Argus aueugle & impuissant auec tous ses yeux, contre vn Mercure celeste, contre cette raison diuine qui doit vaincre nos raisonnemens, pour deliurer nostre cœur d'vne condition brutale.

La Philosophie payenne consideroit le monde, comme vn estat où nous venons demeurer en naissant, mais en sorte que nous y trouuons la police toute eſtablie, parce que les ordonnances de la Nature ſe font garder auec vne rigueur, qui ne reçoit gueres de diſpenſe. Le ſeul remede, à leur opinion, pour adoucir cette neceſſité, c'eſt de ſuiure volontairement ce qui nous emporteroit par force; d'agréer ce qu'on ne peut fuir; d'oſter au deſtin le droict de nous contraindre, & couurir les marques honteuſes de noſtre ſeruitude, par vne douce reſignation. Les ſentimens ſont plus ſublimes de ceux qui contemplent Dieu comme vn Prince qui n'ordonne quelques ſurcharges, pour aduancer la felicité publique; ou comme vn Pere tres affectionné, qui ne nous deſcouurant pas tous les deſſeins de ſon amour, nous tient neantmoins tres-aſſeurez qu'il conſerue le monde & nos intereſts, par les meſmes moyens qui ſemblent leur eſtre deſaduantageux. Cette penſée ne nous met pas ſeulement en eſtat d'exercer la patience dans les diſgraces, mais encore de les receuoir auec des applaudiſſemens de ioye; de benir cette ſouueraine Bonté en toutes les creatures; de faire de grands acqueſts de merite, dans les occaſions, qui d'ordinaire abattent, ou corrompent la vertu.

Ce n'eſt pas à dire que noſtre raiſon doiue demeurer tellement aſſoupie dans ces complaiſances, qu'elle s'interdiſe tout le diſcours, & qu'elle rende ſes forces inutiles, de peur qu'elles ne ſoient deſobeiſſantes. Vn Orateur ſe donne ſa liberté de rechercher les motifs du Prince en l'establissement des loix, non pas pour les combattre, mais pour dresser vn eloge plus celebre de sa Iustice; vn fils de famille se peut informer de la conduite que tient son pere dans les affaires, afin de suiure son iugement, & se rendre imitateur de sa vertu. Ainsi apres que les hommes ont fait cette publique confession, que tout ce qui est dans le monde est parfaitement bien ordonné, ils peuuent voir les effects particuliers, & ce qui reüssit d'vn si sage gouuernement, pour auoir dequoy glorifier dauantage cette souueraine puissance. C'est ce que nous tascherons de faire en cette partie, afin de combattre l'impieté par ses propres armes, & tirer des motifs d'adoration, des mesmes suiets contre lesquels elle vomit ces blasphemes.

---

*Pourquoy Dieu permet le mal & l'imperfection dans le monde.*

## CHAP. VIII.

IE pardonne à ces humeurs difficiles à contenter, qui ne rencontrent point d'objects où elles ne remarquent quelque defaut; & qui demandent les choses dans vn si sublime estat de perfection, que la Nature est tousiours trop pauure pour leurs desirs. Cela procede de l'idée que nous auons

Ff ij

naturellement d'vn souuerain bien, dont nostre esprit fait par toutes de grandes recherches, mais pleines d'inquietudes, tant qu'elles s'arrestent dans l'enceinte des choses creées, où il ne se rencontre pas. Il seroit à desirer que cette impression regnast puissamment dans le cœur des hommes, afin de les détacher de la terre ; refroidir & degouster les amours qu'ils ont pour des obiets, où ils ne voyent pas les beautez qu'ils s'y estoient promis.

 Quelques excellences que nous ayons remarqué dans le monde, il est vray qu'il a ses taches & ses defauts aussi bien que le Soleil ; Il est à l'estroit si vous comparez son globe à l'étenduë des espaces imaginaires ; il monstre sa pauureté par le secours necessaire de ses parties ; ses foiblesses par leurs corruptions ; ses inconstances par les caprices de la Nature qui ne produit iamais deux choses tout à fait semblables, & qui apres nous auoir obligez d'vne faueur, nous tient en alarme de la perdre à chaque moment ; Les ioyes y sont meslées de douleur ; le repos de troubles ; la paix de combats ; Enfin la vie n'est qu'vne suite de disgraces qui paroissent plus outrageuses, & moins supportables, si l'on considere cette Region de lumiere, où nostre amour aura l'éternelle iouyssance d'vn bien infiny.

 Ces mauuais traitemens que nous receuons durant nostre exil, nous doiuent inspirer de grands

### DE LA PROVIDENCE DE DIEV.

desirs de nostre Patrie, & nous donner de genereuses resolutions d'agir auec tout ce que nous auons de force, afin que le iour qui nous enleuera d'entre les hommes, nous mette dans cette triomphante liberté où tous nos desirs seront satisfaits. Que si ces imperfections qui nous offensent icy-bas, nous peuuent donner ces bons sentimens, ie tiens qu'elles ne sont pas inutiles, & que le monde qui est fait pour le seruice des hommes, y contribuë dauantage par ses defauts, qui détournent leurs affections des obiets illegitimes, que par ses beautez & ses largesses, qui charment les cœurs, & qui leur font quitter le Createur pour la creature. Mais quand on ne feroit que considerer l'estat des choses sensibles, il est aisé de prouuer que les moindres degrez de bonté, & les corruptions à qui l'on donne le nom de mal, y estoient absolument necessaires.

Nous auons dit, que le monde contenoit cette grande diuersité de parties que nous y admirons, afin de representer par leur nombre, l'infinité & l'immensité de Dieu; & son vnité par la disposition qui les lie de sorte que de plusieurs il s'en forme vn tout. Pour faire cét ordre qui consiste en ce que certaines parties sont deuant & apres les autres, il falloit necessairement qu'il y en eust quelques-vnes moins qualifiées, pour estre reduites aux derniers rangs, autrement il n'y auroit point de raison de les des-honorer de la sorte ; & la Nature qui condamne l'iniustice en ses loix, l'authoriseroit par son exemple, si elle donnoit les preseances sans merite, & si elle imposoit les seruitudes sans suiect. Cette équité est si generale que son contraire n'est pas possible, parce que comme vous ne sçauriez dire trois, qu'il n'y ait deux au dessous; comme on ne peut dresser vne ligne qu'vne partie ne soit plus basse que l'autre; Ainsi pour établir vn ordre dans la multitude des parties du monde, quelques-vnes deuoient estre moins accomplies pour estre suiettes. La terre ne pouuoit estre enfoncée au centre du monde, ny estre la derniere des Elemens, si ses qualitez n'eussent esté les moins aduantageuses; Et si l'on demande pourquoy elles sont dans cette foiblesse, on peut respondre que l'inégalité est vne condition inseparable de l'ordre, sans laquelle il ne peut estre, ny dans la Nature, ny mesme dans nostre pensée.

Comme on se picque plustost qu'on ne se tient obligé d'vne affection qui est égale entre tous indifferemment, les faueurs du premiere principe en la creation du monde paroistroient bien peu; on auroit suiet de les prendre plustost pour les profusions d'vne cause necessitée à faire du bien par foiblesse, & pour se descharger d'vne abondance qu'elle ne pouuoit contenir, que pour des bienfaits dispensez auec tant de liberté, que de iustice. Le monde doit auoir beaucoup de perfectiós pour nous representer son image: mais c'est en son tour,

& non pas en chacune de ses parties, où les defauts ne sont pas moins necessaires, que les ombres dans la peinture; l'inégalité des parties dans la beauté d'vn visage, & les diuers tons dans la Musique. I'ay representé les vtilitez qui reuiennent au monde des regions inhabitables, des deserts, des montagnes, des serpens, des autres bestes veneneuses & sanguinaires qui les habitent : de sorte qu'elles nous sont de grands témoignages des misericordes de Dieu, & donnent d'aussi grands suiets d'admiration à ceux qui iugent bien de leur importance, qu'elles reçoiuent de blasme des personnes qui voudroient condamner tous les remedes de la Medecine, parce qu'ils ne sont pas agreables au goust.

 La contrarieté estoit aussi necessaire au monde: Premierement, pour representer l'immensité Diuine, si étenduë qu'elle ne se peut retressir, comme les contraires demandent des logemens separez, & ne se peuuent rencontrer en mesme suiet auec toutes leurs forces ; & puis les actions naturelles qui portent l'image de la puissance diuine, seroient mortes, ou languissantes, si elles n'estoient animées par la contrarieté. Or il faut que ces contraires qui se picquent de jalousie à leurs approches; qui s'échauffent au combat, iusques à l'entiere défaite de leurs concourans, ne soient point pareils en vertu ; car si l'vn n'estoit pas plus puissant que l'autre, il n'auroit iamais d'auantage dessus luy, on ne verroit ny naiſſances ny corruptions dans le monde; & la nature demeureroit immobile entre ces reſiſtances égales, comme vn vaiſſeau n'aduance point s'il eſt également tiré des deux coſtez d'vn riuiere.

Il falloit donc qu'il y euſt au monde vn feu, le plus actif des élemens; vne eauë qui en moderaſt, mais qui n'en éteigniſt pas toute la violence; vne terre pauure de ſa nature, & foible en ſes qualitez, afin qu'elle receuſt celles des corps ſuperieurs, & ſe rendiſt riche de leurs vertus, à la faueur de ſes foibleſſes. Cela fait dire à Platon, que comme la couleur rouge, belle & éclattante de ſoy, n'eſt pas conuenable aux yeux, qu'il ſe trouue de meſme des perfections, qui ne ſont pas propres à tous les ſuiets, & que leur inégalité n'eſt pas moins neceſſaire dans le monde, que dans les Eſtats. Il y ſouhaitte des perſonnes dont l'eſprit ſoit raualé, afin qu'elles ſoient plus ſouples à la direction des ſages, & qu'elles entreprennent le trauail des arts méchaniques, où les grandes ames nées pour les ſciences & le gouuernement, ne peuuent s'aſſuiettir. Ces foibleſſes, & ces diuerſitez d'habitudes, qui font que les vns ont beſoin du ſecours des autres, ſont l'origine, & le fondement des Republiques. D'où vient que les plus fertiles en bons eſprits qui ſe ſentent tous auoir des diſpoſitions à commander, ſouffrent des troubles plus ordinaires & plus violens. Elles ſont auſſi de puiſſants attraits de l'amour,
dont

dont les femmes se sçauent seruir, quand elles affectent des craintes & des delicatesses, pour gagner des cœurs qui font profession de la vaillance. Les Docteurs trouuent d'inexplicables contentemens au rencontre d'vn esprit docile; les vieillards, où l'on suppose beaucoup de sagesse & d'experience, ayment tendrement les petits enfans; ils sentent vne extréme ioye s'ils trouuent des auditeurs de leur aduis, comme ils s'irritent contre la presomption d'vne ieunesse audacieuse, qui se croit trop sage pour les receuoir. Enfin ce seroit faire vn corps qui ne seroit que teste, ou que cœur, sans bras, & sans iambes; ce seroit bannir l'amour, & le commerce du monde, d'en vouloir oster tous les defauts; ce seroit rendre le tout imparfaict, sous pretexte d'en perfectionner les parties.

Cette foiblesse qu'on appelle mal dans la Nature, se trouue principalement en la naissance des choses, mais elle leur deuient glorieuse comme ie l'ay monstré, lors que d'vn foible commencement elles s'eleuent par leurs propres forces à la perfection de leur espece. Vous diriez que c'est vne course de bague, où la nature prend vne longue carriere pour emporter le prix auec plus d'honneur: & c'est pourquoy Platon dit, que le monde est le spectacle, & le jeu des Dieux.

Les estres y gardent la loy des Republiques bien policée, où il faut passer par les moindres degrez d'honneur, pour meriter les plus éminens. Ainsi les animaux n'ont au commencement qu'vne vie de plante, & ne iouyssent pas des droicts de leur espece, iusques à ce que la nature ait apporté la derniere main à la fabrique de leurs organes. La plante n'est en sa graine que comme vne pierre, sans aucun effet du vegetable : mais si tost qu'elle s'est grossie des humiditez de la terre ; elle tire ses vertus du tombeau, & ressuscite, ce semble, la cause qui l'auoit produite. La Chymie tâche d'imiter auec la lente chaleur de ses fourneaux, les admirables operations de la nature, lors qu'elle change les neiges en cristal; les rosées en perles; la sueur des roches en turquoises; les vapeurs éleuées du centre du monde, premierement en Mercure, quand elles ne sont qu'épaissies & broyées imparfaitemét auec la matiere ; & puis en autres metaux, selon les terres, les humiditez, les chaleurs, les climats, & les influences qu'elles rencontrent? C'est vne chose admirable de voir, comme des excremens d'vne plante, d'vne corruption ; ou d'vne terre moderément detrempée, la nature en forme vn petit ver, qui apres se change successiuement en diuerses especes de reptiles, puis de mouches & de papillons. Il ne faut donc pas condamner ces foibles commencemens qui reüssissent à des fins plus nobles, si l'on ne veut interdire toute action à la nature, iuger d'vne grande somme par vn petit nombre qui la commence; d'vne Musique par le premier ton de voix; d'vn discours par la premiere parole, sans en attendre la conclusion.

Le progrez que font les choses animées en vertu, & leurs continuelles conquestes sont accompagnées d'vne volupté qui rend le premier âge comme le Printemps de la vie, & la saison qui pour ne paroistre pas si robuste, ne laisse pas d'estre la plus heureuse; d'autant que l'humidité radicale, & la chaleur celeste qui sont les plus pures, comme plus voisines de leur source, donnent au temperament vne vigueur d'où naissent les ioyes de la ieunesse, & cette secrette vertu qui repare bientost les blesseures, & se releue facilement des maladies. Si les choses insensibles ne goustent pas le plaisir de leur enfance, & de ces nouuelles acquisitions, elles ne laissent pas de nous en donner quelques marques, en ce qu'elles se monstrent plus belles estant petites. Le verd-naissant a tout vn autre éclat, que celuy des fueilles qui ont ressenty les ardeurs de l'Esté. Les tulipes paroissent auec plus de grace aux premiers iours qu'elles sortent de leur bouton, qu'en cét estat où elles étendent laschement toutes leurs fueilles enyurées de leurs couleurs, auec vn tein fade qui a perdu le brillant de son émail. Puis que toutes ces choses sont faictes pour nous, on peut dire que le plaisir dont elles contentent nos yeux, supplée au defaut de leur sentiment; ce qui suffit pour conclurre, que les foiblesses mesmes ont leurs forces & leurs beautez dans le monde; qu'ainsi il ne se faut point étonner si Dieu les permet.

Gg ij

Il est vray que les fleurs se passent, les forces s'abbatent ; les actions qui en leurs commencemens estoient foibles, deuiennent à la fin languissantes, & les estres particuliers n'ont point de constitution exempte de tout defaut, parce qu'elles peuuent estre ruinées par les surprises de leurs contraires, ou manquer à leurs deuoirs, si elles n'ont pas les moyens necessaires à leur conseruation. Mais si elles perdent en toutes ces rencontres, remarquez que le profit en demeure aux agens qui en ont le droict, & que ce qui nous paroist vne violente vsurpation, est vn deuoir de iustice. Ainsi quand vn climat bruslé du Soleil cause vne inflammation d'esprit dans nos corps, quand il diminuë le sang : qu'il seiche les humeurs, & fait boüillonner la bile, d'où naissent les maladies aiguës ; c'est la chaleur qui se sert de son droict sur vn temperamment foible, & disposé à receuoir sa vertu ; si le lieu où la saison de l'année trop humides rendent les esprits tenebreux, s'ils empeschent la digestion faute de chaleur, s'ils inondent le corps de fluxions, s'ils noyent ses puissances dans vn deluge de catharres, c'est l'humidité qui tient son empire sur vne matiere qui luy deuoit estre obeyssante.

Lors la nature ne pretend point à la priuation, mais elle fauorise le dessein d'vne cause qui estant plus forte, doit s'assuiettir la plus foible, & vaincre les resistances qui veulent empescher qu'elle ne fasse la production de son semblable ; C'est pourquoy l'opinion est tres-absurde de ceux qui se sont figurez vn souuerain mal, comme vn des principes du monde, d'autant que, comme i'ay dit ailleurs, le souuerain mal ne doit auoir aucun mélange de l'estre, qui est vn bien : ainsi n'ayant point d'existence, n'estant pas en soy-mesme, il ne sçauroit estre cause d'aucun effet, ny donner l'estre qu'il n'a pas pour luy. Tout ce qu'on peut donc appeller mal, n'est qu'vn moindre degré de perfection necessaire à l'ordre & à la beauté de l'Vniuers, comme nous en allons faire vne preuue plus particuliere.

*Pourquoy il y a des morts, des maladies, des alterations dans le monde.*

### CHAPITRE IX.

LA mort nous monstre vn visage tellement hideux, les cruautez inexorables qu'elle exerce dessus nos amours, irritent si fort toutes les passions de l'ame, qu'elles sont comme ces crimes contre qui les accusations sont publiques, & semble qu'vn homme renonceroit aux plus legitimes sentimens de la nature, de luy dresser vne Apologie. Deuant qu'elle porte le dernier coup, elle trauaille ordinairement le corps de mille exactions; elle le dépoüille de ses biens, le gesne de maladies, y fait de si estranges metamorphoses par la vieillesse, qu'elle contraint d'auoir de l'auersion pour ce que l'on aimoit. De là viennent les plainctes de ceux qui accusent icy la Prouidence diuine, comme s'il n'y auoit pas moins d'iniustice à faire mourir la beauté, qu'à condamner l'innocence ; & comme si elle se monstroit enuieuse de nostre bon-heur, quand elle nous oste les voluptez de la vie ; quand elle trouble les delices de la iouyssance par les continuelles apprehensions de la perte.

Ces paroles insolentes, qui sont vn crime de leze Maiesté contre Dieu, ne meriteroient point d'autre responce que celle dont nous nous sommes desia seruis, à sçauoir, que tout ce qui procede de la bonté souueraine est bon, & qu'il nous faut receuoir ses ordonnances comme tres-équitables, quoy que nous ne voyons pas nettement le bien qui en reüssit ; mais quand il faudroit examiner ces plainctes par la raison, il est certain qu'elles se trouueront aussi peu conformes aux loix de la nature, qu'elles sont iniurieuses à son principe, & qu'elles engagent les interests de ceux mesmes qui les proposent.

Nous auons dit que les contrarietez estoient necessaires au monde pour y establir l'ordre, pour en acheuer la beauté, & principalement pour y entretenir les actions, sans lesquelles il ne seroit que comme vne mer morte & comme vne eau croupissante, qui n'a plus cette agreable & feconde fluidité des riuieres. Or la fin de toutes les puissances actiues est de conuertir en soy l'objet sur lequel elles se déploient, & de le reuestir de leurs qualitez, en luy faisant perdre celles que la nature luy a fait propres. Il faut donc necessairement qu'il perisse sous les forces de ses contraires, mais par vne mort qui le fait renaistre, & qui pour vne forme en redonne vne autre à la matiere.

Dans le commerce de la Police l'égalité se conserue entre ceux qui contractent, & le prix des achapts ou des loyers doit auoir de la proportion auec les choses dont les parties conuiennent ensemble, mais dans ces permutations naturelles la condition de l'vn des deux contraires qui se choquent, est tousiours pire; comme dans les combats la fortune se declare pour vn party, & dans les affaires où il n'y a pas lieu d'accommodement, l'arrest interuient en faueur de l'vn des deux qui plaidoient. Si dans les corruptions il se garde quelque sorte d'égalité, c'est à l'égard des elemens qui retirent les parties qu'ils auoient engagées dans les mixtes, & se les reünissent en sorte que chacun en reçoit ce qui estoit dépendant de son domaine: Quant à la chose particuliere il est necessaire qu'elle meure, par ce que le monde estant limité en sa matiere, en ses espaces, en ses prouisions, il n'auroit pas dequoy fournir à la naissance, au logement, à la nourriture des nouueaux estres, s'il n'y employoit les débris de ceux qui meurent, si bien que la nature seroit sans naissances, si elle estoit sans corruptions.

Quelle merueille de voir qu'entre vn nombre infiny d'accidens qui menassent & qui surprennent plus souuent les productions, que les orages ne font les vaisseaux ; Entre vne si grande diuersité de rencontres, de foiblesses, de temperamens, d'images qui remplissant la phantaisie de l'animal, peuuent affecter son fruict, neantmoins les especes sont tousiours les mesmes sans se confondre, depuis qu'elles ont esté creées ? Aussi est-ce vne preuue de la prouidence de Dieu beaucoup plus signalée, que si apres auoir donné l'estre au monde, il y conseruoit les choses particulieres tousiours égales, sans y entretenir ce commerce. Comme la prudence d'vn Prince paroist bien plus dans le mouuement des grandes affaires, & dans les glorieuses entreprises des armes qui domptent la tyrannie pour proteger l'innocence, que dans les langueurs d'vn estat malade de repletion, faute d'exercice, où il ne se propose rien à establir, ny a combattre.

Quand la Bonté de Dieu continuë son concours à ces nouuelles generations, elle estalle ses liberalitez, & les répand comme des semences, afin qu'elles produisent des ressentimens d'amour dans nos cœurs. Le monde n'auroit pas veu ces innombrables differences d'estres qui se succedant, publient

blient la fecondité & la sagesse infinie de leur Createur, s'il n'y auoit point de corruptions, & si les choses qui furent premierement mises au monde pour le peupler, y fussent demeurées tousiours égales, sans aucune vicissitude.

Entre toutes ces alterations, & toutes ces morts, on peut dire que Dieu ne ruine pas; mais qu'il continuë son œuure selon son dessein, par ce qu'il a voulu que le monde subsistast par cette succession de naissance; comme ce n'est qu'vne comedie qui continuë, quand les actes finissent; & que les personnages se retirent apres y auoir representé ce qu'ils deuoient: Ce n'est qu'vn festin où l'on fait plusieurs mets, & plusieurs seruices; qu'vn bal où les figures paroissent les vnes apres les autres, plus magnifiques; quand vne mesme ne se monstre point deux fois.

Tous les iours nous apportent des nouueautez qui renouuellent nos attentions, & qui réueillent l'esprit, afin que contemplant les œuures de la nature, il conçoiue de bons sentimens de son Createur. Si le Printemps occupoit toutes les saisons de l'année, nous ne gousterions pas les delices dont il nous charme au sortir d'vn fascheux Hyuer; Vne Musique si parfaitement concertée qu'elle puisse estre, deuiendroit importune à nos oreilles, si elle les battoit continuellement d'vn mesme air. Il n'y a point de peinture dont l'œil ne se lasse; & n'y auroit point au monde de merueilles qui ne

Tome 3. Hh

parussent fades, si elles ne receuoient du lustre de ce qui leur est opposé, si la mort ne faisoit estimer les choses qui naissent, & les alterations, celles qui continuent dans leur excellence. Si la nature ne portoit plus rié de nouueau, elle ne gaigneroit plus nos admirations, nous serions sevrez des plaisirs qu'on reçoit plus grands en la poursuite qu'en la iouyssance: l'amour qu'ont les Peres pour leurs enfans: les curieux pour les plantes, & les arbres qu'ils ont cultiuez, n'auroit point de lieu; on osteroit du monde la plus parfaicte des affections, auec ces tiltres de pere, & de cause, qui sont les plus viues images de la bonté diuine.

Les corruptions sont donc necessaires au monde pour donner lieu à de nouuelles naissances, & la souueraine Sagesse qui les ordonne, nous oblige, en ce qu'elle nous releue de nos defauts, & que si elle blesse vne seule de nos inclinations, elle satisfait toutes les autres. Dans cette vicissitude nous n'auons plus sujet de nous plaindre de ce que nostre vie est trop courte pour l'estenduë de ce qu'elle desire sçauoir; puis que dans vne année, au moins dans la reuolution de douze ans, nous voyons en abregé ce qui se fait dans le cours de plusieurs siecles; Par le moyen de plusieurs sujets de mesme espece qui sont en diuers degrez de leur âge, vn mesme iour nous peut monstrer ce qui est de leur naissance, de leurs progrez, de leur fin, comme si nous assistiós à toutes les années de leur vie.

Ainsi nous iouyssons d'vne image de l'eternité, en ce que le passé & le futur sont recueillis au present. Que s'il n'y auoit ny alterations, ny morts, nous ne verrions tousiours qu'vne mesme chose, & nous serions aussi peu versez au iugement des puissances qui peuplent le monde, que ces petits animaux dont la vie ne dure qu'vn demy iour, au discernement des saisons,

 Quant à ce qui nous regarde, supposant l'immortalité de l'ame, dont i'ay fait la preuue, cette vie nous doit sembler vn supplice, & les sages qui pensent à l'eternité, ne iugent pas que la plus longue soit la plus heureuse? Helas! quel cōtentement peut gouster vn homme de bien auec des desirs qui ne trouuent iamais vne plaine satisfaction; auec des yeux qui voyent tant d'objets qu'il ne faut pas desirer; dans des combats où les pertes sont sensibles & tres-frequentes, les victoires rares, & iamais bien asseurées. Que si quelques esprits esclaues du corps font des iugemens contraires, ce sont des gousts de malades à qui l'on ne se doit pas rapporter; des laschetez d'vn soldat qui ne peuuent pas arrester les genereuses resolutions d'vne armée; la clameur d'vn homme de la lie du peuple, qui s'oppose inutilement aux publics & iustes desseins de l'Estat; vne temerité qui merite plus de peine que d'audience, & qui ne diminuë rien de la Iustice de ce decret eternel, qui a mis cet ordre au monde pour nostre bien. Le lieu ne me permet pas

Hh ij

encore d'auancer ce que la foy nous apprend; que noſtre vie euſt eſté plus heureuſe, la ſortie du monde douce, & volontaire ſans le peché; il ſuffit que ſi l'homme deuoit mourir, les creatures inferieures obligées à ſon ſeruice deuoient eſtre ſuiettes au meſme accident. Comme la couſtume ancienne eſtoit d'enterrer ou de bruſler auec les defuncts, les plus precieux de leurs meubles, & meſmes de faire mourir auec eux les perſonnes qui leur eſtoient les plus cheres, ſur ce que l'on iugeoit équitable, qu'elles ſuiuiſſent le deſtin de celuy au ſeruice duquel elles eſtoient deſtinées. Ainſi les choſes materielles meurent auſſi bien que l'homme, par ce qu'elles ſont affectées à ſes vſages. Tous les iours quelques-vnes s'alterent, & prennent fin pour faire le dueil de leur Prince; d'autres viennent au monde pour nous rendre l'hommage de leurs ſeruices; que ſi quelques arbres, les pierres, & quelques groſſiers animaux nous ſuruiuent, c'eſt qu'eſtant raualez au dernier rang du merite, ils ſont moins dignes de noſtre affection, & de ſuiure noſtre fortune.

Puis qu'il faut neceſſairement ſubir cette Loy de la mort, les alterations qui la precedent la rendent plus douce, en ce que la cheute n'eſt pas ſi precipitée, & le paſſage ne ſe fait pas d'vne extremité à l'autre. Puis que la pluſpart des hommes regardent ce dernier iour comme vn cruel ennemy, c'eſt vne faueur qu'il nous faict de nous point attaquer auec suprise, & de nous tenir continuellement en allarme, afin que l'habitude nous donne la resolution ; que nous soyons fortifiez contre cét assaut; que tous les soirs nous mettions la derniere main à nostre vie, & faisions offre de la rendre, pour la receuoir le iour suiuant comme vne nouuelle grace.

Quand les maladies exercent nostre patience, ce sont des occasions de gloire, où il faut que le courage se fasse paroistre dans vne grande conformité à la Prouidence qui les ordonne, & pour en tirer les profits, dont ie me reserue ailleurs le discours. Au reste c'est vne iustice vniuerselle, comme i'ay dit, qui veut que la chaleur nous donne la fiévre, quand elle s'est assuietty les autres parties du temperament ; que l'hydropisie fasse des reseruoirs de nostre corps, quand l'eau éteint dans le foye la chaleur qui trauaille à la digestion du chile. Enfin cette Loy generale s'étend dessus nous, parce que nous sommes de corps dans le monde où elle regne auec beaucoup de raison ; elle nous deliure d'vne honteuse seruitude, comme i'ay dit ailleurs, pour nous rendre la liberté ; & quand on prendroit cette faueur pour vne disgrace, elle nous doit sembler douce estant commune. Les plantes & les brutes la souffrent comme des esclaues forcez à ce deuoir ; mais l'homme s'y doit sousmettre auec vne gaye resolution, parce qu'il connoist la Iustice de ce decret émané d'vne sagesse qui ne peut faillir, &

d'vne puissance à laquelle il est redeuable de tout ce qu'il a de bien.

Vous pleurez vne beauté qui vous est rauie lors que vos affections luy estant connuës, vous faisoient esperer ce que les loix & la conscience ne deffendent pas. Vous ne pouuez supporter ce coup de disgrace qui ruine des perfections que le Soleil, ce vous semble, estoit heureux d'éclairer, & à qui toute la nature deuoit des respects; & comme ce mal-heur est irreparable, il vous iette, dites-vous, dans vn dueil desesperé, qui ne reçoit point de consolation. Mais c'est parler comme vn homme qui n'a qu'vn cœur, & des yeux sans iugement, de vouloir que la Iustice diuine renuerse la police de la Nature pour vos interests, & l'accuser si elle ne vous donne pas la dispence d'vne Loy qui est generale. Ce monde est vne region métoyenne, où les defauts sont pesle meslez dans le bien, en sorte que ce qui est plus parfaict n'est pas le plus ordinaire, ny le plus constant. Les plus belles fleurs se passent en vn iour; La Lune souffre ses éclypses au temps qu'elle a le plus de lumiere; les pieces les p'us delicates, où les ouuriers ont desployé tout ce qu'ils auoient d'industrie, sont les plus fragiles; vne parfaite santé est menassée d'vne prochaine maladie; ainsi les grandes beautez meurent bien-tost, parce que les Elemens qui souffrent trop de contraintes dans la iustesse de cette complexion, s'en echappent, apres nous auoir donné en peu de temps plus de delices, qu'on n'en pouuoit receuoir dans vne longue durée d'vn obiect commun. C'eſt vne des foibleſſes de la Nature, de ne pouuoir continuer de grandes liberalitez, de rabatre ſur le terme de la vie, ce qu'elle accorde de faueurs particulieres. C'eſt vne Loy que nous trouuons faite au monde quand nous y ſommes entrez, & à laquelle nous nous ſommes tacitement aſſuiettis receuant la vie ; C'eſt vne ſeruitude & vne charge qui ſuit cette poſſeſſion ; C'eſt en vn mot, parce que ce monde n'eſt pas proprement le lieu de la beauté, & que les images qui nous y paroiſſent, ne doiuent ſeruir, qu'à éleuer noſtre eſprit au ſouuerain bien, qui en eſt l'original.

Mais il me ſemble que ces penſées generales ne vous donnent pas aſſez de ſatisfaction, ſi ie n'entre dans les ſentimens particuliers de voſtre amour, que vous dites eſtre ſi pur, qu'il ne tient rien des baſſes inclinations de la Nature communes aux brutes & aux laideurs. Si cela eſt, & que la fin de voſtre amour ſoit ſeulement d'aymer, vous pouuez encore iouïr de voſtre obiect par ces eſpeces qui vous ont eſté plus cheres que les compagnies, & qui vous ont pluſieurs fois ſeruy d'entretien dans la ſolitude. Les fleurs perdent leur luſtre peu apres qu'elles ont eſté cueillies ; celle-cy a eſté couppée de peur qu'elle ne ſe paſſaſt ; car ſi elle euſt continué de viure, tous les artifices qui taſchent à couurir les iniures de l'âge, n'auroiét pû empeſcher ces metamorphofes, qui l'euffent rendu l'obiect de voftre mefpris, ou de voftre compaffion, & fort diffemblable à vos premieres idées. Comme on iuge ceux-là plus heureux, qui meurent dans vne bonne fortune, on doit eftimer que les beautez reçoiuent vn traitement plus fauorable du Ciel, si elles ne furuiuent pas à leur ruine, & si la mort qui preuient les coups irreparables du temps, les tire du monde, deuant qu'elles ne foient plus ce qui les faifoit eftre en eftime.

Ie ne veux point vous reprefenter ce qui eft le fuiet d'vne infinité d'Hiftoires, que les amours qui paroiffent les plus innocens en leur origine, ont eu des fins extremement mal-heureufes; que l'inconftance d'vn fexe touſiours trahy par fes propres perfections, fait vn mauuais traitement aux plus grandes fidelitez; qu'il n'y a point d'excez où la fureur de la ialoufie ne fe porte; que les familles, & les Eftats ont efté renuerfez par cette manie; que le plus heureux fuccez de l'amour c'eft d'en venir à vn eftat qui eft vne feruitude bien fouuent accompagnée de mefpris & de repentir. Ie ne veux point defobliger vos penfées par la cófideration de tous ces mal-heurs qui pouuoient naiftre d'vne perfonne que vous tenez chere, pour vous en rendre la perte plus douce. Ie flatte encore voftre amour, & ie dis que fi vos fermens eftoient d'aymer tout ce qu'elle aymoit, de haïr tout ce qu'elle auoit en auerfion, vous pouuez encore luy rendre ces deuoirs

uoirs de complaisance, mais il faut la considerer dans vne vie où les impuretez luy sont en horreur; où elle ayme Dieu, où elle iouït des lumieres eternelles en la compagnie des Anges, toute glorieuse d'estre sortie de tant de perils, où les auantages de la Nature l'auoient exposée. Ayez les mesmes affections si vous l'aymez veritablement. Détachez vostre cœur du mõde pour l'éleuer iusques à Dieu, c'est où vous pourrez rencontrer l'obiet de vostre amour, & tant que vous resterez icy bas, prenez vn exercice rapportant à celuy des Anges, pour estre conforme à ce cher entretien de vos pensées.

Si l'idée de ce beau visage vous reuient encore dans l'esprit, & se rend importune à vos desirs; ouurez son sepulchre, ô que d'horreurs, que de vers, que de pourritures, & que d'infections insupportables aux yeux & à l'odorat! Helas! où est ce tein delicat, où sont ces douceurs, ces attraits, ces mignardises? Quoy? diriez-vous, estoit-ce pour vn obiect si fragile que mon cœur a poussé tant de souspirs, que mes yeux ont répandu tant de larmes, que mon esprit a souffert tant d'inquietudes. O vanité des choses du monde! ô Iustice, ô Misericorde de Dieu, qui ordonne les morts, & ces hideuses representations pour nous faire plus estimer les biens du Ciel; comme il permet les monstres, afin de donner plus d'éclat aux legitimes productions de la Nature.

Tome 3. Ii

*Des Monstres, & des autres productions defectueuses.*

## CHAPITRE X.

LEs Cieux sont des voix qui publient hautement la grandeur de Dieu; la beauté de ces lumieres qui ne s'éteignent point; la iustesse de ces mouuemens qui acheuent leurs periodes sans repos, & sans lassitude; leurs dispositions auantageuses aux commoditez du monde, sont des tesmoignages sensibles qui forcent l'esprit de confesser qu'ils sont l'œuure d'vne souueraine Sagesse. Neantmoins il me semble qu'elle paroist plus, en ce qu'elle leur a donné vn estre si noble, qu'en leur conseruation; parce que leur nature n'estant pas subiecte aux communes defaillances des choses inferieures, elle s'entretient à moindres frais, comme ces places bien fortifiées qui se gardent auec peu de soldats.

Mais i'admire plus la Prouidence diuine en des suiets qui estant de soy fragiles, ayant leurs causes inconstantes, & exposées à mille disgraces qui les peuuent abbatre, subsistent neantmoins dans vne grande égalité sous sa protection. Ainsi les naissances successiues des indiuidus, auec des figures, des formes, des proprietez, des accidens assez semblables pour les enrooller sous vne mesme espece, me semblent vn continuel miracle; & ie m'estonne plus de cette constance qui braue tant d'ennemis, que de voir des oyseaux immobiles au milieu d'vn air agité d'orages; ou des especes qui ne se confondent point dans vne eau troublée par vn continuel mouuement.

Si les effects doiuent tousiours auoir moins de perfection que leurs causes, d'où vient que le defaut ne croist pas tellement dans la suitte des naissances, qu'elles deuiennent entierement dissemblables à leur premiere origine? Si les images de la fantaisie, plus inconstátes que les flots de l'Occean, peuuent faire des impressions sur le corps de l'animal, deuant qu'il ait pris sa derniere consistance, au temps que la nature en ébauche le dessein; si l'excez, ou le défaut de ce qui sert à le former; si l'intemperie de l'air; le vice des alimens, les passions, les cheutes, & mille accidens étrangers, sont capables de violenter sa naturelle constitution; Enfin si l'on dit, que quand les planetes se regardent d'vn mauuais aspect; quand les luminaires sont en des lieux qui n'ont aucune alliance auec l'horoscope, ou dans le Cancer, & le Capricorne, & que sous d'autres malignes influences du Ciel il se fait des monstres; d'où vient qu'ils sont si rares, entre des causes si ordinaires, qu'il ne se fait quasi point de naissance, & qu'il ne s'écoule point de mois, où elles ne se rencontrent?

Cela & plusieurs autres raisons que i'ay déduites au premier Tome, nous obligent de confesser, qu'il y a quelque raison superieure qui forme les corps, qui leur donne cette merueilleuse proportion d'organes, auec vn artifice qui ne peut proceder ny de la semence, ny de l'ame des parens. Que c'est cette prouidence qui empesche que les especes ne se confondent par des productions monstrueuses, & qui ne les permet pas toutes les fois que les causes naturelles y sont disposées. Ainsi l'antiquité Payenne qui se figure autant de diuerses Deitez, qu'elle reconnoissoit de perfections en Dieu, & qu'elle en receuoit de faueurs, adora cette Prouidéce sous le nom de Lucine, de Iunon, & de quelques-autres qu'on disoit presider à la conception, à la naissance, à la nourriture des enfans. Ce fut vn des bons sentimens que le peuple eut commun auec les Philosophes, que c'est la main de Dieu qui donne cette merueilleuse symmetrie au corps de l'animal, & qui le protege contre l'effort d'vne infinité de causes coniurées ce semble à ruiner sa figure, lors que sa mollesse le rend susceptible de toutes sortes d'impressions.

Mais comme vn bon Escuyer pousse quelquesfois son cheual, & puis l'arreste tout court apres qu'il est party de la main, pour monstrer qu'il en est le maistre; Comme quelques Politiques ont trouué bó de permettre vn petit desordre, & quelques mauuaises mœurs, pour auoir suiet d'en faire de bonnes Loix; pour dóner plus de reputation à la vertu, par le chaſtiment des crimes; & monſtrer de combien la iuſtice eſt importante à l'Eſtat. Ainſi Dieu laſche quelques fois la bride aux causes ſecondes, & leur laiſſe faire quelques productions defectueuſes, qui témoignent leur foibleſſe, & que toute la bonne conduite du monde, la beauté des corps, & la durée des eſpeces, eſt vn effect de ſa Prouidence.

Auſſi ie conſidere les monſtres comme des hommages que la nature humiliée vient rendre à Dieu, pour luy proteſter qu'elle ſeroit touſiours dans ces extrauagantes deformitez, ſi ſa Prouidence ne l'inueſtiſſoit de figures plus conuenables. Tellement qu'il ne reçoit pas moins de gloire de ces imperfections, qu'vn Seigneur des deuoirs de ſon vaſſal, lors que teſte nuë, ſans eſpée, à genoux, les mains iointes, & ſans aucune marque de nobleſſe, il luy fait le ſerment de fidelité. Ces redeuances ne ſe renouuellent qu'aux changemens de fief : De meſme les monſtres ſont rares en la nature, & les âges qui les voyent ſouffrent ordinairement quelques notables alterations.

Mais puis que le monde tire ſa denomination de l'ornement, ie n'y veux point croire de deformité, & ma raiſon dément en cecy mes yeux, pour iuger que ces productions qui nous paroiſſent defectueuſes, ont leur beauté, ſi l'on les regarde dans l'eſtenduë des ſiecles, comme les racourciſſemens dans le deſſein d'vne perſpectiue; & que les diſproportions qu'on y remarque, viennent de ce que noſtre eſprit ne ſe met pas dans vne iuſte diſtance. Elles ont meſme beaucoup de grace, quand on ne les conſidereroit que dans le temps où elles paroiſſent, par ce qu'elles ſont entre les naiſſances accomplies, comme les mouches ſur le viſage des Dames, pour donner du luſtre à la delicateſſe de leur tein.

Quoy que la couleur blanche participe beaucoup de la lumiere, neantmoins elle eſboüit autant noſtre veüe, que le noir qui tient des tenebres, la fortifie; Ainſi i'aduoüe que les effects reguliers de la nature, portent en leur excellence les motifs de noſtre attention, par ce qu'ils ſont plus conformes à l'idée de leur principe, & par conſequent à la premiere verité, auec laquelle nous auons de la ſympathie; neantmoins nos eſprits s'en diuertiſſent, & ſes beautez leur ſemblent fades à force de leur eſtre communes, s'ils ne ſe ſentent forcez de les admirer par l'oppoſition de leurs contraires. Les naiſſances imparfaictes ne ſont donc pas inutiles, puis qu'elles ſeruent à l'embelliſſement du monde, à l'honneur de Dieu, & à remettre les hommes dans la contemplation de ſes œuures.

Ce n'eſt pas ſans beaucoup de peril, que les Magiſtrats permettent quelques émotions au peuple, pour puis apres s'en ſeruir bien à propos dans les rencontres, par ce que cette beſte feroce

### DE LA PROVID. DE DIEV. 255

estant échappée de ses liens, ne se laisse pas aisément reprendre, l'idée de sa liberté naturelle luy reuient si tost qu'elle s'en donne le moindre vsage, & elle se trouue moins disposée aux suggestions, apres auoir fait impunément ces saillies de sa fureur. Mais quãd Dieu laisse tomber la nature dans le déreglement des productions défectueuses, sa sagesse en tire aussi tost vn bien, & préuient le mal qui pourroit naistre de leur consequence. De fait nous voyons que les monstres dont la figure est plus écartée du cours ordinaire, meurent en naissant; ou si quelquesfois la vie leur est prolongée, afin de nous en continuer le spectacle, c'est vn mal qui n'a point de suitte, par ce qu'ils n'ont pas le droict de generation. Les animaux mesmes qui naissent du meslange de diuerses especes par vn adultere de la nature, cõme les mulets, sont condamnez à vne eternelle sterilité, de peur qu'ils ne causent vn plus grand desordre. Ce qui est vn effect notable de la Prouidence diuine.

Quand nous n'aurions point toutes ces considerati õs, c'est assez pour iustifier en cecy le cõcours de Dieu, de le considerer comme vne cause vniuerselle, qui assiste les particuliers de son influence, sans determiner la fin de leur action. Supposé que ce qu'elles produisent, ne soit pas assorty des qualitez propres à vne certaine espece, il est neantmoins conforme à cette loy generale du Createur, qui veut que les causes reüssissent en leurs effects, selon les dispositions qu'elles rencontrent en la matiere, au defaut desquelles il faut imputer ce qui se trouue imparfait en l'action, non pas à la Prouidence qui obtient la fin tres-iuste, qu'elle s'estoit proposée de les obliger de son secours, selon l'estat où elles se treuuent. Comme apres la Constitution des Empereurs, qui permet aux particuliers de donner telle loy qu'ils voudront aux contracts, si quelqu'vn ayant passé des conuentions desaduantageuses, est condamné par le Iuge, le contract en vertu duquel la condemnation est renduë contre luy, est valable selon la loy, neantmoins ce qu'il y a d'iniustice, procede de l'ignorance d'vne partie, ou de la mauuaise foy de l'autre, non du Prince qui a fait la loy, ny des Iuges qui ont rendu la sentence.

La bonté de Dieu surpasse de beaucoup celle des Princes, en ce qu'il ne permet pas les productions defectueuses si ordinaires au monde, que le sont les tromperies, & la mauuaise foy dans le commerce. Il arreste, comme i'ay dit, vne infinité de causes coniurées contre le droict des naissances; que si leur laschant la bride, il permet quelques fois vn petit desordre, il en tire plusieurs biens, que i'ay rapporté plus haut, & s'en sert souuent, pour nous donner le signal des disgraces qui doiuent accueillir les Republiques, d'où les Sages ont appellé ces productions infortunées, des monstres, parce qu'elles nous monstrent de loin nostre malheur. En Lacedemone la loy de Lycurgus commandoit

DE LA PROVIDENCE DE DIEV.   257

mandoit de les eſtouffer ſi toſt qu'ils naiſſoient; les Atheniens les noyoient dans le fleuue, ou dans la mer, comme s'ils euſſent creu donner de la crainte à leur mauuaiſe fortune par cette vengeance; qu'il leur fuſt permis en ce cas de violer le droict des gens, qui defend de mal traiter les Heraux de guerre; ou qu'ils penſaſſent adoucir les mauuaiſes humeurs de la nature, la deliurant d'vne production qui luy faiſoit honte. Mais depuis ils eurent des ſentimens plus conformes à la raiſon, lors qu'ils ſe perſuaderent que l'euenement des diſgraces dont ils eſtoient menacez par ces prodiges, dépendoit du Ciel, & que pour le diuertir ils ordonnerent trois Chœurs, chacun de neuf Vierges, qui chantoient des hymnes ſolemnels par la ville, afin de la purifier, apres auoir offert pluſieurs ſacrifices. Les Romains eurent cette meſme creance: & pour appaiſer la Diuinité, dont ils préuoyoient la colere par ces prodiges, le Dictateur ordonnoit des Feſtes, & vne ſuſpenſion de tout autre exercice que celuy de la priere. Ces peuples eſtoient donc dans ce ſentiment, que le monde eſt gouuerné par vne cauſe intelligente, qui nous enuoye les monſtres, comme des preſages de l'aduenir: & ſi bonne, qu'elle ſe laiſſe fléchir à nos vœux; où il faut remarquer vn double effect de ſa Prouidence, & de ſon amour enuers nous, en ce qu'elle nous donne l'inſtruction de la prier, & qu'elle fait violence aux cauſes ſecondes pour enteriner nos requeſtes.

Tome 3.                                    K k

Quant aux imperfections du corps, quelques Naturalistes disent, qu'elles denotent celles de l'ame selon la partie qu'elles affectent; comme le defaut d'amour, si c'est vers le cœur; celuy du courage, & de l'execution, si c'est au bras; de connoissance, quand elles sont en la teste. Si ces regles de physionomie, où ie ne me veux pas arrester, sont vrayes, nous auons sujet d'adorer la Prouidence qui nous donne ces marques sensibles d'vne malice interieure, afin que nous n'y soyons pas surpris, comme elle permet que les chiens nous monstrent leur rage par leur posture melancholique: les sangliers leur fureur, quand ils herissent leur poil, & que tous les animaux nous donnent des signes externes de leurs passions.

Neantmoins Galien remarque, que s'il se trouue quelque defaut dans la matiere dont le corps de l'homme est faict, lors la nature employe la meilleure & la plus sincere partie, en la conformation du cerueau. Aussi l'on void des esprits tres-excellens, dans des corps extremement contrefaits. Ce Spinx si celebre entre les Poëtes & les Historiens, estoit vn homme d'vne figure hydeuse, iusques à tenir du monstre; cependant il proposoit des enygmes en l'explication desquels les meilleurs esprits de son siecle estoient empeschez. Les Thebains mirent son image en leurs enseignes de guerre, & Auguste l'auoit grauée en son sceau au commencement de son Empire, pour signifier que le bon-heur du gouuernement en paix & en guerre, dépend du secret. Le plus heureux à démesler ces difficultez fut vn Oedipus, aussi monstre que celuy qui les proposoit, & qui fut son concourant en beauté d'esprit, comme il le fut en difformité de corps. Ie pense aussi que Chiron Maistre d'Achille, qui fut l'inuenteur de la Pharmacie, & qu'on nous figure comme vn Centaure, estoit vn homme qui ne tenoit pas seulement de la beste, par sa vie sauuage; mais aussi par la disproportion de sa figure. Ce qui nous est vne grande preuue de la Prouidence diuine, qui dispense ainsi les faueurs du corps & de l'esprit, comme elle a partagé entre diuers climats des fertilitez qui entretiennent le commerce entre les hommes; Pour le bien desquels elle nous monstre par tout des soins tres-particuliers.

*Dieu exerce particulierement sa Prouidence dessus l'homme.*

## CHAPITRE XI.

CE nous est vne grande consolation de sçauoir, que Dieu exerce sa Prouidence en la conduite du monde, & qu'estant present il agit par tout; parce qu'ainsi toutes les creatures nous peuuent donner des sentimens de sa grandeur,

& leurs feruices nous font des faueurs de fon amour. Cette penſée nourrit dans nos cœurs vne extréme confiance, que ſi cette ſouueraine bonté pouruoit les brutes, & les choſes inanimées de tout ce qui eſt neceſſaire à leur conſeruation, qu'elle ne refuſera pas ſes bien-veillances à l'homme, qui luy doit eſtre plus cher par beaucoup de tiltres.

Il eſt vray que l'amour de Dieu, qui eſt ſon eſſence meſme, eſt en ſoy tres-égal ſans receuoir d'accroiſſement, ny de diminution : mais comme nous auons dit, qu'il eſt infiny, & neceſſaire en luy-meſme : auſſi eſt il libre enuers les creatures, & nous l'appellons plus grand enuers celles qui nous en monſtrent de plus grands effects, & qu'il gratifie d'vne plus inſigne liberalité. En ce ſens l'on peut dire qu'il aime plus l'homme que les autres creatures inferieures, par ce qu'il luy a donné vn eſtre plus excellét, des operations plus ſublimes qui le rendent la fin du monde materiel, cóme nous en auons fait la preuue au Liure de l'Immortalité de l'ame. Ces prérogatiues de noſtre nature nous ſont vne preuue qu'il exerce vne particuliere Prouidence deſſus elle ; que le meſme amour qui s'eſt monſtré plus liberal en luy donnant l'eſtre, prend des ſoins particuliers & plus charitables pour le conſeruer, d'autant que la fin eſt touſiours en plus grande conſideration que les moyens qui luy ſont ſubordonnez, & qui n'ont de bonté que ce qu'il en faut pour la faire bien reüssir. Chacun apporte beaucoup plus de soin à la cóseruation de ses yeux, que des fleurs & des peintures qui peuuent les delecter; Si les Loix protegent les moindres officiers de la Iustice, elles se monstrent incomparablement plus affectionnées à conseruer l'authorité de ceux qui en sont les premiers Ministres, & à venger les iniures qui leur sont faites auec des peines plus rigoureuses. Vn Prince se plaist à donner vne suite fort honorable à son fils, & veut que son équipage soit dans la bien-seance qu'on peut souhaiter à sa qualité; mais ses affections sont plus tendres, ses soins bien plus empressez pour la conseruation de cette chere personne qui le represente, comme l'heritier de son Sceptre. De mesme si Dieu a donné de si rares qualitez aux creatures inferieures, il faut conclurre qu'il gratifie l'homme d'vne Prouidence plus amoureuse, comme celuy qui leur tient lieu de fin; qui leur commande; qui exerce vne espece d'empire sur elles par la raison; & qui peut estre dit son fils, à cause qu'il a creé son ame immediatement pour estre heritiere de sa gloire.

 Le sang qui se distribuë à chaque partie du corps selon sa capacité, se dégorge abondamment dans le cœur, & y paroist comme si c'estoit sa source, parce qu'il est la principale partie, & le Prince de ce petit monde. Aussi voyez les soins qu'employe la Nature à le conseruer; Il est porté, comme dans vne litiere entre le corps de garde des costes;

les bains du pericarde sont disposez ; l'éuentail des poulmons trauaille sans cesse pour le rafraischir ; & tous les autres membres pour sa nourriture. Le cerueau où l'ame tient le principal siege de son empire, & d'où elle donne les loix du sens & du mouuement, consomme autant d'esprits & de sang que tout le reste du corps : Il est porté doucement sur les meninges, qui flattent la delicatesse de sa substance, & qui se rendent tousiours complaisantes aux saillies, & aux retraictes de son mouuement. Le crane l'enceint auec vne dureté capable de soustenir de grands coups ; les yeux sont continuellement en sentinelle pour les préuoir, & les bras s'exposent courageusement pour la defense de cette noble partie qui leur domine, I'ay déduit ailleurs comment la Nature encloft les graines dans les escorces armées pour leur seureté ; les perles dans les conques raboteuses ; les diamans & les bons rubis dans des matrices, qui auec peu de beauté ont de grandes forces pour les proteger ; Afin que l'on sçache qu'elle employe plus d'industrie pour la conseruation des choses plus excellentes ; que ses amours sont bien ordonnés ; qu'ils ont vne suite ; & qu'elle mesure les soins de ses secondes affections, aux liberalitez des premieres.

L'homme ne sera pas exempt de cette Loy generale, & puis qu'il est le plus noble de tous les estres inferieurs, ce nous est vne preuue tres-asseurée, qu'apres auoir receu ces auantages de l'amour de Dieu en sa creation, il est le plus fauory en l'ordre de la prouidence.

Il est seul entre les creatures inferieures qui reconnoist la Iustice de cette distribution de faueurs, & de cette continuation d'amour proportionnées aux merites; c'est ce qui luy fait déferer les dignitez, & les bien-faits aux plus excellens en vertu; ce qui l'oblige à prendre la protection de l'innocence; à n'exposer pas les Princes à tous les deuoirs du soldat; à faire heritiers de ses biens les enfans ausquels il a legitimement donné la vie; à aymer ses œuures, & à s'employer pour leur defense: Il est à croire que Dieu ne nous auroit pas donné ces inclinations, s'il ne nous en faisoit gouster les fruits; Il ne nous feroit pas conceuoir comme vne Iustice, vn procedé que luy-mesme ne garderoit pas en nostre endroit; autrement il ne voudroit pas estre adoré de nous comme iuste. Puis qu'il nous a mis au monde comme les iuges & les spectateurs de la nature, il est tres-équitable que nous receuions les premiers, les commoditez d'vne loy sous laquelle roule toute sa police, & que nous luy imposons nous-mesmes par nos industries.

Dans le monde l'amour est plus puissant entre les choses qui ont plus de ressemblance; les parties qui sont de mesme nature, ne se desunissent qu'à peine, & s'efforcent de se rejoindre quand elles sont separées, le meslange s'en fait aisément, & c'est cette sympathie qui entretient le monde dans son vnion, sans y permettre de vuide, parce que la ressemblance est vne seconde identité, & l'amour qu'on porte aux choses semblables a de grands rapports à celuy que chacun ressent pour soy-mesme. De là nous pouuons iuger que Dieu fait par vne bonté libre & plus genereuse, ce que la Nature opere par inclination ; & qu'ayant honoré l'homme de sa ressemblance, il est tousiours prest de luy continuer ses faueurs par aduantage sur les creatures inferieures. Il ne luy auroit pas donné la vertu de se conuertir à luy ; par vne connoissance, & par vn amour, qui ont du rapport à la connoissance, & l'amour qu'il a de ses infinies perfections dans l'eternité, s'il ne luy en vouloit faire ressentir quelques effects fauorables ? Il ne permettroit pas que l'homme recourust inutilement à sa Prouidence, sans en receuoir de bien, cependant que tous les animaux subsistent par son secours, sans la reclamer ? Sa bonté infinie ne se feroit pas prier, si elle ne vouloit enteriner les demandes ? Il n'est pas possible de s'imaginer qu'elle se laissast surmonter en amour par sa creature ? qu'elle rendist vaines les esperances, qu'elle luy donne de son secours, dans ses affaires publiques & particulieres ?

*De*

*De la Prouidence Diuine au gouuernement des Eſtats.*

## Chap. XII.

SI la mer menaſſe vne Prouince de ſes inondations, les peuples trouuent vn aſyle ſur les montagnes: on arreſte les embrazemens du feu, au moins ſes flammes nous laiſſent en ſeureté dans les lieux où elles ne rencontrent point de nourriture; nos toicts nous defendent contre les iniures de l'air: les caues ont eſté des Forts à des Empereurs contre les foudres; Mais ſi la terre mugit & tremble ſous nos pieds, toute preſte de nous enſeuelir dans ſes abyſmes, cete ſurpriſe nous oſte d'vn coup toutes les eſperances de refuge, puiſque les montagnes qui ſouffrent le plus en cette rencontre, à cauſe de leurs concauitez; les edifices qui s'entrechoquant, couurent tout leur plan de leurs ruines, nous font trouuer vne mort plus prompte dans les lieux que la nature, & nos artifices auoient deſtinez à noſtre retraitte. Ie me repreſente qu'vn Eſtat agité de la tyrannie, met les hommes dans vn ſemblable deſeſpoir; les accuſations ſuſcitées; les deuoirs dont on fait des crimes; les banniſſemens; les amitiez qui ſe changent en perfidie; les ſuggeſtions, qui font donner dans le piege qu'on a preparé; la

Iustice à gage, pour opprimer l'innocence, qui pensoit y auoir recours, sont des mal-heurs au milieu desquels vn pauure peuple souffre ses dernieres desolations, sous des puissances qui sembloient ordonnées pour le soulager.

Seroit-il possible, que Dieu qui affermit la terre au milieu du monde, afin qu'elle soit commode à nostre demeure ; qui fait transpirer ses vapeurs, & qui ne permet ses secousses que rarement, comme des prodiges necessaires à nostre instruction ? Seroit-il possible que cette souueraine bonté exerçast sa Prouidence sur vn Element, dont l'ordre ne sert qu'aux commoditez du corps, & qu'elle negligeast le gouuernement des estres, d'où dépend la bonne conduite des mœurs, & tout ce que les hommes peuuent esperer de felicité durant cette vie ?

S'il est vray, comme nous l'auons déduit, que les choses contraires ou differentes, ne peuuent entrer en composition, sans vne puissance superieure qui les y reduise. Il s'ensuit que les hommes, dont les humeurs n'ont pas moins d'antipathie que les Elemens, ne peuuent se rendre, ny se conseruer dans vne societé ciuile sans vne authorité surnaturelle. Toutes ces machines de conseil, & ces dexteritez meslées de contrainte, dont les politiques pensent s'estre fait vn art pour bien gouuerner, seroient inutiles; peu de personnes se laisseroient toucher aux recompenses que les loix promettent, & aux peines dont elles menaſſent ; vn ſeul n'aſſuiettiroit iamais ceux qui luy ſont ſemblables en nature ; il n'auroit pas le pouuoir de leur faire expoſer leurs biens, & leurs vies pour ſon ſeruice, ſi Dieu ne le rendoit venerable au peuple, luy communiquant quelque rayon de ſa Majeſté. C'eſt vn coup de ſa Prouidence de diſpoſer tellement les cœurs de ſoy ſuperbes, qu'ils deuiennent ſouples aux commandemens ; de les tenir dans le reſpect d'vne dignité, dont l'éminence leur pourroit donner de l'enuie ; de faire paſſer l'opinion deuant la Nature ; d'arreſter l'impetuoſité des paſſions par trois paroles de defenſe, comme les vagues de la mer par vne ligne de ſable ; de compoſer vn concert de cette inombrable diuerſité d'humeurs, d'induſtries, de volontez diſcordantes.

Quand on dit, que l'hóme eſt naturellement vn animal ſociable, c'eſt parce qu'il ayme la conuerſation, mais en ſorte qu'il y conſerue ſa liberté, comme dans les ſocietez que les loix permettent de rópre à diſcretion, & auſſi librement qu'elles ont eſté contractées. Quoy que la neceſſité ait pû donner quelque commencement aux premieres aſſemblées des hommes, lors que quittant les foreſts, & leur vie ſauuage, ils ſe mirent en trouppe pour profiter de leurs communes induſtries : neantmoins i'ay fait voir ailleurs, qu'elle n'eſt pas capable de conſeruer les Eſtats, ny vne domination qui violente pluſieurs inſtincts de la Nature.

Il est aysé d'inferer, que le gouuernement politic n'est pas naturel à l'homme, de ce qu'il n'est pas vniuersel entre tous les peuples, & que ceux du nouueau monde sçauent côtracter leurs mariages, nourrir leurs enfans, venger leurs iniures, faire la guerre à leurs ennemis, sans auoir de loix, de Princes, ny de Magistrats. Neantmoins nous les appellons sauuages auec beaucoup de raison : parce que viuant dans vne conduite qui n'est guere meilleure que celle des brutes, leurs inimitiez sont eternelles : la force leur est au lieu de Iustice : les plus foibles encores qu'ils soient les meilleurs, souffrent l'oppression des plus puissans : ainsi pour estre affranchis des loix ils sont esclaues de mille malheurs, par vne liberté digne de compassion.

Dieu permet qu'ils soient encore dans les rudesses de la Nature, afin qu'ils seruent de lustre à nostre felicité, & que nous sçachions par leur exemple, que nostre police n'est pas tant vn effect de nostre raison, qu'vne faueur particuliere de sa prouidence. Ainsi les Orfeures gardent de l'or impur, tel qu'il estoit dans la mine; des perles encore couuertes des écailles qu'elles ont apporté du Nacre, pour faire connoistre, les conferant auec les autres, de combien l'artifice sert à les perfectionner.

Il ne faut point recourir icy aux astres qu'on dit presider aux diuers climats, comme si les peuples estoient farouches, ou ciuilisez, selon qu'ils en receuoient les influences. Ceux qui deffendent cette opinion, mettent le Soleil au milieu des autres planettes, auec vne vertu commune & vniuerselle qui seconde, mais qui ne particularise pas leurs qualitez ; & puis ils attribuent le Midy à Saturne & à Venus, où ils disent que les hommes sont contemplatifs : les moyennes regions à Iupiter & à Mercure, qui font les Politiques : le Septentrion à Mars & à la Lune, qui donnent aux peuples de ce climat plus de sang, plus de courage, moins de politesse. Mais ces Autheurs monstrent qu'ils ne sçauent pas les proprietez des planettes, dont tous les Astrologues demeurent vnanimement d'accord, puis qu'ils iugent côme sympathiques, ceux dont les maisons & les vertus sont directement contraires : par exemple Venus a du rapport auec tous, excepté auec le vieil ; pesant & morne Saturne, dont elle abhorre le mariage. Iupiter ne s'accorde pas auec Mercure, à cause de la contrarieté de leurs domiciles, d'où l'on dit que les esprits plus propres aux sciences, le sont moins au gouuernement ; Les chaleurs arides de Mars ne peuuent souffrir les froides humiditez de la Lune. Ce qui fait connoistre sensiblement qu'il ne faut pas attribuer les mesmes inclinations à des peuples dominez par les planetes qui sont ennemis.

Que le climat métoyen & temperé porte des esprits si propres que l'on voudra au gouuernement politic, ils se trouueront tousiours trop foibles pour donner vn bon establissement aux Republiques. Car si le Prince, ou le Magistrat possedent tous les artifices propres à maintenir leur pouuoir, le peuple né sous vn mesme Ciel, n'en a pas moins pour se conseruer sa liberté; desorte qu'vne resistance égale le peut affranchir de sujection. Aussi l'Histoire nous monstre que les Estats de ce climat temperé, où les esprits sont plus vigoureux, ont esté trauaillez de plus grands troubles, & de plus grandes guerres ciuiles. Qu'en moins de cent ans Athenes & Florence ont changé six & sept fois de gouuernement, par vne inconstance qui estant vne marque infaillible de foiblesse, confond en cecy la vanité des hommes, & doit tirer cette veritable confession de leurs bouches, qu'vne bonne Police est vn grand effet reserué à la Prouidence de Dieu.

Aussi nous voyons que cette science est celle qui a ses principes moins asseurés, & dont les Autheurs ne tombent iamais bien d'accord. Les maximes qui passent pour vrayes dans le discours, sont ordinairement si perilleuses dans l'experience, qu'elles font commettre des fautes, & souffrir des desolations irreparables. Vne prompte lumiere qui éclaire l'esprit du Prince, luy monstre des ouuertures, & des sorties dans les plus importantes affaires, qu'il n'auoit pas appris de tous ses conseils; D'où Platon conclud, que l'art de gouuerner vient plustost de l'inspiration de Dieu, que du trauail de l'estude, & de la bonté de l'esprit; Et c'est pourquoy les Anciens ioignirent, comme i'ay dit, le Sceptre au Sacerdoce, afin que le Prince s'approchast plus familierement de Dieu, pour en receuoir les Loix de sa Police.

L-homme est d'vne condition si noble, qu'il ne peut s'assujettir sans l'entremise d'vn pouuoir diuin; & comme il est vn petit monde, il ne ploye que sous l'authorité de cette premiere cause qui commande à l'Vniuers. Aussi i'ay monstré, parlant des Anges qui president aux Royaumes, que toutes les especes de gouuernement portent auec elles les causes de leur ruine, & qu'elles doiuent leur conseruation à la Prouidence de Dieu. Il est le Createur de nos ames, il est seul aussi qui les peut mouuoir sans offenser les droicts de leur liberté: Il se plaist à mettre dans l'esprit des Princes des idées d'vne Verité eternelle, & de leur inspirer pour leur gouuernement des Loix rapportantes à celles qui entretiennent l'ordre de la Nature. Aussi les Anciens figurerent leur Iupiter auec vn Sceptre, non seulement à cause qu'il gouuerne ses creatures, mais aussi parce qu'il le donne à ceux qu'il luy plaist; & que les Empereurs sont ses Lieutenans en la conduite des hommes.

Les Perses auoient cette créance si ferme, qu'ils furent long temps sans receuoir pour Rois que ceux qui estoient declarez du Ciel, & nommez à cette dignité par quelque prodige. Comme celuy dont parle Herodote, qui estant le puisné de trois fils d'vn Roy deffunct, qui pretendoient à la Couronne, l'obtint, par ce qu'il fut seul qui peut approcher vne charruë d'or qui parut au milieu d'vn champ, toute enuironnée de flammes. Ce feu miraculeux qui repoussoit ses freres, & qui luy ceda, fut pris pour vne preuue que le Ciel le nommoit à cette Couronne.

Si Dieu n'a pas tousiours monstré ses volontez si expresses en l'eslection de tous les Princes, au moins il a fait bien souuent paroistre que rien ne s'y passoit sans vne secrette permission de sa Prouidence. Toutes les Histoires sont pleines de diuers prodiges qui ont denoncé les changemens d'Empire, & aduerty les hommes de ce qu'ils en doiuent craindre, ou esperer; Comme quand elles rapportent, que la Perse préjugea la mort d'Alexandre, qui seroit suiuie d'vn moins fauorable gouuernement, de ce qu'vn homme de la lie du peuple s'assit sur son Throsne, emporté par ie ne sçay quel entousiasme, qui luy osta toute liberté dans cette action. Deuant la mort d'Auguste le foudre emporta la premiere lettre du nom de Cesar graué sur vn marbre; par ce que C. signifie cent selon le chiffre des Romains, les Augures iugerent que l'Empereur mourroit dans cent iours de là, ce qui aduint. Vne grande Comete denonça la mort de Claudius Cesar; & vn peu deuant, comme il sacrifioit à Spolette, il ne se trouua point de foye dans la victime qu'on offroit pour luy, par vn prodige
qui

qui arriua de mesme deuant la mort de M. Marcellus, & de C. Marius. Dieu voulut découurir la verité à ces Princes par les moyens dont ils se seruoient pour la connoistre, quoy qu'ils fussent dans l'idolatrie, & faire vn double miracle en ce rencontre, afin que les peuples conneussent sensiblement, que c'est vne mesme puissance qui préside aux Royaumes, & à la Nature.

C'est pourquoy ie tiens que c'est vne vaine superstition, de rapporter ce changement des Estats aux années clymateriques des nombres sept & neuf, multipliez par eux-mesmes; ou aux grandes conjonctions des Planetes superieures, principalement lors qu'elles arriuent au premier signe du Zodiaque, à cause qu'il se fait vn passage d'vne extremité à l'autre, à sçauoir d'vn signe de nature d'eau, en vn de la qualité de feu. Si cela estoit, la durée de tous seroit égale; vne mesme année, comme i'ay desia dit, verroit le renouuellement de tous les Empires; & les grands changemens que nous auons remarquez dans les Republiques d'Athenes, de Rome, & de Florence, ne fussent pas arriuez, cependant que les autres demeuroient constantes & inesbranlables. Mon dessein ne me permet pas de m'arrester à combattre les obseruations de quelques grands changemens suruenus au monde au poinct de ces conjonctions. Si l'on prend la peine de les examiner, on trouuera que le calcul n'en est pas iuste, & que les Histoires rapportent des éuenemens non moins remarquables aux temps qui les ont suiuy & deuancé. Nous auons aussi fait voir, que les astres ne dominent pas aux hommes, beaucoup moins à vne Republique qui n'est pas vn corps naturel, mais moral & artificiel, & qui par consequent n'est pas dans l'ordre des choses sujettes à leur influence.

Encore il y auroit quelque apparence en cette opinion, si les personnes commises au gouuernement des Estats demeuroient tousiours les mesmes : lors on pourroit dire, que le Ciel altereroit leur temperament en certain siecle, & les inciteroit aux passions d'où naissent les mal-heurs publics. Mais le moyen de dresser raisonnablement l'horoscope d'vn Estat dont l'estre consiste en personnes qui le peuplent, & qui le gouuernent, plus variables en leur suitte, que l'air ne l'est en ses agitations? Le moyen d'asseoir son iugement sur des choses inconstantes, incertaines, & qui ne paroissent pas encore? Qui peut préuoir ce qui se fera dans l'Estat d'icy à trois ou quatre siecles : ne sçachant pas l'humeur, l'esprit, les qualitez, les forces de ceux qui pour lors seront en charge, & qui au temps de la prediction sont encore dans les principes fort éloignez de leur naissance?

Il faut se mocquer de ces vaines superstitions, de ces fatalitez imaginaires, qui donnant de fausses alarmes aux esprits, engourdissent quelques fois les bons courages, & les portent à des extremitez dangereuses, pour éuiter ce qui ne doit pas aduenir. Il n'y a point d'autres causes estrangeres, qui auec l'industrie & la iustice des hommes contribuent à la felicité des Estats, que Dieu, & les Intelligences qu'il a commises. C'est le Iupiter qui donne les Sceptres; le Neptune qui commande aux flots; le Mars qui conduit heureusement les batailles, & qui oblige ceux qu'il luy plaist, de la victoire.

Cette créance a esté si publique entre les hommes, que de tout temps ils ont consulté les Oracles, presenté des sacrifices, & fait des expiations deuant que d'entrer en guerre, afin d'en auoir vne bonne issuë de la main de Dieu. Les Lacedemoniens menoient des trouppeaux dans leurs armées, non pour la nourriture de leurs soldats, mais pour auoir tousiours dequoy presenter des sacrifices, quand aux rencontres ils demanderoient, ou qu'ils auroient receu quelque particuliere faueur du Ciel. A Rome le Temple de Ianus estoit ouuert durant la guerre, comme si le Dieu eût quitté la ville pour suiure l'expedition militaire, & fauoriser ses entreprises; les oblations, les decimes, les sacrifices, les trophées, les dépoüilles qu'on offroit aux Temples, sont toutes preuues de ce sentiment general des peuples, que le bon-heur de l'Estat en paix & en guerre, dépendoit de la Prouidence de Dieu.

Il exerce la mesme iustice sur les Princes, que

les Princes sur les mauuais Officiers qu'ils déposent, ou sur vn peuple dont ils chastient les rebellions par quelque surcharge. Quelquesfois il permet qu'vn Royaume soit affligé par de mauuais Princes pour en retrancher les excés, & faire l'euacuation d'vne plenitude qui luy causoit vn dereglement de vie. Il luy faict sentir les coups de sa iustice, afin qu'il leue les mains au Ciel, qu'il le craigne & qu'il l'adore comme Iuge tout-puissant, s'il ne l'a pas voulu aimer comme vn pere tout plein de bonté. Et puis il exerce enuers luy vne double misericorde, en ce que les tyrans ne durent guere, quelque diligence qu'ils apportent à la conseruation de leur vie ; & en ce qu'il fait ordinairement succeder de bons Princes, dont la clemence repare les dégasts de leurs inhumanitez. Ainsi apres Romulus qui auoit fait perdre au peuple Romain tous les sentimens de Iustice, dans l'employ continuel de la guerre, Numa Pompilius vint à l'Empire, & en adoucit les mœurs, par tout ce que la police a d'inuentions. Apres Marc-Antoine, qui auoit mis la volupté au dernier poinct de l'excés, Auguste regna auec la iustice, les douceurs, & les felicitez qui accompagnent vne longue paix. Galba succedant à l'Empire, vint donner remede aux cruautez de Neron, Vespasian suiuit Vitellius: Alexander Seuerus prit le sceptre, auec vne vie, & vn gouuernement de Philosophe, apres les dissolutions d'Heliogabale. Ces remedes si ordinaires, & si à propos, ne sont pas vn coup de hazard, mais de la mesme Prouidence, qui fait succeder les beaux iours du Printemps, aux melancholies de l'Hyuer; & les fertilitez de l'Automne aux violentes chaleurs de l'Esté. Qui doute que les tyrans ne forment de grands desseins pour auoir des successeurs qui conseruét leur reputation, & acheuent de rendre le gouuernement au poinct qu'ils se le proposent le plus absolu; neantmoins cette bonté souueraine qui ordonne le chastiment des peuples, pour les instruire, & non pas pour les opprimer, arreste court l'insolence de ces pretétions, & donne la plus grande tranquilité à l'Estat, lors que toutes les apparences humaines le menaçoient d'vne entiere desolation. Bonté tousiours infiniment adorable, soit qu'elle corrige le déreglement des mœurs par quelques incommoditez temporelles; ou qu'elle anime les courages à son seruice, par des faueurs dont elle gratifie les Estats, & les personnes particulieres.

---

*De la Prouidence de Dieu en la conduite des personnes particulieres.*

## CHAPITRE XIII.

Quand le Printemps nous monstre des violettes reuestuës à la Royale, & riches en parfums, fous des forefts qui n'ont rien de ces belles qualitez ; quand ie voy de petites anemones rempantes sur terre, qui repreſentent mieux l'aſtre du iour par la viuacité de leur couleur, que les plus grands arbres, auec tous les ornemens, de leurs fleurs, de leurs fueilles, & de leurs fruicts ; I'en tire cette conſideration, que le Ciel donne quelquesfois aux perſonnes particulieres, des faueurs plus ſignalées, qu'aux grandes puiſſances à l'ombre deſquelles elles viuent ; & qu'elles ne ſont pas moins gratifiées de la cauſe vniuerſelle, que les Republiques. Le Soleil ne feroit pas meurir les moiſſons, s'il n'obligeoit chaque eſpic de ſon influence & de ſa chaleur. Ainſi i'ay deſia repreſenté, que Dieu ne gouuerneroit pas le monde, ſi ſa Prouidence ne s'étendoit iuſques ſur les moindres choſes ; & qu'il ne preſideroit pas veritablemét aux Royaumes, s'il ne prenoit la conduite de toutes les perſonnes qui le peuplent.

Il auoit le ſoin d'vn indiuidu lorsqu'il crea le premier des hommes qui ſeul faiſoit toute noſtre eſpece ; ſi depuis il a voulu concourir aux generations, & creer les ames, il eſt à croire, que ſon amour qui s'eſt donné plus d'étendue par ces nouueaux effects, croiſt auſſi en ſes liberalitez, puiſque ſes threſors ſont inépuiſables, & qu'il ne refuſe pas de conſeruer ce qu'il a produit.

Chaque homme porte en ſa ſingularité, & en l'excellence de ſa nature, vne image de l'vnité,

& des perfections de Dieu, qui luy est vn titre suffisant pour estre regardé de luy d'vn œil fauorable, & pour receuoir sa protection ; le gouuernement politic ne luy est qu'vn estat accidentel, hors lequel il peut estre heureux; mais d'estre la plus noble des creatures, l'image de Dieu, l'abregé du monde, capable d'vne felicité eternelle, ce sont qualitez jointes à son estre, qui se rencontrent en luy dans la vie particuliere, & qui luy estant essentielles demandent auec plus de droict le secours de la Prouidence diuine.

Aussi n'est-il pas possible de conceuoir comment elle se pourroit exercer dessus les Estats, & leur donner ce qu'ils esperent de sa conduite, si elle ne gouuernoit les particuliers; d'autant que les Loix ne vont qu'à l'exterieur, & n'exigeant qu'vne obeyssance masquée, laissent le chemin ouuert à vne infinité de crimes secrets dont les surprises renuerseroient toute la police, si Dieu qui donne les volontez aux Princes de l'établir, ne disposoit celles des peuples à s'y conformer. Pour monter vn Luth il faut ajuster toutes ses cordes, les toucher les vnes apres les autres, les bander & les relascher, iusques à ce que chacune ait le ton qu'elle doit tenir dans l'air qu'on a dessein de sonner. Et pour establir vn parfait gouuernement, il est necessaire que Dieu manie tous les cœurs, & qu'il tempere de sorte les passions, qu'il les fasse concerter pour vn bien public.

Il est vray que la pieté des Princes paroist auec vn grand appareil, quand ils bastissent des Temples, qu'ils font des offrandes solemnelles, qu'ils consacrent les dépoüilles de leurs ennemis, qu'ils s'humilient, & qu'ils s'aduoüent redeuables de leur puissance à celle de Dieu : Mais les Politiques confessent que bien souuent il y a plus d'apparence que de verité en ces actions, parce que la flaterie & la présomption leur persuadent que les bons succez dépendent de leur seule industrie, d'où vient que quelques-vns se sont rendus sacrileges, iusques à se vouloir attribuer des honneurs diuins; Si donc la plus part font parade de la Religion, & s'ils fauorisent la pieté, c'est pour gaigner l'estime des peuples; pour adoucir les rigueurs de leur gouuernement par cette complaisance; pour adiouster quelque chose à la splendeur de leurs Sceptres, & à la seureté de leurs personnes, se faisant connoistre amis & fauorisez du Ciel. Ainsi l'on void que la pieté s'entretient principalement dans les Estats, parce que Dieu gouuerne le cœur des particuliers, & qu'il leur inspire les mouuemens de Religion, que les Princes sont contraints de suiure pour se faire aymer.

Quelques impies & furieux qu'ayent esté les Tyrans, ils n'ont peu déraciner ce sentiment de Dieu de l'esprit des peuples; parce qu'il n'y a point d'homme, pour peu qu'il aye vescu dans le monde, qui n'ait plusieurs fois experimenté le secours
de

de la Prouidence dans ses affaires particulieres; qui n'ait veu la mort de ses ennemis, ou leurs forces dissipées au poinct qu'elles le deuoient accabler: qui n'ait senty en soy des certitudes, que le Ciel luy enuoyoit des secours, d'où iamais il ne se les estoit promis; qui n'ait receu de promptes lumieres & de nouuelles forces dans les affaires où les consultations humaines estoient aueugles, & les meilleurs courages abbatus. Quelles preuues plus authentiques peut-on souhaiter du soin que Dieu prend de nos personnes, que nos propres experiences, que ces conuictions de l'esprit & du cœur, que la plus noire malice ne peut desaduoüer, & contre lesquelles il n'y a point de reproche?

C'est la plus solide consolation qui nous reste dans les disgraces de cette vie, de sçauoir que nous sommes sous la tutelle de Dieu, qu'il nous regarde auec vn amour paternel, & que comme il est bon, s'il nous donne l'exercice de quelques disgraces, c'est pour nostre bien. Autrement puis que son immensité le fait present en tous lieux, & que sa toute puissance luy rend toutes choses aysées, il n'attireroit pas nostre amour, s'il negligeoit nostre conduite, qu'il peut entreprendre auec misericorde, sans trauail, & pour sa gloire. Vn bō Peintre acheue autant qu'il peut toutes les figures, iusques aux moindres pieces d'vn tableau dont il pretend de l'honneur. Hé! pourquoy Dieu negligeroit-il vn homme, qui pour estre vne petite partie du monde, ne laisse pas d'estre sa creature; qui le peut cognoistre, aymer & loüer dans l'eternité?

Il se sert ordinairement d'vne personne particuliere, comme d'vn organe de ses misericordes; & les faueurs qu'il luy fait, seruent afin qu'elle se fortifie, & qu'elle se rende capable d'arrester les coups de sa iustice quand ils sont prests d'exterminer les pecheurs. Vn homme de bien peut par la ferueur de ses prieres, & le merite de ses bonnes œuures diuertir les malheurs d'vne Republique; il est le Mediateur de tout vn peuple aupres d'vn souuerain Iuge. C'est en quoy la bonté & la prouidence diuine est admirable, de pouruoir aux necessitez des Estats, par autant de secours qu'il s'y trouue de personnes qui sçauent bien employer ses graces, & leur liberté.

*Dieu a faict l'homme libre.*

## CHAP. XIV.

Dieu qui possede des perfections infinies, s'ayme aussi d'vn amour necessaire & infiny, parce qu'il est son essence mesme; qu'il ne s'en peut non plus diuertir que de sa vie & de sa felicité; mais comme il est souuerainement heureux sans aucune dépendance des creatures, & deuant qu'elles fussent en l'estre, son amour est libre enuers elles, comme i'ay dit, il a pû ne les pas creer, & les ayant tirées liberalement d'entre les choses possibles, il a limité leurs existences par des conditions telles qu'il luy a pleu.

Par ce prototype on peut porter iugement de la nature de l'homme qui en est l'image. Il a de si puissantes inclinations pour le souuerain bien, que si la veuë luy en estoit permise, son amour s'y attacheroit necessairement, sans pouuoir iamais s'en separer, parce que toute la bonté possible y estant comprise il y trouueroit vne pleine satisfaction, & il ne s'en sçauroit presenter au dehors, dont il ne iouysse plus parfaictement dans vn obiect infiny. Ainsi les bien-heureux iouyssans de la claire vision de Dieu, l'ayment necessairement par vne necessité, que nous pouuons appeller vne souueraine liberté, en ce qu'elle donne à l'ame vne vie telle qu'elle la souhaite, par les plus intimes des ses affections, à sçauoir d'estre continuellement vnie au souuerain bien.

Nostre amour qui n'est pas éclairé de cette lumiere de gloire durant cette vie, ne fait bien souuent que des choix d'aueugles; quand mesme il se porte à Dieu, & qu'il s'y vnit, c'est ordinairement auec vne infidelité qui le partage à d'autres obiets, & tousiours auec si peu de constance, qu'il en peut décheoir. Ce que nous appellons icy pouuoir & liberté à ne pas aymer Dieu, n'est à vray dire qu'vne impuissance, & la seruitude d'vn estat qui est imparfait si l'on le compare à celuy des bien-heureux. Ce n'est pas aussi d'où nous tirons l'excellence de l'homme, comme ce n'est pas par les infirmitez qu'on estime le bien de la vie, ny par les eclypses qu'on iuge des lumieres du Soleil ; mais le priuilege de sa liberté qui le releue beaucoup par dessus les creatures inferieures, consiste en ce qu'il peut aymer Dieu auec tant de franchise, que toutes les puissances du monde sont trop foibles pour contraindre sa volonté, & pour luy faire quitter cet amour par force, quand elle s'y est determinée. Ie rendray plus bas la raison pourquoy cet amour ne luy est pas necessaire durant cette vie ; cependant il faut aduoüer que ce luy est vne faueur bien signalée de le pouuoir acquerir, & de ce qu'elle se le conserue autant qu'il luy plaist, sans qu'aucun obiect soit capable de violenter sa resolution.

I'ay fait voir que les astres n'impriment point de qualitez; que la naissance, la coustume, les conuersations ne donnent point d'habitudes; que les Tyrans n'ont point de supplices dont nostre liberté ne triomphe ; qu'vn bon courage peut vaincre toutes les rigueurs de la Fortune, & demeurer incorruptible entre ses presens, parce qu'il n'y a point de bien particulier qui gaigne necessairement nos affections, & dont le refus ne nous soit libre. Cela monstre la dignité de l'ame raisonnable trop releuée pour auoir vne alliance necessaire auec les creatures ; elles ne sont pas sa fin : c'est pourquoy elle les aime à discretion ; elles ne sont pas le centre de ses desirs, & ses mouuemens n'y trouuant pas leur dernier repos, c'est pourquoy elle a droict de s'en separer.

Comme les Iurisconsultes n'obligent pas à prouuer les choses, qui de soy sont claires, & dans l'éuidence du monde, ie tiens qu'vn iugement raisonnable ne doit point demander de preuues de nostre liberté, par ce que chacun en fait tous les iours l'experience dans les actions de la vie. S'il faut proiecter quelque dessein, le poursuiure, & luy dóner vne bonne issuë, le iugement fait vne exacte discussion de tous les moyens qui luy sont propres, & des accidens qui peuuent le trauerser. Il compare les biens & les maux, les pertes & les commoditez qui en doiuent reüssir, & puis la volonté suit librement le party qui luy semble le plus iuste & le plus aduantageux. Les contracts de vente, de prest, de depost, de societé, les donations, les testamens, & les autres negoces qui entretiennent le commerce des Republiques, ne sont valables qu'à cause de la liberté dans laquelle ils ont esté passez : aussi les personnes où elle ne se rencontre pas, comme sont les enfans & les furieux, ne peuuent traiter d'aucune affaire.

Les iustes craintes, & les violences pour lesquelles les loix ordonnent les restitutions, ne signifient pas que la liberté de l'homme puisse estre forcée ; mais seulement elles l'inuitent à choisir vn petit mal, pour se deliurer d'vn plus grand : comme si l'on tire vn acquit, ou vne obligation d'vne personne, luy tenant vn pistolet à la gorge; lors la volonté prend resolution de perdre plustost les biens que la vie, & de se sauuer de cette mauuaise fortune, comme d'vn naufrage, ou d'vne beste affamée, en luy iettant quelque chose. Elle est donc libre, & quand les Princes accordent en ce cas la restitution, c'est qu'ils ne iugent pas raisonnable de permettre dans l'estat des violences contraires à la iustice, & que ceux qui en meritent les chastimens, profitent de leur mauuaise foy. La force peut bien tirer quelques paroles de la bouche, quelques apparences du visage, quelques profusions de la main, auec le consentement de la volonté, qui expose cet exterieur pour ses interests; mais il n'y a point de gehennes, ny de supplices qui puissent exiger vn amour du cœur, vne approbation du iugement. Au contraire, l'ame se fortifie dans ses desseins auec vne inuincible generosité, d'autant plus qu'elle se void assiegée de la force; & le vray moyen de causer la hayne enuers vn suiet, c'est d'en commander l'amour.

On dit à cela, que si la volonté de l'homme prenoit son mouuement d'elle-mesme, & qu'elle ne fust pas necessitée par les objects & par l'impulsion d'vne cause estrangere, comme le reste des creatures inferieures, que Dieu ne seroit pas le premier moteur à son esgard. Ie respons, qu'il suffit que Dieu luy ait donné cette puissance d'agir de la sorte, pour se conseruer sur elle le tiltre de premier moteur: Comme vn Prince est le souuerain Iuge de ses Estats, & l'on dit qu'il rend la iustice à ses sujets, quand elle leur est renduë par ses officiers nommez de luy, & qui n'agissent que sous son authorité. Apres que le Prince a donné ses prouisions, celuy qui les a receües peut agir en son absence, sans son secours particulier, & en des choses qu'il ne connoist pas: mais Dieu est present par tout, il concourt à toutes les actions particulieres, comme nous auons dit. Ainsi il est le premier moteur de la volonté, non seulement quant à l'essence, mais aussi quant à l'action, en ce qu'il y influë son concours, & ses graces particulieres, comme cause vniuerselle, lors mesme qu'elle se donne le mouuement par sa liberté.

Il ne faut point s'imaginer qu'il se fasse quelque chose de fortuit, & contre les decrets de Dieu, ou qu'il ne donne pas absolument les loix à son empire, si la volonté peut ainsi prendre ses resolutions d'elle-mesme ; d'autant que le futur est present à Dieu de toute eternité ; il a veu Iusques aux moindres mouuemens des hommes, leurs progrez, leurs fins, tout ce qui les accompagne, & qui en doit reüssir: Et d'autant qu'il les a creez libres, il a voulu permettre ces actions de liberté, qui ne mettent rien de fortuit dans le monde, puis qu'elles sont toutes préueuës par vne science infaillible, permises, ou ordonnées par son decret.

On s'estonne encore comment il se peut faire, que la volonté estant aueugle, reçoiue des lumieres de l'entendement, & que cette police soit iuste, qui attend ses resolutions d'vne puissance incapable de la verité. Ceux-là tranchent ce nœud, qui n'admettent point de diuerses puissances en l'ame, & qui la considerent en ce qu'elle entend, qu'elle veut, qu'elle connoist, comme la main qui n'estant qu'vne, s'ouure, se plie, & prend diuerses figures: Mais quand on demeureroit dans les termes de la Philosophie ordinaire: il est certain qu'il n'y a pas mesme distinction entre ses puissances, qu'entre vn Prince, & ses Conseillers, qui sont diuerses personnes, dont les capacitez ne se communiquent pas necessairement ; mais elles sont toutes soustenuës par vne essence, qui est le principe commun de leur motion, & elles concourent ensemble à la production d'vn acte, comme les diuerses humeurs de l'œil à voir vn object: de sorte que l'entendement qui a ses lumieres ne laisse point de tenebres dans la volonté, à cause de la sympathie, & de la subordination necessaire de ces deux puissances, qui releuent d'vn mesme principe.

Ie suis contraint de faire des renuois pour euiter les redites. C'est pourquoy, mon Lecteur, ie vous supplie de voir au Liure de l'Immortalité de l'Ame, l'Ame, les preuues que i'ay faites de nostre liberté, & des aduantages qu'elle nous donne sur le reste des animaux; Ie suppose ces demonstrations, & ie n'entrepren icy que d'essuyer les dificultez qui combattent la Prouidence diuine.

---

*La Prescience & la Predestination de Dieu n'empeschent pas nostre liberté.*

## Chapitre XV.

Entre plusieurs pretextes de mescontentement qui arment les peuples, & qui donnent de l'exercice aux conseils, il y a tousiours vn poinct d'importance, dont l'accord, ou le refus, fait la paix, ou la guerre. Entre les diuers symptomes des maladies, de celles mesmes qui nous semblent compliquées, la Nature nous monstre vne cause principale de ses douleurs. Ainsi mille difficultez qui trauaillent les esprits sur le sujet de la Prouidence, naissent de cette seule question, sçauoir comment on peut accorder la Prescience & la Predestination de Dieu, auec la liberté de l'homme? Comment il se peut faire que Dieu ayant préueu dés l'eternité, le dessein, le progrez de toutes nos actions, & cette connoissance estant infaillible, il nous reste encore de la liberté pour des effects, qui ne peuuent arriuer autrement qu'ils ont esté préueus.

Tome 3. Oo

Cette confideration embarassa tellement l'efprit du grand Orateur Romain, que faifant tous les iours en foy l'efpreuue de fa liberté, & ne fentant aucune contrainéte en fa conduite, il douta de la Prouidence, par ce qu'il ne pût accorder la certitude de cet Arreft eternel, auec l'indifference de nos actions; Il eut grand fuiet de fouftenir que l'homme eftoit libre, puis que fes propres experiences tiroient cette confeflion de fa bouche, que la lumiere n'eft pas fi vifible à nos yeux, que l'eft cette verité à l'interieur de noftre ame. Quant à la Prouidence, la nier, c'eft démentir toute la Nature qui nous en donne des preuues par la police des Cieux & des Elemens, par la fymmetrie des corps, par l'inftinét des brutes, par le commerce & la bonne intelligence qu'elle nourrit entre des parties, dont les qualitez contraires menaffent continuellement le monde d'vne generale defolation. Quelle temerité facrilege à l'efprit de l'homme, d'auoir mille raifons qui luy perfuadent cette Prouidence, & autant de preuues fenfibles qu'il fe trouue de creatures, neantmoins la nier pour vn feul effect, dont il ne peut comprendre la caufe?

Il y a, dites-vous, de la contradiction à conceuoir que nous foyons libres en nos actions, & que neantmoins elles doiuent neceffairement arriuer comme elles ont efté préueuës de Dieu. Ie refpons premierement, que c'eft aller trop viste, de croire de la contradiction par tout où elle nous paroist à l'abord : Cela procede ordinairement de la foiblesse & des mauuaises dispositions de l'esprit, qui charge de ses defauts les sujets qu'il ne conçoit pas, & s'y figure de la repugnance, lors qu'il n'en sçauroit voir la liaison ; tout de mesme qu'vne mauuaise oreille condamne de bons accords, comme s'ils estoient contraires aux loix de l'harmonie : Et quand les esprits visuels sont opprimez, l'espece qui n'est plus entiere, represente à l'œil de la diuision dans des corps qui sont continus. Nous ne laissons pas d'admirer plusieurs effects, dont les causes nous sont occultes, & que nous iugerions opposez aux desseins de la nature, si leur veuë n'arrestoit les resistances opiniastres de nostre raison. Les Philosophes n'admettent ce qu'ils ne sçauroient comprendre, que l'Euripe souffre en mesme temps vn flus, & reflus de ses eaux ; qu'vn mesme Ciel est emporté de deux contraires mouuemens ; que pour remplir le vuide la pierre s'esleue auec la mesme pesanteur qui fond necessairement en bas ; que le sang monte & descend également dans nostre corps ; que les fontaines jalissent dessus les montagnes, & coulent dans les valées par deux contraires inclinations. C'est vn stratageme assez ordinaire dans la police, d'aduancer ses interests en les engageant, & de faire reüssir de grands desseins par des

Oo ij

voyes, qui eſtant eſtimées incompatibles, ſurprennent toutes les reſiſtances. Si la Nature & nos induſtries font vn accord de ces choſes qui ſemblent eſtre dans la contradiction, & ſi les plus importantes de leurs entrepriſes s'acheuent ſous cette ſecrette conduite, pourquoy la ſouueraine Sageſſe ne pourroit-elle pas meſnager noſtre ſalut par des moyens qui ne nous ſont pas connus, & faire vn accord de ſa Prouidence auec noſtre liberté, quoy qu'il nous paroiſſe impoſſible?

La verité n'eſt pas contraire à elle-meſme; & puis qu'elle ſe rencontre en ces deux termes, qu'il eſt vray que nous ſommes libres, & qu'il y a vne Prouidence, il les faut admettre; aduoüer qu'ils s'accordent, & qu'ils s'entretiennent ſans aucune contradiction, encore que leur tiſſure ſoit ſi deliée, qu'elle échappe à noſtre veuë. Les Medecins ont reconnu de la correſpondance & de la ſympathie entre des membres de noſtre corps qui en la diſſection ſemblent n'eſtre aucunement alliez; que le petit vaiſſeau de la bile; que la pleure; que d'autres parties ſe deſchargent dans l'eſtomach par des conduits qu'on ne ſçauroit reconnoiſtre. Les Philoſophes confeſſent que la mer Caſpienne tient à l'Oceean, quoy que les veines, qui luy fourniſſent ſes eaux, ſe gliſſent ſous terre, ſans eſtre apperceuës de l'œil. Ainſi les preuues que nous auons de noſtre liberté, & de la Prouidence de Dieu, nous obligent à conclure, que ces deux veritez ſont tres-

DE LA PROVIDENCE DE DIEV. 283
certaines, encore que nous ne voyons pas nettement les moyens de leur accord.

Neantmoins nostre ame creée pour la iouyssance de la Verité eternelle, s'en peut donner quelque petit éclaircissement durant cette vie, & apres nos tres-humbles sousmissions à la Sagesse Diuine, tout prests d'adorer ce que nous ne pouuons comprendre, il nous est permis de nous instruire autant que la raison nous le permet, en ces matieres qui regardent l'honneur de Dieu, & le repos de nos consciences.

Personne ne doit douter que toutes les choses futures, & qui seront produites dans le cours du temps, ne soient nettement connuës de Dieu, parce que ses connoissances sont infinies; que si elles s'étendent iusques à voir tout ce qui peut estre, à plus forte raison elles découurent tout ce qui sera, & qui doit auoir son existence dans la Nature. Quoy que les causes contingentes, c'est à dire qui peuuent agir, & ne pas agir, soient en cette consideration comme indeterminées, neantmoins on peut porter vn iugement veritable de l'effect qu'elles produiront; par exemple, si auiourd'huy Nicolas change ses mauuaises mœurs, & prend resolution de mieux viure, c'est chose qu'il pouuoit ne pas faire; neantmoins si i'eusse prédit il y a dix ans qu'en cette année il se porteroit à la vertu, i'eusse dit vray. Or toutes les veritez doiuent estre connuës de Dieu; Il voit donc les effects de toutes les

O o iij

causes contingentes, puis qu'ils sont dans le ressort de la verité.

Sans estre reduit comme nous à connoistre les obiets par leurs especes, il les void deuant luy-mesme; en ce qu'il connoist ses decrets par lesquels il a voulu que sa Toute-puissance produisist, conseruast leur estre, & concourust à toutes leurs actions; & cela dés le moment de son éternité qui anticipe tout à l'aduenir, & qui découure mieux le principe, le progrez, la fin, & les circonstances de toutes les actions futures, que nous quand elles nous sont presentes. Comme d'vn mesme regard nous pouuons voir des montagnes immobiles, & des oyseaux qui volent vers les quatre parties du monde, des vaisseaux qui suiuent le fil de l'eau, d'autres qui montent, qui trauersent, qui vont à voiles, & à rames. Ainsi Dieu de l'estat éminent, & dans les lumieres tranquilles de son eternité, il void toutes les choses futures auec les proprietez de leurs essences; les causes necessaires, comme agissantes necessairement; les libres auec leur liberté, selon les diuerses élections qu'elles veulent faire.

Tellement que si les actions de l'homme sont libres, cóme chacun en a l'experience en soy-mesme quand il opere, & dans les autres quand il ne peut forcer leurs resolutions; il faut conclure que Dieu les connoist comme procedantes de nostre liberté; autrement il ne les connoistroit pas telles qu'elles sont, & sa science seroit imparfaite, si elle iugeoit des effets sans en connoistre la cause. Ainsi dés l'instant de son eternité il void les crimes d'vne mauuaise ame, comme s'il estoit present lors qu'elle les comet; il la void qui ferme volontairemét les yeux aux lumieres qu'il luy enuoye; qui se réd sourde à ses inspirations, qui paye ses graces d'ingratitude, qui neglige tous les moyens de son salut, pour suiure les brutales inclinations des sens : & parce qu'il veut que toutes choses agissent selon leur nature, il laisse la liberté à cet homme, & n'empesche pas qu'il n'abuse de ses faueurs: C'est pourquoy, ny cette presciéce, ny ce decret, ny tous les actes qu'on se figure en Dieu, n'empeschent pas la liberté de l'homme, au contraire ils la supposent, & ils ne seroient pas, ny iustes, ny constans, ny veritables, si elle ne demeuroit en son entier. Il void que vous commettez ce crime, parce que vous le comettez, & il le permet, à cause que vous estes libre; qui oseroit dire que cete liberté soit offensée par vne connoissance qui la suppose en son exercice?

Quand vn maistre, pour éprouuer vn seruiteur l'espie, & se laisse voler deuant ses yeux, il n'est pas cause du larcin, ny iniuste quand il chastie l'infidelité de ce mauuais domestique, qui n'estoit pas moins libre en cete actió, que s'il n'y eust point esté veu, ny surpris. Supposé qu'il n'y eust point de prescience ny de predestination de Dieu, le cours de nostre vie seroit de mesme, comme celuy des fleuues qui cótinuë, encore qu'il n'y eust point d'yeux pour regarder. Ces actes diuins ne blessent pas la liberté de nos actions, ils en sont les signes, & non pas les causes, ils les supposent, & ne les produisent pas.

Si vn Astrologue prédit de grandes chaleurs dans vne année qui est sous le domaine de Mars, des inondations quand la Lune & Venus y tiennent l'empire, estant auec les autres planetes dans des signes de nature d'eau, il ne donne pas ces influences aux astres, & leurs effects sont les mesmes, que s'ils n'auoient point esté prédits. Si vn Medecin iuge qu'vn Esté pluuieux auec des vents de Midy rend l'Hyuer fort maladif pour les vieillards, & les corps suiets à la pituite à cause de l'abondance des humeurs indigestes qui n'ont pû estre desseichées par les chaleurs de l'Esté; s'il prédit qu'vn Automne sec augmente la bile; qu'vn Printemps humide doit causer des fiévres de corruption durant l'Esté, ces prognostiques n'apportent aucune alteration aux temperamens, & ne font que specifier celles qu'ils doiuent souffrir sous des saisons qui ne leur sont pas fauorables. Les connoissances de Dieu sont & plus asseurées, & encore moins préiudiciables à nos actions, parce qu'il les void, non comme futures, mais comme presentes, & comme nostre liberté les produit. Rabattez mille fois de suite cette instance, que la préuision de Dieu est infaillible, & par consequent que nous sommes necessitez d'agir selon qu'elle la conneu;

que

que son decret eternel inuariable determine de sorte ce qui doit estre de nostre action, qu'elle ne peut faire autrement; On vous donnera tousjours cette response & tres-pertinente, que ce decret de Dieu permet & regarde l'action qui se fait par vne volonté libre; ainsi nostre liberté nous est conseruée, & c'est vne contradiction manifeste de nier que l'action soit libre, apres qu'on l'a supposée telle.

Lorsque la Theologie dit, que la cognoissance de Dieu est effectiue, cela signifie que Dieu est vn Estre intelligent, & qu'il ne produit aucun effect sans le connoistre, mais ce n'est pas à dire qu'il produise tout ce qu'il connoist, puis qu'il connoist vne infinité de choses possibles, qui neantmoins ne seront iamais existentes. Ainsi il peut connoistre les actions qui procedent de la liberté de l'homme, sans estre la cause qui les determine. On peut adouüer encore que sa connoissance est effectiue, en ce qu'il contribuë son concours aux actions des hommes selon leur nature; & comme il sçait qu'elle est libre; il leur donne vne assistance qui vient au secours de leur foiblesse, sans interesser leur liberté, & sans leur oster les moyens de meriter par leurs bonnes œuures.

Tome 3.        Pp

*La Prescience & la Predestination de Dieu n'empeschent pas le merite de nos bonnes œuures.*

## CHAP. XVI.

CEtte mesme Prouidence qui a mis des ports aux mers les plus orageuses, qui a preparé des antidotes à tous les venins, qui donne vn rafraichissement continuel aux ardeurs de nostre cœur, nous presente la vertu & la pieté, comme deux asiles, & deux puissans remedes contre toutes les disgraces de cette vie. La vertu est vne qualité diuine dans l'ame qui la rend tousiours bien disposée enuers soy, & enuers les choses estrangeres: c'est vne santé robuste, vne bonne disposition qui ne s'offense de rien, qui tire auantage de tout: Tousiours puissante, tousiours égale, & tousiours ioyeuse. Si les passions veulent entreprendre quelque chose sur son empire, elle a l'industrie de les assuiettir, & de citoyens reuoltez en faire des soldats obeyssans, & tres-courageux pour la deffence de ses interests. Mais quand elle se ioint à la pieté, c'est vne alliance auec le Ciel, où elle trouue sa protection, & l'asseurance de ses victoires, à la faueur des graces qui luy font desia ressentir les ioyes du triomphe dans les perils du combat.

C'est tout le bon-heur que les hommes peuuent esperer durant cette vie, dont il n'est pas à croire que Dieu les veuille frustrer, & que leur ayant donné des puissances qui en sont capables, il leur refuse les moyens propres pour en faire l'acquisition. S'il s'est trouué des meres si passionnées pour la gloire de leurs enfans, qu'elles leur ont souhaitté le sceptre au prix de leur vie; il ne faut point douter que l'amour paternel de Dieu ne nous presente ces diuines qualitez qui nous donnent vn empire sur les choses materielles; qu'il ne soit bien ayse de nous aduancer en ses faueurs qui ne coustent rien à sa puissance, & sans lesquelles il ne nous seroit pas possible de nous acquitter de nostre deuoir. Car ostez la vertu, la vie de l'homme n'est qu'vne ingratitude, qu'vne rebellion, qu'vne felonnie contre cette souueraine Maiesté; soit que l'ambition vsurpe les droicts de son domaine; que l'inimitié rompe la paix & les alliáces qu'il se plaist à conseruer; que l'auarice attache à la terre vn cœur creé pour le Ciel; que la cholere, l'énuie, l'amour deshonneste fassent vne diuersion des forces qui deuroient estre employées à son seruice: au contraire la vertu & la pieté luy rendent de continuels hommages dans le secret de la conscience, & les bonnes œuures qui éclattent à l'exterieur, sont de solemnelles protestations qui publient sa gloire. Ainsi mille raisons nous persuadent que Dieu veut que l'homme fasse de grands progrez en la vertu, & en la pieté.

Pp. ij

Et cela sans aucune limitation, car si pour mettre au monde vne image de son essence infinie & eternelle, il veut que les indiuidus naissent dans vne multitude, & auec des differences inombrables; que les Cieux continuent leurs mouuemens sans repos, & qu'ils recommencent sans cesse leurs reuolutions, afin de multiplier leurs influences, par des aspects tousiours differens ; que les fleuues poussent leurs eaux depuis leur source iusques à la mer, par vne fecondité qui croist, au lieu de souffrir du déchet dans sa continuë. Pourquoy voudroit-il arrester le progrez que les hommes peuuent faire en la vertu, qui les rend d'autant plus semblables à ses perfections, qu'elle est dans vn degré plus sublime? Pourquoy leur dénieroit-il l'effect dont il leur inspire les desirs? Quelle apparence qu'il les empesche de croistre en merite, leur proposant l'acquisition d'vn bien infiny?

Il n'appartient qu'à vn Tyran d'abbatre les plus éminentes testes de son Estat, de peur qu'elles ne luy fassent ombre; qu'elles n'attirent le respect des peuples, & que leur estime ne diminuë sa puissance. Mais puisque Dieu estant infiny ne peut auoir les hommes pour concourans, puis qu'ils étendent son Empire, & qu'ils publient d'autant plus sa gloire, qu'ils s'auancent en perfection, on ne doit pas s'imaginer qu'il leur en ferme le passage, ny qu'il s'oppose à leur agrandissement.

Les profondes humilitez qui se remarquent

dans les ames les plus innocentes; ces sentimens, ces desirs, ces amours violens de la perfection qui ne sont iamais satisfaits, & qui trouuent du defaut dans des actions heroïques, sont autant de preuues, que l'homme peut tousiours plus qu'il ne fait; qu'il n'employe pas toutes les puissances, & tous les moyens que Dieu luy donne pour croistre en vertu. Quand les Loix Romaines defendirent à ceux qui auoient esté dans les grandes charges, de se raualler à l'exercice des moindres, elles fauoriserent l'ambition naturelle, que tous les autres Legislateurs ont tasché d'affoiblir dans leurs Estats; mais aussi elles donnerent vne genereuse émulation à la vertu, puis qu'elles condamnoient comme inutiles ceux qui ne s'y aduançoient pas, pour meriter de plus beaux offices. Dieu demande le mesme de nous, il veut qu'vne vertu nous serue de degré à vne plus grande, & qu'en ce progrez nostre mouuement imite celuy de la Nature, qui se porte tousjours en auant.

C'est donc vne extreme absurdité de dire, que la Prescience de Dieu empesche le cours de nos bonnes œuures, & que nostre trauail nous est inutil, comme si nous n'en pouuions auoir d'autre issuë, que celle qui nous est determinée par l'arrest ineuitable du Ciel. Outre les raisons particulieres que ie viens de déduire contre cet erreur, on le peut combattre en general par cette maxime. Que la Prescience de Dieu ne nous oste pas nostre liberté,

& par consequent elle nous laisse le droict de faire vn progrez en la vertu, & de meriter par nos bonnes œuures.

Les difficultez que nostre esprit forme là-dessus, procedent de ce qu'il mesure les connoissances de Dieu à l'aulne des nostres, & qu'il les regarde comme si elles estoient successiues. Mais tous ces nuages seront dissipez, si l'on considere que Dieu void le futur comme le present, & que pour connoistre veritablement les choses selon leur nature, il en découure le commencement, le progrez & la fin, dés l'instant de son eternité, de sorte que s'il condamne les hommes à estre priuez de sa gloire, c'est qu'il void les mauuaises actions où ils se portent, & les peines où ils se precipitent volontairement. Que si nous voulons estre fideles à son seruice, il void nostre constance, & qu'apres auoir acquis beaucoup de merites à la faueur de ses graces, il nous donnera la gloire. Ainsi tant s'en faut que cette prescience doiue engourdir nos courages, qu'au contraire elle leur doit inspirer autant de resolution, que la veuë des couronnes, & la presence des Princes en donne aux soldats; puis que les bonnes œuures sont ou les motifs, ou les moyens ordinaires de nostre predestination, & que c'est en suitte de cette integrité de vie, que nous deuons iouyr de la gloire.

Que si ie ne puis bien accorder la necessité du decret eternel auec ma liberté; si ce poinct de

Predestination estant consideré auec tous les nuages dont les curiositez de l'esprit l'enueloppent, ne me monstre pas nettement le fruict qui doit naistre de mes bonnes œuures en l'autre vie, ie ne laisseray pas de les pratiquer en celle-cy. Premierement par ce qu'elles sont conformes à ma nature, & que ie fais bien l'homme, quand i'agis selon ma raison, conduite par cette iustice, dont les loix sont grauées dedans nos cœurs. Toutes choses excellent en ce qui leur est propre, les simples composez elementaires en la mixtion des corps simples qu'ils ont plus solide, & plus constante, d'où vient que les pierres durent dauantage que les estres qui ont la vie; les plantes ont les actes de la vegetation extremement vifs, aussi elles croissent en peu de temps: les animaux n'agissent que pour les sens qu'ils ont plus subtils, & selon quelques Philosophes, en plus grand nombre que nous. L'homme donc doit principalement agir selon la raison, qui est sa difference essentielle, & qui n'estant point emportée par les mouuemens sensitifs, luy persuade les mesmes actions pour les mœurs, que les loix diuines luy commandent. Aussi les anciens Philosophes nous ont laissé les maximes, & les exemples d'vne genereuse Morale, qui ne cede, ny aux violences de la fortune, ny aux cruautez de la tyrannie, & qui s'entretient dans les pratiques de la vertu auec vne constance inuincible, sous cette consideration, qu'elle eſt le propre effect de noſtre nature. Ils nous la décriuent toute ſatisfaite de ſes propres biens, ſans eſperer d'autre recompenſe de ſes belles actions, que le plaiſir & le contentement interieur de les auoir faictes. Ce qu'ils propoſent des champs Eliſées, n'eſt pas pour animer ſon courage par les promeſſes de ces felicitez à venir ; mais pour donner de bons ſentimens de la Diuinité, faiſant croire au peuple, qu'elle eſt iuſte en la diſtribution de ſes faueurs.

Les drogues aromatiques rempliſſent l'air de leurs odeurs, encores qu'elles ſe vuident de ſes bonnes qualitez à force de les répandre. Les Roſſignols, & les Sereins perdent leur repos, & entonnent leurs motets auec vne gaye impetuoſité, pour obeyr à l'idée qu'ils en ont receu de la ſouueraine harmonie ; Les plátes pouſſent leurs graines, quoy que leurs tiges ſeichent, & que leurs racines s'épuiſent pour les inueſtir de ce qu'elles doiuent auoir de ſubſtance. Ainſi l'homme doit produire des actions de vertu, quoy qu'elles luy couſtent beaucoup de trauail; & quand meſme le Ciel n'auroit point de recompenſe pour elles, par ce que c'eſt vn exercice qui appartient proprement à ſa nature.

Mais s'il conſidere que Dieu demande de luy cette maniere de vie, c'eſt lors qu'il s'y doit porter franchement & auec vne generoſité qui ne s'arreſte pas à toutes ces difficultez de predeſtination,

où

où s'embaraſſent les petites ames. Vn bon courage n'a point en cecy de ſentimens mercenaires; ſes affections ne ſont nullement meſlées auec ſes intereſts; il connoiſt de combien il eſt redeuable à la puiſſance dont il tient l'eſtre, & toutes les commoditez de la vie ; Il ſçait quels ſeruices, & quelles fidelitez merite vne ſouueraine bonté. C'eſt pourquoy quand il n'auroit aucunes eſperances pour l'aduenir, il trouue vne aſſez grande ſatisfaction à s'acquitter de ſon deuoir; ce luy eſt aſſez de gloire d'aimer le meſme object que les Seraphins adorent; de ſacrifier toutes ſes puiſſances au ſouuerain Monarque du monde. Tous les iours on void des ſoldats qui ſe iettent dans des ſanglantes meſlées pour vn Prince qui ne les connoiſtra iamais; de qui ils n'eſperent aucune recompenſe d'honneur ny de profit, & dans des occaſions où leur courage n'eſt point remarqué entre pluſieurs autres qui s'y portét auec meſme reſolution; neantmoins ils verſent leur ſang, ils trouuent du contentement à ne point craindre dans les perils, & s'ils y perdent la vie, on dit qu'ils ſont morts au lict d'honneur. Hé! les homes feroient-ils ſi laſches que pour vne difficulté de predeſtination qu'ils n'entendent pas, ils vouluſſent quitter les bonnes œuures, qu'ils ſçauent infailliblement eſtre de leur deuoir, & tres-agreables à Dieu?

Qu'vne bonne ame faſſe tout ce qui luy ſera poſſible pour dégager ſes affections du propre intereſt, elle ne peut s'empescher d'auoir de sublimes esperances de sa gloire si elle contemple la bonté infinie de Dieu, si tost qu'elle l'adore comme le principe de sa vie, elle le conçoit comme l'object de sa derniere felicité ; si elle considere l'integrité de sa Iustice, & l'estenduë de ses misericordes, elle se sent pressée d'aduoüer qu'il ne laissera pas ses bonnes œuures sans recompense ; quelques difficultez qu'on luy propose de la predestination, elle void vne lumiere qui fend ces nuages, & qui luy fait tout esperer d'vne bonté infinie, quand elle implorera ses graces par ses prieres.

*La Prescience de Dieu n'empesche pas l'effect de nos prieres.*

### CHAPITRE XVII.

LEs plantes viuent plus par la lumiere & les influences qui leur sont enuoyées du Ciel, que de l'humeur qu'elles succent de la terre ; aussi l'homme est en cette vie dans vne constitution qui l'oblige à rechercher sa felicité, plustost du secours extraordinaire des graces de Dieu, que des forces de la nature. C'est pourquoy la pieté qui le dispose à receuoir ces faueurs diuines, luy est vn remede incomparablement plus asseuré contre ses infirmitez, que n'est la Philosophie auec vn grand appareil de tous ses preceptes, & la magnificence de ses resolutions. Car quoy que les Stoïciens nous representent le Sage dans vn estat eminent, & comme dans vn Ciel d'où il void rouler sous ses pieds les choses mortelles ; neantmoins il faut aduoüer, que dans ce Ciel il se rencontre des figures d'animaux, côme au Firmament; que leurs passions y sont veritables, & que l'homme tombe dans de grands desordres s'il n'a des lumieres, & du secours que de la raison. Aussi l'on a donné des noms feminins à ces vertus mesmes que nous appellons heroïques, par ce qu'elles sont toufiours imparfaites, & auec aussi peu de fermeté que les lierres & les vignes, qui s'abbatent si elles ne sont soustenuës de quelque matiere solide. Comme la nature pour secourir ces plantes infirmes a garny leurs branches de cordons, ou de petites racines qui les attachent au corps où elles rencontrent du support; Ainsi les hommes estant foibles en cette vie, ont de secrettes inclinations qui les esleuent à Dieu, & qui leur font pousser des prieres vers cette souueraine bonté, pour en receuoir les lumieres qui remedient à leurs ignorances, ou pour s'affermir dans la vertu, ou mesme pour luy demander les commoditez du corps.

Cet instinct est general entre tous les peuples, de leuer le cœur & les mains au Ciel dans les disgraces; & c'est vne des grandes preuues que nous ayons de l'existence de Dieu; & vne extréme consolation de voir qu'il veut premierement se faire connoistre de nous par les ressentimens de sa bonté & de sa misericorde ; Or l'instinct qui est commun à toute vne espece, n'est pas inutil, comme nous en auons déduit les preuues en diuers endroits ; de sorte que si Dieu nous donne l'inclination de luy presenter nos prieres, il faut conclure qu'il les entend, & qu'elles nous profitent pour obtenir ses faueurs.

Sa Prouidence secourt les choses inferieures par des moyens inaccoustumez, quand ceux qui sont ordinaires leur manquent, & repare tousiours aduantageusement les defauts de la Nature. Si les extremes chaleurs de l'Egypte consomment les vapeurs de la terre, deuant qu'elles se puissent conuertir en pluye, le Nil y fait les deuoirs de l'air par ses inondations reglées, qui engraissent les campagnes, & qui leur donnent vne double fecondité; Les autres terres qui ne sont point arrousées de pluyes, ny de fleuues, ont des veines d'eau qui les penetrent, & qui donnent la nourriture à la racine des plantes, dont les tiges ne veulent que des chaleurs & des seicheresses pour la maturité de leurs fruicts. Tous les animaux ont l'amour naturel de leurs parens, qui secourt les infirmitez de leur enfance, & quand l'âge a perfectionné leurs forces, la terre leur donne les remedes & les nourritures que l'instinct leur fait desirer. De là ie conclus, que si Dieu a rendu les hommes indigens de certaines perfe-

### DE LA PROVIDENCE DE DIEV. 299

ctions qui leur sont absolument necessaires, & qui ne peuuent venir que de sa main liberale, qu'il les en pouruoit quand ils les recherchent par la priere. Ie ne doute point que cette souueraine bonté n'oblige la plus noble de ses creatures d'vn secours qu'elle ne refuse pas aux moindres, & que les agens naturels presentent aux estres qui leur sont inferieurs.

Dieu est vne cause vniuerselle, qui en cette qualité suppleé au défaut des particulieres; & si les Princes, sur les requestes qu'on leur presente, accordent les graces, les restitutions, les priuileges; s'ils remedient à la sterilité des mariages par les adoptions; s'ils pouruoyent de curateurs aux personnes dont la conduite n'est pas raisonnable; on ne doit pas croire qu'vne bonté infinie nous laisse dans les necessitez sans les secourir autant qu'il importe à nostre salut, lors principalement que nos vœux & nos prieres implorent son assistance.

Nous ne le pouuons prier qu'à la faueur de ses graces qui nous le font cognoistre comme vne bonté vniuerselle, & vne prouidence tousiours preste à nous secourir; & peut-on croire qu'il nous donnast l'instinct de luy adresser nos prieres, si elles estoient inutiles, & si nous n'en deuions receuoir aucun effect fauorable? Les nourrisses s'absentent de leurs nourrissons quand elles les veulent sevrer, de peur que si elles se monstroient, elles n'augmentassent leur douleur auec leur appetit; les moins

Qq iij

charitables éconduisent les pauures ausquels ils ne veulent pas faire de bien. Aussi Dieu ne se feroit pas cognoistre à l'homme ; il ne luy imprimeroit pas l'inclination de luy offrir des prieres, si le destin les rendoit vaines; il ne nous donneroit pas des esperances pour les tromper, ny comme à des Tantales, la veuë du bien, dont la iouyssance ne nous feroit pas possible; Ce seroit vne espece de cruauté, de nous faire languir de la sorte ; de nous paistre de vaines idées; de permettre que nous consommions les forces de nostre esprit, le temps & les biens, en des poursuites & en des oblations inutiles.

Nous loüons dans les personnes particulieres cette vertu ; qui sans attirer en soy les calamitez d'autruy, les secourt auec autant de promptitude, que si elle en ressentoit la douleur; mais sur tout la Misericorde est vne vertu Royale, qui rend les gouuernemens heureux par l'amour qu'elle gaigne dessus les suiets. C'est donc vne impieté de ne la pas supposer en Dieu, qui est vne bonté essentielle, qui est tellement nostre Prince, qu'il est nostre Pere, & dont les amours & les thresors sont inespuisables. Les centres reçoiuent auec plaisir les corps qui s'y portent, & les fortifient de leurs vertus sympathiques, auec vne liberalité qui satisfait tous leurs appetits, puis qu'elle appaise tous leurs mouuemens. D'où i'infere que Dieu est comme nous auons dit, vne circonference infinie, dont le centre est par tout ; s'il est particulierement la centre des hommes, & leur souuerain bien, il ne refusera pas leurs vœux, ny les approches de leur amour, s'ils se portent à luy par vn mouuement conuenable.

Quand les Cieux nous obligent de leurs lumieres, & de leurs vertus ; quand les saisons viennent reglement à leur tour ; quand la terre nous rend auec de grands interests, les fruicts que nous luy auons preftez, beaucoup de personnes rapportent toutes ces faueurs aux causes secondes, sans s'éleuer iusques à la premiere, qui a fait, & qui entretient les loix de cette police ; Mais quand apres auoir fait ses prieres à Dieu, on en reçoit vn secours sensible dans des affaires déja déplorées, c'est lors que les sentimens interieurs, plus forts que toutes les demonstrations de Dialectique, nous contraignent d'adorer la Prouidence diuine, & cette bonté souueraine qui se laisse toucher à nos vœux. Les peuples dont le Ciel auoit pris la protection, apres l'auoir demandée par leurs prieres, ont veu les Elemens armez de foudres & d'orages, qui combattoient pour leur querelle, & qui mettoient leurs ennemis en déroute; on a veu les fleches retourner sur ceux qui les tiroient, & qu'vne terreur panique a fait leuer le pied à des armées, qui en apparence deuoient triompher de tout le monde.

Outre ces experiences il n'y a personne qui ayant traité quelques affaires, n'ayt vne infinité de fois reſſenty des effets admirables de ſes prieres, & qui ne ſe ſoit veu deliuré de l'oppreſſion de ſes ennemis, par la main de Dieu, auſſi ſenſiblement que ſi vn Prince mettoit luy-meſme vn eſclaue hors de galere. Si cela n'eſtoit, & ſi les prieres eſtoient touſiours inutiles, il y a long-temps qu'il n'y auroit plus de Religion dans le monde ; les grands reſpects que les hommes rendent à la Diuinité ſe fuſſent changez, ou en meſpris, ou en ces indignations, que l'eſprit conçoit contre vn pouuoir qui neglige noſtre ſecours; contre vne mauuaiſe volonté, qui apres auoir inutilement entretenu nos eſperances, ne nous donne enfin que des ſuiets de triſteſſe.

Il pouuoit ſoulager nos neceſſitez ſans que nous luy en fiſſions la priere, & préuenir nos demandes par ſes largeſſes, comme il remplit le lieu deuant qu'il ſouffre le vuide, & comme il exerce ſa prouidence ſur les eſtres inanimez auec vne bonté à qui il ſuffit de voir leurs beſoins pour les ſecourir; mais il eſtoit conuenable que les hommes receuſſent ſes graces en les demandant, parce qu'eſtant ſeuls entre les creatures inferieures qui ont la puiſſance de s'éleuer à luy, ils ne la doiuent pas laiſſer inutile; ce leur eſt vne faueur ſignalée d'auoir l'accez de ſa Maieſté, vne extreme conſolation qui redouble le bien-fait, de connoiſtre qu'il leur vient du Ciel, & qu'ils ſont en ſa faueur: lors meſmes qu'ils implorent le ſecours de Dieu, ils augmentent leurs meri-

tes

### DE LA PROVIDENCE DE DIEV. 303

tes, en ce qu'ils luy rendent plusieurs hommages par vne seule action; aduoüant sa Sagesse, qui void leurs necessitez; sa Toute-puissance qui peut; & sa Bonté qui se plaist à les soulager.

Ors'il veut que nous luy addressions nos prieres, il s'ensuit qu'elles operent quelque chose, & qu'elles seruent pour obtenir certaines graces, qui autrement ne nous seroient pas accordées; dautant que comme la Nature ne souffre rien d'inutil dans le monde materiel; comme tous les organes ont leurs propres fonctions qui reüssissent à leurs fins; comme les formalitez que les Princes ont estably dans la iustice ciuile, sont necessaires pour obtenir gain de cause; Aussi Dieu n'auroit pas voulu que dans le monde intellectuel il y eust des moyens & des inclinations inutiles; il ne nous auroit pas donné celle que nous auons de le prier, si elle ne seruoit de quelque chose, & n'auroit pas permis que ce mouuement de nos ames qui se porte à luy, c'est à dire au souuerain bien, se terminast en la priuation, n'ayant point d'effect. Vne vapeur chaude comme est celle d'vne chandelle que l'on vient d'éteindre, attire la flamme en bas par vn mouuement qui s'écarte de son centre, pour satisfaire à cette inclination commune à toutes les causes de se communiquer aux suiets disposez à receuoir leur vertu. Cette necessité naturelle nous est vn pourtraict des liberalitez de Dieu enuers nous; s'il est vn feu, comme nous auons dit, il

Tome 3.                                          R r

ne permettra pas que les prieres, qui sont comme les vapeurs d'vn cœur échauffé, s'éleuent iusques à luy, sans leur enuoyer le secours qu'elles demandent ; & comme il est la premiere cause, il ne se laissera pas vaincre en bonté par celles qui sont ses effets, & dans l'ordre de la Nature.

C'est donc aller directement contre la raison, c'est nier vne verité reconnuë de tous les âges, de tous les peuples, & que nos propres experiences nous rendent sensibles; enfin c'est blasphemer contre la bôté de Dieu, de dire que les prieres que nous luy addressons n'ont aucun effect ; il les entend parce qu'il est present par tout, & qu'il void toutes choses en luy-mesme; comme il veut nostre bien, il les entherine, & les rend tousiours efficaces si elles sont iustes; autrement on l'accuseroit d'vne rigueur qui ne seroit pas pardonnée entre les hômes.

Il est vray que de toute eternité il a connu les prieres que nous luy ferions; & les graces qu'il leur accorderoit; mais comme i'ay dit, parlant des bonnes œuures, cette prescience suppose, & n'empesche pas nostre liberté; comme aussi elle rend les prieres, nô pas inutiles, mais tres-efficaces; puisque c'est par leur entremise, & par leur moyen qu'il dône ses graces. Il a veu que nos Oraisons auroient la pureté & la ferueur necessaires pour estre exaucées; il a veu aussi toutes les faueurs dont il nous gratifieroit, en suitte de cette bône disposition, c'est pourquoy il ne se faut pas imaginer qu'il y ait quelque

changement en luy, quand il entherine nos requestes, dautant qu'il ne fait rien en cela que de toute
éternité il n'ait conneu, & voulu estre fait dans le
temps, sans blesser aucunement nostre liberté, ny
la sienne, comme nous auons dit.

*Pourquoy les hommes ne ressentent pas tousiours vn
effect fauorable de leurs prieres.*

### CHAP. XVIII.

LA foiblesse humaine fait icy ses plaintes, & se tient beaucoup offensée de ce qu'apres auoir importuné le Ciel de longues prieres, elle n'en void bien souuent aucun effect fauorable; mais ie supplie ces personnes mécontentes de rentrer en elles-mesmes, de considerer quel est leur merite deuant qu'accuser Dieu de ce qu'il ne les oblige pas de ses bien-faits, & de souffrir la loy qu'elles font elles-mesmes passer comme tres-equitable dans les affaires du monde. Si les hommes veulent exercer quelques liberalités, ce n'est pas en toutes les mains qui se presentent, car ils se persuadét que c'est se fascher contre son bien, c'est le ietter par vne vitieuse profusion, & non pas le donner auec iugement par vne loüable magnificence, d'en gratifier ceux qui en sont indignes. Cependant quoy qu'ils ayent l'ame noircie de pechez, qu'ils en soient esclaues, sans droict & sans action pour ce qui est du commerce auec le Ciel; quoy qu'ils soient infames & préuenus de malefices plus enormes que ceux qui oftent la voix en iugement; ils voudroient que Dieu leur departift autant de faueurs fur leurs prieres, que s'ils auoient merité fes affections par leur innocence.

Pythagore commandoit qu'on adoraft Dieu eftant affis, pour fignifier que l'ame doit arrefter les mouuemens irreguliers de la partie fenfitiue, fi elle veut luy eftre agreable, & que pour obtenir fes faueurs elle fe doit conformer autant qu'il luy fera poffible à fa nature fouuerainement fainéte & parfaicte. Celuy qui s'abandonne aux defordres de fes paffions, n'eft pas veritablement vn homme, puis qu'il n'en fait pas les deuoirs; C'eft vn Lion s'il ne refpire que la colere & la vengeance; c'eft vne befte infame s'il fe veautre dans les voluptez; pourquoy trouue-on eftrange s'il n'eft pas entendu de Dieu, n'ayant plus la qualité qui luy en donnoit l'accez, & qui le rendoit digne de fes faueurs?

Si les Loix iugent cette rigueur paternelle tres-équitable, qui pour punir la defobeyffance des enfans, les reduit au rang des étrangers par l'abdication, & les laiffe languir dans la mifere, fans leur donner aucune affiftances; les hommes meritent vn plus rude chaftiment, & de ne rien obtenir de Dieu qui eft leur Pere, quand ils ne luy rendent pas les deuoirs de fils. Sa bonté fe laiffe toucher à leurs prieres s'ils s'humilient par la penitence ; mais de se presenter deuant ce souuerain Iuge, & luy demander quelque bien auec vn cœur qui commet encore de nouueaux crimes en desirs, c'est se rendre partie contre soy-mesme, puis que le peché donne le reproche aux prieres, & que c'est vn accusateur dont la voix puissante couure toutes les autres ; Aussi c'estoit vne ceremonie des anciens sacrifices, de commander par vne publique proclamation, que les prophanes eussent à se retirer bien loin, comme si le Ciel les auoit tellement en horreur, qu'il ne voulût rien accorder aux assemblées où ils seroient, & comme si leur presence infectoit les vœux de tout vn peuple. Si donc les hommes ne ressentent pas tousiours vn effect fauorable de leurs prieres, c'est parce que leur vie les rend criminels, & qu'ils demandent ce qu'ils ne meritent pas d'obtenir.

Mais voyons la qualité des choses qu'ils demandent, s'il y a moins d'imperfection, & de moindres causes de refus dans les objects, que dans les personnes. L'vn faict ses prieres afin que ses vsures continuent heureusement leurs conquestes, & qu'elles attirent toute la substance des pauures dans ses thresors ; l'autre demande le gain d'vn procez qu'il a iniustement intenté ; que les personnes qui font ombre à sa reputation, tombent dans l'infamie ; que les veufues & les orphelins ne trouuent point de defense, afin qu'il puisse vsurper leurs facultez ; que les machines de ses mauuais conseils, de ses fourbes, de ses perfidies puissent bien iouer ; qu'il en reçoiue de l'applaudissement, & que le blasme de tout ce qui ne semble pas iuste ; retombe dessus l'innocent ; quel sacrilege ? quelle impieté des hommes, de vouloir rendre Dieu comme associé, & protecteur de leurs crimes ? de pactiser auec luy pour l'execution de leurs iniustes desseins ? de croire qu'il authorisera par son secours, des choses dont les stipulations ne seroient pas valables entre les hommes ? Ils enrichiront peut-estre les temples de quelques liberalitez ; mais ô miserables ! croyez vous Dieu comme vn Iuge qu'on puisse corrompre par les presens ? Croyez vous appaiser vn Prince, luy offrant quelque petite partie des despoüilles de ses suiets qui sont encore teintes de leur sang ? Pensez-vous gaigner les affections d'vn pere, quand vous luy presentez les membres écartelez de ses enfans, apres auoir exercé sur eux les derniers efforts, & les plus furieuses violences de la tyrannie ?

Ainsi ces offrandes ne sont que les témoignages de vostre crime, qui doiuent plustost attirer sur vous les foudres, que les faueurs de Dieu. Neantmoins quand apres ces prieres & ces oblations sacrileges il vous refuse ce que vous demandez, c'est vn acte de plus grande misericorde, que de ne pas donner de l'eau aux hydropiques selon leur desir ; d'oster le poignard des mains d'vn furieux qui se le veut mettre dans le cœur; d'interrompre l'assoupissement des personnes tombées en lethargie.

La chaleur de vos passions vous faict croire, qu'il seroit meilleur pour vous, d'auoir tout cet aduantage que vous souhaitez sur vos ennemis; ces richesses, ces honneurs, ces plaisirs, ces commoditez; mais Dieu connoist le déreglement de vos appetits, & qu'vn succez plus heureux de vos affaires ne feroit qu'enfler dauantage voſtre insolence. Vn homme de bon iugement refusera le depost à son amy, quand il le void prest à l'employer en des choses qui seront suiuies du repentir; & il ne veut pas qu'on luy puisse vn iour reprocher d'auoir ruiné ses affaires par affection. Vn pere bien sage monstre vn œil seuere & tient la rigueur à ses enfans, s'ils ne s'acquittent pas de leur deuoir; il leur refuse mesme leurs necessitez, pour leur faire ressentir leur faute par cette apparente indignation, & les remettre dans l'obeyssance, sinon par amour, au moins par vn sentiment de propre interest. Dieu se gouuerne ainsi auec les hommes de mauuaise vie, quand il leur refuse l'entherinement de leurs requestes. Ce rebut les aduertit de prendre garde aux imperfections qui les rendoient indignes de ses faueurs, & en cela mesme il fait mourir les feux de concupiscence, ostant les matieres dont ils s'entretiennent. Prouidence admirable qui se sert des sentimens, & des passions mesmes de la nature, pour nous rendre dignes de ses graces.

La plus grande difficulté consiste en ce que les hommes de bien, & ceux qui sont les plus esleuez en vertu, n'ont pas tousiours l'effet qu'ils s'estoient promis de leurs prieres. Ce poinct regarde ce que nous dirons plus bas, pourquoy ils sont affligez en cette vie. Mais pour resoudre cette importante question en peu de mots ; il nous suffit de considerer ces personnes comme des mineurs sous la tutelle de Dieu, dont il n'est pas raisonnable qu'ils obtiennent tout ce que leur inclination, ou leur iugement leur fait paroistre équitable. Leur zele n'est que feu, mais c'est quelquesfois comme celuy des torrens de souffre dégorgez par les montagnes ardentes, qui au lieu de poincter en haut, ne fait que rouler sur terre, & desoler les campagnes : Ils s'abusent en la poursuite de leurs desseins, & comme ils ne sçauent pas les decrets de la Prouidence diuine, ils veulent employer des moyens violents pour des fins, qui doiuent reüssir par des voyes plus douces. C'est pourquoy Dieu arreste leurs pretentions par des disgraces inesperées, & prend luy-mesme la conduite de ce qu'ils n'auoient entrepris que pour sa gloire.

Si de mesme ils souffrent quelques incommoditez dans leurs affaires particulieres, c'est vn remede dont ils ne se pouuoient passer ; vne diete qui
deuoit

deuoit purger leurs humeurs peccantes, & affoiblir vne plenitude qui les menaſſoit d'vne perilleuſe maladie. Puis qu'ils ne pretendoient que l'honneur de Dieu, il prend luy-meſme la conduite de ſon affaire; il couronne leurs bonnes intentions, & leur accorde le principal, changeant les moyens dont ils n'auoient pas fait vn choix bien iudicieux. Vn Prince qui ſe void importuné par ſon fils, de luy octroyer ce qui eſt préiudiciable à ſes intereſts, comme il l'aime, & ne veut pas le deſobliger, il entretient ſes eſperances par quelques remiſes, pour alentir petit à petit ſes deſirs, iuſque à ce que l'occaſion luy rende la choſe commode, ou que le temps luy faſſe naiſtre de nouuelles affections. Ainſi quand Dieu ne donne pas aux gens de bien vn ſuccez tel que leurs prieres ſe l'eſtoient promis, c'eſt qu'il ne leur ſeroit pas aduantageux; & cependant qu'il les entretient de conſolations interieures, il leur fait perdre le gouſt des commoditez du monde.

Il ne faut pas conſiderer ſi le bien-fait eſt agreable quand on le confere, mais s'il le doit eſtre; & s'il ſe trouue quelques indiſpoſitions dans ceux qu'il oblige, qui en empeſchent la connoiſſance: comme vne piece d'or n'eſt pas moins bonne, quand vne perſonne ignorante n'en peut diſcerner le prix. Il ſuffit que les bonnes ames obtiennent le principal de ce qu'elles deſirent, à ſçauoir l'honneur de Dieu, & leur ſalut, en ſorte que la

Tome 3.  Sſ

confiance qu'elles sont obligées d'auoir en la souueraine bonté, doit suppléer au defaut de toutes les satisfactions sensibles. Ie croy que les anciens escriuirent pour cet effect sur le frontispice du temple de Delphes cet aduis, qu'il faloit se tenir ioyeux, par ce que remettant nos affaires en la bonté diuine, elles ne peuuent auoir qu'vne bonne issuë, encore qu'elles ne succedent pas selon nos proiets. Celuy qui se sçait sousmettre à la Prouidence de Dieu, & qui a cette ferme opinion de sa bonté est tousiours content parmy les faueurs & les disgraces du monde, par ce qu'il rapporte tous les euenemens à la souueraine sagesse qui prend sa conduite, & non pas à des causes inexorables en leur necessité, aueugles & temeraires en leur gouuernement.

*S'il y a du Destin.*

## CHAPITRE XIX.

LA Prouidence Diuine a joinct les substances materielles par de si estroites sympathies, qu'elles ne font toutes ensemble qu'vn monde, & s'entretiennent par des correspondances plus iustes que celles qu'on void entre les parties de nostre corps, & les offices d'vne Republique. Mais par ce qu'elles ne peuuent pas auoir l'estre toutes ensemble, à cause que l'estenduë du lieu est trop estroite pour les contenir, & que le temps qui les porte, doit representer l'eternité par vne succession de parties, elles entrent en la Nature à leur rang, & en sortent apres auoir produit certains effects qui leur ressemblent, & qui se rendent à leur tour, principes de ceux qui leur doiuent succeder. Cet ordre & cette enchaisnure de causes s'appelle destin, que quelques-vns disent dépendre des Cieux, de sorte que leurs mouuemens reguliers, & necessaires imposent vne ineuitable necessité aux naissances, & aux actions des choses inferieures.

Il me semble que ce n'est pas employer tout ce que l'on doit de force & d'industrie contre cette opinion, de la vouloir renuerser en agissant contre les Astrologues, seulemét à cause que la distinction des maisons celestes, sur lesquelles ils fondent leurs iugemens, & ausquelles ils attribuent diuerses influences, ne se peut establir par aucunes preuues. Ie ne veux pas rapporter icy celles qui sont alleguées par les autheurs de cette science, par ce que ie n'ay pas dessein de leur seruir d'Aduocat. Mais supposé que ces obseruations fussent vaines, ceux qui les combattent aduoüent en general, que les Cieux influent sur le monde inferieur. Ainsi selon leurs sentimens nous sommes encore plus suiets au destin, s'il n'y a point de science de ce qui dépend du Ciel ; car par ce moyen il nous conduit comme des aueugles, & nous sommes d'autant plus escla-ues de sa necessité, que nous preuoyons moins ses effects. Sans donc nous amuser à combattre des principes dont toute l'antiquité demeure d'accord, & qu'on soustient se pouuoir iustifier par experience, ie prends mes pensées de plus haut, pour renuerser l'opinion du destin: & si ie puis monstrer que sa necessité n'a point de lieu, mesme pour les choses materielles, & qu'elles sont dans la contingence, il nous sera facile d'inferer de là, qu'il n'offence point nostre liberté.

Nous auons dit que Dieu est vne essence necessaire, eternelle, immuable, par ce qu'il possede toutes les perfections possibles dans vne parfaite independance; & que comme il n'y a point de bontez estrangeres qui puissent doner de l'accroissement à sa plenitude, rien ne luy peut faire souffrir de diminution. Les celestes Intelligences, qui entre les creatures sont les plus voisines de ses grandeurs, souffrent aussi moins de changement, leur amour est necessaire, & leur iouyssance cótinuë du souuerain bien; ce grand Soleil de iustice qui n'a point d'Occident pour eux, leur donne vne félicité qui ne finira iamais: neantmoins elles peuuent receuoir de nouuelles illustrations, découurir les decrets de Dieu, qui auparauant ne leur estoient pas connus; estre employées en leur execution, par vne espece de changement qui les fait déchoir de l'immutabilité du premier principe, dans lequel il n'y a rien

## DE LA PROVIDENCE DE DIEV.

de nouueau. Quant aux Cieux, comme ils sont les plus accomplis de tous les corps; ils souffrent aussi fort peu d'alteration. Il est vray qu'ils versent sur nous vne grande diuersité d'influences, & qu'ils n'ont iamais les mesmes aspects: mais c'est par vn mouuement regulier, qui entretient vne égalité generale entre ces mutations particulieres, & qui doit enfin clorre toutes ces periodes ramenant les Astres au mesme poinct d'où ils ont commencé leurs cours.

Si les Cieux ont le mouuement que nous pouuons appeller immobile, à cause qu'il est égal, necessaire & regulier, il s'ensuit que les degrez inferieurs de la Nature, qui participent moins de l'immutabilité de Dieu, auront aussi leurs mouuemens moins iustes, moins necessaires, & moins determinez, parce que comme le nombre est sous l'vnité, le mouuement sous le repos, la contingence est sous le necessaire: Ainsi quoy que les corps des Elemens ne soient pas tout à fait bannis de leurs regions, leurs parties font vn échange continuel de qualitez, par leurs actions reciproques, & par le meslange qu'ils souffrent dedans les mixtes, quand ils s'y engagent, qu'ils s'y choquent, & qu'ils s'en retirent.

Les estres qui se forment de leur rencontre, sont encore beaucoup plus dans la contingence, qui consiste en ce que le Ciel offrant ses lumieres & ses vertus, selon lesquelles les choses doiuent estre en vn certain degré de perfectió, neantmoins ils chāgent, & se font tout autres que l'influence superieure ne le permettoit; ou à cause d'vne matiere mal disposée; de la resistence des contraires; ou du defaut du principe, dont quelquesfois la forme lassée n'a plus que des actions languissantes ; enfin pour vne infinité d'autres inombrables rencontres, qui font la diuersité dans les productions de la Nature. Aussi nous voyons que les pierres, les plantes, les animaux d'vne mesme espece, ne sont pas semblables en vertus, en figures, en couleurs, en qualitez, sous vn mesme climat : & quoy que leurs naissances soient sous vne mesme constitution du Ciel. Dautant que ces corps superieurs tiennent lieu de cause vniuerselle à ceux d'icy bas, & leur dōnent la force d'agir, mais non pas d'agir de cette maniere: Ils presentent leur vertu generale, qui est determinée par celle des causes secondes, comme l'est la lumiere par les couleurs qu'elle nous fait voir: autrement leurs formes, & les vertus actiues qui les accompagnent, seroient vaines si elles n'auoient la force de faire cette determination.

Que si l'on veut encore soustenir contre la raison & l'experience, que les Cieux s'assuiettissent les choses inferieures; que leurs influences font vn destin, vne loy, vne necessité; & qu'ils determinent toutes choses par leur vertu, comme ils les enferment par leur circonference, il s'ensuit qu'ils sont cause de tout ce qui se fait au monde; & les moindres choses qui ont moins de droict à l'action, seront plus suiettes à leurs influences: à ce compte tous les replis des flots de la mer; tous les mouuemés des atomes qui s'entrechoquent dans le rayon du Soleil; des mouches qui remplissent l'air; des fueilles qui tremblottent dessus les arbres, dependent d'vne influéce particuliere du Ciel: Il faudroit qu'il eust vne inombrable diuersité de constitutions en moins d'vn clin d'œil, pour faire étendre & reserrer les aisles des papillons; pour peindre & effacer toutes les images inconstantes en la fantaisie des brutes; pour donner des entortillemens aux tourbillons, & aux grains de poussiere dont ils se iouent. Ce que chacun void estre tres-impertinent, & mesme impossible, puis qu'en vn mesme instant, & sous vn mesme aspect, il se faict vne infinité d'actions, & de mouuemens tous contraires.

Que si les corps qu'on aduouë dépendre des Cieux, n'en reçoiuent pas neantmoins les vertus auec vne entiere necessité, & s'ils les determinét selon leurs dispositions, qui osera soustenir, que les hómes soient sujets aux astres, & emportez en leurs actiós par le destin? Quelqu'vn pourroit dire, que c'est vn defaut aux choses materielles, de ne suiure pas parfaitement l'ordre que le Ciel leur donne, & d'estre refractaires à ses ordonnáces, parce qu'elles n'ont pas proprement le droict de leur conduite. Mais personne ne peut nier que ce ne soit vne gráde perfection à l'homme d'estre libre de cette subiection, d'autant que les Cieux ne luy tiennent pas lieu de principe, pour luy imposer la Loy ; son ame est immaterielle, ainsi elle n'est pas dans l'ordre des corps sujets à l'influence des astres, mais au contraire elle leur domine; elle les surmonte par l'étenduë de ses recognoissances, & par la liberté de ses volontez, comme i'en ay fait la preuue. Estant de la cathegorie des estres spirituels, Dieu est son principe immediat, d'où elle releue beaucoup plus, que les choses materielles du Ciel ; la considerant ainsi il est vray que ce luy est vn defaut de n'estre pas necessitée au bien comme luy, & comme les esprits bien-heureux qui sont en possession de sa gloire; neantmoins ce luy est vne grande perfection d'estre affranchie des subiections communes au corps, & d'auoir le chemin du merite ouuert par sa liberté.

Il suffit de consulter nos experiences, & nostre façon ordinaire d'agir, pour conuaincre les plus opiniatres qu'il n'y a point de destin. Car s'il faut s'engager dans quelque entreprise, nostre raison cherche tous les moyens, & tous les expediens propres pour y reüssir; elle préuoit toutes les disgraces; elle se retranche contre tous les assauts de la fortune; elle éuente toutes les mines des ennemis; & le monde n'a rien de possible, qu'elle ne s'efforce d'employer pour son secours. La Nature qui abhorre autant le superflu que le vuide, auroit inutilement imprimé dans l'homme cette inclination

de

de consulter, ces préuoyances, ces choix, ces dexteritez au maniment des affaires; elle gehenneroit en cela son esprit d'vn trauail ingrat, si l'euenement des choses estoit determiné par le destin.

Il ne faut point dire, qu'vne mesme necessité qui nous prescrit la fin, nous engage dans les moyens qui nous y conduisent, parce qu'en effect nous ne ferions point de choix, si nostre conduite ne dépendoit pas de nostre élection; La Synderese ne nous traicteroit pas en criminels; nostre ame ne sentiroit pas les douleurs du repentir; nos yeux ne verseroient pas des larmes de penitence, si vne mauuaise action ne procedoit pas de nostre faute; & l'amour propre qui conclud autant qu'il luy est possible en nostre faueur, ne chargeroit pas icy nostre innocence d'vn crime qui seroit commis par vne cause étrangere; comme dans les rencontres où nostre simplicité s'est laissée surprendre par vn mauuais conseil; ou quand nostre foiblesse a cedé à la crainte & à la force, nous ne tournons pas nos accusations contre nous-mesmes, mais contre la mauuaise foy qui nous trompe, & la tyrannie qui nous violente; Ainsi dans toutes les fautes dont nous auons de la honte, nos plaintes se deschargeroient seulement sur le destin, & non pas sur nous. Les exhortations seroient tousiours vaines, parce qu'elles inciteroient, ou à ce qui ne seroit pas possible, ou à ce qui seroit necessaire; Les Loix seroient iniustes en ce qu'elles recompenseroient les merites, & puniroient les crimes où ils ne feroient pas, fi les hommes agiſſoient par neceſſité; Vn Laboureur deuroit attendre les bras croiſez que ſes terres portaſſent des moiſſons ſans trauail; Vn homme ignorant de la marine, deuroit conduire auſſi dextrement vn vaiſſeau qu'vn Pilote bien experimenté; on reüſſiroit également au gain d'vne cauſe auec vn mauuais, qu'auec vn bon Aduocat; Il ne faudroit point commettre pluſtoſt ſa ſanté au gouuernemét d'vn ſage, que d'vn ignorant Medecin, ſi le deſtin commande toutes nos affaires, & s'il ne faut rié eſperer de nos induſtries.

La Nature imprime vne meſme inclination en tous les animaux d'vne meſme eſpece; mais les hommes ſont plus differens en opinions, en mœurs, en deſſeins, en façon de viure, qu'ils ne le ſont en viſage. Cela ne ſeroit pas ſi vne cauſe vniuerſelle determinoit leurs actions; comme elles procederoient d'vn meſme principe, elles ſeroient toutes ſemblables, au moins elles auroient de grandes conformitez.

Si l'aſſoupiſſement des Loix donne ouuerture à la licence des mœurs, les bons meſmes ſe relaſchét quelquefois au mal; mais quand la police ſe conduit auec ce qu'elle doit de ſeuerité, la crainte arreſte la diſſolution des méchans, l'on voit les peuples ſe reduire au bien, non par l'inclination ſeule de leur nature, mais par la diligence de ceux qui gouuernent. Le feu bruſle, vn more eſt noir, les pierres tombent naturellement en bas, en quelque climat de la terre, & sous quelque constitution du Ciel que vous voudrez; mais vn homme se peut corriger de ses defauts, & prendre des habitudes directement contraires aux inclinations qui naissent du temperament, en quelque pays qu'il soit, & sous quelques mauuaises influences que verse le Ciel. Que l'on obserue les natiuitez, on verra qu'au temps, qui est dominé par Saturne, par direction, ou par profection, l'on a des emplois ioyeux, & qu'on iouyt quelquesfois des plus agreables diuertissemens en cette saison menacée de melácholie. Le destin des peuples ne change pas, mais il se monstre impuissant, quand vn Prince les oblige à changer de mœurs; & vn million de personnes qui ont les horoscopes differens, se voyét reduits à faire les mesmes actions, sous le commandement d'vne mesme Loy. Ce n'est pas Mars qui fait les guerriers, mais la naissance noble, l'occasion d'vne cópagnie, d'vne guerre, vn desir d'honneur, qui fait quitter les liures pour prendre les armes.

Donnez-moy des Prouinces, & des personnes dominées par Mercure, neantmoins elles ne s'adonneront pas aux sciences si la Loy du Prince les interdit, comme en Turquie, & l'on y verra vn homme au dernier poinct de l'ignorance, auec vne natiuité qui le feroit croire vn grand Philosophe. Que les Courtisans ne recourent donc plus à l'inimitié du destin, pour excuser les disgraces dont le

Prince punit iustement leur mauuaise mine, ou l'indiscretion de leur conduite? Que les libertins ne se flattent plus dans leurs crimes, comme s'ils leur estoient commandez par vne fatale necessité, puis qu'en effect mille raisons, & mille experiences nous font aduoüer que nous sommes maistres de nos actions, que les influences du Ciel au dernier poinct de leurs forces, donnent seulement des inclinations que la vertu peut surmonter, & dont elle se fait tous les iours des subiects de gloire.

On a fait valoir cette opinion du destin dans les armées, pour donner courage aux soldats, & leur persuader que la mort ira aussi tost trouuer parmy le bagage, qu'à la breche, & dans la meslée: Mais ie pense qu'vn soldat empescheroit bien fort son Capitaine, s'il luy repliquoit, que si le destin a determiné la défaite des ennemis, qu'il n'est pas necessaire qu'il se mette en deuoir de combattre, puis qu'elle arriuera quand ils ne feroient qu'en estre les spectateurs; que s'ils doiuent auoir l'aduantage, toutes les resistances qu'on leur pourra faire, seront inutiles. Cette opinion bien entédüe encloüe toute l'artillerie, elle abbat au lieu de releuer les courages, s'il est vray que leurs efforts sont inutils contre le Destin, & que la victoire ne vient pas de la vaillance, mais de cette fatale necessité.

Qu'on me donne vn homme, que Mars infortuné en la huictiesme maison, menasse d'vne mort violente par effusion de sang, ie m'asseure qu'on le iette pieds & mains liez dans la mer, qu'il perira par les eaux; ou si la Lune affligée en mesme lieu, luy predit vne mort par le naufrage; qu'on le mette à la bouche du canon, qui doute que malgré les Astres & les Horoscopes il ne meure par le fer & le feu? Si on s'estonne pourquoy le boulet emporte plustost vn Soldat, qu'vn autre; ie dis que céla ne procede pas de ce que le Destin l'ait choisi entre plusieurs; mais de ce que cet homme s'est trouué au lieu où le coup passoit, par vne récótre qui n'estoit pas necessaire, mais contingente, à cause qu'il s'estoit porté en cette place par vn mouuement libre.

Il est aisé de connoistre que les astres ne determinent pas nostre mort, quand on void l'exemple de ceux qui ayant des corps mal sains, prolongent leur vie par vn bon regime, comme on rapporte de Philetus & Herodicus, hommes fort doctes, qui par artifice prolongerent leur vie iusques à cent ans, quoy que leur indisposition naturelle les menaçast de mort dés le premier âge.

Si l'on veut soustenir que les Astres marquent necessairement la fin de nostre vie, ils doiuent auoir le mesme droict sur les brutes, & sur les fruicts. Or si l'on fait l'horoscope d'vn bœuf, d'vn mouton; ou de ces animaux qu'on engraisse, on void qu'ils meurent tousiours de mort violente, quoy qu'ils soient venus au monde sous vne constitution du Ciel extrémement fauorable. Comment diſtinguerez-vous la bonne fortune des pigeons qui ayant eſté couuez en meſme temps, les vns ſont mangez petits, les autres ſont laiſſez pour repeupler le colombier? De diuerſes fleurs qui eſtant ſorties à meſme heure de leur bouton, les vnes ſont abbatuës par les vents, les autres rongées par les vers, les autres cueillies en leur beauté, les autres meuriſſent, ſe paſſent, & ſont laiſſées pour la graine. Il n'y a pas plus de raiſon d'alleguer le deſtin pour la mort des hommes, que de ces choſes qui ſont encore plus ſujettes que nous à l'influence des Cieux, & qui n'ont pas dequoy reſiſter à leurs motions; que ſi neantmoins nous voyons par experience que leur vie, ny leur mort ne dependent pas du Ciel, ny du deſtin; il faut faire le meſme iugement de nous, & rejetter ces meſmes ſuperſtitions qui embaraſſent les eſprits; qui débauchent bien ſouuent les meilleurs courages; qui vont rechercher le mal bien loin deuant qu'il arriue; qui gelent le cœur de crainte & de triſteſſe, pour des occaſions dont le ſuccés ſera glorieux. Quelles preuues demandons-nous plus expreſſes de noſtre liberté que nos propres experiences; & pourquoy ces vaines imaginations de deſtin nous feroient-elles quitter vne verité qui eſt dans noſtre ſentiment? Nous ſommes libres, & comme il n'y a point de mal, qu'vne ame ne puiſſe commettre, quand elle ne veut pas ſuiure la raiſon; il n'y a point de vertus où elle ne puiſſe faire vn grand progrez; point de mal-heurs qu'elle n'échappe, si elle se sçait bien seruir de sa liberté & des graces que Dieu luy donne. La Prudence, la Iustice, la Force, la Pieté, & ces autres diuines qualitez, sont les armes d'or, auec lesquelles Platon dit que le sage combat le destin, & conqueste sa bonne fortune.

---

*De la bonne Fortune.*

## Chap. XX.

LE monde est vn theatre qui nous represente tous les iours de nouueaux sujets d'admiration, par des rencontres inesperées, & des euenemens qui ne se peuuent rapporter, ny à l'influence des Cieux, ny à la vertu des agens particuliers. Mais les hommes qui ne voyent aucuns effects, dont ils n'ayent l'ambition de sçauoir la cause, s'en forgent vne imaginaire, n'en trouuant point de veritable; & parlent de la fortune, comme si c'estoit vn principe réel de tout ce qui arriue contre nostre attente, & de ce qui n'a point de connexion necessaire auec les actions dont il est produit. Par exemple, si vn païsan labourant la terre, y trouue vn thresor, c'est contre son intention, qui n'auoit esté que de dóner cette façon à la terre, pour la disposer à receuoir la seméce, & non pour y faire vne si heureuse rencontre: qu'vn auare ait enseuely son argent au mesme lieu, où cent ans apres ce Laboureur deuoit enfoncer le coultre de sa charuë plus auant que son ordinaire, c'est dequoy personne ne peut rendre aucune raison; & ce qui a fait dire aux Loix Romaines, que l'inuention d'vn thresor estoit vn don de fortune. On peut rapporter à cela ce que nous lisons dans l'Histoire, d'vn Peintre, qui n'ayant pû bien representer l'escume d'vn cheual auec tout ce qu'il auoit d'artifice, y reüssit en perfection, ayant ietté son pinceau sur sa figure, comme par desespoir: d'vn Prince qui fut guery d'vn abscez interieur, par vn coup de poignard, dont vn parricide creut l'assassiner; de plusieurs siévres quartes arrestées par des craintes violentes, par des cheutes precipitées, par des tourmens qui ayant eschauffé la bile & le sang, surmonterent la melancholie. C'est pourquoy la Medecine recourt aux remedes extrémes dans les extremitez d'vn mal où la science se trouue vaincuë; & les conseils de police ne donnent iamais vn tel ordre aux plus importantes affaires, qu'ils n'y laissent tousiours quelque chose à esperer de l'hazard.

Les hommes baptisent ainsi ces occasions, dont la cause leur est cachée, mais elle est tres-distinctement connuë de Dieu, & ce qui est à nostre esgard vn coup de la fortune, est vn effect préueu, & ordonné par sa Prouidence. Comme si vn homme enuoyoit secrettement deux de ses seruiteurs

teurs en diuers endroits, leur aſſignant le chemin, de ſorte qu'ils deuſſent venir au rencontre, chacun d'eux ſeroit ſurpris en cette entreueuë, & l'imputeroit à l'hazard, quoy que leur maiſtre en eut ainſi diſpoſé. Deux aueugles viennent l'vn contre l'autre de front, & s'entrechoquent, par hazard, comme ils ſe l'imaginent, quand apres vn premier mouuement de cholere ils ſe ſont retenus à la voix, & pardonné leur commune faute, qui naiſt d'vne ſemblable impuiſſance; mais moy qui les regarde aller droict l'vn contre l'autre, dans vn petit ſentier d'où il n'y a point de detour, ie préuois de loing, & par raiſon, ce qui leur arriue. Ainſi Dieu laiſſe agir nos libertez, d'où naiſſent les occaſions, & vne infinité de rencontres ineſperées à noſtre égard; mais la ſouueraine Sageſſe void & permet tous ces incidens, & en tire tout ce qu'il luy plaiſt d'auantage pour ſa gloire: Il laiſſe agir les cauſes naturelles ſelon leurs inclinations; & les fait tellement concerter auec nos mouuemens libres, qu'elles nous apportent pluſieurs commoditez, qui paſſent nos eſperances. Comme quand ce Laboureur dont parle Galien, fut guery de la lepre, par ce qu'il bût de l'eau d'vne cruche où vne vipere eſtoit entrée : Dieu auoit veu que cette vipere rencontreroit cette cruche contre le rocher où elle auoit ſon giſte ; qu'elle s'y precipiteroit ; qu'apres ce moiſſonneur ſe voudroit deſalterer de cette eau, où il trouua ſa sa santé, & la medecine son instruction.

Quelques-vns remarquent, que les hommes sentent des émotions extraordinaires, des instincts & vne espece d'entousiasme qui les portent dans les rencontres où est leur bon-heur; & c'est ce qui a faict passer pour Loy entre les anciens Cabalistes, qu'il ne faut entreprendre que les affaires pour qui l'on ressent de l'inclination. Ceux qui sont gratifiez de cette faueur ont vne preuue tres-manifeste de la bonté Diuine, qui ménage leurs interests, qui prend leur tutelle, & qui gagne leurs consentemens par ces impulsions fortunées, presque aussi sensibles, que celles dont vn bon genie obligeoit Socrate.

Cela paroist auec bien plus d'éclat dans vne personne appellée au gouuernement public, en qui l'on ne demande pas seulement la Iustice, la Generosité, la Prudence, & les autres vertus Royalles; mais encore la bonne fortune, comme vne condition necessaire pour establir son authorité, pour tenir ses ennemis en crainte, & ses peuples en esperance: Aussi Rome donna la conduite de ses armées à Marcellus, à Scipion, à Marius, & aux autres grands Capitaines, non pas tant à cause de la vertu qui les rendoit recommandables, que du bon-heur, qui accompagnoit ordinairement leurs entreprises; Et la coustume estoit de mettre vne statuë d'or de la Fortune dans la chambre des Empereurs, afin qu'ils apprissent par cet object, que leurs personnes & leurs sceptres estoient sous la protection d'vne puissance superieure. Ils ne s'imaginoient pas que l'industrie si necessaire au gouuernement, que l'ordre ; que cette iudicieuse disposition des affaires & des personnes, qui fait la bonne police procedassent d'vne aueugle Deité, qu'estant au dernier poinct de l'inconstance elle peut inspirer au Prince cette vertu qui doit tenir fort contre les déreglemens d'vn peuple, contre les nouueautez que l'ambition, ou l'auarice veulent faire passer au desaduantage des meilleures loix. Mais quoy que le vulgaire creut de la fortune, l'opinion des Sages estoit, que la mesme Prouidence qui préside aux Cieux, aux brutes, aux elemens, qui assiste les personnes particulieres de ses faueurs, prend la principale conduite des Estats, d'où dépend la commune felicité des hommes en cette vie : Que s'ils la representoient auec des qualitez peu conuenables à vne souueraine Sagesse, c'est qu'ils exprimoient leur defaut, & non pas le sien ; comme la Theologie dit, que Dieu habite dans les tenebres, quoy qu'il soit toute lumiere ; parce que ses infinies perfections ne peuuent estre comprises par nos connoissances. Ainsi ils representoient cette Deité aueugle, dautant que nous n'auons point d'yeux pour voir la tissure delicate qu'elle fait de certains moyens, & de ces bien-heureuses rencontres qui nous gratifient au delà de tous nos souhaits. Quand ils la figurent vn pied

V v ij

sur vne boule, flotante au gré des ondes, & d'vne mer enflée d'orages; ils voulurent signifier cette Iustice Diuine qui oste les Sceptres à discretion; qui precipite les Princes du plus haut degré d'honneur dans l'abysme de la misere, quand l'insolence & la tyrannie les écartent trop de leur deuoir; que dans la vicissitude des choses du monde, plus changeantes que n'est l'Occean, ils iouyssent de quelque constante felicité, qu'ils luy en sont redeuables; que c'est elle qui les met sous la protection de quelque sublime Intelligence, & qui donne les heureux succez à leurs entreprises.

Ainsi Edouard I. Roy d'Angleterre experimenta que ses armes estoient heureuses contre Robert Roy d'Escosse, toutes les fois qu'il estoit presant à son armée; & comme si la bonne fortune de l'Estat eut esté attachée à sa personne, afin de luy conseruer ses victoires, en mourant il commanda à son fils qu'il portast ses os auec luy dans toutes ses expeditions. C'estoit vne coustume receuë chez les Indiens, d'auoir ainsi les momies, ou les squelettes des grands Capitaines dans le camp. Apres que Iean Zisca eut fait de grands dégats dans la Boëme pour y maintenir l'opinion de Vviclef par les armes, il commanda qu'estant mort on fist vn tambour de son cuir, comme si son battement eust pû ietter la terreur dans ses ennemis, & attirer la victoire de son costé. Quelques-vns disent que

## DE LA PROVIDENCE DE DIEV.

les Anges qui ont donné la bonne fortune aux personnes pendant leur vie, la continuent à leurs reliques, & que c'est ce qui rend le transport des momies d'Egypte fort perilleux, parce que les Anges excitent des tempestes sur la mer, pour empescher l'exil de ces corps qu'ils fauorisent & qu'ils tiennent encore sous leur protection. Au moins ils iugeoient que la fortune n'est pas si aueugle, qu'elle ne fasse choix de quelques personnes, ny si inconstante qu'elle ne continuë ses faueurs, mesmes iusques apres la mort.

Neantmoins l'Histoire nous fait connoistre, que la bonne fortune n'est pas vne propriété inseparable de la personne, ny vn droict qui luy appartienne, mais vn dépost, vn prest, vn employ, vne commission qui se reuoquent quand il plaist à la puissance Souueraine qui les cõcede. Cresus qu'on iugea le plus heureux, comme le plus riche Prince de la terre, eut vne fin tres-miserable comme chacun sçait; les exemples sont familiers d'vn Policrates, qui apres auoir vescu fort long-temps sans sçauoir ce que c'estoit de douleur ny de tristesse, fut en fin reduit à vn estat deplorable, où il fut cõtraint de souffrir toutes les rigueurs de la vie; D'vn Bajazet, d'vn Sapor, & de plusieurs autres Princes qui ont esté traitez par leurs ennemis, non pas en esclaues, mais en bestes, iusques à leur seruir de marchepied. De trente-sept Empereurs de Rome on n'en remarque que deux qui ne sont point morts de mort violente. Et quand l'Hiſtoire de cette ville ne dous donneroit point l'exemple de Sejanus, chaque Royaume a des experiences aſſez ordinaires, & qui ne ſont pas moins ſignalées, ſi l'on en veut examiner les circonſtances pour conclurre, que la grandeur des courtiſans n'a pas touſiours des yſſuës auſſi fauorables qu'ils ſe les eſtoient promis.

Il ne faut point rapporter leurs diſgraces au deſtin ny à vne inconſtance qui peſle-meſle les choſes du monde, & qui fait trouuer au plus bas étage de la roüe, celuy qui peu auparauant eſtoit au plus releué; parce que quand on conſulteroit la raiſon & la Iuſtice, ils ne meriteroient pas vn moins rude traitement. Faut-il s'étonner s'ils periſſent quand ils donnent toutes les voiles au vent, qui pour eſtre bon ne laiſſe pas de leur deuenir trop fort? S'ils ſouffrent des maladies incurables par des repletions exceſſiues & continuelles? S'ils tombent apres s'eſtre enyurez de la faueur? S'ils ſouffrent plus de degats par ce deluge de biens, que les moindres perſonnes, par la pauureté qui trouue touſiours du ſoulagement. Ils s'emportent tout à l'exterieur, hé, qui s'étonnera ſi leurs conſciences eſtant vuides, ils ſouffrent les tremblemens qui renuerſent les montagnes creuſes? S'ils s'abyſment tout conſommez par les meſmes flammes, qu'ils ont vne infinité de fois vomy contre le Ciel, & les peuples?

Dieu leur a permis quelque temps cét éclat

d'honneur, afin de nous faire mieux conceuoir par leur cheute, que nous deuons assigner d'autres obiets à nos esperances. Il les auoit éleuez d'vne basse condition à ce magnifique estat, & puis il les dissipe comme des Cometes qui ne deuoient seruir que de présage; il chastie ses seruiteurs, il depose ses officiers infideles; il se sert de ces verges pour en corriger les peuples, & puis il les met au feu pour plusieurs importantes raisons de sa bonté, & de sa Iustice.

Ces changemens se font quelquesfois auec des prodiges dont nous auons parlé; & comme quand Denys le Ieune vint apres son pere au Royaume de Sicile, qu'il deuoit gouuerner auec plus de rigueur, & moins de bon sens, outre les Panegyriques que l'on luy dressoit, la mer parut douce dans le port de Syracuse. Cela signifioit au peuple qu'il trouueroit des douceurs dans l'amertume, & en ce que ses excez & ses mauuaises mœurs seroient purgez par les violences de ce ieune Prince.

Lors que Dieu commença d'arrester le bras de sa Iustice, & de tourner sur luy les chastimens qu'il auoit exercez par son moyen sur le peuple; il se plaignoit d'auoir succedé au Sceptre, & non pas à la fortune de son pere; il deuoit plustost imputer ses disgraces à ses mauuaises mœurs, & reconnoistre qu'elles estoient vne iuste punition de ses démerites. Aussi Seruius Tullius né d'vn esclaue, estát deuenu Empereur de Rome, ne voulut pas quitter le nom, qui marquoit la bassesse de sa naissance, & bastit premierement vn temple à la petite Fortune, comme pour signifier qu'il estoit redeuable de son Sceptre à la Prouidence de Dieu; & puis il en fit bastir d'autres à la Fortune, forte, masle, aisnée, genereuse, pour dire que la vertu luy seruoit plus que les armes & les industries, pour la conseruation de son Empire. D'où i'infere que la bonne fortune est vn effect de la Prouidence, & de la Iustice de Dieu.

Mais on s'estonne de ce que des vsurpateurs qui se sont iniustement emparez des Royaumes, se les conseruent auec la mesme felicité qu'ils les ont conquis, comme s'ils auoient couppé les aisles à la fortune; à l'exemple des Romains, de peur qu'elle ne s'enuolast de leurs terres. Si on prend la peine d'examiner les Histoires particulieres des Estats qui ont souffert ces grands changemens, l'on verra qu'ils s'y estoient disposez d'eux-mesmes par le débordement de leurs mœurs, par le desordre de leurs conseils, par les laschetez & la mauuaise conduite de leurs puissances. Quand les organes où sont les thresors de la vie, manquent à leurs fonctions ordinaires dedans vn corps, ou que l'âge luy impose ses infirmitez irreparables, ce n'est pas vn coup de fortune, mais vn ordre de la nature, si en suitte de ces langueurs il vient à mourir; & si vn Estat souffre les corruptions dans la Iustice, des relasches dans l'art militaire, des troubles, des mauuaises intelligences,

telligences, des perfidies de ceux qui gouuernent, des repletiós excessiues d'vne partie, des foiblesses, & des aneantissemens des autres, il doit prendre toutes ces maladies pour des préiugez de sa ruine prochaine. Il se defait de luy-mesme, & si l'estranger vient fondre dessus luy, & le surmonte le trouuant si foible, ce n'est point la fortune, mais la raison qui l'assubiettit à ses armes. Or Dieu qui n'empesche pas la liberté des hômes, lors mesmes qu'ils forment des entreprises contre sa gloire, ne la violente pas aussi, & ne luy met point de barriere quád elle les iette dans des calamitez qui doiuent estre les iustes chastimens de leurs excez, & sa Prouidence n'empesche pas les vsurpateurs qu'ils ne prennent ces occasions fauorables, comme elle laisse agir le feu sur des matieres disposées à la receuoir.

Au reste le peuple se trouue souuent plus heureux sous des étrangers, qui taschent de reparer le reproche de leurs inuasions par la douceur de leur gouuernemét, que sous les Princes legitimes, qui quelquefois ne se seruent du droict de leur naissance, que pour auoir plus de credit & moins de crainte à exercer tous les actes d'hostilité sur leurs suiets. Tellement que quand Dieu leur oste le Sceptre pour le donner à des étrangers, par cette action de iustice il fait vne grande misericorde au pauure peuple, qu'il deliure de l'oppression, & qu'il met dans vn estat plus commode. Car il a le contentement de voir les affections recherchées, de iouyr auec plus de repos de son trauail ; de vaincu qu'il estoit il deuient victorieux auec le Prince, que la vaillance, que la bonté que la disposition particuliere de Dieu adoptent à cette couronne,

Ie me referue à parler au Tome suiuant de ce qui regarde la Religion ; mais quant à la reforme des mœurs, & aux commoditez de la vie, l'on a veu souuent que les Royaumes y font vn grand progrez perdant les batailles, & qu'ils reprennent leur liberté dans vne condition que peu de personnes interessées prennent pour vne seruitude. Aussi Alexandre & les Romains creurent obliger les nations de les assuiettir à leur Empire ; parce qu'ils leurs donnoient de meilleures Loix, qu'ils les mettoient sous la protection d'vne grande puissance qui ne seroit plus attaquée, & les deliuroient des vexations necessairement extremes des petits Princes, qui ne se peuuent entretenir sans incommoder leurs suiets.

Que si ces nouueaux Seigneurs exercent de nouuelles violences sur les peuples qu'ils ont conquis, leur croissant ne vient iamais à sa plenitude, & ils rencontrent enfin le traictement qu'ils ont fait aux autres; ne iugez pas leur domination eternelle, de ce qu'elle vous paroist éclattante, c'est icy le temps du remede que Dieu donne à vne Republique malade, iusques au poinct que sa Prouidence luy a determiné. Mais comme l'Histoire nous monstre à cette heure le commencement, le progrez, la fin des Monarchies des Assyriens, des Grecs, des Romains, ainsi les siecles aduenir parleront de ces puissances orgueilleuses abbatuës par vn manifeste iugement de Dieu, qui donne les Sceptres au merite, apres auoir chastié les pechez des peuples; La vertu luy est tousiours chere, & il protege ses interests, quoy que l'ignorance des hommes reclame au contraire, & demande.

*Pourquoy Dieu ne rend pas les plus vertueux, les plus grands en honneur & en richesses.*

## Chapitre XXI.

LA speculation de la Prouidence de Dieu est abysme à la sagesse de l'homme; & comme vous ne sçauriez oster tant de parties d'vne quantité physique, qu'il n'en reste encore assez pour se pouuoir diuiser à l'infiny, iamais on n'épuisera les doutes qui se forment sur ce grand suiect, où vne resolution fait naistre mille difficultés, si le iugemét ne se rend de bonne foy aux preuues de la raison, & aux sentimens de la conscience. Neantmoins s'entre les nuages qui couurent le Ciel durant la nuit, & qui tachent l'azur de ces belles voûtes, ceux-là sont plus remarquez qui viennent importunement obscurcir Venus; & qui dérobent à nos yeux le plaisir qu'ils prennent à voir la pureté de ce beau

Planette ; nous pouuons dire, qu'entre les actions de Dieu au gouuernement du monde, dont la curiosité des esprits ne se tient pas satisfaite, celles-la blessent dauantage nostre iugement, qui semblent contraires à son amour. Comme pourquoy il n'éleue pas les plus vertueux aux dignitez & aux richesses, s'ils sont ses grands fauoris ? Pourquoy cependát qu'il gratifie plusieurs personnes de moindre merite ; il semble n'auoir que des affections ingrates ou impuissantes pour celles qui luy doiuent estre plus cheres.

Ce poinct est si important pour croire ce que nous deuons de la Bonté diuine, que tous les Autheurs s'y sót arrestez, & ont creu satisfaire tous les esprits sur le sujet de la Prouidence, s'ils pouuoient nettoyer cette seule difficulté. En effet la plus part des hommes laissent rouler les Cieux sur leurs testes ; les Elemens acheuent & recommencent leurs reuolutions ; la Nature déploye toutes ses industries dans le monde, sans qu'ils les regardent, & qu'ils tournent la veuë sur ces beautez qui ne paroissent que pour leur agreer ; mais quand il s'agit de leurs interests particuliers, comme en ce sujet, c'est où l'amour propre subtilise la contemplation, & employe toutes les forces de l'esprit pour s'instruire pleinement des biens qu'ils doiuent esperer de la main de Dieu. Et puis nous auons vne inclination naturelle pour la iustice & pour la vertu, qui nous fait iuger tres-équitable de donner les biens

& les dignitez par preference à ceux qui ont le plus de merite. C'est ce qui nous remplit d'estonnement, de voir que la souueraine Sagesse ne garde pas cette Loy enuers les bons, & qu'elle les humilie par vn procedé que les hommes ne pourroient souffrir sans indignation dans les Republiques.

Ie puis arrester toutes ces plainctes par la consideration generale que nous auons déduite au commencement de ce Traicté, à sçauoir, qu'il est tres-certain que Dieu exerce vne Prouidence particuliere sur les hommes; & que comme il est infiniment bon, Sage, Tout-puissant, il ne leur ordonneroit pas ces humilitez, si elles ne leur estoient aduantageuses : Il aime les bons, par ce qu'ils approchent plus prés des excellences de sa Nature, & qu'ils en sont les plus expresses images en ce monde; qui doute qu'il ne les gratifie de ce qui leur est conuenable? que son amour qui est plus parfait, & plus liberal que le nostre; que sa Iustice qui est tres-entiere, ne les mettent dans des conditions qui respondent à leurs merites, & qui seruent à leur bon-heur? Que s'ils ne sont pas pourueus de dignitez & de richesses, il en faut tirer cette consequence, qu'elles n'estoient pas pour leur bien; Dautant que nous sommes plus asseurez de l'amour de Dieu enuers les bons, que des fruicts qu'ils tireroient de ces commoditez temporelles : Nous voyons par experience qu'ils peuuent en abuſer; mais il eſt impoſſible de conceuoir que la Souueraine Bonté ne les aime, & ne les fauoriſe pas. Perſonne ne va cenſurer les moyens auec leſquels vn pere de bon eſprit conduit ſes enfans; s'il leur monſtre vn viſage ſeuere, s'il les tient de court, on croit aiſément que c'eſt pour leur bien; Hé! les hommes ſeront temeraires d'accuſer icy la Prouidence de Dieu enuers les bons, dont il ſe dit particulierement le Pere, & de condamner ſon amour d'iniuſtice, s'il ne les met pas ſur les throſnes.

Ces plainctes procedent de ce que les hommes regardent les dignitez, les honneurs, les richeſſes, comme de vrais biens, & comme des recompenſes legitimement deuës au merite, mais ſi on leur peut monſtrer qu'ils s'abuſent en cette opinion, & que ce qu'ils prennent pour vn ornement, eſt quelques-fois vne honteuſe marque de ſeruitude, ils auront ſujet de changer leurs mécontentemens en actions de grace enuers la Prouidence Diuine, & de reconnoiſtre qu'elle fauoriſe la vertu dans les occaſions où ils s'imaginoient qu'elle eſtoit iniuſtement offenſée.

Les Iuriſconſultes & les Philoſophes demeurent d'accord, que la Nature nous fait naiſtre libres, & qu'au premier âge qui ſe gouuernoit par ſes loix, toutes les poſſeſſions eſtoient communes, comme le ſont à preſent l'air & l'eau. Depuis les hommes s'eſtant ramaſſez dans les villes, pour mieux soulager leurs necessitez par leurs communes industries, ils iugerent à propos de distinguer les domaines, pour arrester les debats qui naissent entre plusieurs pretendans vn mesme droict, & par les sentimens de l'émulation, de la gloire, & d'vn amour tousiours plus empressé pour ce qui nous appartient, remedier à la negligence qu'on apporte à conseruer les choses communes ; neantmoins quelques possessions furent laissées en public, & mises entre les mains de ceux à qui le peuple auoit commis le gouuernement, comme des moyens necessaires pour subuenir aux necessitez de l'Estat. Et dautant que cet Office de gouuerner estoit onereux, on le rendit honorable, par certains droits de preference, & quelques marques illustres d'authorité, qui adoucirent cette seruitude publique, en flattant l'inclination que la Nature nous donne pour la gloire. De plus, on leur donna des gages qui accreurent leurs possessions; & quelques-vns iugerent à propos d'auancer les plus riches au gouuernement, sous cette creance, que comme ils possedent plus dans l'Estat, que leur propre interest les obligeroit de trauailler dauantage pour sa conseruation. Les hommes voyant les dignitez & les richesses en ceux qui auoient le gouuernement, & qui estoient dans vn estat où l'on suppose de la vertu, commencerent de les auoir en estime, & prirent ainsi l'ombre pour le corps, & le vestement pour la personne.

Cela nous fait connoiftre que ces biens exterieurs tiennent tout leur éclat de l'opinion, qu'en verité ils ne font qu'vn faux vifage auec lequel les Legiflateurs flatterent les paffions, pour engager les efprits dans les emplois de la Republique ; & pour donner du fupport à vne vertu, qui de foy n'eftoit pas affez folide pour les entreprendre. Tellement que fi Dieu ne donne point ces aduantages imaginaires aux perfonnes qui luy font cheres, c'eft qu'il fait regner en eux la verité, & les Loix de la Nature par deffus celles de l'opinion. Il prend leur tutelle, & leur refufe ce qu'ils ne deuroient pas fouhaiter s'ils eftoient bien fages.

De faict, les plus fignalez Philofophes ont confideré les richeffes, comme vne charge importune aux bonnes ames, comme des fuperfluitez qui caufent des maladies dans l'efprit ; des bagatelles qui n'eftant pas de confequence, ne fe peuuent neantmoins acquerir, conferuer, ny perdre, fans d'extrémes inquietudes, & qui apres eftre prifes comme les beftes feroces, auec le peril de la vie, menaffent continuellement ceux qui penfent les auoir appriuoifées.

Il n'eft pas poffible que les chofes qui font d'vne moindre condition que nous, nous rendent meilleurs ; nous eftimons vn cheual par fa force, vne fleur par fa beauté, vn arbre par fon fruict, vn Roffignol par fon chant ; il faut donc mefurer le merite

merite de l'homme par les vertus qui luy sont propres; & comme il a Dieu pour souuerain bien, son excellence consiste en ces bonnes qualitez de l'ame qui luy en donnent l'accés.

La Nature nous a mis au monde tout nuds, & en bien peu de temps elle nous en retire dans le mesme estat: Il ne nous est pas besoin d'vn équipage si grand que l'auarice se le propose pour vn voyage si court; & ce que le vulgaire prend pour vne commodité, n'est à ceux qui en iugent bien, qu'vn empeschement. Car outre les soins dont les grandes possessions accablent l'esprit, elles arment encore les passions des autres contre son repos, par vne double disgrace, qui rend la misere persecutée de l'enuie.

C'est vn abus de s'imaginer que les grands biens rendent les personnes moins sensibles aux pertes, & aux disgraces de la fortune; au contraire s'il est vray que les affections s'augmentent comme les flammes, quand elles rencontrent plus de matiere; les priuations seront plus cuisantes d'vn object, où l'on estoit attaché d'vn plus grand amour. Les plus grandes parties du corps ne sont pas moins sensibles à la douleur que les plus petites; & vne teste qui a beaucoup de cheueux, ne souffre pas moins quand on les arrache, que si elle estoit demy-chauue.

On ne peut bien voir la vertu dans son naturel, entre tant de fards, de pompes & de magnificences dont la police nous l'a déguisée, elle ne iouyt pas du droit qui luy appartient de se faire aimer pour elle-mesme, parce que les affections qu'on luy porte en cét estat, sont ordinairement meslées de propre interest. Mais quand vn homme dépoüillé de cét appareil, se porte genereusement au bien, & ne laisse pas de gagner l'estime du monde, en s'acquittant de ses deuoirs enuers Dieu, c'est lors que la vertu a proprement son Empire, sans dépendre de la fortune; & vn bon courage paroist ce me semble auec plus d'éclat dans la pauureté, que dans les richesses; comme vn Lion est plus beau de ce qu'il est plus affreux dans cette posture menassante que la nature luy donne, que si sa criniere estoit cordonnée de soy, & brillante d'or.

Quant aux dignitez, ie tiens, que hors les considerations de la charité, c'est vne grande misere d'estre prodigues de nostre repos pour des interests qui ne sont pas nostres; de se rendre caution des fautes d'vn peuple; de ne voir que par les yeux, & n'entendre que par les aureilles d'autruy; de perdre les innocentes voluptez de la vie; d'auoir d'autant plus de peine, qu'on a de vertu; d'estre tousiours trop foible pour l'execution de ses bons desseins, & trop puissant pour les mauuais entre les flatteries, les vices, les infidelitez de la Cour. C'est pourquoy la plufpart de ceux qui se trouuent dans ces emplois, aduoüent franchement qu'ils y ont esté trompez, & qu'ils y sont retenus par l'opinion ; que leur dignitez ne sont que des seruitudes apres lesquels ils se promettent quelques années de liberté dans vne vie plus douce, de ce qu'elle sera plus retirée. Dieu gratifie plusieurs personnes qu'il ayme, de ce bien-heureux repos, & de ces honorables immunitez, sans qu'elles les ayent acquises par la perte des plus belles années de leur âge, & sans que la possession de ce bien soit remise à vn temps où la vieillesse, & les mauuaises habitudes leur en osteroient les delices. Il choisit entre les hommes quelques fauoris qu'il veut posseder entierement, & qu'il tient tousiours dans le port, asseurez contre les tourmentes, où plusieurs souffrent le naufrage.

C'est l'interest de la Republique que les bons prennent son gouuernement ; que si elle n'obtient pas cette grace, nous pouuons iuger combien les personnes vertueuses sont cheries de Dieu, puis qu'il prefere leur repos particulier aux interests du public.

Le vulgaire s'imagine qu'en cette vie nous n'auons à combattre que les mauuaises fortunes, mais les sages craignent bien plus les grandes prosperitez, comme des ennemis, comme des mines qui font leurs rauages auec surprise ; des écueils couuerts où les moins aduisez se vont briser ; des bonaces qui nuisent bien plus que la tourmente. Celuy qui disoit que tous les bons Empereurs de Rome se

Yy ij

pouuoient representer grauez en pourtrait sur la bague d'vn petit anneau, signifioit assez les perils qui accompagnent les charges publiques. N'est-ce donc pas vne gratification signalée si Dieu en deliure les gens de bien ; s'il leur dénie ce qu'ils ne deuroient pas accepter quand il leur seroit offert; s'il ne les prostituë pas dans des charges auiles par les dissolutions & les mauuaises coustumes de ceux qui les ont exercées.

Les Cheualiers de Rome negligerent le droict de porter l'anneau d'or, depuis qu'on le conceda aux esclaues émancipez ; Les Dames quitterent la ceinture d'or, quand les Courtisanes commencerent à la porter ; L'Ostracisme qui estoit vne absence honorable de la Republique chez les Atheniens, ne se pratiqua plus pour les personnes illustres, si tost qu'il fut ordonné à vn méchant homme, qui ne meritoit le bannissement que pour ses crimes; Les charges publiques ont esté tant de fois prophanées par les mauuaises habitudes des personnes indignes de les tenir, que ce n'est pas vne grande gloire d'y estre esleué ; puis que cet aduancement se fait par beaucoup d'autres moyens que celuy du merite, & qu'auiourd'huy on ne le mesure pas à la dignité. De sorte que la vertu est plus tranquille, plus asseurée, plus innocente, plus nette de tous soupçons, & n'a pas moins d'honneur dans vne condition priuée, que dans la pourpre, & dessus les throsnes.

Ses emplois mesme sont plus libres, & plus genereux : Car quelle plus grande liberté que d'auoir la
disposition de tout son téps, qui est la plus precieuse chose du monde, & dont la perte est irreparable?
au lieu que dans les Charges publiques on se trouue obligé d'auoir l'esprit plein des troubles d'autruy ; on attire dans ses pensées & quelquesfois
dans ses mœurs par contagion, des desordres que
le monde qualifie honorablement du nom d'affaires. Quel aduantage trouue-on d'estre preparé
par deuoir, à n'estre iamais en repos; d'attendre ses
emplois & ses exercices, des passions, des calamitez, des ignorances d'vn peuple ; & de n'auoir
point d'honneur, s'il ne souffroit point de misere?
Mais quand vn homme de bon esprit passe vne
vie particuliere; il prescrit à ses puissances, des oc-
cupations dignes de la grandeur de son estre, & de
sa fin; il ne laisse chose aucune dans le monde, dont
il ne tire des instructions; il se donne l'entrée dans
les plus grands secrets de la Nature ; il apprend à
l'imiter, à l'enrichir, à la vaincre, & puis il s'éleue à
Dieu, il contemple, il adore ses perfections infinies, il est d'esprit dans l'Eternité; il negotie l'importante affaire de son salut, & se fait de grands
thresors de merites, cependant que vous le croyez
inutil dans sa retraitte. Ie laisse à dessein beaucoup
de choses que ie pourrois dire sur ce sujet, pour
conclure que c'est manquer de raison, de ne pas
connoistre qu'vne vie particuliere est incompara-

blement plus heureuse, que celle qui se passe dans l'éclat des dignitez, & que Dieu fauorise les siens, quand il ne permet pas qu'ils s'éleuent, où il leur seroit difficile de se conseruer dans l'innocence, & de ne pas finir par vn precipice: mais il nous reste vne autre difficulté.

---

*Pourquoy les bons sont ordinairement les plus affligez en ce monde.*

### CHAP. XXII.

Ceux qui ont consulté la Philosophie, ou qui sont doctes par experience, adouüeront cette verité, qu'vne condition priué est plus heureuse que celle qui se passe entre les tumultes & les faueurs infideles de la Cour: que celuy-là est veritablement libre qui est maistre de tout son temps, pour le donner à la contemplation de Dieu & de la Nature; qu'il est plus puissãt que les Monarques s'il sçait vaincre ses émotions sensitiues, qui ont triomphé des vainqueurs du monde; s'il trouue ses ioyes dans des biens qui luy sont propres, & qui ne releuent ny de la fortune, ny de l'opinion. Mais encore la vertu si sublime que les Stoïciens se la puissent imaginer, a besoin des choses exterieures pour l'entretien de la vie, & pour se deffendre contre les incommoditez qui luy font la guerre. C'est vn art d'où l'on tire les enseignemens pour donner vne bonne conduite à ses actions; mais il doit auoir ses outils, & des moyens propres pour reüssir en ses entreprises; comme il ne suffit pas d'estre bien versé en la marine pour faire vn long voyage sur l'Oceã, si l'on n'a vn vaisseau équippé de tout ce qui est necessaire à la nauigation; D'où vient donc que Dieu permet ordinairement que les gens de bien languissent dans la pauureté, les maladies, les persecutions des plus puissans; & qu'il semble reduire la vertu dans les termes du desespoir, luy refusant les moyens dont elle ne se peut passer pour agir. Le monde qui ne peut accorder ses mauuais traictemens auec l'amour & la prouidence de Dieu, les regarde tout plein d'admiration; c'est vn pas qui est mesme bien glissant pour les meilleurs esprits, & les plus resolus dans la verité. Car il semble que si Dieu refuse aux bons les honneurs, les richesses, & les autres superfluitez de la vie, qu'au moins il leur deuroit accorder le necessaire, & ne se pas monstrer moins liberal enuers les hommes, qu'enuers le reste des creatures.

Pour respondre à toutes ces plaintes, il faut premierement considerer, que ceux qui se lamentent d'estre miserables, ne le sont d'ordinaire que par comparaison à quelque plus heureux estat d'où ils sont décheus, mais non pas de sorte qu'ils n'ayent tousiours dequoy sustenter leur vie. Or les grandes richesses ne sont autre chose qu'vn bien d'opinion, comme i'ay dit, le plus souuent preiudiciable à nostre tranquillité, & au progrez que nous deuons faire en la vertu. Il y a des hommes d'vne humeur qui ne peut supporter les grandes fortunes, & qui deuiennent insolens si tost qu'ils sont éleuez plus que le commun; Dieu qui void ces foiblesses, leur en oste les occasions, & les reduit à vn estat où ils sont contraints de perdre leurs mauuaises habitudes par impuissance : se plaindre de la conduite qui ménage nostre salut par ces remedes ; c'est accuser les Iuges de ce qu'ils ostent la disposition des biens à ceux qui en sont prodigues ; & rendre coulpable vn Medecin, qui pour appaiser, ou pour préuenir vn mal, affoiblit le corps par la saignée.

On met au nombre des remedes ces drogues caustiques qui bruslent, qui vlcerent & qui corrompent les excroissances de la chair ; il y a des arbres qui regorgeans de féve, s'en dechargent par les gommes que suent leurs écorces, ou que l'on en tire par incision ; Apres que la terre s'est abreuuée d'eau iusques à quatre pieds de profondeur, elle la laisse comme vne abondance nuisible à sa fecondité. Pourquoy trouue-on estrange si Dieu interdit aux hommes la iouyssance des biens dont il sçait qu'ils abuseroient ? s'il leur ordonne vne diette qui les doit garentir de l'incontinence ? s'il guerit vn mal qui est opiniastre, par vn remede vn peu violent ? s'il les priue de commoditez, qui paroissant

necessaires

necessaires à la vie, sont neantmoins nuisibles à leur salut?

Il ne faut pas en cela consulter nos sens, ny iuger le gouuernement de Dieu moins fauorable pour nous, de ce qu'il n'est pas conforme à l'opinion du monde; puis que la Nature mesme a coustume de nous déguiser souuent ses bien-faits, & qu'elles nous dóne beaucoup de remedes sous des apparences qui nous menassent de quelque peril. L'Iris qui porte en ses fueilles la figure d'vne espée; le Mille-pertuis qui se móstre tout percé de coups, sont des herbes vulneraires, & souueraines pour la guerison des playes. Ce simple qu'a l'extremité de sa tige comme la queuë d'vn scorpion, est vn antidote contre son venin; comme le Dracuncule contre celuy des serpens. Au contraire nous voyós le Napellus, ou l'Aconit portant vne fleur en forme de casque, comme s'il deuoit seruir à nostre deffense, quoy qu'il soit vn poison tres-dangereux; l'Epurge & les Timales rendent vn suc de lait qui tuë au lieu de nourrir, s'il est pris en quantité; Les biens du monde ont des apparences encore plus trompeuses, qui peuuent nous donner la mort, s'ils ne sont appliquez par ce celeste Medecin qui connoist en perfection leurs qualitez, & nos maladies; les choses que nous croyons fauorables sont ordinairement les plus contraires à nostre bien; & les pauuretez, les maladies, les persecutions, sont les vrays remedes d'où nos ames tirent vne santé & des forces vigoureuses.

Nous auons icy la chaleur en souuerain degré, au feu, & en la reflexion des rayons du Soleil, mais nous n'auons point de froid qui luy responde à l'égal; Aussi beaucoup de choses tendent à la rarefaction qui est vn demy vuide, à la seichereffe, à l'aneantissement qui sont des effects de la chaleur, & bien peu à la condensation, & à ce ramas de substance qui naist du froid. Ainsi les plus violentes de nos passions nous font sortir hors de nous mesmes; elles dissipent les forces de nos ames, quand elles leur donnent de l'étenduë par les vanitez de l'amour, de l'esperance, de l'ambition du monde; C'est pourquoy il estoit necessaire que Dieu nous enuoyast cét Hyuer, & cette mauuaise saison de disgraces, pour nous faire rentrer en nous-mesmes, & retenir ces saillies inconsiderées, qui nous minant petit à petit, nous reduiroient enfin à la totale priuation du bon-heur où nous deuons aspirer: La douleur d'vn coup de fleche qu'Alexandre receut en vne mesléé, luy fit connoistre qu'il estoit vn homme mortel, & non pas d'vne nature diuine comme la flatterie de ses courtisans luy persuadoit. Vne facheuse perte de biens; vne infirmité qui vient importunément trauerser les douceurs de la vie, & rompre la poursuite des grandes affaires; les calomnies, les amitiez conuerties en haines, & mille autres disgraces, font sentir à l'homme quelle est sa condition, & qu'il ne doit point mettre sa felicité en ces choses suiettes à l'inconstance. Que si les mauuaises habitudes sont inueterées, & telles qu'elles ne se puissent pas vaincre par vne legere application de remede, Dieu en ordonne la continuë, & nous prescrit ce regime par vne douce & misericordieuse seuerité.

Mais, dites-vous, cette pauureté est extreme & trop cruelle, qui oste tous les moyens de pouuoir sustanter la vie, & qui reduit vne personne de bóne famille à l'aumosne? Ie puis respondre premierement, que Dieu ne fait en cela que vous mettre dans vn estat où la Philosophie reduisit les plus sages de l'Antiquité; Si vn Crates, vn Diogene, & plusieurs autres ont quitté leurs biens, afin d'estre déchargez des inquietudes qui les accompagnent, & plus libres en la contemplation; vous deuez tenir pour vne faueur, que la souueraine Sagesse se charge de vostre conduite; qu'elle vous impose vne maniere de vie, dont vous eussiez fait choix si vous eussiez sceu ce que vous en pouuez tirer de remede contre vos infirmitez; qu'elle vous ait rendu cette condition necessaire, à cause qu'elle estoit importante à vostre salut. Les Lacedemoniens auoient plus d'amour pour leurs enfans que tous les autres peuples du monde; neantmoins ils les éleuoient dans vne vie extremement humble & laborieuse; En certaines ceremonies qu'ils celebroient tous les ans deuant leur Diane, ils les faisoient foüetter iusques au sang, & le prix estoit donne à celuy souffroit les coups auec vne constance plus ferme, & plus immobile, par ce moyen ils les endurcissoient au trauail, & leur donnoient vne auersion de la volupté ; ils faisoient aussi enyurer leurs esclaues, & puis les leur faisoient considerer en ce miserable estat où l'homme est moins iudicieux qu'vne brute, apres qu'il a noyé sa raison dans le vin. Dieu donne des exercices semblables pendant cette vie à ceux qu'il dresse pour l'Eternité ; il les trauaille de continuelles afflictions de peur que leur vertu ne flétrisse parmy l'abondance, & qu'elle ne se relasche dans l'oysiueté. On ne doit pas s'estonner si ces combats n'ont point de tréue, puis que tout le temps qui nous tient au monde n'est qu'vne occasion bien courte, si vous la comparez à l'Eternité ; & qui nous fait meriter des couronnes d'autant plus glorieuses, que les fatigues y auront esté supportées auec vn plus grand courage.

Dans ces emplois les gens de bien se donnent l'experience de leurs forces ; ils apprenent à mettre leur esprit en liberté ; à ne plus craindre, & à ne plus rien admirer de tout ce qui est au monde. Apres auoir essuyé cette rougeur qui môte au fród dans les premiers mouuemens de la honte qu'apporte la pauureté, ils reçoiuét d'indicibles consolatiós de se voir tous les iours sensiblemét assistés de Dieu, & de le recónoistre plus particulieremét pour pere, par les effects de sa bonté. C'est ce qui change les douleurs qu'on auoit reſſenties dans les pertes, & les afflictions en larmes de ioye, en extaſes, & en ces rauiſſemens qui naiſſent d'vn parfait amour. Si nous ſommes tellement compoſez de parties contraires, que le defaut de l'vne ſuppoſe l'excez de l'autre, ces profondes humiliations en ce qui eſt des biens externes, doiuent eſtre accompagnees d'vne merueilleuſe ſublimité d'eſprit ; & comme les arbres qui ne peuuent étendre leurs branches, eſtant trop preſſés dans les foreſts, montent droict au Ciel, & s'efforcent à l'envy de croiſtre en hauteur, pour iouyr de plus de lumiere ; Ces bonnes ames pour qui la terre n'a plus de conſolations, ne pretendent plus qu'à l'eternité ; toutes leurs amours, & toutes leurs pretentions regardent les biens de l'autre vie.

Que s'ils iettent quelquesfois les yeux ſur les perſonnes deuenuës inſolentes de trop de bonheur, c'eſt pour les regarder comme des eſclaues de fortune enyurez de biens, & dont la miſere eſt plus digne de compaſſion, de ce qu'ils n'y ſont pas ſenſibles. Ces affaires qui font tant de bruit, & qui tiennent tant de ceruelles occupees, vous doiuent ſembler de petits negoces de choſes indignes de noſtre recherche, & qu'on ne peut preſque toucher ſans ſe ſalir. Voſtre ame a ſon extraction trop noble pour raualer ſes ſoings à des emplois de ſi peu de conſequence. Donnez voſtre cœur à Dieu, vous iouyrez de ce que les auares & les ambitieux recherchent inutilement, à sçauoir de la tranquillité de l'esprit; parce qu'en effect pour estre riche il ne faut pas auoir de grands thresors, mais des desirs bien reglez, & des passions parfaitement amorties. Ne vous plaignez point si vous n'auez pas dequoy presenter à Dieu, & faire pour son amour des œuures de charité enuers le prochain, d'autant que la bonne conscience est le plus agreable sacrifice que vous luy puissiez offrir; & les victoires que vous remportez sur vos passions, ne meritent pas de moindres couronnes, & n'obligent pas moins le monde que si vous l'auiez deliuré des Hydres & des Centaures. La patience que vous ferez paroistre dans ces disgraces est vne leçon publique à tous les peuples, que nostre bon-heur ne consiste pas en ces biens externes, & que nos solides consolations se tirent du Ciel. Vos bons exemples font vne charité spirituelle à ceux qui les voyent; ils iettent la confusion sur le visage des courtisans; ils agitent les consciences par des remors interieurs, & font aduoüer que l'homme est né pour des biens que les sens ne souhaitent pas, & que la terre ne nous peut donner.

Ainsi cet estat qui paroist infirme, est assez puissant pour triompher de l'opinion & en vous, & dans les sentimens de ceux qui vous considerent, si vous employez bi é les graces que Dieu vous presente. Quãd l'extréme pauureté vous auroit mis sur la paille; quand les rigueurs d'vne maladie vous

DE LA PROVID. DE DIEV. 357

attacheroient continuellement au lict; quand la calomnie vous rauiroit l'estime des hômes, toutes ces disgraces ne touchét que l'exterieur, elles vous laissent l'ame toute entiere plus forte, de ce qu'elle est plus recueillie pour les pratiques d'vne vertu genereuse; car en cet estat où la terre vous fait vn si mauuais traitemét, vos auez vn grád suiet de rechercher les biés de l'esprit, & les affectiós que vous ressentez pour le Ciel, doiuent tenir à grande faueur de paroistre toutes pures de l'interest des choses sensibles.

Entre toutes ces mauuaises fortunes vous auez tousiours le pouuoir d'aimer Dieu, & de vous acquitter bien de cette sublime action, par laquelle il nous permet de luy faire vne reconnoissance qui a beaucoup de rapport à la grandeur de son bienfait. Car si ie le considere comme le Iuge du monde, ie ne le iuge pas ; si comme mon Souuerain, ie luy dois rendre mes hommages, mais s'il m'aime, ie le puis aimer, payer vn amour par vn autre ; & quoy qu'il y ait vne extreme inegalité, donnant tout ce qui est de mes puissances, ie satisfaits à mon deuoir; & l'amour diuin qui s'abaisse à nous, secourt en cecy nostre foiblesse. Faictes vn sacrifice des passions que vous auriez pour l'honneur, pour les richesses, pour les dignitez. Prenez vne ferme resolution de bien faire le personnage de pauure que Dieu demande de vous, le Ciel ne vous en donnera pas moins de gloire, que si vous auiez representé celuy du Prince. Vos merites mesmes seront plus sublimes, de vous conformer à ses volontez dans vne action qui choque vos sentimens. Or puis que ces coups de disgraces ne portent pas iusques dans le cœur pour y faire mourir l'amour diuin, ie vous tiens heureux dans toutes vos infortunes de pouuoir posseder ce thresor celeste, & aduancer les interests de vostre salut. Au contraire ie regarde les grandeurs du monde comme vn faux éclat, & des lumieres trompeuses, si elles ne sont pas accompagnées de ce feu sacré.

Ne vous étonnez donc pas de voir des personnes noircies de crimes, qui sont dans l'abondance des commoditez temporelles ; Dieu le permet ainsi, pour faire connoistre que ces biens ne sont pas tousiours les marques de son amour, puis qu'il n'en oblige pas ses fauoris. Il les donne à des ames foibles, qui n'ont pas assez de courage pour triompher du mal-heur ; ou parce qu'elles sont moins méchantes dans la prosperité, comme Saturne est moins dangereux, s'il se rencontre dans des maisons fauorables ; & de peur qu'elles ne perdent ce peu qu'elles auoient de vertu si on leur ostoit leur bonne fortune.

S'ils en abusent, ne precipitez pas vostre iugement, mais attendez le compte tres-exact qu'en doit demander ce souuerain Iuge en l'autre vie, & la condemnation qu'il doit rendre contre ces mauuais administrateurs. Là toutes les faueurs humaines, toutes les puissances de la terre seront sans credit,

dit, & les Monarques n'auront de felicité qu'autant qu'ils auront acquis de merite. C'est où vous connoistrez que les trauerses de cette vie auront esté des occasions aduantageuses à vostre salut; & vous loüerez eternellement Dieu de ce que proportionnant ces exercices à vos forces, & au secours de ses graces, il vous aura donné les moyens de vous esleuer à la gloire.

En cette bien-heureuse eternité les espaces qui sembloient longs à vostre douleur durant cette vie, ne vous paroistront plus qu'vn moment; & si lors vous pouuiez estre touché de quelque regret, ce seroit de n'auoir pas recueilly assez cherement les afflictions qui deuoient estre les semences de vostre beatitude; S'il vous estoit permis de former de nouueaux souhaits, ce seroit de recommencer à viure pour faire ce trafic auantageux, & vous exposer volontairement à toutes les incommoditez du corps que la Prouidence diuine vous ordonneroit, pour receuoir en eschange de plus precieuses couronnes, & vn degré plus éminent dans le Ciel.

Lors que vous verrez des actions de si peu de prix, & d'vne durée si courte, estre payées d'vne recompense eternelle & si magnifique qu'elle satisfera tous vos desirs, vous rendrez plus d'actions de graces à Dieu de vos miſeres paſſées que vous n'en auez iamais faict de plainctes, & vous benirez ſans fin ſa bonté ſi liberale à vous obliger; ſa miſericorde ſi prompte à vous ſecourir, ſa Iuſtice ſi équitable à recompenſer vos peines.

*Fin du Traicté de la Prouidence de Dieu.*

# LA THEOLOGIE NATVRELLE DE LA IVSTICE DE DIEV.

## AVANT-PROPOS.

NCORE que la Theologie formé diuerses pensées des perfections de Dieu, pour nous en faciliter la connoissance, & nous monstrer à reprises ce que nous ne pouuons découurir d'vne seule veuë ; neantmoins la verité l'emporte sur nostre artifice, & ces differences reuiennent à l'Vnité de la Nature Diuine, en ce que tous les attributs ont vne

Aaa ij

alliance si necessaire, que de l'vn on passe imperceptiblement à la consideration de l'autre. Ainsi quand ie contemple l'Vnité de Dieu, ie n'en puis auoir vn concept entier, si ie ne considere aussi-tost, que son Essence est tres-simple, incorporelle, sans composition, souuerainement parfaite, infinie, eternelle, immuable: & si ie veux suiure le cours de mes pensées, de celles où ie pensois auoir fait vn grand progrez, ie me retrouue dans les premieres; comme si ie porte le doigt par vn mouuement continu, sur la circonference d'vn cercle, la fin me remet au commencement, à cause que cette figure de soy tres-égale, n'a de commencement & de fin, que par nostre imagination.

Mais entre tous ces attributs ie n'en trouue point qui ayent vne connexion plus estroite que la Prouidence, & la Iustice; quoy que ie subtilise ma pensée par les abstractions, & par la formalité de ces concepts, qui des-vnissent ce que la nature a fait continu, ie ne les puis aucunement separer. Car si vous considerez la Prouidence comme vne bonté paternelle, qui secourt les necessitez de toutes les creatures, cela signifie qu'elle leur donne ce qui leur est conuenable, autrement ce ne seroit pas leur bien; or distribuer à vn chacun ce qui leur est propre, c'est au dire des Iurisconsultes, l'effect propre & particulier de la Iustice; cela fait qu'elle est intimement meslée dans les exercices de la Prouidence; elle la precede aussi en ce que l'establissement de l'ordre du monde sur vne autre matiere de soy indeterminée, & cette dispensation de diuerses formes, de figures & de proprietez, furent des actions de Iustice: Elle la suit & semble luy tenir lieu de fin, puis que ces grands effects de la bonté continuë de Dieu se terminent en cette iudicieuse distribution de biens conuenables. C'est pourquoy la speculation de la Prouidence seroit tres-imparfaite si on obmettoit celle de la Iustice qui en est vne partie, & sans laquelle on ne la peut non plus voir, que les couleurs sans la lumiere.

Quand les iustes proportions des parties du monde, quand l'instinct, quand le discours de nostre raison, ne nous donneroient aucune connoissance de la Iustice de Dieu, il ne faut que consulter nostre interieur, pour en voir l'image expresse en cette idée vniuerselle que nous auons de ce qui est iuste, dans l'ordre, & la bien-seance. C'est le principe de tous ces arts, qui corrigent les defauts de la Nature; des regles qui aiustent nos raisonnemens, pour la découuerte de la verité, & contre les surprises de l'ignorance; des maximes qui forment les mœurs; qui donnnent la trempe, & la bonne disposition aux affaires publiques ou particulieres: De sorte que quand il n'y auroit ny Docteurs, ny Loix, ny Magistrats, naturellement chacun connoist vne grande partie de son deuoir,

& se sent sollicité par vn premier mouuement à faire, ce qui estant puis apres examiné selon toutes les regles de la raison, se trouue tres-équitable.

Il y a quelquesfois beaucoup à souffrir dans les mesmes miseres dont on veut deliurer les autres; neantmoins le sentiment naturel de Iustice est si puissant dans les cœurs, que pour le suiure on préd ces genereuses resolutions, d'exposer ainsi tous les interests des sens, & de l'amour propre. Les plus rigoureuses peines semblent douces, quand on les croit iustes; la cholere s'enflamme dans les esprits moderez, & s'appaise dans les plus fougueux, par vne consideration de Iustice. C'est elle qui demeure incorruptible entre les presens, & les rigueurs de la fortune : qui rompt les plus étroites alliances, si elles demandent ce qui ne se doit pas accorder; elle triomphe de toutes les difficultez ; elle donne de l'estenduë aux moindres choses ; & en fait de grands motifs d'amour, ou de haine.

Cette vertu se pratique dans la vie particuliere, lors qu'on assujettit les sens à la raison; qu'on traitte les passions comme des soldats obeïssans à ses ordres; qu'on fait passer les interests de l'ame deuant ceux du corps; ou si l'on manque à ces deuoirs, la conscience est vn Iuge qui en prononce la condamnation & qui en exige les peines interieures. Mais la Iustice tient le Sceptre auec beaucoup plus d'éclat dans le gouuernement politique, elle y est si absolument necessaire, que si vous l'en ostez, ce n'est plus vne Republique ; comme ce n'est plus vn corps capable de vie, où les membres vsurpent les figures, & les fonctions les vns des autres ; ce n'est qu'vne masse imparfaite & monstrueuse, si les parties perdent cette équitable subordination d'où naist la beauté.

Elle est ou Commutatiue, lors que dans le commerce on donne vne chose pour l'autre, ou vn prix qui la represente auec vne grande égalité, sans considerer la condition des personnes où elle est distributiue lors qu'on impose les peines, & qu'on assigne les recompenses à proportion des merites, & des dignitez.

Cela s'obserue tres-exactement dans la Nature, dans les arts, & dans les sciences ; & c'est par son entremise, que toutes choses obtiennent leurs fins; comme dans nos corps la digestion applique à chaque partie la nourriture qui luy est propre, & en donne plus au cœur & au cerueau qui exercent vne maniere d'empire, & de plus grandes liberalitez sur les autres. Cependant la vertu expultrice en bannit les humeurs peccantes, elle arme contre ses contraires ; & se décharge autant qu'elle peut de ce qui luy est superflu. Nostre ame a de mesme vne vertu concupiscible, qui choisit son bien conuenable entre les autres obiets, comme l'irascible combat les contrarietez, & souslue les plus ardentes des passions, pour vaincre ce qui en empesche la iouïssance. La Medecine promet la santé par des remedes, ou qui donnent de nouuelles forces aux principes de la vie, ou qui abatent les mauuaises qualitez qui leur font la guerre par le moyen de leurs contraires. La Rhetorique déploye les ornemens de la parole, l'atraict des raisons, ou la force des mouuemens ; elle prend les visages de douceur & de violence, pour faire triompher les merites, ou exterminer les defauts de son sujet. Ce sont toutes figures de la Iustice distributiue, par laquelle la raison nous persuade que Dieu decerne des recompenses à la vertu, & des punitions aux pechez; qu'il attire à soy les bonnes ames, & qu'il en repousse les criminelles.

Que si cette vertu est si admirable qu'elle comprend en sa nature comme en son nom, toutes les autres, ce nous est vne assez grande preuue, qu'elle se doit rencontrer en Dieu qui est le souuerain bien, & qui entre ses autres perfections doit principalement auoir celles qui sont éminentes. S'il l'exerce dans le monde materiel par l'ordre de ses parties ; par la distribution des vertus actiues, par la symmetrie, & les offices si bien reglez des organes qui seruent aux animaux ; c'est vne consequence qu'à plus forte raison il la prattique dans la nature spirituelle, qui estant plus noble, ne doit pas auoir des merites priuez de leurs couronnes.

Encore qu'il n'y ait point d'obligation de sa part, sa bonté qui nous a tirez de la masse des choses possibles, pour nous gratifier d'vn estre si excellent,

lent, nous fait esperer vne fin encore plus glorieuse, si nous sommes disposez à la receuoir. La raison persuade qu'il ne se laisse pas vaincre en la liberalité par les bons Princes, qui continuent leurs faueurs aux personnes qui leur en sont le plus obligées, & qui ne laissent iamais les bons offices qui leur sont rendus infructueux. Cette Maiesté également bonne, comme elle est puissante, permettroit-elle que l'homme eust entrepris les combats des passions pour son seruice ? qu'il se priuast de mille commoditez des sens, pour complaire à ses volontez durant cette vie ? & qu'en l'autre ces fidelitez ne fussent aucunement reconnuës ? Quant aux peines on les doit inferer des recompenses par opposition, & que si les bons sont admis dans les lumieres de gloire, qu'il y a des nuicts & des tenebres pour la punition des meschans.

Ces considerations generales doiuent suffire aux esprits qui procedent auec raison, sans s'informer plus particulieremét de la Iustice diuine, dont nous sommes plus incapables de connoistre bien les ressorts, qu'vn homme champestre, nourry dans vne profonde ignorance, de corriger le Digeste, & les Arrests de la Cour. Comme Dieu est la souueraine Raison, il est la souueraine Iustice, qui est la Regle de toutes les autres ; de sorte qu'elle demande les respects, & non pas les discussions de nos iugemens.

Nous sommes parties en cette cause, c'est pourquoy si nous suiuons les déreglemés dont l'amour propre trouble nostre raison en toutes les autres rencontres où il y va de nos interests, de toutes les ordonnances de la Iustice diuine nous n'approuuerons que celles qui supposeront nostre innocence, & qui seront fauorables à nos desirs. Quoy? il ne suffit pas à l'hôme de paroistre deuant la Majesté diuine comme coulpable, s'il ne s'en rend encore l'accusateur? Helas! comment peuuent estre dignes de misericorde ceux qui entreprennent de iuger leur Iuge, qui irritent par leurs sacrileges vne puissance, qu'ils deuroient adoucir par humilité? Que sert d'aller contre la Nature, contre la consciéce, contre la raison, & de se tróper soy-mesme pour s'imprimer cette creance à force d'en rabattre la proposition, qu'il n'y a point de Iustice, point de peines, ny de recompéces apres cette vie? La verité penetre tousiours de quelque esclat de lumiere les yeux de ces aueugles volontaires qui la refusent; quoy que fassent ces miserables, ils entendent dans leur interieur vne voix qui les accuse, vn Iuge qui les condamne; ils ressentent les émotions d'vne crainte furieuse, qui se renouuellent dans toutes les occasions de peril, & qui les iettent bien souuent dans le desespoir à l'heure de la mort.

Il vaut bien mieux se mette en estat d'esperer que de craindre; il y a bien plus de seureté & de consolation à viure selon les regles de la vertu & dans les respects de la Maiesté diuine, que de s'exposer aux indignations de sa Iustice dás l'autre vie, & en ressentir desia les peines par les remors de la conscience. La pieté nous donne vne veuë & vn grand espoir de la Beatitude, qui nous rend asseurez & glorieux dans nos souffrances. Toutes les disgraces de la fortune paroissent des occasions d'hóneur, à celuy qui contemple Dieu comme Iuge de ses actiós; son courage le porte auec plaisir dans des combats, dont il se promet le triomphe; la mort ne luy monstre point de mauuais visage; ce n'est qu'vn repos apres vn fascheux chemin; vn port apres la tourmente; il croit ses naufrages heureux, & trouue de grãds profits en ses pertes, quand il considere les eternelles felicitez qui doiuent seruir de recompense aux merites si courts & si imparfaits de la vertu.

Il importe donc extremement d'auoir cette ferme persuasion de la Iustice Diuine, & de se fortifier contre l'impieté qui nous la dispute; C'est pourquoy nous en auós fait ce Liure particulier, afin de vuider plus nettement les difficultez qui empeschent les esprits sur ce sujet. I'aduouë qu'il s'y rencontre vne infinité de secrets impenetrables à nos iugemens, & que nous deuons adorer auec de profondes sousmissions; neátmoins ie croy que ce peu de lumieres que la raison naturelle nous donne, suffit pour animer les courages à la vertu par la monstre des recompenses, & pour étonner les plus determinez par l'apprehension des peines qu'encourent tres-iustement ceux qui offencent Dieu.

Bbb ij

*Dieu a donné des Loix aux hommes comme vn remede de leur ignorance, & vn suiet de merites.*

## CHAPITRE I.

QVelques beaux discours qu'on fasse des prerogatiues de l'homme, de la generosité de cette raison qui s'assuiettit la Nature, qui entre dás ses conseils, qui se donne la iouyssance de ses plaisirs, qui l'imite, qui la dompte, qui la perfectionne ; quelques panegyriques qu'on dresse de la volonté inépuisable en ses desirs, inuincible en ses resolutions, souueraine en son empire; Il est vray que ces puissances sont ordinairemét comme celles des Estats reuoltez, où l'on void des desolations d'autant plus lamétables que les parties qui se font la guerre, sont plus releuées en credit. Les desordres si frequens & si furieux des passions humaines tirent cette libre confession de nostre bouche, & faut aduoüer, que les especes accomplies ne font point de monstres si extrauagans, que les productions de nostre esprit; les montagnes ne versent point de torrés dont les degats soient plus à craindre, que le débordement de nos appetits, depuis que l'ame débauchée de son deuoir, employe ses forces, pour faire reüssir de mauuais desseins: Elle est naturellement auide de la verité ; mais comme ses premieres habitudes sont originaires des sens, elles negocient leurs interests, & la remplissent d'opinions sous lesquelles sa conduite n'est guere differente de celle des brutes, que par l'extremité de ses desordres.

C'est pourquoy tous les Sages ont iugé, que l'ame de l'homme est vne table d'attente, sur qui quelque bonne main doit coucher les figures de la perfection, deuant qu'elle ait receu celles du vice; qui la reforme, & qui en oste les mauuaises images, quand elle en est imprimée. Aussi les anciennes Loix obligerent les enfans de ne rendre pas moins de respect à leur pere, pour l'instruction, que pour la naissance; d'honorer leurs maistres à l'égard de ceux dont ils ont receu la vie, parce qu'elle doit sembler onereuse sans ses qualitez spirituelles qui nous la rendent meilleure. Mais s'il est vray que l'opinion tient son empire sur la plus grande part des esprits; si les hommes se portent au vice par inclination; si les habitudes naturelles les y engagent; si l'air contagieux du peuple donne cette maladie, & si la coustume en entretient les accés; certainement il faut recourir à quelque principe estranger de nous, du monde, & de la Nature pour en receuoir la guerison.

Le Ciel est estably comme directeur des qualitez & des mouuemens des corps inferieurs; il reçoit luy-mesme sa conduite d'vne intelligence dont la Nature est spirituelle; Dieu imprime dans les animaux vn inſtinct, qui leur faict choiſir ce qui leur eſt propre, & ſe defendre contre ce qui leur eſt nuiſible; n'eſt-il pas bien raiſonnable qu'il ait exercé la meſme faueur ſur les hommes, à proportion de leur Nature, & qu'il leur ait preſcrit des Loix comme des idées parfaictes d'vn bon reglement de vie? Premierement il inſtruit nos ames de cette Iuſtice naturelle dont nous auons parlé, qui eſt vne ſource, petite en apparence, neantmoins tres-feconde, d'où découle vne grande partie de ce qui s'ordonne de bon, dans la morale & dans la police. Ces loix ſont les meſmes dans l'eſprit de tous les peuples, malgré l'antipathie de leurs humeurs; elles ſont comme vn centre à qui ſe rapporte la diuerſité de leurs couſtumes, & comme vne forme vniuerſelle qui leur donne ce qu'elles ont d'equité dans l'ordre de la Nature.

Si cela n'eſtoit, l'opinion qui prophane les plus ſainctes veritez; la flatterie des Cours qui couure le vice du manteau de la vertu, & qui met les crimes en reputation quand ils ſont accompagnez de puiſſance; l'ambition qui renuerſe les meilleures choſes, pour donner du luſtre par la nouueauté; les peruerſes inclinations de noſtre Nature; les paſſions qui croiſſent dans la continuë, enfin toutes ces cauſes publiques & particulieres auroient il y a long-temps banny la Iuſtice d'entre les hommes, ſi Dieu n'en auoit graué les Commandemens dans les cœurs, auec des characteres qui ne se peuuent effacer.

Il nous donne encore d'autres loix, comme sont celles de la Religion, dont nous parlerons au liure suiuant; qui nous instruisent non seulement en ces vertus qu'il faut pratiquer pour bien viure dans toutes les conditions; mais principalement en celles, qui estant iointes à la grace, nous portent au Ciel; Ainsi outre les considerations qu'on reçoit d'agir selon les instincts de la raison, outre les ioyes interieures, cette paix, cette tranquillité, ce contentement de se voir au dessus de la fortune, cette Bonté souueraine nous promet encore des recompenses plus magnifiques, & fait que ces premieres faueurs ne sont que les arres d'autres incomparablement plus grandes, si nous employons nos forces pour luy rendre les fidelitez dont nous luy sommes redeuables par vn nombre infiny de tiltres.

Nous sçauons reduire toutes les choses inferieures à nostre nature, sous nostre puissance; nous employons à discretion les lumieres; les influences des Cieux, les qualitez des elemens, des simples, des mineraux, des brutes, & nous les rendons suiettes, pour continuer cét ordre, & cette enchaineure de causes. Nous deuons dépendre de la conduite de Dieu, d'autant qu'il est le premier Principe des lumieres intellectuelles, & qu'il est conuenable que sa bonté communicatiue les répande dedans nos ames, qui en attendent leur perfection ; qu'eſtant la premiere Verité, il donne remede à nos ignorances ; que comme premier Moteur il porte nos volontez au bien par des inſtructions, ne voulant pas faire violence à leur liberté par la contrainte ; qu'eſtant noſtre Pere, il ſe charge de noſtre conduite, & nous procure vn bien qui tourne à ſa gloire.

Quand les creatures inferieures ſe conſacrent à noſtre ſeruice, elles trouuent leur mort dans cet eſtat que la Nature leur aſſigne comme pour fin ; mais lors que nous ſeruons Dieu en gardant ſes Loix, du defaut nous aduançons à la perfection ; des tenebres à la lumiere, du deſordre à la beauté ; de la mort à vne vie bien-heureuſe, & cette longue tiſſure de cauſes qui ſe rapportent à nous, trouuent leur accompliſſement, lors que l'obeyſſance nous reünit au premier Principe.

Crete ſe iugeoit heureuſe ſous les loix de Minos, Sparte ſous celles de Licurgus, Rome s'imagina que ſon gouuernement ſeroit heureux, & ſes victoires continuës, tant qu'elle conſerueroit ſon Palladium fatal ; nous auons de plus legitimes ſujets d'eſperer la défaite de nos paſſions, auec tout ce que l'eſtat de cette vie nous permet de felicité, ſi nous demeurons dans l'obſeruance des Loix diuines, par ce que ſi celuy-là approche plus prés du ſage qui ſe rend docile à ſes enſeignemens, & qui ſe conduit à la faueur de ſes lumieres, l'homme aura de plus
grands

grands rapports auec les excellences de Dieu, lors qu'il reglera sa vie selon ses Loix.

Les choses materielles suiuent leurs instincts auec vne espece de necessité, qui ne leur fait gouster qu'vne courte, grossiere, materielle & demy-morte complaisance à la rencontre de leur object; ou vn faux plaisir, qui n'est à vray dire, qu'vne cessation de douleur, lors qu'elles s'acquittent bien de leurs actions: mais quand l'homme en obeyssant aux Loix diuines, s'entretient dans les pratiques de la vertu; outre l'extreme contentement qu'il a de reüssir en ses desseins, & de posseder ce qu'il aime, ses satisfactions interieures redoublent, de ce qu'il connoist la iustice & la raison de sa conduite. Ainsi son iugement iouyt auec delices de la verité, & les intimes affections qu'il a pour le souuerain bien, se contentent auec beaucoup de ioye, dans la vertu qui en est l'image; de sorte que ces deux puissances qui contribuent leur trauail pour l'obseruation des commandemens diuins, en reçoiuent cette recompense dés ce monde; & la Iustice Diuine qui leur fournit ces consolations comme vne solde pour continuer dans leurs combats; les y anime encore par l'esperance des Couronnes qu'elle leur reserue en l'autre vie.

Sa bonté paroist en ce qu'elle donne ces grands secours à vne condition sujette à de grandes infirmitez; Car si les villes maritimes ont besoin d'vn Legislateur tres-sage, à cause qu'elles sont sujettes à se corrompre, & à s'imprimer des mœurs estrangeres par le commerce, l'homme qui traite tous les negoces de la vie, auec les choses materielles qui n'agissent que pour le corps, conceuroit les mesmes desirs, & perdroit ceux qu'il doit auoir pour le Ciel, si la Souueraine Sagesse n'auoit pris son gouuernement.

Comme les occasions au mal sont ordinaires, aussi les Loix qui en portent les defenses, se publient continuellement dans l'interieur par la synderese ; outre ce que plusieurs choses exterieures nous renouuellent ces ordonnances, & en exigent l'obseruation. Dautant que Dieu nous instruit aussi de ses volontez par les Loix ciuiles, par les rescrits des Princes ; par le iugement des Magistrats ; par les exhortations, & la vie des Sages. Toutes les creatures nous donnent les mesmes enseignemens, si nous sçauons examiner les merueilles de leur conduite ; & quand nous voyons le Ciel qui continuë sans repos le mouuement que la Maiesté Diuine luy ordonna dés le commencement du monde ; les elemens qui auec tout leur commerce ne laissent pas de posseder tousiours les mesmes estenduës dans leurs regions ; la terre qui demeure ferme en la station où elle a esté posee, & qui repare successiuement les dégats de l'Hyuer, par les beautez du Printemps, & les feconditez de l'Automne ; tous les animaux qui suiuent & retiennent constamment les instincts de leurs especes. Toutes ces creatures sont autant d'officiers qui nous aduertissent de la part de Dieu d'estre fidelles à l'obseruation de ses Loix, & d'agir tousjours auec raison, puis que nostre nature a le priuilege d'estre raisonnable; elle a neantmoins des infirmitez pour lesquelles on nous faict cette question.

---

*Pourquoy Dieu n'a pas rendu les hommes libres, de sorte qu'ils ne peussent transgresser ses Loix?*

### CHAPITRE II.

L'Homme n'est iamais dans vn estat si aduantageux, qu'il ne conçoiue l'idée d'vne plus sublime perfection, & qu'il ne trouue dans l'estendue des choses possibles, dequoy former de nouueaux desirs. Cette inclination luy vient de ce qu'il est né pour iouyr du souuerain bien, dont les excellences sont infinies, & que pour le ioindre il peut s'aduancer en merites à la faueur des graces du Ciel, par vn progrez qui semble n'auoir point de bornes. Que l'ambition est saincte qui se sert de ces lumieres, pour s'esleuer tous les iours à vne plus haute vertu, & si l'on pouuoit, iusques à la pureté des Anges! Mais quel est ce sacrilege, lors qu'elle se plaint de l'ordre estably de Dieu, & que pour ie ne sçay quelles considerations phantastiques, elle deuient audacieuse iusques à censurer les decrets de la Souueraine Sagesse.

N'est-ce pas vn assez grand priuilege à l'homme d'auoir la liberté par laquelle il ne peut estre ny contraint à faire le mal, ny diuerty de l'amour du bien par aucune violence; d'auoir des loix qui l'instruisent de ce qu'il doit faire pour son salut, d'estre secouru des graces qui donnent remede à ses impuissances, sans payer cette faueur d'vne ingratitude, qui est vne impieté, & dire que Dieu deuoit rendre les hommes libres, en sorte qu'ils ne peussent transgresser ses commandemens. S'il est question de faire de grands souhaits, & de les estendre autant que nous le permet la pensée; Ie puis demander, pourquoy l'homme n'est pas d'vne nature égale à celle des Anges? Pourquoy au lieu d'estre voyageur en ce monde, il n'a pas esté mis en la gloire dés l'instant de sa creation; & comme il y a diuers degrez de Beatitude, sans qu'elle arriue iusques à vne eminence à laquelle Dieu ne puisse point donner d'accroissement, ayant suiuy toutes les Hierarchies celestes, ie demanderay encore par des desirs interminables, qui s'esleuent tousiours sur la proposition, comme l'air qu'on veut opprimer sur la matiere. Pourquoy Dieu n'a pas mis l'homme dans vn estat incomparablement plus sublime, que celuy où la Theologie se represente le Seraphin?

Pour arrester ce progrez à l'infiny, il faut reprendre ce que nous auons dit plus haut, que Dieu a voulu créer vne grande multitude d'estres, qui en l'estenduë de leur nombre fussent vne image de son infinité; & d'autant que pour representer aussi son Vnité il n'en a fait qu'vn corps par le moyen de l'ordre, & que l'ordre ne peut estre sans qu'vne partie soit inferieure à l'autre; il s'ensuit qu'il y a deub auoir des estres qui fussent moindres en perfection, pour tenir des rangs raualez à proportion de leur dechet; & comme il y en a de premiers, il y en eût de seconds, de moyens, & d'inferieurs. Entre les corps simples la terre estant la plus pauure, n'a que peu de beautez imparfaites, & par emprūt, que le Ciel comme le premier, & le plus accomply, possede par eminence; le feu le suit en vertu, en lumieres, en actiuitez; puis l'air & l'eau, par vn ordre que i'ay remarqué dans les diuerses especes des creatures. Ainsi dans le monde intellectuel, Dieu qui est le premier, Infiny, tres-simple en son Vnité, a produit les Anges qui luy sont plus semblables; mais par vne multiplicité de perfections: par vne gloire limitée qu'ils tiennent par dépendance; qui suruient à leur nature, & qu'ils n'ont euë que quelques instans apres leur creation. Les hommes ont esté posez au secōd rang des creatures intellectuelles, auec les aduantages dont nous auons parlé au Liure de l'Immortalité de l'Ame; ils n'ont pas le droict de posseder la gloire en cette vie; mais ils ont le chemin ouuert pour y paruenir par les forces de leur liberté, secouruës des graces qui leur sont offertes. Comme les bien-heureux qui iouyssent de la claire vision de Dieu, ne peuuent se diuertir de son amour, où ils rencontrent tout le bien possible; Les hommes qui sont dans vn étage inferieur, ont deu pouuoir s'y porter, & s'en diuertir, pour faire le milieu entre les Intelligences qui possedent la beatitude, & les choses priuées de la raison, qui n'en sont nullement capables.

Se plaindre de cette condition c'est changer toute la nature de l'homme, & de voyageur le vouloir rendre comprehenseur ; Si ce procedé estoit permis, il renuerseroit l'ordre du monde ; le buisson se pourroit plaindre de ce qu'il n'est pas vn chesne, le chesne de ce qu'il n'est pas vne palme, tousiours verte & chargée de fruicts ; la pierre voudroit auoir la vegetation de la plante ; la plante le sens & le mouuement de l'animal ; l'animal la raison de l'homme ; l'homme la gloire & la lumiere des Anges ; mettant ainsi les moindres choses au rang de celles qui les deuancent par vn progrez continu, il ne resteroit plus que la plus accomplie des creatures, dont toutes les autres auroient eu l'ambition de posseder la grandeur, & le monde perdroit son existence, & sa beauté, auec la subordination de ses parties.

Outre que cette plainte des hommes enueloppe vne manifeste contradiction, en ce qu'elle sup-

DE LA IVSTICE DE DIEV. 381

pose & renuerse tout ensemble l'ordre du monde; elle offense Dieu par vne extreme ingratitude, où le crime est joinct à l'impertinence. Representez vous que vous estiez deuant vostre creation dans la masse des choses possibles, sans aucun droict à l'existence ny à la vie de cét estat, qui ne se peut expliquer que par vne pure negation. Dieu vous a tiré pour vous donner l'estre commun auec les simples composez elementaires; la vegetation auec les plantes, le sens auec les animaux; & de plus il a crée vostre ame immaterielle, raisonnable, exempte des loix de la mort, capable de s'aduancer à la beatitude auec ses graces, de sorte qu'entre toutes les choses creées il n'y a que les Anges qui la surpassent en perfection; quelle méconnoissance sacrilege d'estre mécontent de Dieu, à cause qu'il a mis les Anges au dessus de nous, & ne le pas remercier de ce qu'il nous a preferez à toutes les autres creatures? Si tous les Officiers d'vn Estat se vouloient armer contre le Prince, piquez de ce que chacun n'auroit pas eu la premiere charge, cette rebellion qui auroit autant de chefs que de personnes, seroit au dernier poinct de l'insolence, & pour des pretensions folles, & impossibles, parce qu'il ne peut y auoir de gouuernement sans vne subordination de dignitez, comme le corps ne seroit pas organique si tous ses membres estoient conuertis en cœur, & en teste; & le Prince seroit sans puissance s'il ne pouuoit mettre ceux qui luy plaift dans les charges. Il eft vray qu'ils en doiuent eftre dignes ; & fi fon authorité eft iufte, elle ne fait qu'obliger de fon election, l'vne des perfonnes qui font concourantes auec vne egalité de merites ; mais confiderez les chofes poffibles, en cét eftat que noftre efprit conçoit deuant toute determination d'exiftéce, elles n'auoiét aucun titre pour eftre aduantagées les vnes plus que les autres, des perfections qui font les degrez de la Nature ; Cela donc dépendoit de la feule liberté de Dieu, & fa Iuftice diftributiue ne rencontrant point de merites en des objets qui n'auoient pas feulement l'eftre, n'a point eu d'autre motif que fa liberté, & fes idées pour leur affigner le rang qu'elles tiennent au monde. Tellement que toutes les bonnes qualitez, tous les aduantages de noftre nature, font des preferences gratuites que nous auons receuës de la main de Dieu ; Ce font de pures liberalitez, pour lefquelles nous luy deuons rendre de continuelles actions de graces, & non pas l'offenfer de reproches, de ce qu'il ne nous a pas donné dauantage, comme s'il eût deub épuifer fa Toute-puiffance en noftre faueur.

Au refte il eft impoffible que l'eftat où nous auons efté mis, ne foit tres-iufte, eftant ordonné par vne fouueraine fageffe ; confideration qui feule deuroit arrefter toutes les fubtilitez, & tous les fouhaits extrauagans de noftre efprit. Neátmoins il peut reconnoiftre fenfiblement l'equité de cette

disposition

disposition diuine enuers nous, s'il considere la police generale du monde. C'est vn lieu où toutes choses sont suietes au mouuement, & les plus accomplies sont si foibles en leurs naissances, qu'elles n'obtiennent leurs fins que par la continuë, & le progrez sans repos de leurs actions. La nature honteuse des defauts de l'animal aux premiers iours qu'elle le commence, trauaille long-temps à couuert sur la conformation de ses organes; & neantmoins quand elle l'expose au iour, c'est auec des foiblesses qui luy causeroient la mort sans l'assistāce charitable des parens; Nous voyons les arbres en graine, la vigne en bourre, les fleurs en bouton, l'or & les diamans en vne matiere indigeste; La lumiere mesme qui ne veut qu'vn instant pour se répandre, n'est entiere sur nostre Horizon, que dans le temps qu'il faut au Soleil pour s'éleuer iusques à son midy; & les Astres auec toute leur vitesse n'acheuent leurs periodes qu'auec vne longue suite d'années. Nous sommes habitans du monde, & par cette qualité obligez à ce droict commun qui ne permet la iouyssance de la fin, qu'apres qu'on en a fait l'acquisition par le mouuement. Cela signifie que l'homme a deu obtenir la gloire par le trauail de ses actions, & par les secours du Ciel. Pour cela il deuoit auoir sa liberté qui est le principe du merite, & le priuilege de sa nature, comme nous en auons fait la preuue.

 Il ne faut point dire qu'il luy eust esté meilleur

d'auoir tellement cette liberté, qu'elle ne le peuſt ietter dans le vice ; d'autant que de ſoy elle ſignifie vne indifference, & vne parfaite indetermination de la volonté, qui ſe peut porter à tous les obiects qui ſont dans le lieu, & dans la condition où elle ſe trouue ; Si i'ay la liberté de ietter les yeux dans vn eſpace, i'y puis voir les laideurs cóme les beautez ; ie puis porter à ma bouche auſſi bié des matieres qui offenſent, que celles qui flattét le gouſt ; Si les Loix me donnent la liberté de contracter, ie m'en puis ſeruir pour prendre les mauuais auſſi bien que les bons partis ; Or en cette vie l'eſtre eſt meſlé de priuation, le bien de mal, quaſi toutes les choſes qui flattent nos ſens, ſont perilleuſes à nos ames ; c'eſt la condition de cet eſtat ; ainſi noſtre liberté n'y ſeroit pas proportiónée, ſi elle ne ſe pouuoit porter à tous ces obiets qui s'y rencontrent. Les Iuriſconſultes iugeroient qu'en cela noſtre condition n'eſt pas pire, mais au contraire plus aduantageuſe que ſi nous eſtiós empeſchez de faire le mal ; & que nous n'euſſions de la liberté que pour le choix de diuerſes actiós de merite ; car ſelon leurs regles, c'eſt vne eſpece de ſeruitude, de receuoir vne donation, ou d'achepter vne choſe, auec deffenſe de l'aliener ; au contraire c'eſt eſtre veritablement maiſtre de ſon droict, de le pouuoir employer à de bons & de mauuais vſages, & d'en faire ce que l'on veut.

Quand quelqu'vn eſt pourueu d'vne charge, c'eſt touſiours auec cette clauſe expreſſe, ou tacite, ques'il s'y gouuerne bien il en receura les profits, ou les peines portées par les Loix s'il ne s'acquite pas de son deuoir. Persóne n'est receu domestique chez le Roy, qu'à cette mesme condition, qu'il sera fidele à son seruice, ou qu'il subira les chastimens dont la Iustice a coustume de punir la perfidie; Neantmoins ceux qui ont receu ces gratifications ne se sentent pas moins obligez à sa Maiesté, de ce qu'ils entrent en des exercices où ils peuuent manquer, & deuenir criminels : Cette pensée est si absurde qu'elle ne tombe pas mesmes dás l'esprit des moins raisonnables, parce qu'ils voyent que la faueur du Prince est toute pure, & que c'est leur faute s'ils ne s'en sçauent pas bien seruir. Que si le Roy leur lioit tellement les mains, s'il leur donnoit tant de suruecillans, tant de controlleurs; s'il les contraignoit aux payemens si tost qu'il font les receptes; s'il faisoit espier leurs paroles & leurs actions de si prés, qu'il ne leur fût pas possible de máquer à leur debuoir, ils se tiendroient offensez de ces extremes subiections, & les prendroient pour vn reproche manifeste de leur fidelité; au contraire ils se sentent d'autant plus obligez, qu'on témoigne plus de cófiance en leur bonne foy. Ainsi les hommes ne se doiuent pas plaindre de Dieu, s'il leur a donné le gouuernement des choses inferieures, & de leurs personnes auec vne pleine liberté? S'il ne les traite pas comme des perfides, & des furieux qui sont toújours sous des gardes, & dans les fers, qui les empesDdd ij chent de faire du mal. C'est leur faute s'ils ne se seruent pas bien des aduantages de leur nature, & des commoditez du monde, dont la Maiesté Diuine leur auoit donné la disposition afin qu'ils les employassent pour leur salut.

Il n'y a point d'Escuyer, qui voulût piquer vn cheual, estant si fort garotté dessus, qu'il ne pût aucunement sortir de selle, ny perdre les estriers. Vn soldat n'auroit pas d'honneur de mettre l'espée à la main, & se battre s'il estoit tellement couuert, qu'il ne pût estre blessé de son ennemy; La gloire de tous les arts consiste en la difficulté de l'exercice, & ce sont les perils qui rendent les victoires plus glorieuses. Ce monde nous est vn champ de bataille, où il nous faut vaincre nos passions, les incommoditez du corps, les disgraces de la fortune, & nous sauuer de mille embusches que les ennemis de nostre salut nous dressent continuellement. Où seroit le merite s'il n'y auoit point de liberté? quelles couronnes pourroit-on gaigner, s'il n'y auoit point de perils, de fatigues, ny d'occasions, qui eussent mis le courage, l'esprit & la fidelité à l'espreuue?

Il me semble que ce nous est vn grand aduantage d'auoir ces glorieuses & continuelles occasions de merite, pour nous aduancer tousiours de plus en plus à la iouïssance d'vn bien qui est infiny. Dieu a versé liberalement ces graces sur nous, & sur le monde en nostre faueur, sans aucune contrainte,

& auec vne plaine liberté de ne le point faire; Il veut que nous luy en rendions des actions de graces sans contrainte, & auec vne liberté qui n'est differente de la sienne, qu'en ce que nous n'y pouuons manquer sans commettre vn grand peché; mais cela vient de la nature du bien-fait, qui oblige celuy qui l'a receu à la reconnoissance, s'il ne veut tomber dans le crime d'ingratitude; non pas que la liberté prise en soy ne soit excellente, & vne condition si sublime, comme i'ay dit, qu'elle approche de l'independance du premier principe.

On dit pour principale objection, que selon nous Iesus-Christ estoit vray homme, & qu'il a merité pour tous les autres, encore qu'il n'eust pas la liberté de pecher. Ie responds que la Nature humaine terminée par le Verbe estoit de soy essentiellement indifferente au bien & au mal; neantmoins parce qu'elle estoit sous vne exacte conduite du Verbe, en cette consideration elle ne pouuoit tomber dans les perils où nostre foiblesse fait souuent naufrage. Et puis la Theologie tient que Iesus-Christ estoit comprehenseur, & dans l'estat des bien-heureux, qui iouyssans de la vision de Dieu, sont tousiours conformes à ses volontez, & rauis de son amour; De sorte que quand nous l'appellons impeccable, ce n'est pas à dire que sa Nature n'eust l'indifference qui luy est essentielle, mais parce que nous le considerons dans vn estat où sa volonté iouyssant du souuerain bien, y estoit determinée sous la conduite du Verbe, par les lumieres de gloire, & celles qui luy estoient infuses. Si on demande pourquoy nous n'auons pas les mesmes faueurs? Ie responds que Iesus-Christ estant homme-Dieu, le Chef des Predestinez, le souuerain Prestre pour la reconciliation du monde, qu'il deuoit auoir ce grand priuilege d'innocence, & d'estre tout à la fois voyageur & comprehenseur. Quant à nous ce nous est vne faueur assez signalée d'auoir l'vsage de la liberté pour nous aduancer à la gloire qu'il possedoit; C'est, disent les Iurisconsultes, posseder en quelque façon la chose, d'auoir le droict & l'action pour l'obtenir. Selon cette Regle Dieu semble nous auoir donné la beatitude, nous donnant la liberté par laquelle nous la pouuons meriter auec le secours de ses graces.

---

*Des graces suffisantes que Dieu donne aux hommes pour les aider en l'obseruation de ses Loix.*

### Chap. III.

Toutes les choses creées estant originaires du rien, n'ont d'elles-mesmes aucun droict à l'existence, moins encore à l'action qui les suppose desia completes, & assez riches en vertus pour en deuenir liberales. Si cét estre particulier ne subsiste pas par luy mesme, il ne peut faire subsister les autres; il ne peut se mouuoir, n'ayant aucune partie solide pour supporter celles qui entrent en exercice; Il ne peut donner ne possedant rien ; ny faire déperir par les profusions de son actiuité, vne substance dont il n'a pas seulement le simple vsage. C'est pourquoy nous auons veu plus haut, que le concours de Dieu estoit absolument necessaire à toutes les choses creées, & pour les entretenir dans l'existence, & pour leur donner la force de se produire au dehors par leurs actions.

Il employe le Ciel pour cet effect, comme vn organe; & vn pourtraict de sa Toute-puissante Bonté, de sorte que toutes les choses sublunaires s'entretiennent par ses vertus, & agissent à la faueur de son mouuement. Mais il faut remarquer, qu'outre l'influence vniuerselle qu'il répand sur tous les corps, il en donne vne particuliere à ceux où nous voyons des qualitez excedentes le degré de leur espece. Ainsi le Soleil fait vne publique liberalité de sa lumiere qui purifie l'air, qui donne la fecondité à la terre, les beautez aux fleurs, la vigueur aux animaux & aux esprits, qui sont les premiers ministres de l'ame; mais il gratifie d'vne vertu particuliere les herbes qui se tournent vers luy, & qui le regardent en face, depuis son Aurore iusques à son coucher; par vne connoissance, & vn mouuement qui excedent les forces du vegetable. Il cause vne allegresse commune à tous les oyseaux qui le saluënt à son leuer par leurs concerts, & qui ne traitent leurs amours que quand il oblige noftre Hemifphere de fes chaleurs ; mais les Coqs reçoiuent de luy vne influence particuliere qui leur fait fouffrir ces fubites agitations, & ietter ces éclats de voix quand il tient les angles du Ciel, comme s'ils auoient obferué fur l'aftrolable, le chemin qu'il fait auec le premier mobile. Quand l'air n'a point de vents, ny la terre de vapeurs qui fouſleuent les flots de l'Ocean; en ce temps où il fe deuroit tenir en repos dans fon lict, immobile par fa pefanteur, tout recueilly en foy, pour fe conferuer dauantage fon vnion, & la figure qui rapporte à celle du monde; Neantmoins il s'écoule, & répand fon flus fur nos terres, y eftant attiré par la Lune ; iufques à ce qu'elle paffe la ligne du midy. Elle domine fur toutes les humiditez, fur les humeurs de nos corps, fur les fontaines, les lacs & les fleuues; mais elle ne fe fait fuiure que de la mer, & fauorife ce vafte corps d'vne influence qui n'eft pas commune aux autres; On peut dire le mefme de l'Aymant à l'égard du Pole, & de toutes les vertus fympathiques des Planettes, dont i'ay parlé en d'autres endroits. Vn bon Prince exerce deſſus tous fes peuples vne Iuftice vniuerfelle, qui maintient leurs droicts, qui empefche les vfurpations, & la mauuaife foy dans le commerce, & qui caufe tout ce qu'ils poffedent de felicité dans la Police; mais s'il veut efleuer quelqu'vn de la condition commune de fujeƈt, & luy tranfmettre vne autho-

rité

## DE LA IVSTICE DE DIEV. 391

rité qui represente la sienne, il luy donne des prouisions particulieres d'office, sans lesquelles il n'auroit ny iurisdiction, ny commandement.

Dieu donne de mesme vn concours general à toutes ses creatures, à la faueur duquel elles sont conseruées en l'estre, & s'acquittent des actions propres à leur espece. L'homme iouyt de ce concours general, & par son moyen il peut agir selon la raison, faire quelques acquets de science, pratiquer quelques vertus morales; mais pour donner vne parfaite intendence à la raison sur le corps; & pour iouyr de cette grande tranquillité dont l'ancienne Philosophie a conceu l'idée, il est necessaire que Dieu l'oblige d'vne grace particuliere; d'autant que le concours general nous laisse en de grands perils dans la meslée, & dans l'incertitude de la victoire auec les sens, qui en reçoiuent aussi de l'assistance pour posseder ce qui est de leurs pretentions. Comme ils ont leurs objects presens, faciles, delectables, leurs droicts plus anciens, & les plus fortes inclinations de la Nature prenant leur party, ils ne seroient pas surmontez par la raison, sans le secours d'vne puissance superieure. La verité nous seroit aussi beaucoup plus obscure, & nos iugemens auroient moins de facilité à se resoudre entre les apparences fallacieuses de la Nature, si vne viue lumiere celeste ne donnoit la derniere conclusion à leurs bons conseils.

Ces secours sur-humains nous sont absolu-

Tome 3. Eee

ment necessaire, quand il est question de nous reünir au premier principe, & de meriter la gloire du Ciel par nos bonnes œuures. Que si nous en estions priuez, nostre côdition seroit moins auantageuse que celle des creatures inferieures: car les corps elementaires ont leurs centres où ils demeurent en repos. Toutes les autres choses trouuent des fins qui appaisent leurs mouuemens, & qui couronnent la poursuite de leurs actions; Les plantes croissent iusques à la grandeur propre à leur espece, & demeurent en cet estat de consistence iusques à la mort; L'appetit naturel des brutes se remplit de ses objets, & rencontre ce qui contente ses auiditez; l'homme est seul qui ne peut auoir la possession de sa fin durant cette vie, comme ie l'ay fait voir au Liure de l'Immortalité de l'Ame, son intellect qui esleue ses pensées au delà du dernier des Cieux; & des puissances de la Nature; qui a l'ambition de sçauoir d'autant plus qu'il se donne de connoissances; sa volonté qui forme infiniment plus de desirs, que le monde n'a de perfections, sont des preuues tres-asseurées, que pour estre heureux il doit iouyr de la premiere Verité, & du Souuerain Bien. Le voilà entre deux extremitez qui par des raisons contraires luy dénient également ce qu'il doit esperer de la fin. Car si les choses creées estant d'vn ordre inferieur, ne sont pas le legitime object de nostre amour: aussi Dieu comme infiny, & hors la cathegorie de la Nature dedans vne telle disproportion, qu'il ne nous est pas possible de le ioindre par nos propres forces finies, & limitées. C'est pourquoy il est tres-conuenable de croire que sa Bonté Souueraine, qui ne manque iamais dans les necessitez, secourt en cela nostre foiblesse, & qu'il nous tend la main pour nous esleuer à luy, puis que de nous mesmes nous ne pouuons pas nous y porter.

Il ne nous auroit pas donné les inclinations de le connoistre & de l'aimer, comme nous auons dit, s'il ne nous assistoit de moyens propres pour y reüssir, autrement il eust faict vn vuide dans le monde intellectuel: il prendroit plaisir à nos inquietudes; à se faire voir, pour nous donner des desirs, qu'il ne voudroit pas satisfaire; à nous monstrer vn asyle & vn port, dont il nous fermeroit les aduenuës; ce qu'on ne se doit pas imaginer de sa souueraine misericorde.

Les maistres qui auoient emancipé des esclaues en administroient la tutelle, s'ils estoient mineurs; & la liberté qu'ils leur auoient donnée, n'estoit qu'vn gage de l'affection qu'ils leur deuoient continuer; Les planettes soustiennent les meteores de feu qu'ils ont formez, & les emportent par leurs mouuemens; Le Soleil ayant leué les vapeurs du centre du monde, les digere auec sa chaleur, & les recuit en métaux precieux, selon les dispositions qu'il y rencontre. Seroit-il croyable que le Createur de l'Vniuers eust esleué les pensées & les affections des hommes à luy, sans leur communiquer les moyens de grace propres pour faire ces premieres saillies, & pour s'y perfectionner? Ozeroit-on dire qu'il ne leur continuë pas ses faueurs? qu'il les seure des biens de la terre, par des sentimens qui n'y trouuent point de satisfaction; sans leur pouruoir d'vne nourriture plus solide, & plus propre à leur croissance spirituelle?

Les Cieux roulent par l'impression que leur donne vne Intelligence; la matiere est animée d'vne forme incomparablement plus noble, & d'vne condition plus releuée: le bois dont la principale matiere est terrestre, surnage à cause de l'element superieur qui se mesle dans sa substance poreuse; les corps ne sont visibles en leurs figures & en leurs couleurs, qu'à la faueur d'vne qualité celeste; si dans la Nature les plus nobles causes assistent les inferieures de leurs influences; Dieu qui voit les hommes au dessous de soy dans vn estat où ils attendent leur perfection de sa bonté, ne leur refusera pas ce qu'ils en esperent, à sçauoir ces graces qui leur font vaincre les foiblesses de la matiere, qui les exemptent du naufrage, & qui les reportent à leur principe.

C'est pourquoy les Platoniciens disent que le Rayon Diuin éclatte dans les pierreries; qu'il vit par vne lumiere obscure dans les plantes; qu'il éclatte & qu'il vit dans les animaux; mais qu'il éclatte, qu'il vit, & qu'il se redouble sur luy-mesme dans les ames raisonnables. Dieu les a produites par sa bonté, auec les perfections dont nous auons fait le discours; & puis il se fait connoistre à elles par ses graces, comme le Soleil apres auoir côcouru à la generation des yeux, les resiouït & se fait voir à eux par sa lumiere.

C'est principalement à l'égard de l'homme qu'il est le principe, le milieu, & la fin; le principe parce qu'il est le Createur de nos ames; le milieu, en ce qu'elles ne font point d'action heroïque, & qui regarde le Ciel, que par le secours de ses graces, qui nous conduisent à luy comme à nostre fin, & au centre de nostre felicité.

Nous ne voyons pas le feu subtilement meslé dans les corps, ny les influences des Cieux, ny les formes substantielles qui leur dónent ce qu'ils ont de vigueur, & qui mettét leurs puissances en exercice, aussi ces qualitez diuines ne tóbent pas sous nos sens; & cóme elles sont spirituelles, elles échàppent à nostre veuë; neátmoins elles se fót manifestemét cónoistre par leurs effets, & ceux qui en sont fauorisez en ont des experiences si ordinaires & si conuaincantes, qu'elles se peuuent comparer à l'attouchement. Ils remarquent les peruerses inclinations de leur nature qui les portent au mal, & qui ne leur persuadét que ce qui est en faueur des sens. C'est pourquoy ils voyét nettemét, que ce n'est pas par leurs propres forces, mais par vn secours diuin, qu'ils prennent de genereuses resolutions pour la vertu; quand ils reüssissent le mieux dans les suiets où ils se sentent auoir le moins d'habitude ; quand ils trouuent leur gloire dans les opprobres, des cósolations inexplicables parmy les incommoditez de la vie. Ces douceurs celestes qui les rauissent, ces lumieres qui leur donnent vn grand iour dans les rencontres où le iugement humain est aueugle; qui leur monstrent des laideurs horribles en des obiects que le monde adore ; qui leur ouurent subitement les yeux pour des beautez qui leur estoiét inconnuës ; Enfin cette grande generosité sur qui la fortune a perdu ses droicts, & qui triomphe de ce qui abbat les autres courages, sont toutes preuues, qu'ils agissent par vne puissance autre que celle de la Nature.

Le Soleil enuoye assez d'influéce aux fleurs iaunes pour les faire retourner vers luy. La Lune imprime ce qu'il faut de force à la mer ; le Pole à l'aymant pour se faire suiure. Tous les iours nous voyons qu'vn mesme terroir fournit aux plantes des alimens conformes à leur nature ; qu'il remplit les geniéures & les sapins d'vne humeur huileuse, ennemie de la seue plus douce & plus liquide dont se nourrissent nos arbres fruictiers ; qu'vn mesme Soleil donne la blancheur aux Lys, le vermeil aux Roses, la pourpre aux Irix & aux Violettes, l'écarlate aux Anemones, les artificieuses diuersitez aux Tulipes. Ce sont toutes preuues sensibles que si Dieu donne des graces particulieres aux hommes, qu'elles sont suffisantes & proportionnées à leurs conditions pour obtenir leur fin surnaturelle. Son amour enuers nous est vn amour de Pere, il est tout-puissant, ses thresors sont inépuisables. Pourquoy laisseroit-il son œuure imparfait ? Pourquoy eust-il rendu l'homme la plus noble des creatures inferieures, & l'image de sa grandeur, pour luy refuser vn secours au spirituel, qu'il ne refuse pas par proportion aux estres qui sont dans l'ordre de la Nature? Pourquoy eust-il donné à toutes les brutes vn équipage propre à l'exercice de leurs deuoirs, & à l'acquisition de leurs fins, sans nous donner les graces necessaires pour ioindre la nostre?

 Les Lyons, les Tygres, les Aigles, les Autours, les Dauphins, ont les forces, l'agilité, les armes pour prendre leur proye; Les oyseaux qui volent & nagent, ont leurs plumes enduites d'vn certain verny qui les entretient seiches dans l'eau, de sorte qu'ils ne se moüillent point quand ils plongent; Les doigts de leurs pieds se continuent par des pellicules qui estant tenduës font des rames plus fortes, de ce qu'elles sont souples pour gagner l'eau en luy cedant quelque peu. Entre ces oyseaux les Cignes ayant plus besoin de nourriture, ont le col plus long, pour suppléer au defaut de leur vitesse, & gagner le deuant des poissons qu'ils peschent. Le Py-verd a le corps deschargé, la queuë courte, les ongles aigus pour grimper commodement le long des arbres, le bec long & fort pour en entamer l'écorce, quand vn son cas luy fait connoistre qu'elle couure le verd dont il est friant ; & sa langue qui rentre dans elle-mesme par trois ou quatre ressorts semblables aux estuits de nos lunettes d'approche, luy sert pour le tirer des profondes tranchées qu'il s'est creusé dans la substance du bois. I'ay admiré dans la petite bouche d'vne abeille, quatre ou cinq sortes d'instrumens diuers, dõt elle se sert en son ouurage ; des petites pinces auec lesquelles elle racle la matiere dont elle compose la cire ; vne sonde spongieuse au bout qu'elle iette dãs le cœur des fleurs pour en succer la séve ; vne petite langue pour lécher le miel qui tombe l'Esté sur les arbres, ou qu'on leur donne durant l'Hyuer, crainte qu'elles n'ayent faute de prouisions ; elles enferment encore dans cét estuy plusieurs autres outils si delicats que la veuë ne les peut distinguer.

Ces petites choses me semblent de grandes merueilles, & ie les rapporte, parce qu'elles m'ont donné ce sentiment, que si Dieu a pourueu les animaux d'organes si rapportans aux puissances & aux inclinations qu'ils ont de reüssir à certaines fins, que sa Prouidence n'abandonnera pas l'homme, & que s'il l'a creé pour vne beatitude autre que celle des sens, qu'il luy communique des graces suffisantes pour l'obtenir ; s'il donne vn si grand équipage pour vne vie qui dure si peu, à de petites bestioles, sans lesquelles il semble que le monde ne
seroit

seroit pas imparfait; qu'il ne refusera pas le secours conuenable à l'homme qui est la fin du monde materiel, comme nous auons dit, & qui le doit reünir à son principe, dans vne vie qui ne finira iamais.

C'est l'honneur d'vn Prince de pouruoir ses Officiers de tout ce qui se peut souhaiter pour l'acquit de leur deuoir, La Iurisprudence qui suit la Nature; condamne tousiours à fournir les moyens sans lesquels on ne peut iouyr de la chose dont l'on est conuenu, quand mesme ils n'auroient pas esté stipulez; & selon les Loix, celuy qui vend vn champ, doit donner le chemin libre pour y aller. Si l'hôme est le lieutenant de Dieu dãs le môde; s'il est destiné pour celebrer ses loüanges, & à vne vie autre que celle des sens; Il est à croire que la souueraine Bonté luy donne des graces suffisantes pour ces offices, & des secours surnaturels, qui luy ouurent le chemin de l'eternité où elle l'appelle.

Le vray baume estant respandu sur les vestemens, s'en peut oster sans qu'il en demeure aucune marque; quand le Soleil s'écarte de nostre Hemisphere, nos yeux ne retiennent plus rien des lumieres dont ils iouïssoient en sa presence; parce que ces qualitez semblent estre trop precieuses pour se marier auec les autres corps, & pour permettre qu'ils se fassent vn droict de leur faueur. Ainsi les graces diuines suruiennent à l'ame, de sorte qu'elles en peuuent estre ostées, & de ce beau iour l'on passoit immediatement dans vne nuict épouuantable qui nous donneroit vne extréme crainte, si nous en pouuions bien reconnoistre la misere. Ces secours surnaturels sont vn priuilege du Prince qui dépend continuellement de sa faueur; mais qu'il ne reuoque, que quand nous en sommes indignes par nostre ingratitude. C'est icy où l'homme se doit confondre de ce qu'il est luy-mesme l'autheur de sa disgrace, & qu'il perit, parce qu'il ne se veut pas sauuer.

Encore dans cét estat de misere Dieu sollicite tousiours les ames par des inspirations interieures, de se remettre dans leur deuoir; & cóme si quelque partie de nostre corps se trouue debile ou affligée de douleur, cela procede de son intemperie, qui empesche l'action de l'ame de soy tousiours preste à la fortifier, & à la réjouïr par son influence, lors qu'elle n'y trouuera point d'empeschement. Ainsi que l'ame se purge de ses mauuaises affections par les deuoirs de la penitence, & qu'elle employe les secours que le Ciel luy presente pour cét effect, aussi-tost elle esprouuera dedans soy des changemens plus doux que n'en sent le corps, quád il passe de la maladie à la santé; Misericorde admirable de Dieu, de nous remettre si facilement en ses graces, de nous rechercher, afin que nous soyons disposez à receuoir vne abolition que l'on n'obtient pas des Princes du monde apres beaucoup de poursuites! Mais ô crime inexcusable des hommes, s'ils ne veulent pas se préualoir de cette grande misericorde, s'ils se rendent aueugles entre des lumieres qui pressent leurs yeux de les receuoir; s'ils demeurent pauures entre de si publiques, & de si obligeantes liberalitez.

Représentez-vous vn homme si endurcy que vous voudrez dans le mal, la grace Diuine dont il abuse, estoit suffisante à son esgard, & à proportion de ses mauuaises qualitez pour le conuertir, mais il s'en est rendu prodigue volontairement, & a consommé en vanitez des dons qu'il deuoit ménager pour son salut. Comme si vn Soldat receuant sa monstre la perd aussi tost, & souffre puis apres beaucoup d'incommoditez, ce n'est pas la faute du Capitaine qui luy auoit donné cette paye suffisante pour viure s'il l'eust conseruée, & s'il ne se fust point laissé vaincre à la passion de iouer. Dieu ne veut pas faire violence à la volonté de l'homme; mais seulement il luy presente les graces auec lesquelles elle peut passer cette vie sans peché, & faire vne acquisition des merites qui luy donnent l'entrée de la gloire. Il la sollicite continuellement de ses faueurs, auec des diligences que nous admirerons au Ciel, & dont nous auons icy des témoignages assez sensibles. Car ie ne croy pas qu'il y ait vn homme si abandonné dans les pechez, qui n'aduouë qu'vne infinité de fois les inspirations diuines l'ont pressé de quitter sa mauuaise vie, & de se mettre serieusement dans les pra-

Fff ij

tiques de la vertu. Mais il s'est diuerty de ses pensées, il a preferé le bien du corps à celuy de l'ame, l'opinion du peuple aux maximes de la pieté ; en vn mot il veut perir. Hé ! où seroit la Iustice de Dieu, si ayant mis l'homme au monde pour meriter par les libres mouuemens de son affection, il le violentoit à suiure le bien, comme on fait les frenetiques à prendre de la nourriture.

Il ne faut point insister, & dire que la grace deuroit estre assez puissante pour vaincre les rebellions d'vn cœur endurcy, & qu'elle n'est pas suffisante si elle n'a pas son effect : car toutes les raisons que nous auons déduites, monstrent manifestement, que si Dieu a pourueu les creatures inferieures de puissances & d'organes si propres pour auoir la iouïssance de leurs fins, qu'il n'abandonne pas l'homme en cete necessité, & que ses faueurs qui importent au bien de l'ame, ne sont pas moins entieres que celles qui regardent les commoditez du corps. Les astres peuuent venir dans vne constitution qui ne sera pas fauorable à la terre ; Le Prince n'exerce pas tousiours vn gouuernement aussi heureux que le souhaite le peuple, parce que mille incidens peuuent alterer ses conseils, & ietter le trouble dans ses affaires. Mais Dieu n'est point sujet à ces changemens, & à ces infirmitez, il est la premiere cause vniuerselle qui ne souffrant iamais de dechet, assiste les agens particuliers d'vn secours toûjours suffisant. Côme il en a le pouuoir, il en a les volontez: car le moyen de conceuoir qu'il ait creé l'homme pour le perdre; qu'il l'ait reduit à l'impossible d'obseruer ses Loix, & de paruenir à sa gloire? Il est bien aisé de voir qu'il ne luy donneroit point de graces, si elles n'estoient suffisantes, autrement ce seroit perdre à dessein ce present spirituel, & refuser vn secours necessaire à la plus noble de ses creatures. Si donc elles n'ont pas leur effect, ce defaut procede de nostre liberté qui ne les a pas employées en de bons visages, & non pas de Dieu, qui a tout ce que nous pouuons legitimement esperer de sa Bonté, & qui est beaucoup moins blasmable qu'vn Orateur qui ne persuade pas des cœurs obstinez, encore qu'il ait parfaictement obserué tous les preceptes de Rhetorique dans son discours; ou qu'vn homme sage qui n'a pas gaigné le consentement d'vn esprit mal fait, apres y auoir employé tout ce qui se peut d'industrie & de bon conseil. C'est donc assez pour la Iustice de Dieu, que les graces qu'il presente aux hommes soient suffisantes, encore qu'elles soient inégales.

Fff iij

*De l'inegalité des graces diuines.*

## CHAPITRE IV.

C'Est vne condition commune à toutes les choses creées, de ne pouuoir estre dans la multitude, qu'elles ne soient dans la diuersité, quoy que les grands rapports de leur Physionomie, & de leurs actions, taschent de nous persuader qu'elles sont semblables. Les differences specifiques ou indiuiduelles qui les distinguent le plus les vnes des autres, se tiennent cachées dans l'interieur de l'estre qu'elles constituent ; neantmoins si nos yeux & nostre raison concertent pour iuger par ce qui en paroist à l'exterieur, nous verrons nettement cette verité, que le monde n'a point deux choses d'vne égale perfection. Les Astres sont aussi differends en leurs grandeurs & en leurs lumieres, qu'en leur vertu ; les pierreries en leur éclat ; les oyseaux en leurs plumages, en l'air & aux tons de leur musique ; les fleurs en leurs coloris, en leurs grandeurs, en leurs figures, en leurs parfums ; Tous les animaux qui nous paroissent semblables, à cause qu'ils sont de mesme espece, ont neantmoins de grandes diuersitez, par lesquelles ils se distinguent, & contractent leurs amours par sympathie.

Il nous suffit de sçauoir que cette diuersité est vne des Loix de la Nature, pour iuger qu'elle est tres-équitable; Aussi comme elle est le fondement de l'ordre & de la beauté, sans en rechercher la cause, & quand il ne seroit pas possible de la iustifier, nous l'aimons par inclination. Que si apres auoir veu par la Police du monde qu'il estoit absolument necessaire que les perfections fussent inégales; la curiosité demande encore pourquoy certaines parties sont plus ou moins aduantagées que les autres? Pourquoy estant dans la masse des choses possibles, & n'ayant aucun droict à l'estre par vne égale negation, quelques-vnes en ont esté tirées auec des preferences, & enrichies de plus precieuses qualitez? C'est où faute de raison nous sommes contraints de recourir à la volonté de Dieu, qui est la souueraine raison; & dire qu'il luy a pleu en disposer de la sorte par vne toute-puissante & tres-iuste liberté qui ne prend loy que d'elle-mesme. Si l'on demande, pourquoy de plusieurs pierres d'égale bonté, & tirées de mesme carriere, quelques-vnes sont employées aux murs d'vn cabinet, aux portiques, aux manteaux de cheminées, les autres aux fondemens, & aux offices d'vn grand Palais? Pourquoy d'vne mesme masse d'argent l'Orfevre en fait des vases, les vns qui sont à seruir sur la table, les autres sous le lict, il en faut venir à la volonté des ouuriers, qui ont peu disposer à discretion de ces matieres, & qui en effet deuoient necessairement faire tomber l'inégalité sur quelques-vnes, pour accomplir tout ce qui estoit de leur art. Supposé que les hommes dont on veut composer vne Republique, ayent les mesmes habilitez, le Legislateur ne laissera pas d'en faire des Iuges, des Soldats, des Marchands, & employer vne mesme capacité en diuers offices. De là nous pouuons iuger qu'il estoit fort conuenable, mesme necessaire, que Dieu departist vne diuersité de graces aux hommes, pour faire vn ordre dans le monde intellectuel, qui respondist à celuy du monde inferieur, & qui eust du rapport auec les Hierarchies celestes dont les perfections sont differentes, comme nous l'auons veu au precedent Tome.

Ces personnes d'vn merite égal, qui ne seroient pas en mesme charge, auroient quelque suiet de plainte d'vne inégalité, qui ne se pourroit excuser que par la necessité de l'ordre, & par la consideration d'vn bien public. Mais representez-vous, que les hommes deuant leur creation n'auoient aucun droict à l'existence, ny par consequent aucun merite pour pretendre à vn plus sublime degré de graces. Dieu leur a donc fait vne assez grande faueur de leur donner vn estre si noble; & il dépendoit purement de sa liberalité, de leur départir des graces à proportion de ce qu'il en vouloit faire reüssir pour sa gloire, mais tousiours suffisantes pour leur salut. Les Loix donnent la liberté
à celuy

à celuy qui est maistre d'vne chose, d'en disposer selon qu'il luy plaist; Vn Prince ne seroit pas souuerain s'il ne pouuoit esleuer quelque fauory; accorder des priuileges, des honneurs, des immunitez. Dieu donc qui est vne cause souuerainement libre, ayant donné l'estre aux ames raisonnables sans aucun precedent merite de leur part, les peut esleuer au degré de grace qu'il luy plaist, dont le moindre leur est vne tres-grande faueur, puis qu'elles n'y auoient aucun droict.

Il ne faut point inferer de là, comme font les libertins, que sa Maiesté diuine ayant fait naistre quelques-vns sous l'influéce de Venus, ou de Mars, ou de Saturne, que c'est leur bien de suiure les inclinations de leurs Planettes, comme s'ils gardoient en cela l'ordre de la vie qu'elle leur a prescrit les mettant au monde. Il est vray que c'est vn bien pour cet homme d'auoir vn téperament qui l'incline aux voluptez, à la cholere, ou à la melancholie, non pas pour le suiure, mais pour le vaincre, & s'en faire des occasions de gloire, par le secours des graces suffisantes qui luy sont données. Il se peut mesme seruir de ces inclinations naturelles pour de bonnes fins, & en tirer de grands aduátages pour la vertu quád elles sont bien conduites. Vne humeur sanguine rend la personne plus disposée à conceuoir les flammes, & à ressentir les extases de l'amour Diuin; à s'acquitter des deuoirs de la charité; à gagner les cœurs par vne douceur qui se fait aimer, & qui donne beaucoup d'efficace aux bons exemples, pour perſuader le bien. La bile peut donner vn zele, & vn courage inuincible dans les occaſions, où il faut rendre quelques combats. La melancholie retire des conuerſations, d'où l'on ne ſort ordinairement que plus pauure de quelque vertu; elle perſuade la ſolitude qui eſt l'element de l'innocence; le lieu ſainct où Dieu ſe communique plus familierement à l'ame; le port qui nous deffend du naufrage; le Ciel qui nous fait gouſter les veritables felicitez de cette vie. Si les hommes employent mal des forces que la vertu peut gagner à ſon party, c'eſt leur faute, & ils doiuent en cela ſe plaindre de leur laſcheté, & non pas de la miſericorde de Dieu. Ie veux que ces mouuemens ſenſitifs échappent quelques fois à la raiſon, & que leur impetuoſité n'attende pas touſiours ſes ordres, neantmoins nous auons veu au Liure de l'Immortalité de l'ame, qu'il eſt en noſtre pouuoir de contracter des habitudes qui ſurmontent ces inclinations, & qu'au reſte ces ſurpriſes ne ſont que des allarmes qui mettent la raiſon en deffenſe deuant qu'elle ſoit tombée dás le crime. Et puis nous demeurons ſans excuſe ſi l'on conſidere les graces que Dieu nous donne, plus fortes quand nous auons de plus grands beſoins; comme vn bon Pere de famille fait ſeruir des viandes de plus grand prix à vn ſeruiteur malade, qu'à ſon propre fils qui ſe porte bien.

Que si ces graces ne montent pas iusques à ce poinct auquel par effect elles gagnent ce cœur endurcy, c'est que Dieu a veu dés l'eternité des prophanations que cette ame ingrate feroit de ses biens-faits, & qu'apres luy auoir donné beaucoup plus qu'il ne luy faloit pour se conuertir, elle a voulu se ietter dans le precipice, malgré tous les obstacles qui la retenoient. C'est vne terre infertile, sur qui il ne faloit pas perdre plus de façons; vn arbre sans fruict qui merite d'estre abandonné, apres des soins qui deuoient le rendre meilleur; & la Iustice Diuine ne s'exerceroit pas en cette vie, si elle ne punissoit les hommes determinez au mal, par la substraction de ses graces extraordinaires, afin que cette perte spirituelle eût du rapport à la qualité de leur delict : comme les peres chastient la desobeyssance de leurs enfans par l'abdication; comme les Loix ostent les charges publiques à ceux qui en abusent; comme elles priuent ceux qui veulent frauder vne heredité, de tout le droict qu'ils y pouuoient legitimement pretendre; comme elles punissent les calomniateurs, d'infamie; comme elles condamnent les faux tesmoins à ne porter iamais aucun tesmoignage; comme elles chassent des Temples ceux qui en ont prophané les mysteres.

 Ces iustes indignations du Ciel abandonnent les ames ingrates à leurs appetits, & les laissent perir sous vn vent qui leur paroist fauorable.

C'est pourquoy nous les deuons craindre incomparablement plus que le defaut de ces graces qui ont vn grand éclat à l'exterieur, comme sont la beauté, l'eloquence, la subtilité de l'esprit, le don de faire des miracles, & autres semblables qui gaignent l'admiration des hommes. En effect il n'y a point d'esprit si peu raisonnable, qui ne se sente pressé de rendre de grands respects à ces personnes qui paroissent entre nous, comme si elles estoient d'vne condition celeste, & comme si elles auoient la Lieutenance de Dieu dans le monde; Qui ne s'estonnera de voir vn homme qui parle des choses futures comme si elles luy estoient presentes; qui appaise les orages d'vn signe de main; qui calme les mers par vne parole; qui par vn seul attouchement guerit des infirmitez incurables à la Medecine; qui ressuscite les morts, & enseigne à la Philosophie que Dieu peut accorder vn retour de cette priuation, vn rapel de cet exil, contre les loix ordinaires de la Nature? Les hommes se rendent encor recommendables par la science, qui est dans les esprits ce qu'est la beauté sur les visages, & ces deux rares qualitez donent vne telle eminence aux personnes qui les possedent, qu'il semble que toutes les autres soient nées pour leur rendre des respects & des seruices. Neantmoins ces faueurs ne sont pas celles que nous deuons le plus estimer, parce qu'elles ne supposent pas necessairement l'amitié de Dieu: d'ordinaire elles nous sont accordées pour les employer au seruice de nostre prochain; elles nous rendent comptables & criminels, si au lieu d'en estre bons dispensateurs, nous en tirons des sentimens de vanité. La vraye grace est celle qui nous donne de grandes auersions du vice, & assez de force pour nous en deliurer; elle assujettit toutes les puissances de l'ame aux volontez de Dieu, & les tient prestes en tout temps & en toutes occasions à luy obeïr.

Quoy que les Loix ne permettent pas de tirer vn interest de l'interest, neantmoins la bonté de Dieu donne cours à vne saincte auarice, quand il nous fait experimenter qu'vne grace qu'il nous accorde pour recompense de quelque bonne œuure, estant bien ménagée, nous en peut meriter vne autre, ainsi de suite, par vn progrez qui ne prend fin que par le defaut de nostre volonté, & qui peut tousiours croistre pour l'acquisition d'vne gloire qui est infinie.

---

*De la recompense des bonnes actions en l'autre vie;*
*& de la vision de Dieu.*

## CHAPITRE V.

CEtte prodigieuse diuersité d'appetits qui partagent les cœurs des hommes, se rapporte à vn souhait general, d'estre dans vne condition affranchie de toute misere, & bien-heureuse par la iouyssance de toute la felicité possible ; mais l'effet de ces sublimes pretentions ne nous est pas permis durant cette vie, où nous n'auons point de douceurs qui ne soient meslées de fiel ; où l'amour, l'ambition, l'auarice ne donnét que des contentemens imaginaires, des peines & des inquietudes veritables ; où les faueurs qui semblent nous éleuer, sont des fardeaux qui accablent ; où les passions se poussent, & s'entrechoquent comme des flots de la mer, sans se donner d'autre repos, que celuy qui procede de l'impuissance. Enfin nous sommes icy dans vn païs de desirs ; il y en a donc vn autre qui en reserue les satisfactions, & où ces grandes auiditez de nostre cœur doiuent rencontrer vn bien capable de les appaiser : dautant que ces souhaits de felicité communs à toute nostre espece, ne doiuent pas estre inutils, autrement l'homme qui est la plus noble, seroit la plus miserable des creatures, en ce que si la pierre ne tombe pas à l'infiny sans trouuer vn centre où elle s'arreste ; si les plantes & les animaux obtiennét leurs fins, & si le monde leur fournit pleinement les obiets de leurs appetits, il n'est pas à croire que nous eussions les pensées & les souhaits d'vne parfaite felicité, si la iouyssance nous en estoit impossible.

Mille raisons que i'ay déduites au precedent Tome, nous persuadent que nostre ame n'est pas seulement creée pour donner la vie à vn corps, où ses biens-faicts luy sont préiudiciables, & qui luy est vne prison si obscure, qu'elle est contrainte d'en sortir autant qu'il luy est possible par les abstractions, pour auoir quelque connoissance de la verité. I'ay fait voir que la vertu ne rencontre icy que des perils, des fatigues, & des combats au lieu de triomphes, qu'elle s'impose des peines, au lieu de se seruir de recompense; qu'elle souffre tant de calamitez sous les persecutions de l'enuie, & par vne permission particuliere du Ciel, qu'elle est l'obiet ordinaire de nos compassions. D'où il faut necessairement conclure, que Dieu ne seroit pas iuste, ny souuerainement bon, s'il ne luy donnoit vn estat de gloire, qui comprenne en abregé, tout ce qu'il y a de bien; & ses liberalitez ne seroient pas assez magnifiques, si elles n'accomplissoient nos desirs en surmontant mesmes nos esperances.

Il ne nous est pas possible d'auoir vne parfaite idée de ce bien-heureux estat, que nous n'auons pas experimenté; neantmoins entre les ignorances de nostre nature nous pouuons connoistre que nostre intellect recherche vne premiere verité, & que nostre volonté souspire pour vn souuerain bien, desorte que la gloire que nous esperons au Ciel, consiste en vn parfaict acquiescement de ces deux puissances en la vision de Dieu; c'est à dire que nous iouirons de cette lumiere primitiue, de la premiere verité, du Souuerain estre intelligible qui se possede proprement par l'intellect. Cette Souueraine bonté penetrera tres-intimement l'essence de nos ames, & s'y vnissant par soy-mesme, sans l'entremise d'aucunes especes, elle les comblera par cette étroite vnion, de ioyes & de delices inconceuables. Sans ces discours, & sans ces longueurs qui accompagnent nos raisonnemens, vne grande lumiere nous monstrera d'vne veuë toutes les veritez dans leurs principes; vne affluence de gloire nous fera iouyr de tous les biens imaginables dans celuy qui les comprend tous.

Si au monde les plus belles choses deuiennent fades quand elles sont ordinaires ; & si l'amour y trouue plus de delices en la recherche qu'en la iouyssance, c'est que l'ame s'abuse, & prend les premieres impulsions de l'appetit, comme si elles auançoient au souuerain bien ; mais depuis qu'elle ne rencontre que des perfections finies dans son obiet, elle prend le change, & cherche dans la diuersité les satisfactions qu'vne seule chose ne luy peut donner ; mais les bien-heureux iouyront d'vne félicité eternelle, sans que la continuë leur puisse iamais donner de dégoust, parce que l'obiet en est infiny ; & comme il comprend toutes les perfections possibles, auec vne éminence qui ne s'y rencontreroit pas si elles estoient diuisées en plusieurs suiets, il donne vn acquiescement à tous nos desirs, & les tient attachez à soy auec vne plus amoureuse necessité, & plus de repos, que les choses materielles

terielles n'en trouuent en leurs centres.

 Si l'on dit que la forme des Cieux est si parfaite, & qu'elle contente si fort les appetits de la matiere, qu'elle luy oste ses inclinations naturelles au changement; Nous auons sujet de conclure, que Dieu s'vnissant aux ames bien-heureuses, les affranchira des inconstances qui leur estoient familieres au monde; qu'il preuiendra tous leurs souhaits par vne surabondante satisfaction, qui ne leur laissera point lieu d'en conceuoir de nouueaux; que les esclairant de sa lumiere il les rendra participans de l'immutabilité de sa Nature; il ne remplira pas seulement, mais il étendra leurs puissances, & outre la proportion qu'elles ont auec luy, comme auec leur derniere fin, & l'vnique obiet de leur beatitude, il les fortifiera, & leur donnera encore vne plus grande capacité par les lumieres de gloire.

 Tous les Bien-heureux possederont ce souuerain bien, mais differemment; comme les yeux qui voyent vn mesme Soleil en supportent les lumieres plus ou moins à proportion de leurs forces. Cette inégalité de gloire vient de l'inégalité du merite; & ne faut point douter que la Iustice diuine ne donne de plus belles palmes aux actions plus genereuses; qu'elle ne reserue de recompenses particulieres à la Force qui aura tenu contre tous les accidens de la Fortune; à la Temperance, qui surmôte les passions plus rebelles & plus insolêtes contre la raison; à la Charité qui expose courageusement

Tome 3.           Hhh

ses interests pour soulager les necessitez du prochain. Il y a donc diuers ordres de Bien-heureux aussi bien que d'Anges ; & cette équité qui donne la preseance aux plus grands merites dans le gouuernement de l'Vniuers., & de nos Estats, se void tres-entiere dans ce monde spirituel.

Cependant ces sainctes ames entrent si fort dás les sentimens de la Iustice diuine, que quand il n'y auroit point de decret qui leur assignast leurs rágs, elles les prendroient d'elles-mesmes, comme tres-iustes & tres-conuenables à leur portée ; & sans se piquer de ialousie contre les ordres superieurs, comme vn homme de mediocre taille ne souhaitera pas d'auoir l'habit d'vn geant ; & dans l'œconomie de nos corps, le pied n'a pas l'ambition de se metamorphoser en teste ; mais au contraire elles se móstrent interessées dans la gloire des plus éminentes ; elles y prennent part ; & comme elles connoissent que Dieu merite infiniment plus de gloire qu'elles ne luy en peuuent rendre ; & qu'elles voyent des creatures qui s'acquitent plus parfaitement qu'elles de ce deuoir, elles en conçoiuent la mesme ioye que nous, de rencontrer vn excellent Peintre qui represente au naturel le visage ; & vn bon Orateur qui dresse les Eloges d'vn Prince que nous aimons. Tellement que les Bien-heureux iouyssent, & de la gloire qui leur est propre, & de celle qui leur reuient par complaisance : Ainsi rien ne manque à leur felicité, en ce que toutes les inégalitez semblent couuertes par ces reflexions de lumieres, & par leur commun objet qui est infiny.

Quelles consolations de se souuenir lors des pauuretez, des trauerses, des maladies, qui nous auront esté des suiets pour meriter cette gloire! Le temps des souffrances qui paroissoit long à nos sentimens durant cette vie, ne semblera qu'vn moment en comparaison d'vne éternité qui ne finira iamais; nous verrons lors ce que nous ignorons à cette heure, que les maladies de nos ames deuoiét estre secourues par ces remedes; qu'il ne nous falloit pas de moindres combats, pour tenir nos courages en exercice; que ces inspirations, ces lumieres, ces saincts mouuemens nous ont esté donnez à propos, comme des graces aux criminels; & qu'elles ont esté les vrais moyens que Dieu deuoit employer pour nous sauuer, sans contraindre nostre liberté. Iustice admirable qui ne laisse pas le moindre merite de nostre vie, le moindre bon mouuement de nos cœurs sans recompense; qui apres nous auoir mis les armes en main pour combattre, apres nous auoir donné des secours pour vaincre, nous conduit dans vn estat de gloire, qui surpasse & nos esperances, & nos merites.

*La bonté infinie de Dieu n'empefche pas qu'il ne puniſſe les pechez comme il recompenſe les vertus.*

## Chap. VI.

Voicy la ſeconde partie de la Iuſtice diſtributiue de Dieu, dont la plus part des hommes ne voudroit point ouyr parler, comme d'vne creance importune qui trouble les contentemens de cette vie par les apprehenſions de l'autre ; Ils voudroient qu'il leur fût permis de s'abandonner aux plaiſirs des ſens, de ſuiure l'impetuoſité de leurs paſſions; de violer les Loix diuines & humaines, ſans eſtre coulpables ; ou qu'ils obtinſſent par leurs diſſolutions la meſme gloire que meritent les plus ſublimes vertus. Ie ne m'eſtonne pas ſi l'amour propre cherche ſes aduantages, & l'abolition de ſes crimes par des voyes iniuſtes. Vn bras pourry de gangrene refuït tant qu'il peut le fer qui le doit couper ; Les debteurs de mauuaiſe foy voudroient qu'il n'y euſt aucunes actions en iugement; point de ſaiſies ny de geoles qui les contraigniſſent à payer leurs debtes ; Le deſir des criminels ſeroit qu'il n'y euſt ny Iuges pour les condamner, ny peines aucunes qu'ils deuſſent ſouffrir. Ainſi ces ames engageés dans le peché, taſchent à ſe défaire du ſentiment de la Iuſtice diuine:

mais par vn effort autant plus inutil qu'il leur est préiudiciable, puis que par ces fausses imaginations ils perdent la crainte qui est la plus puissante machine pour les retirer du mal, & neantmoins ils n'éuitent pas les peines deües à leurs démerites, selon l'ordre estably de Dieu.

Sa Prouidence qui a marqué l'éclyptique pour le chemin du Soleil, & les deferens aux autres Planettes; qui a voulu que des qualitez particulieres seruissent de dispositions aux formes; que la beauté resultast d'vne certaine disposition des parties; a prescrit aux hommes des Loix, qui estant bien obseruées auec le secours de ses graces, leur feroient meriter la beatitude; Ce n'est pas merueille si ceux qui prennent des chemins directement opposez, arriuent à vn estat qui luy est contraire. Si l'on ne garde les regles propres à chacun des arts, il est impossible d'obtenir la fin qu'ils promettent; Si l'on fait vne course de bague, c'est à condition que ceux qui ne l'emporteront pas, seront exclus de l'honneur, & du prix qui s'y propose; La Musique ne se forme que du concert des voix, qui suiuent exactement les nottes de leur partie: Vn vaisseau n'arriuera pas au port, s'il s'expose aux vents qui l'en écartent. La Nature mesme qui aspire à la perfection, permet les monstres dans les especes les plus accomplies, lors que la matiere se trouue indisposée pour de plus nobles effects. Ainsi Dieu veut le salut de tous les hommes, il propose la beatitude pour recompenſe de leurs vertus, mais il veut qu'ils les practiquent ; que pour eſtre heureux ils ſoient fidelles à l'obſeruation de ſes Loix : Il leur donne le ſecours general, & particulier de ſes graces ; s'ils en abuſent il n'y auroit non plus de iuſtice à les ſauuer, qu'à donner les meſmes recompenſes aux ſoldats qui ont pris la fuite faute de cœur, qu'à ceux qui ont eſté courageuſement à l'attaque, & forcé la reſiſtance de l'ennemy.

On dit contre cette verité, qu'il n'y a point en Dieu ny de Iuſtice commutatiue, parce qu'il n'y a point de proportion entre la gloire d'vne eternité, & nos actions, dont la durée & le merite ſont de ſi peu d'eſtenduë : Ny auſſi de Iuſtice diſtributiue, n'y ayant point de Loix qui l'obligent, comme les Magiſtrats, à la diſtribution des peines & des recompenſes. Cette difficulté me ſemble ſi peu conſiderable, & ſi legere qu'elle ne merite point de reſponſe ; car qui ne ſçait que le Prince n'eſt pas moins iuſte quand il decerne des couronnes à la vertu, encore qu'elles ne ſoient point taxées, & qu'il ſoit au deſſus des Loix qui en determinent le prix. La Iuſtice eſt vne certaine proportion de la peine, ou de la recompenſe auec les actions, qui eſt originairement dans la Nature des choſes, & dás l'idée raiſonnable du Legiſlateur, dót la Loy n'eſt qu'vne morte repreſentation. Or Dieu eſt vne Iuſtice viuante & primitiue, c'eſt pourquoy il ne punit pas à cause qu'il y a vne Loy qui le commande, mais parce qu'il veut punir par vne volonté qui n'est autre chose que la Iustice mesme, dont le sentiment est graué dedans nos cœurs, & que chacun reconnoist, quand il iuge raisonnable, que les crimes soient chastiez de quelques peines. Il est vray qu'il n'y a point d'égalité entre sa gloire & nos actions, à cause que tout le merite qu'elles ont pour cette fin surnaturelle, dépend de ses graces. Mais si ce n'est pas proprement vne Iustice distributiue à l'égard des recompenses, au moins elle l'est à l'égard des peines, en ce que de nous mesmes nous sommes capables de démeriter. Nos ingratitudes contre vn si grand bien-faicteur; nos rebellions contre nostre Souuerain; nos desobeyssances à nostre Pere celeste; nos sacrileges contre sa diuine Maiesté, sont dignes de punition; & ont de soy du rapport aux supplices dont ils doiuent estre chastiez en l'autre vie. De sorte que comme vn esclaue ne peut demander recompense des seruices qu'il rend selon le deuoir de sa condition, & merite neantmoins d'estre puny s'il ne s'en acquitte pas. Ainsi les hommes peuuent iustement estre punis de Dieu pour leurs pechez, encore qu'ils n'ayent aucun droict de demander la recompense de leurs bonnes œuures, qui luy estant deuës par beaucoup de tiltres, n'acquierent aucune obligation dessus luy.

Comme la Nature tire vn bien du mal, quand

elle fait seruir les corruptions à de nouuelles naissances ; le mouuement des Cieux ; les éclypses, les exils, les retrogradations des planettes, pour nous en temperer les influences qui seroient trop fortes si elles estoient arrestées ; Ainsi Dieu tourne le mal de coulpe en vn bien, & fait vn ordre des déreglemens de l'esprit de l'homme, quand il les chastie, en ce qu'il abaisse cette volonté qui s'estoit insolemment sousleuée contre luy ; il la reduit au rang qu'elle doit tenir ; il fait qu'elle souffre des peines qu'elle n'aime pas, à cause qu'elle a mesprisé ce qu'elle deuoit aimer ; & qu'elle perde dans ces supplices la liberté dont elle ne s'estoit pas bien seruie pour l'acquisition de la gloire.

Cette Iustice est vn bien, comme nous le pouuons connoistre par nos propres inclinations naturelles, qui nous donnent vne secrette complaisance quand on fait l'execution des parricides, des traistres à la patrie, des boutefeux de l'Estat, & qui nous portent à confirmer les Arrests qui les ont condamnez. Si c'est vn bien, elle doit estre en Dieu ; veu principalement que son contraire choque nostre raison, qui ne peut approuuer l'impunité des grands malefices. Aussi tous les anciens Philosophes qui ont creu l'Immortalité de l'Ame, soustiennent vnanimement qu'il y a certains lieux de peine où sont precipitez celles, qui n'ont pas expié leurs fautes durant cette vie : & quand les Poëtes disent qu'elles sont iugées dans les Enfers,

par

par Minos, Æacus, Radamanthus, qui furent autrefois des Princes tres-iustes, c'est pour exprimer plus sensiblement les arrests inflexibles & formidables de la Iustice de Dieu.

Les punitions ne sont donc pas seulement bonnes, en consideration de ce qu'elles espouuantent le vice, & en donnent de la crainte par leur exemple; mais principalement à cause qu'elles sont vne des deux parties de la Iustice, qu'elles occupent vn des costez de sa balance, & que si le merite esleue les bons à la gloire, les crimes importans doiuent abaisser ceux qui les ont commis dans la damnation. Cette Iustice oste, comme i'ay dit, les excez, elle establit vne égalité, qui est vne image de l'Vnité diuine. Aussi Boëce soustient que les meschans sont moins heureux dans la continuë, que dans la punition de leurs crimes, parce que d'vn mal elle en fait vn bien.

L'amour propre nous flatte par trop, quand en comparaison de ses tendresses il nous fait conceuoir les Arrests de la Iustice Diuine, comme vne espece de cruauté; il nous represente, que nous sommes quelque chose de grand; & parce que nous nous aimons auec nos crimes, il voudroit engager Dieu dans les mesmes sentimens; le rendre aussi indulgent que nous, de nos fautes, c'est à dire qu'il n'eust point d'yeux pour les voir, de volonté, ny de puissance pour les punir. Ie m'imagine que si les mousches & les puces auoient quelque ombre de raison, elles formeroient les mesmes plainctes de nous, & nous accuseroient de cruauté, de ce que pour nous venger d'vne petite piqueure, nous leur ostons vne vie qui leur est si chere, & qui n'est plus reparable: neantmoins qui est l'homme de si foible esprit, qui pense commettre vne iniustice en ces actions, & qui ne les mette entre les indifferentes, parce que l'extreme inegalité qui est entre luy, & ces bestioles luy donne vn droict sur leur vie, sans qu'elles en puissent demander raison, principalement lors qu'elles luy sont importunes? Helas! nous sommes moins en comparaison de Dieu, que ne le sont les plus imparfaits de tous les insectes à nostre égard. Nous auons du rapport auec les vers, & les moucherons, en ce qu'ils se reduisent sous le genre generalissime de l'estre categorique: ils sont composez des mesmes elemens, ils digerent, ils croissent, ils sentent aussi bien que nous; ils ont des artifices que nous ne pouuons égaler, enfin ce sont des animaux, & le tiltre qu'on leur donne d'imparfaits, signifie si l'on l'examine bien, plus de pureté, de promptitude, de faueur des causes vniuerselles en leur naissance.

Cette pensée nous doit tenir dans vne abysme d'humilité, sans nous plaindre de la iustice de Dieu, & auec de profondes adorations de ses infinies misericordes. Il destine tout le monde à nos vsages; il nous donne vn empire sur les animaux; il éclaire nostre raison de ses lumieres, il échauffe nostre cœur de ses sainctes flammes ; sa main est tousiours preste à nous secourir ; ses Anges à nous assister de leurs conseils ; & cependant nous sommes ingrats iusques à nous rendre rebelles contre sa diuine Majesté, & à preferer le desordre de nos appetits à l'accomplissement de ses volontez. N'est-ce pas vn nouueau crime de luy vouloir donner d'autres sentimens que les siens, & de l'appeler iniuste, parce qu'il punit des parricides, & des sacrileges.

I'aduoüe qu'il est nostre Createur, nos ames tiennent immediatement l'estre de sa main ; mais les mespris que les hommes font de cette faueur les rend plus coulpables, & la qualité de pere ne signifie pas moins la puissance & la Iustice à punir, que l'amour pour obliger. Le Philosophe Aristippus fit vne solemnelle abdication d'vn fils qui auoit de mauuaises mœurs, & qui se rendit incorrigible à ses aduis ; sur ce que quelques-vns qui ménageoient l'accommodement de cette affaire, luy representerent qu'il agissoit par cette rigueur contre vne partie de luy-mesme ; ne crachons nous pas, leur dit-il, les excremens qui viennent de nous ? & ne seroit-ce pas vne cruauté d'empescher vn homme de se desfaire des vermines incommodes au corps qui les a produit. C'est pourquoy les anciennes Loix de Rome donnerent aux peres la puissance de vie & de mort sur leurs enfans, sans craindre qu'ils en abusassent ; & auec cette creance, que l'amour

Iii ij

qu'ils ont pour leur bien, est vn iuste contrepoids à la cholere, qui les pourroit emporter au chastiment; Aussi quoy qu'elles ne permettent pas au mary de tuer sa femme surprise en adultere, parce que la ialousie aussi furieuse en ses entreprises, qu'elle est aueugle auec tous ses yeux d'Argus, peut prendre les moindres soupçons pour de legitimes suiets d'exercer sa rage; Mais, dit la Loy, la pieté paternelle consulte pour le bien de ses enfans, elle arreste les precipitations des mouuemens sensitifs, de sorte que son procedé demeure tousiours dans les termes de la Iustice.

L'on noye & l'on estouffe les monstres, parce qu'ils sont les pechez de la Nature contre les loix d'vne espece; & personne ne condamne les meres de cruauté, quand elles consentent qu'on deliure le monde de ces malheureuses productions. Les ames abandonnées dans le vice sont des monstres, qui n'ont rien de ressemblant à leur principe; & s'il nous estoit permis de voir leur interieur, nous iugerions que la nature n'a point d'extrauagáces qui égalent leurs deformitez. Il ne faut donc point alleguer icy la bonté infinie de Dieu comme si elle deuoit seruir d'excuse à ces pechez, puis qu'au contraire sa consideration en augmente les démerites, & fait que les chastimens en sont tres-iustes. Ingrates & malheureuses creatures qui n'ont pas le sentiment de cette bonté quand elles l'offencent, & qui ne l'aduoüent de bouche, que quand on leur parle d'en estre punis, adioustant ainsi la mocquerie à leurs sacrileges. Dignes certes de souffrir comme vn Iuge seuere, celuy qu'elles n'ont pas voulu reconnoistre comme vn pere plein de misericorde.

La chaleur naturelle qui ne trauaille que pour la vie, cause neantmoins des fievres qui donnent la mort, quand elle trouue vne plenitude de matiere disposée à l'inflammation. Vn mesme rayon de Soleil, sans rien changer de ses fauorables & viuifiantes qualitez qui ont fait naistre la rose, la seiche, quand l'humidité vient à luy defaillir. Ie pourrois dire de mesme, que la bonté de Dieu qui donne la gloire aux bonnes ames, condamne les criminelles aux supplices, parce qu'elle doit produire des effets contraires sur des suiets opposez, demeurant tousiours égale en soy; puis que cette partie de Iustice qui punit, est vn bien qui ne doit pas manquer à vne bonté infinie, quand l'occasion le demande: Neantmoins ces comparaisons ne sont pas bien iustes, à cause que ces puissances naturelles agissent positiuement en la corruption des suiets; c'est en effect le Soleil qui seiche la rose, & la chaleur naturelle qui cause l'incendie de la fiévre; mais ce n'est pas Dieu qui fait le peché, ny les peines qui le punissent. Il vous monstre le chemin de la gloire, il vous donne des instructions qui vous le persuadent, & des secours pour y aduancer: que si vostre liberté prend des resolutions,

& des routes toutes contraires, c'est elle-mesme, & non pas Dieu qui vous pert; Si vous ne iouyssez pas des lumieres qui font la gloire des bien-heureux, c'est que vous vous estes volontairement precipitez dans vne region de tenebres. Les Anciens nous signifierent cette verité, quand ils dirent que les Cyclopes, qui habitoient les antres de la terre, forgeoient les foudres de Iupiter. C'est à dire, que les hommes esclaues des plaisirs du monde, arment eux-mesmes la main de Dieu, & sont les autheurs des peines qu'il souffrent: Ils tenoient encore que les foudres enuoyez de Iupiter sont de bon augure, & ne causent point de mal. Cela se verifie par experience en ce qui est de l'air qui se monstre couuert de nuages blancs, quelquesfois auec de petits tonnerres, qui réueillent la nature fort à propos, quand le Planette Iupiter est maistre du Ciel; mais cela est encore plus vray par rapport dans l'ordre de la Iustice Diuine, qui ne nous enuoye des afflictions que pour nostre gloire, & pour tenir nos courages en exercice; quant aux peines que les damnez souffrent, ils en sont les premieres causes, & ce sont leurs mauuaises qualitez; semblables à celles des infortunes, d'où procedent les foudres, qui les écrasent.

Les Princes se portent à venger les crimes par vn double motif; & pour satisfaire aux deuoirs de la Iustice qui demande cette égalité, & pour reparer les iniures qui ont esté faites; Aussi les Loix Romaines qui estoient exactes en la formalité des actions, en permettoient deux contre le larron; l'vne pour vendiquer ce qui auoit esté mal pris, & celle-là passoit iusques sur les heritiers; l'autre estoit personnelle & consistoit en la peine deuë à la grauité du crime. Ainsi les amendes, les confiscations, les punitions corporelles qui sont les plus rigoureuses, ne tendent pas à satisfaire aux parties interessées, mais à punir vn crime, dont l'excez deuoit estre reduit par le chastiment, à l'egalité de la Iustice; d'où il faut conclurre, qu'il est tres equitable que Dieu punisse les crimes pour satisfaire à cette equité; quoy qu'ils ne portent aucun dommage à sa grandeur, & qu'il en puisse estre moins touché que le Ciel des flechesque nos foibles bras tirent contre luy. Au reste la volonté qui s'est mise en deuoit de l'execution doit estre punie comme dans les crimes de leze Maiesté; Hé, qui doute que les pecheurs ne meritent tout ce qui se peut imaginer de peines, pour auoir attenté contre Dieu, & luy auoir rauy autant qu'ils pouuoient la gloire & les droicts de son Empire?

Sa souueraine Sagesse a voulu donner aux hommes des Loix, auec des moyens proportionnez à leur nature, & qui fussent de fortes persuasions à vne liberté qui ne deuoit pas estre violentée; Or comme nous sommes tres-sensibles à la douleur, & que la crainte fait prendre des resolutions extremes, qui ne fussent iamais entrées dans vn esprit dégagé de ce sentiment, Dieu s'en est seruy, & a ioinct les menasses de la damnation aux promesses de la Beatitude, pour gagner plus facilement nos cœurs ; c'est vne digue contre les débordemens du peché ; c'est vn Fort dont les vertus se seruent contre les attaques ; & n'est-il pas vray que dans les inclinations naturelles qu'ont les hommes de suiure le party des sens, il seroit inutil d'en publier les deffenses, s'il n'y auoit point de peines pour la transgression ? Le monde ne laisse pas de commettre ces grands desordres qui font tous les iours gemir l'innocence & la pieté, quoy que les peines eternelles preparées aux crimes soient épouuentables : Que seroit-ce donc ? quelles calamitez, quels rauages, quelles desolations ne verrions-nous point entre les hommes, s'ils n'estoient vn peu retenus par la crainte ?

Appellez-vous cette iustice mauuaise, parce qu'elle ne fauorise pas les méchans ? qu'elle leur assigne vn estat conforme à leur demerite ? qu'elle separe les tenebres de la lumiere, le vil du precieux ? qu'elle ne donne pas aux perfidies & aux sacrileges les couronnes de l'obeyssance & de la Religion ; qu'elle ne rend pas Dieu preuaricateur de la verité, refractaire à son iugement ? lasche iusques à n'oser condamner ce qu'il condamne ; enfin qu'elle ne permet pas cet auantage aux pecheurs, d'vsurper sa gloire, apres auoir transgressé ses Loix ? Quoy que les ames criminelles reclament icy, il est vray que

que la Iustice de Dieu n'est pas seulement vne espece, mais vne protection de sa Bonté, dautant qu'elle ne se pourroit exercer, & ne seroit pas complette à nostre égard, comme i'ay dit, sans les effects de cette Iustice. C'est elle qui nous le represente comme nostre Pere auec des soins charitables, qui demandét toutes les amours de nostre cœur; & comme nostre souuerain, qui nous gouuernant auec ses Loix, doit estre respecté de nous auec toutes les humilitez possibles ; aussi tous les preceptes de pieté se rapportent aux sentimens de l'amour & de la crainte de Dieu.

---

*Dieu n'est pas cause du mal; & quand il le permet, il ne fait rien qui soit contraire à sa puissance, & à sa bonté.*

### CHAP. VII.

TOus les moyens qui nous donnent quelque connoissance de Dieu, comme l'instinct, la raison, ou l'extase, s'accordent en ce qu'ils nous le representent comme vn souuerain bien ; comme vne essence qui en son vnité tres simple comprend toutes les perfections possibles ; & cette saincte pensée est le fondement de tous les attributs, par lesquels les Theologiens tâchent de nous expliquer les grandeurs infinies de sa nature. Suppose que Dieu soit infiniment bon, il s'enfuit necessairement qu'il n'est pas la cause du mal que nous appellons de coulpe ; car si le feu engendre le feu ; si les fruits tiennent de la bonté de l'arbre ; si le Soleil remplit l'air de lumiere, & non de tenebres ; le premier principe estant souuerainement bon, ne sçauroit produire vn mauuais effet. Il cesseroit d'estre bon s'il causoit le mal, comme toutes les autres causes que nous ne iugeons mauuaises, & qu'on ne charge d'imprecations, que parce qu'elles engendrent des effets pernicieux.

Ce mal de coulpe dont nous parlons, n'est autre chose que le déreglement d'vne raison qui trasgresse la Loy diuine, & qui s'écarte de sa propre fin. Or qu'elle apparence d'imposer à Dieu vn defaut, qui ne se trouue pas mesme dans les personnes que l'estude de la Philosophie a rendus sages ? Il agiroit en cela contre luy-mesme, de donner des Loix aux hommes pour estre gardées, & cependant de porter leurs volontez à les violer ; de se proposer à eux pour derniere fin, & neantmoins diuertir leurs affections à des obiets qui luy sont contraires ; d'auoir moins de bonté que les centres qui attirent les corps naturels qui s'y portent, & qu'ils peuuent perfectionner. Enfin ce seroit bastir & ruiner en mesme temps, par vne inconstance & vne contrarieté de volontez, qui nous seroient vn continuel supplice, & qui ne se peuuent accorder auec sa souueraine Sagesse. Il est également infiny & immuable en son essence ; si donc il estoit capable de mal, il le seroit à l'infiny, & le produiroit sans relasche : ainsi il aboliroit toutes les essences, & la sienne propre ne subsisteroit pas auec la qualité de mal infiny.

Tous les Philosophes ont esté dans ces sentimés; entre autres Trismegiste dit en termes exprez, que c'est la derniere & la plus criminelle de toutes les absurditez qui naissent de l'ignorance, de dire que Dieu soit cause du mal ; Comme le fer se charge de roüille contre le dessein, & sans la cooperation de l'ouurier ; Ainsi, dit ce grand personnage, le mal suruient à la Nature à cause des foiblesses de la matiere, & du rien dont elle est originaire, sans que la premiere cause y donne son influence.

Neantmoins les libertins taschent de ruiner ce premier fondement de Sagesse, & d'obscurcir cette verité, afin de donner vne abolition generale aux crimes, en supposant que Dieu les commande; Il se plaist, disent-ils, à voir les hommes dans la pratique de ces grandes vertus qui combattent la fortune, & qui se font des suiets de gloire des plus insolentes saillies de la superbe & de l'ambition. Il faut donc à leur dire, qu'il y ait des vsurpations, afin que la Iustice ait dequoy s'opposer à leurs violences, & rendre à vn chacun ce qui luy est deub ; qu'il y ait des Tyrans sous qui les Martyrs deployét leurs forces, des vols, des concussions, des rapines, des incédies, des mauuaises foy ; qui donnent de l'exercice

KKK ij

à la pauureté, & à la constance. Mais c'est confondre merueilleusement les choses, d'accuser la Bonté diuine comme si elle estoit cause du mal, lors seulement qu'elle le permet; & que laissant passer les causes secondes dans ce désordre, elle en fait reüssir vn bien. Pas vn de tous les Legislateurs n'a ordonné les seditions; neantmoins quand elles se sont faictes par humeur des peuples, leur prudence en a sceu tirer de grands aduantages; & Rome s'en seruit fort heureusement pour établir cette forme de Republique si florissante, qu'elle eut l'Empire du monde; Ainsi les bonnes Loix sont nées par l'occasion de mauuaises mœurs; L'estomach qui n'appete pas les choses ameres, les employe pour se purger des superfluitez, la nature qui ne desire qu'vne parfaite santé, vse de certaines maladies comme de remedes, pour se garentir d'autres plus violentes; de la fiévre contre les spasmes, de la quarte contre les conuulsions, des hemorroïdes contre la nephretique, & la melancholie. Ainsi Dieu ne veut pas le mal de coulpe, par vne volonté absoluë & determinée, mais seulement il le permet quand les hommes le commettent volontairement, parce qu'il ne veut point faire de violence à leur liberté; neantmoins sa souueraine Sagesse tire de ces excez plusieurs biens que nous admirerons au Ciel, comme de doner par ce moyé de l'exercice à des vertus genereuses, & leur faire meriter de plus belles palmes. Il a voulu que les sainctes ames eussent la charité qui est vne vertu generale, disposée d'agir tousiours pour sa gloire en toutes les rencontres; que si la tyrannie l'expose aux tourmens, cette occasion de les vaincre, & de surmonter la mort pour soustenir les veritez de la foy, procede de la franche & libre malice des hommes; mais la force qui gagne cette victoire vient de Dieu, qui ne fait pas la persecution, seulement il donne des graces pour en triompher lors qu'elle se presente; comme si vn Prince monte vn Gentil-homme à l'aduantage, s'il luy donne des armes, & vne bonne escorte pour passer vne forest pleine de voleurs, il n'est pas cause, & n'a pas voulu qu'il soit attaqué ; il ne suscite pas ces voleurs à fondre sur luy, mais au cas qu'ils le fassent, il luy donne moyen de se deffendre, d'échapper de leurs mains, & de signaler son courage par leur défaite.

Mais, dit-on, si ce qui est conforme aux Loix de la Nature excede tousiours en nombre ce qui luy est contraire, il s'ensuit que les pechez suiuent cette Loy, & par consequent la volonté de Dieu, parce qu'on void plus de personnes addonnées au vice qu'à la vertu. Il est vray que la plus part des crimes fauorisent l'inclination naturelle des sens, neantmoins au lieu d'estre conformes ils sont directement opposez aux Loix diuines, qui nous commandent de vaincre les appetits de la partie sensitiue, comme des suiets reuoltez contre l'empire de la raiſon, & les droicts de noſtre nature intellectuelle. Deſorte qu'on peut accorder, que le naturel excede dans le cours des cauſes conduites auec neceſſité, & de qui la Prouidence diuine a determiné les inclinations; mais non pas dans l'homme qui agiſſant auec liberté, prend ſon mouuemẽt & ſes reſolutions de luy-meſme, ſous la conduite d'vne lumiere qui le peut tromper. En cet eſtat les actions de vertu conformes à ſa nature raiſonnable luy ſont rares, parce qu'elles ſõt difficilles; que pour les pratiquer il ſe faut défaire de l'opinion, & rompre l'alliance qu'on a contractée auec les ſens dés le commencement de la vie: ce ſont des victoires qui ſont touſiours deuancées de pluſieurs combats; Dieu l'ayant ainſi permis, & n'ayant pas voulu nous determiner neceſſairement au bien, pour les raiſons que i'ay déduites plus haut.

Quand on dit que la puiſſance que nous auons à faire le mal ſeroit inutile ſi elle n'eſtoit pas reduite en acte, on abuſe du mot de puiſſance, car c'eſt vne laſcheté de s'aſſujettir aux vices, c'eſt vne cheute & vne foibleſſe de noſtre raiſon. Iugerez-vous vn ſoldat moins courageux de ce qu'il n'aura iamais eſté entre les mains de ſes ennemis; Vn Pilote moins iudicieux, qui aura touſiours braué les vents & la mer ſans faire naufrage; Vne ſanté moins robuſte, qui reſiſte à toutes les impreſſions des cauſes eſtrangeres, ſans maladie, encore qu'elle ſoit capable d'en eſtre affligée? Dieu

DE LA IVSTICE DE DIEV. 435

ne nous a pas rendus libres, comme i'ay dit, pour nous proſtituer aux pechez, mais pour acquerir les vertus auec plus de merite, n'eſtant pas determinez neceſſairement à ſon election. Ainſi tant s'en faut que nous ſoyons impuiſſans, qu'au contraire nous ſommes plus forts, comme plus conformes à noſtre principe, de ne point tomber dans le peché.

Au reſte quand il ſe commet, la police de Dieu ne ſouffre point de deſordre, ſa prouidence n'y eſt point ſurpriſe, dautant qu'il connoiſt le futur comme le preſent, & que de toute eternité il a veu que la liberté de l'homme abuſant de ſes faueurs s'abandonneroit à cette mauuaiſe action : il a voulu la permettre, & en tirer pluſieurs biens qui ne nous ſont pas connus.

Les Loix ciuilles ſont trop équitables pour vouloir que les biés ſoient poſſedez ſans vn iuſte tiltre, neantmoins elles permettent les preſcriptions, de peur que les domaines ne demeurét trop long téps en incertain ; elles condamnent la vie des femmes abádonnées, & les puniſſent d'infamie ; neátmoins elles les ont quelques fois tolerées pour diuertir d'autres incónueniens plus dommageables à la Republique. Sparthe ne cómanda pas les larcins, mais elle ne voulut pas les empeſcher, quád ils ſe feroient de choſes qui ſeruent à la nourriture, afin de rendre les maiſtres plus diligens à la conſeruation de leurs biens. Cela monſtre qu'il y a beaucoup de differences entre vouloir le mal, & le permettre, ce qui se peut faire quelquesfois pour de tres iustes considerations. Ainsi Dieu ne l'empesche pas entre les hommes, pour ne point contraindre leur liberté, & pour d'autres motifs de sa Iustice.

Il ne le faut pas considerer comme les puissances humaines, qui attirent bien souuent sur soy les crimes qu'elles n'empeschent pas; dautant qu'il estoit conuenable à l'ordre du mōde, comme i'ay dit, que les hommes eussent vne pleine iouyssance de leur liberté, pour faire vne plus glorieuse acquisition de merites; & qui ne leur eust pas esté permis, si Dieu les eust retenus attachez au bien, comme des oyseaux sur la perche, de peur qu'ils ne fissent quelques eschapades dans le vice; encore qu'il les ait mis sur leur foy, & qu'il les ait rendus maistres de leurs actions; Il ne le faut pas comparer à vn Pilote qu'on repute cause de la perte de son vaisseau s'il māque à le bien cōduire. Car i'ay monstré que cette souueraine misericorde nous donne tousiours des graces suffisantes auec lesquelles chacū peut infailliblement faire son salut, s'il veut y cooperer; mais comme vn Pilote qui tient le timon, qui tourne les voiles, qui prend le vent, qui cōmande ce qu'il faut aux manœuures, & qui s'acquite de tous les deuoirs de son art, n'est pas cause de la perte de son vaisseau, si ce vaisseau ne vaut rien, & s'il fait eau de tous costez; Ainsi on ne doit pas imputer à Dieu la perte des ames qui perissent volōtairement par leurs malices entre ses inspirations, & le secours de ses graces.

*Comment*

*Comment Dieu concourt à l'action du peché.*

## CHAPITRE VIII.

LA subtilité de nostre pensée va plus loing que les puissances de la Nature, en ce qu'elle peut conceuoir par abstraction, vn mal pur, & sans aucun meslange de bien, quoy que cela ne soit pas possible, parce que l'existence prise en soy, sans ces honteuses conditions qui luy suruiennent, est vn bien, & vne image de l'estre de Dieu; ainsi tout ce qui reçoit l'estre, a le bien pour son fondement. On ne veut donc signifier autre chose par le nom de mal, qu'vn defaut qui se rencontre dans les estres naturels, lors que leurs principes estant affoiblis sous la violence de leurs contraires, ils tombent apres plusieurs défaillances, dans la corruption. Le Soleil qui leur presente lors les mesmes lumieres, & des qualitez aussi aduantageuses, que celles qui concoururent à leur naissance, entretient ce peu qui leur reste de forces; & n'est pas cause des déchets qu'ils souffrent, parce qu'ils procedent des debilitez propres & intimes à leur nature, quand mesme toutes les parties d'vn mixte rompent leur alliance, le Ciel ne pretend pas la corruption, mais le retour de ses parties disjointes à leurs principes; le domaine d'vn agent plus fort, sur le plus

Tome 3. Lll

foible; ou la generation d'vn nouuel eftre, qui font des fins affez legitimes pour iuftifier fon concours.

Il nous faut philofopher de mefme des actions humaines, & reconnoiftre que les plus criminelles, les plus iniurieufes à la pieté, ont quelque chofe qui n'eft pas mauuais, & qui felon le cours de la Nature peut iuftement receuoir l'influence du premier Principe. Comme quand vn homme affaffine vn autre d'vn coup d'efpée, le mouuement du bras qui obeyt à l'imagination; celuy qui eft imprimé à l'efpée, quand elle perce vn corps molaffe, qui doit ceder à fa dureté; quand fa pointe & fon trenchant fe font ouuerture fur vne matiere dont la confiftence eftoit trop lafche pour luy refifter; ce font tous effects qui font dans l'ordre de la Nature, & que Dieu feconde legitimement de fon concours.

Et puis il faut remarquer dans cette action quelque chofe qui n'eft pas du reffort des fens, ny de la cathegorie des chofes purement materielles; à fçauoir, que c'eft vne iniuftice d'ofter la vie à vn innocent; ou que c'eft violer la Loy Diuine de tirer raifon d'vne iniure, & fe faire droict à foy-mefme, fans en auoir la puiffance referuée aux Princes, & aux Magiftrats. A bien prendre ces confiderations qui forment le crime, ce ne font autre chofe que des foibleffes & des lafchetez d'vne raifon, qui ne s'eft pas trouuée affez courageufe pour vaincre les mouuemens de la partie senſitiue, ny aſſez fidelle à garder des loix auſquelles elle doit l'obèyſſance; que ſi la formalité du crime ne conſiſte qu'en des défaillances, des foibleſſes, des priuations, Dieu n'y donne point ſon concours, qui eſt actif, & ne faut point leur aſſigner d'autres cauſes, que l'impuiſſance de la creature.

Mais, dites vous, l'intention de la volonté qui fait l'offence, eſt vn acte poſitif, auquel Dieu doit concourir, & y concourant il ſemble eſtre cauſe du peché? Il eſt facile de reſpondre à cette inſtance, ſi l'on conſidere deux choſes en la volonté de celuy qui commet vn crime; la premiere, cet acte Phyſique, par lequel elle ſe détermine au choix d'vn objet, qu'elle conſidere comme vn bien qui luy eſt conuenable; la ſeconde, l'abus de cette puiſſance qui prend le mal pour le bien, & qui ne veut pas obſeruer les loix de la Iuſtice. Il eſt vray, ſelon l'ordre de la Nature, que Dieu concourt à cette pretenſion de la volonté qui recherche ſon objet; mais quant au déreglement de ſes appetits, & à la tranſgreſſion de ſon deuoir, ce ſont des defauts de ſon cru, qui arriuent ſans le ſecours du premier principe.

Dieu, en qualité de cauſe vniuerſelle, ſouſtient toutes les affections des eſtres creez; mais ſans ruiner leur nature, ſans leur oſter l'exercice des puiſſances, qu'il leur a données par ce premier decret qui eſtablit l'ordre au monde; Or il a voulu que la volonté des hommes fût libre, comme nous en auons faict la preuue; c'est pourquoy son concours seconde & ne ruine pas leur liberté, lors mesme qu'elle prend des resolutions qui l'offensent; comme les Cieux concourent par leur mouuement auec celuy de la pierre, lors qu'elle fond en bas, & qu'elle s'écarte de leurs globes; ils ne luy donnent pas la pesanteur qui la determine à cette cheute, mais ils la secondent en son precipice auec la mesme vertu generale, qui esleue le feu, & qui fait voler les oyseaux. La mesme lumiere qui anime toutes les couleurs, qui est vne nette blancheur dans le cristal; vn éclat vigoureux dans les diamants; vn feu petillant dans les rubis; vne agreable verdure dans les emeraudes; ne monstre que la superficie des matieres opaques, & sert à faire les ombres qui luy sont contraires, quand vn corps solide & obscur s'oppose à son estenduë. Quand quelqu'vn void les objets autres qu'ils ne sont, & qu'il prend les fleurs, pour des monstres, cette qualité celeste est innocente de cette imposture, elle a fait ce qui luy appartient de remplir l'air de son éclat, afin que les corps y fussent visibles, mais elle n'a pas deu purger tous les yeux malades, des humeurs qui corrompent leur iugement. Vne mesme pluye qui remplit les grappes de vin, qui donne la douceur aux poires, & aux abricots, est changée en poison dans la ciguë, dans l'aconit, dans les mandragores, & comme elle se conuertit

## DE LA IVSTICE DE DIEV. 441

en aliment dans les plantes qui se portent bien, elle aduance la pourriture de celles qui sont demy mortes. Ainsi le concours de Dieu se presente aux hommes, auec vne vertu generale, de soy tres-bonne, & tres-innocente, dont neantmoins les méchans abusent par vn defaut & vne malice qui procede de leur nature. Quand ils se seruent de ce concours pour se precipiter dans le vice; pour donner au mal les apparences du bien; pour se corrompre par ce qu'ils deuroient employer à leur salut, Dieu ne les empesche pas; parce qu'il donne son influence comme cause vniuerselle, qui doit estre determinée par les particulieres. La volonté par laquelle il a voulu que tous les hommes demeurassent libres, est absoluë, & a necessairement son effet; mais non pas tousiours celle qui n'est que conditionnée, par laquelle il veut le salut des hommes à condition qu'ils coopereront à son concours, & à ses graces par leurs bonnes œuures. Il les laisse donc agir, il seconde leurs actions, telles que leur liberté les veut produire, quand ils se seruent mal des lumieres, capables de donner remedes à leurs ignorances; & des secours auec lesquels ils pourroient vaincre toutes les difficultez qui se rencontrent en la pratique de la vertu..

*Dieu n'est pas cause du peché, quoy que les occasions
du mal paroissent faciles, les vertus & ses
commandemens difficiles.*

### Chapitre IX.

C'Est se flatter à l'excez, de dire que nostre Nature n'est pas suiette à de grandes infirmitez, & qu'il ne faut pas adiouster & retrancher beaucoup, pour se mettre dans les moderations de la vertu. Les Romains eurent ces sentimens lors que aux plus solemnels de leurs sacrifices ils n'offroient que des victimes femelles, comme par vne publique protestation, que leurs courages se trouuoient lasches en l'acquit de leur deuoir, & que leur puissance n'estoit qu'vne disposition à receuoir les faueurs du Ciel. Penser bien conduire sa vie sans la conoissance de ses infirmitez, c'est vouloir traitter vn malade, sans autre regime que celuy des corps qui sont parfaitemét sains; c'est s'engager indiscretement dans vne guerre, sans auoir supputé les forces de ses ennemis; C'est entreprendre vne longue nauigation, sans estre informé de ses dangers, & sans les équipages necessaires pour s'en garentir.

En tout le discours que i'ay faict des perfections de l'homme au precedent Tome, i'aduouë qu'il doit viure au monde comme dans vn pays

DE LA IVSTICE DE DIEV. 443

d'ennemis, contre lesquels il est tous les iours aux mains, & que la vertu luy est vne conqueste qui luy couste de grandes fatigues. Mais comme ie fais ingenuëment cette confession à nostre desaduantage, il faut aussi que nos parties demeurent d'accord, que nous auons accreu nos infirmitez par opinion; que la vie de la plus part des hommes ressemble aux imaginations des melancholiques, qui se figurent des disgraces, & des horreurs entre les magnificences & les caresses de leurs amis. A force de dire que la vertu n'est pas au pouuoir de nostre nature, ils s'impriment cette creance, toutes les occasions de la vie leur paroissent des perils ineuitables, & vne terreur panique les met en déroute, comme ceux qui prirent autrefois les arbres pour des embuscades, ou les tintamarres d'vn Echo, qui rend plusieurs fois vn mesme son, pour le tumulte d'vne grosse armée.

Il est vray, comme i'ay dit ailleurs, que les passions auec lesquelles nous auons esté nourris, se font vn droict dessus par l'vsage; les hommes qui ont mis en credit les honneurs, les voluptez, les richesses, & les autres biens de fortune, comme s'ils estoient les legitimes obiets de nos affections, les ont fait suiure par vne foule de peuple inconsiderée, qui prend l'exemple pour la raison, qui croit au lieu de iuger, & qui se persuade aysément que les meilleurs chemins sont les plus battus. Si quelques-vns consultent leur interieur deuant que s'engager dans la troupe, & si l'inclination naturelle que nous auons pour la vertu, leur en donne quelques desirs, ils en croyent la iouïssance impossible de ce qu'elle n'est pas commune, & ils ne se representent pas moins de difficultez en l'abord de cet estat de perfection, que des Iardins des Hesperides enuironnez de feux, au dire des Poëtes, & gardez par des Dragons tousiours veillans.

De là naissent les plaintes qu'ils forment contre Dieu, de ce qu'il leur fait la monstre d'vn bien pour leur en interdire la iouyssance; de ce qu'il nous donne des Loix comme pour former nos mœurs, & cependant il aposte les malignes influences des Astres, les reuoltes des passions, les plaisirs des sens; les charmes de plusieurs obiets pour nous débaucher de la fidelité qu'il nous demande.

Ce que i'ay déduit au Liure de l'Immortalité de l'ame, sert de responseà toutes ces difficultez. Car i'ay fait la preuue que les passions peuuent estre assuietties & moderées par le sage; que leurs mouuemens donnent à l'esprit vne actiuité qui recompense les pesanteurs dont il se sent accueilly par le commerce du corps; qu'elles sont des armes puissantes sous la conduite de la raison, pour vaincre toutes les difficultez qui trauersent les plus genereuses entreprises. I'ay produit aussi des raisons & ces experiences qui nous obligent à reconnoistre, que nostre volonté ne releue point des Astres,

mais

mais qu'elle leur peut commander; que nous pouuons plus par la raison que par la necessité; que la temperance & toutes les autres vertus qui éleuent l'esprit sur les ruines du corps, nous peuuent reduire à des souffrances glorieuses, qui égalent celles des plus mauuaises fortunes: si la lascheté ou la foiblesse empeschent quelqu'vn de se venger d'vne iniure; de bons courages ont plusieurs fois donné la vie à ceux ausquels ils la pouuoient oster, par des raisons de Iustice, sans blasme & sans resistance. Si le temps est le grand medecin des douleurs, la force ne leur est pas seulement vn remede qui les guerit, sans delay; mais vn preseruatif qui les empesche de toucher le cœur dans l'occasion, & l'Antiquité a veu des Peres insensibles à la mort de leurs enfans, & dans la perte de leurs enfans. Aussi est-ce la fin que se propose la Philosophie des Stoïques, de rendre l'homme tousiours égal à luy-mesme entre les faueurs & les disgraces de la fortune, comme l'est la mer entre l'abord & l'écoulement des fleuues; de le mettre dans vn estat si sublime qu'il luy faille baisser les yeux, & raualler son esprit, pour considerer les grandes affaires de ceux qui sont éleuez dessus les throsnes.

Il est vray que les passions auec lesquelles nous auons esté nourris, deuiennent souuent des maladies inueterés, qui ne se peuuent guerir que par de longues habitudes contraires; nous sommes reduits à faire long-temps suppurer ces playes qui sont dangereuses, & d'arrester les fiévres violentes par de fortes crises, qui nous en rendent la guerison plus asseurée. Neantmoins ces difficultez nous deuiennent aduantageuses en ce qu'elles nous font vn suiet de plus grand merite ; la vertu nous coustant si cher, fait que nous la conseruons auec plus de soin ; nous cherissons au double ces biens de l'esprit, qui nous viennent de nostre acquest ; & nostre courage redouble comme le mouuement naturel, à mesure que nous approchons de nostre fin.

Les soldats Romains qui auoient fait quelque action signalée, receuoient de la Republique vn brasselet d'or qu'ils portoient au bras droict, comme si cette recompense les eust attachez plus étroitement à leur deuoir. Ceux qui entre les Lacedemoniens auoient bien fait dans vne occasion, receuoient pour prix de leur valeur, le droict de combattre aux premiers rags de l'armée, proche de leur Capitaine. Ainsi les difficultez qu'il faut vaincre en la conqueste de la vertu, ne font qu'animer les bons courages à de plus glorieuses entreprises ; leurs forces se trouuent si vigoureuses, qu'il leur semble, en suite de plusieurs grands progrez, qu'ils ne font encore que commencer, & leur trauail n'est pas accompagné d'vn moindre que l'est celuy de la chasse.

Qu'on interroge ceux qui sont dans les premieres années de leur conuersion, & qui combattent leurs sens, comme des ennemis auec lesquels ils n'ont point de trséue ; Ils vous diront qu'ils gouſtét des delices, des douceurs, des consolations bien plus charmantes, que s'ils s'abandonnoient aux voluptez de la chair, & que leur ame trouue sa paix parmy ces combats.

Ie veux qu'elle soit meſlée de quelque trauail, & que ces ioyes interieures soient interrompuës par quelques souffrances, c'eſt vne eſpece de permutation d'vn bien du corps auec celuy de l'eſprit ; vne reaction tres-equitable que la Nature authoriſe en tous ſes progrez : & n'eſt-il pas iuſte que l'homme ſe faſſe quelque violence pour ployer & s'adiuſter aux loix immuables de la verité Eternelle?

Et puis ces contraintes n'ont de la rigueur que dans les commencemens, car depuis que par la couſtume, & la faueur des graces du Ciel, l'on s'eſt acquis les habitudes de la vertu, les pratiques en ſont ayſées ; l'ó s'y porte auec allegreſſe, & en cette pourſuite l'on gouſte meſme les delices de la iouïſſance, par vn mouuement qui tient du repos. Auſſi les Stoiciens diſent, que le ſage qui s'eſt mis dans cette agreable poſſeſſion de la vertu, iouït d'vn threſor, que l'inconſtance du monde ne luy peut rauir, touſjours heureux & pleinement ſatisfait de ſes propres biens. Ariſtote & ceux de ſa ſecte, ſont dans la meſme ſentiment, lors qu'ils mettent le ſouuerain bien de l'homme en ces ſatisfactions interieures qui naiſſent des practiques de la vertu, & des speculations de la Verité; Les libertins mesmes passent dans cette opinion, quand pour nier l'Immortalité de l'Ame, & les couronnes reseruées aux belles actions dans l'autre vie, ils souftiennent que la vertu est accompagnée de tant de delices, qu'elle se sert de recompence à elle mesme. I'ay combatu l'excez de cette opinion, dont neantmoins ie tire vne consequence de la propre confession de nos parties, que la vertu n'est pas impossible à l'homme, puis qu'elle luy apporte des contentemens interieurs où les sages ont mis les felicitez de cette vie.

Quand les astres nous imprimeroient en naissant des inclinations qui se conseruent vn droict dessus nous, que l'vsage ne peut prescrire, que la vertu adoucit, mais qu'elle ne peut entierement surmonter; quand i'aduoüerois que ces premiers mouuemens surprennent nos resolutions, qu'ils trahissent nostre repos, qu'ils nous donnent de chaudes allarmes au temps que leur longue retraite nous faisoit esperer vne grande paix. I'ay respondu que la raison en obtient tousiours la victoire, si elle veut employer ses forces; que ce luy sont des aduis d'estre sur ses gardes, & de petites offenses qui l'animent à de plus genereuses conquestes. Il semble à nos yeux que les nuages touchent le Soleil, & qu'ils fassent mourir ses lumieres sous la noirceur de leurs voiles; mais la Philosophie nous apprend, qu'elles passent bien loing au dessous de

DE LA IVSTICE DE DIEV. 449

luy; que ce bel astre conserue ses eminentes qualitez toutes entieres; qu'il les répand encore dans de grands espaces, lors que ces basses regions se trouuent indignes de les receuoir. Ainsi l'on s'abuse si l'on croit que la raison perde ses aduantages par les premiers mouuemens de la partie sensitiue. Ils sont dans l'inferieure partie de l'ame, sans offenser la conscience, lors que la volonté n'y donne point son consentement; & s'il n'y a point de crime, n'y ayant point de mauuaise election, on ne se doit pas plaindre de la Iustice de Dieu, comme s'il auoit en cela trahy les interests de nostre salut.

Supposé que les personnes sujettes à ces infirmitez, ayent moins de disposition à la vertu, que ces natures heureuses qui en iouyssent ce semble comme d'vn propre, sans les acquerir. Les ames ainsi disgraciées ne sont pas comptables deuant Dieu de ces precieux dons; elles sont hors le peril d'en abuser, & neantmoins leur puissance mediocre leur donne de plus aduantageuses occasions de merite; ce qui est aux autres vne recepte, leur tient lieu de mise; elles ont, ce que desiroit Alexandre, de grands pays, & de nouueaux mondes à conquerir; que si elles n'y reüsslissent pas, c'est qu'elles sont negligentes à déployer leurs forces, & à se seruir des graces qui leur sont offertes.

Quant à la diuersité des Loix diuines, ie feray la preuue au Tome suiuant, qu'elles sont & faciles &

Mmm iij

fauorables à ceux qui aiment le Ciel, & qu'elles secondent les intentions legitimes que nous deuons auoir d'agir pour la iouyssance de nostre fin. C'est donc vn blaspheme horrible, & vne impieté sans pareille, de dire que Dieu nous expose en cette vie, comme dans vne forest pleine de voleurs, auec vne guide infidelle qui nous liure entre leurs mains. Il est impossible que Dieu infiniment bon & plein de misericorde vse de cette cruauté enuers vne creature qu'il témoigne luy estre extremement chere par les faueurs signalées qu'il luy a faites par aduantage sur toutes les autres. Nostre raison, & nos experiences donnent le reproche à ces accusations sacrileges; & quand nous voyons des personnes de toute sorte de temperament, tres parfaites en la vertu; il faut conclure que si nous n'y faisons point de progrez, c'est par vne lascheté qui rend les armes dans vne occasion où nous deuons gaigner la victoire.

Personne ne s'irrite contre soy-mesme & ne s'accuse des accidens qui aduiennent par la force que les Iurisconsultes appellent majeure, comme des inondations, des vols, des foudres, des embrazemens, des tyrannies; on trouue dequoy se consoler dans ces miseres qui sont generales, qui abbatent toutes les puissances, qui rendent vaines toutes les industries, & qui ne rencontrent point de forces à l'espreuue. Mais quelques puissantes inclinations que l'on ait au vice, quand on y tombe, la conscience nous persecute de ses remords ; nous condamne par vn Arrest qui n'a point d'appel, & quelques excuses que l'on cherche dans les subtilitez du raisonnement, vn honte naturelle fait qu'on se cache comme criminels. Cela ne seroit pas, la Nature n'agiroit pas contr'elle mesme, si le mal nous estoit vne necessité ; si nous estions obligez à le commettre ou par foiblesse, ou par ignorance.

---

*L'ignorance ordinaire aux hommes ne les excuse pas du peché.*

### Chap. X.

C'Est vne chose digne de merueille de voir les extremitez où les hommes s'emportent, les artifices & l'audace de leur esprit, pour trouuer des excuses à leurs offenses ; Ils se plaignent de l'ordre du monde, & des reglemens de la Nature ; ils accusent la Prouidence de Dieu, comme si elle n'auoit pas pourueu suffisamment à leurs seuretez, & si elle auoit trahy leur bon-heur ; ils desadoüent ses biens-faits, de peur qu'on ne les condamne d'ingratitude ; ils alleguent leur impuissance pour couurir leur infidelité ; ils renoncent au priuilege de leur espece, & affectent le tiltre de miserables, afin de se conseruer celuy d'innocens : mais l'exception principale dont se seruent les libertins contre la Iustice diuine, & par laquelle ils souftiennent qu'elle ne doit pas punir les hommes, est prise de nostre ignorance. Ils disent que nous auons vn appetit naturel pour le bien; neantmoins nous faisons ordinairement choix du mal, c'est donc faute de lumiere en l'intellect, & non pas d'affection en la volonté; de sorte que nous faire vn crime de ce defaut, ce seroit punir vn aueugle de ce qu'il ne iugeroit pas bien des couleurs, ou vn voyageur de ce qu'il s'égareroit la nuict dans vn chemin qu'il ne sçauroit pas, & dont il ne pourroit auoir aucunes addresses.

Pour démesler cette difficulté qu'ils nous proposent en confusion, ie dis que cette ignorance dont ils se couurent, est ou de la Loy naturelle, ou de la Loy positiue, Diuine & humaine: Quant à la Loy naturelle, elle est grauée dás le cœur de tous les hommes, comme le premier principe de leur raisonnement, & de leur Morale. De sorte qu'on ne s'en peut dire ignorant à moins que de se reduire dans la cathegorie des brutes. Les peuples peuuent estre differens en leurs Loix & en leurs mœurs, soit à cause de la diuersité des climats, des regions, des astres qui leur dominent, ou des Princes qui donnent la face à leurs Estats selon leur genie, des necessitez qui ont fait passer des occasions en coustume; neantmoins dans cette prodigieuse diuersité de gouuernement, les Loix naturelles demeurent

rent inuiolables ; & les barbares mesme, qu'vne humeur farouche a rendus ennemis de la police, en reconnoissent l'equité, & s'en rendent obseruateurs. Partout on iuge tres-raisonnable de rendre à chacun ce qui luy appartient, de ne faire iniure à personne, de garder sa foy & ses promesses, de ne point violer les mariages ; de donner les recompenses au trauail, les charges au merite, les couronnes, & les loüanges à la vertu. Si quelqu'vn máque à ces deuoirs, il encourt la haine publique, on le poursuit iusques à ce qu'on en ait tiré raison, & tous les sauuages ne font la guerre que pour se váger de quelque iniustice. Ils fuyent la paresse par les exercices continuels de la chasse, de la pesche & des combats; la superbe par cette grande egalité qui regne entr'eux; la cholere par les bonnes intelligences qui entretiennent leurs societez, les excez d'vn amour brutal par leurs mariages. Enfin si l'on préd la peine d'examiner tous les vices, on verra que leur deffense est comprise dans la Loy de la Nature; aussi les plus sages de l'Antiquité se la proposent comme la regle & l'idée de leur sublime Philosophie, & apres de longs discours qui cherchent les moyens de bien ordonner nos actions. Seneque conclud que cette parfaite morale est de viure selon la Nature. Voilà donc vne grande partie des actions humaines, où les hommes ne peuuent tirer aucune excuse de leur ignorance, parce qu'ils sont instruits de leur merite, ou démerite par les Loix de la Nature, & que la connoissance de ces veritez leur est donnée auec la raison.

Quant aux Loix positiues diuines & humaines, les Libertins souftiennent qu'ils peuuent s'en dispenser, lors qu'ils n'en reconnoissent pas euidemment l'équité; & quand c'est plustost la force que la raison qui les reduit à leur obseruance. Pour ne point embarasser ces matieres: Ie me reserue à parler des Loix diuines au Tome suiuant, où ie feray voir les obligations qu'ont tous les hommes à les garder; que la raison nous persuade d'y soûmettre nostre iugement, quoy qu'il n'y apperçoiue point de raison; que c'est bien iuger, autant qu'il nous est possible, des choses qui passent nostre portée, de nous y laisser conduire par la souueraine Sagesse. Cet instinct naturel que nous auons à rechercher le secours de ceux qui nous peuuent aider; à demander le chemin que nous ne connoissons pas; à consulter les experts de chaque science; les Aduocats bien versez dans les affaires, pour la conduite des nostres; vn bon Pilote pour vne longue nauigation; Cette mesme lumiere de la Nature nous instruit à receuoir les Loix diuines, comme des instructions necessaires à former nos mœurs; & en cela nostre ignorance ne fait que nous obliger dauantage à cette sousmission, dautant que nous deuons estre tres-assurez que Dieu, qui est infiniment bon, veut nostre bien; qu'estant la premiere verité, il ne veut, & mesme ne peut nous donner des mauuaises loix préiudiciables à nostre bon-heur.

Nous voyons au monde entre les choses materielles vn ordre, qui rend les plus excellentes de celles qui sont regies, les plus souples à la direction des superieures; comme l'air se rend plus conforme au Ciel que la terre, & le feu que l'air; les Cieux qui sont plus proches du premier mobile, le suiuent auec moins de resistence, en ce qu'ayant leurs Spheres beaucoup plus estenduës, que celles qu'elles enuironnent, elles font le mesme chemin en vn iour, & ont le mouuement naturel beaucoup plus lent. Selon cet ordre l'homme qui est la plus noble des creatures inferieures, doit estre la plus obeyssante aux Loix diuines, ce qu'il pratique lors qu'il s'y soufmet sans en examiner les motifs. Car où seroit l'obeyssance d'vn esclaue à son maistre, d'vn soldat à son Capitaine, d'vn fils à son Pere, d'vn sujet au Prince; s'ils demandoient raison de tous les commandemens qui leur sont faits, & s'ils n'y rendoient obeyssance, que quand ils en reconnussent la iustice? Ce ne seroit plus lors obeyr, mais iuger; de suiets ils se rendroient souuerains, comme les Princes, qui prennent telles resolutions qu'il leur plaist, sur les aduis de leur conseil; ils seroient dans vne parfaicte independance, & la regle de leurs actions, s'ils iugeoient la Loy, & s'ils ne la suiuoient que quand elle leur semble iuste. Ie laisse à penser quelle police, & quelle conformité il y auroit entre les hommes dont les iugemens font plus differens que les visages. Ce seroit vne confusion prodigieuse où rien ne s'acheueroit, parce que l'vn réuerseroit ce que l'autre auroit estably, s'il n'y auoit des Loix superieures qui terminassent toutes ces controuerses. D'où il faut conclurre que l'homme ne se peut pas dire, ignorant de la verité, quand il a des Loix diuines qui le gouuernent, comme ce n'est pas estre abandonné aux vents & à la mer, d'estre conduit par vn bon Pilote, quoy que l'on n'entende pas son art, & que l'on n'obserue pas tous les tours de voile & de gouuernail qu'il donne au vaisseau.

Ces mesmes considerations se peuuent estendre sur les Loix ciuiles, & sur l'authorité des Magistrats establis par cette prouidence qui veille à la conduite des Royaumes. On doit croire que les Legislateurs ont apporté toutes les précautions, & toute la prudence possible pour fonder ces Loix; & si elles n'eussent esté iustes le peuple ne les eust pas authorisé par son consentement: Quelle merueille si les raisons n'en sont pas connuës de tous les esprits, qui n'ont pas l'entrée dans les mysteres d'Estat; & qui ne veulent renuerser les loix, que pour mettre leurs passions en liberté?

Que sert donc d'alleguer icy l'ignorance des hommes pour excuser leurs déreglemens. Pleust à Dieu qu'ils fissent autant de bien qu'ils en connoissent, ie croy que toute la Iustice seroit employée à donner des recompenses à la vertu, & que nous aurions par effet ce siecle d'or, dont les Poëtes nous ont fait de si riches descriptions pour nous en donner l'enuie. Chacun est instruit de cette verité par ses propres experiences, & void nettement que ce n'est pas faute de cognoistre, mais de vouloir, qu'il obeit à ses passions ; Car comme le monde a plus de lumiere que de chaleur, il se trouue plus de connoissance que de zele dans l'esprit des hommes, plus de lumiere dans l'entendement, que de ferueur dans la volonté.

Il est vray qu'elle se porte au bien, mais elle est libre, comme i'ay dit, vers le bien particulier, & elle peut choisir vn obiet qui fauorise les sens, au mespris d'vne autre conforme aux deuoirs de la raison. Les remords de conscience qui la gesnent apres qu'elle a commis le peché, monstrent bien que ce n'est pas par surprise, ny par vne ignorance qui soit vne legitime excuse. Aussi quand l'ame consulte sa raison, & qu'elle se rend attentiue aux graces du Ciel, elle forme de grands desseins de vertu; elle se propose de se deliurer de l'esclauage du vice, de briser ces chaisnes, & de rentrer en faueur auec Dieu, par les deuoirs de la penitence. Mais on fait icy de nouuelles plaintes de ce que plusieurs sont trauersez en l'execution de ces sainctes entreprises.

*Des morts subites qui surprennent l'homme dans le peché.*

## CHAPITRE XI.

DE tous les desirs que nous auons de sçauoir les choses futures, celuy qui nous presse auec de grandes auiditez, c'est de préuoir le temps & les conditions de nostre mort. En toutes les autres rencontres nous voudrions estre informez de l'aduenir, par vne secrette inclination de nostre ame, qui se sent capable de cette lumiere, & d'en iouyr dans vne eternité, où le futur & le passé luy seront presens. Mais icy nos interests donnent de l'efficace à nostre curiosité, & c'est l'amour de la vie qui nous rend si passionnez de sçauoir quel en doit estre le cours; L'estat où nous viuõs n'a pas vn seul moment qui soit sans peril, il nous tient suspendus entre la crainte & l'esperance, trauaillez d'inquietudes que nous serions bien-ayses de changer auec des connoissances asseurées.

Ce n'est pas qu'on voulust sçauoir l'arrest de sa mort, mais on se figure que ses préiugés seront aussi fauorables qu'on les desire, & pour les voir vistement on iette les yeux auec precipitation sur tous les moyens qui nous le promettent, comme les ioüeurs sur les coups de dez & de cartes, impatiens

## DE LA IVSTICE DE DIEV.

de sçauoir leur bonne fortune. Si le hazard leur donne ce qu'ils demandent, vne prompte ioye leur met le ris, & la serenité sur le visage, au lieu de cette morne froideur, qu'vne violente attention, tousiours en allarme y auoit grauée, & les rend moins riches par le gain qu'ils font, que par les esperances qu'ils en conçoiuent. Il n'en va pas ainsi des preiugez de nostre mort, car quoy qu'ils nous accordent de grands delais, ils ne peuuent estre que desagreables, puis qu'ils nous prononcent nostre condemnation ; Mais l'incertitude ne nous prescriuant aucun terme, nous laisse l'idée d'vne plus longue vie, & nos promet ce me semble dauantage que les meilleurs prognostiques, qui tousjours en determinent la fin.

C'est pourquoy Cesar interrogé quelle mort il iugeoit la plus heureuse? il dit que c'estoit celle qui estoit la moins préueuë; & peu de temps apres il fut assassiné dans le Senat, par la coniuration de ceux qu'il croyoit plus affectionez à son seruice. S'il eust esté aduerty de cét accident, cette idée funeste luy eust esté vn supplice continuel; elle ne luy eust pas permis de gouster la gloire de ses triomphes, ny l'aplaudissement des personnes dont il eust connu l'infidelité. Ainsi quelques-vns iugerent Tullus Hostilius heureux, de ce qu'vn coup de tonnerre le consomma promptement auec son Palais, comme si le Ciel l'eust affranchy par cette surprise de ce qui estoit de plus rude en la mort; & eust fait la solemnité de ses funerailles, selon la coustume de ce temps-là qui estoit de brusler les corps des defuncts sur vn superbe bucher, auec les plus precieux de leurs meubles.

La Nature nous conduit à la mort dés nostre naissance, mais elle diuertit nos pensées par les emplois de la vie, & ce nous est vne espece de grace de ce qu'elle nous traite comme des criminels, à qui l'on ne prononce l'Arrest de mort, que le iour de l'execution. Car tous les hommes n'ont pas l'esprit si genereux que Socrate, qui apres estre condamné, demeura plusieurs mois dans la prison, tousiours égal à luy-mesme, sans rien rabattre de la douceur de ses entretiens auec ses amis, & philosophant iusques dans l'experience mesme de la mort.

Si vous la considerez en sa nature, elle n'est pas encore au temps qui la deuance pour nous faire de la douleur; quand elle est presente, ou qu'elle est passée, nous ne sommes plus pour la ressentir; ce n'est qu'vn instant, dans lequel l'action & la passion ne se peuuent faire; c'est vne priuation qui n'opereroit rien, ainsi de soy elle n'est pas capable d'affliger nos sens, & tout ce qu'elle a de cruel consiste en la crainte qui géle les cœurs aux approches de ce dernier iour. C'est pourquoy la Bonté Diuine nous le tient caché, pour épargner nostre foiblesse, qui peut estre succomberoit dans les estranges conuulsions d'esprit, & les desespoirs que souffrent plusieurs, quand ils se voyent sur le bord de ce precipice.

cipice. Lors le Ciel n'a plus de beaux iours pour eux; ils ne prennent non plus de plaisir aux delices de la Nature, que les criminels aux festins qu'on leur presente deuant leur execution ; les voluptez mesmes irritent leur douleur, par vne secrette enuie qu'ils portent à ceux qui restent au monde pour en iouyr.

Toute la vie d'vn homme qui sçauroit l'heure de sa mort, se passeroit dans les inquietudes, & dans les murmures, de ce que les autres seroient gratifiés d'vn terme plus long, sans l'auoir dauantage merité. Toutes les forces & les industries seroient abbatuës par vne paralysie spirituelle; on negligeroit les estudes, dont on ne deuroit point recueillir les fruicts; on ne s'empresseroit pas au trauail, pour acquerir des richesses, mais on en feroit des profusions, & on se contenteroit d'en auoir assez pour couler iusques à vne mort prochaine. Ainsi l'on passeroit à des excez, ou à des destauts qui nourriroient tous les crimes auec l'oysiueté, & qui seroiét extremement preiudiciables à ceux qui nous doiuent suiure: Mais quand on vit dans l'incertitude de sa fin, l'amour propre qui promene les esperances dans l'estenduë de toutes les choses possibles, forme vne infinité de beaux desseins, & se porte à ces genereuses entreprises qui ont donné l'accroissement aux sciences. Si vne mort inesperée ne leur en permet pas la continuë, au moins ils en donnent les ouuertures; le monde profite de leurs acquefts, comme toutes les autres parties du corps, des auiditez de l'eftomach, & comme ceux qui cherchent la pierre philofophale, ne reüffiffant pas à ce grád œuure de l'auarice, découurét mille beaux fecrets qui feruent à la fanté. Suppofons que quelqu'vn euft les affeurances d'vne longue vie, & de paruenir iufques au dernier terme de l'âge que la Nature permet à noftre efpece; l'aduouë qu'il aura vne grande cupidité de faire des prouifions pour ce long voyage, mais peut-eftre ne pourra-il pas reüffir en fes entreprifes, parce qu'il y aura befoin du fecours de plufieurs perfonnes, qui n'ayant pas les mefmes affeurances d'vne longue vie, ne voudroient pas fe ietter dans le tracas des affaires.

Les Princes doiuent agir de forte qu'ils n'aillent pas toufiours d'vn mefme air, & que d'vne action l'on ne puiffe tirer la confequence d'vne autre, de peur qu'ils ne donnent beau ieu aux deffeins de leurs ennemis; mais leur police eft plus affeurée & plus glorieufe, lors que le fecret n'eft pas moins dás les actions que dás les confeils; qu'ils préuiennent, & qu'ils arreftent le mal par des moyens qui furprennent toutes les attentes. Ainfi quand Dieu nous cache l'heure de noftre mort, outre ce que fa Toute-puiffance paroift dauantage de tenir noftre vie en fa libre difpofition; fa Sageffe fe móftre auffi releuée par deffus la noftre, & elle préuient beaucoup de defordres de nos paffions. Car quels degafts, quelles vengeances, quels homicides,

quels sacrileges ne commettroit le mauuais courage d'vn homme asseuré de ne point perdre la vie, &
d'échapper les peines de la Iustice? Les personnes
des Roys n'auroient plus de seureté entre leurs gardes; leurs loix & leurs armes ne donneroient plus
de terreur à ceux qui sçauroient n'en pouuoir estre
frappez, & qui dans cette confiance n'auroient pas
des entreprises moins audacieuses que Gyges qui
occupa le Royaume des Lydiens, à la faueur d'vn
anneau qui luy ostoit toute crainte, le rendant in-
uisible quand il luy plaisoit?

 Ces passions qui regneroient impunément dans
les personnes publiques, feroient souffrir d'étranges desolations aux paures Royaumes; quelles
feroient les iniustices, les cruautez, les rauages d'vn
Tyran, s'il ne craignoit point la mort? s'il estoit
certain de suruiure à ses ennemis, & de pouuoir répandre le sang, sans courre fortune de perdre le
sien? Que s'il préuoyoit qu'vne mort subite deust
bien tost rompre ses desseins, l'enuie, la rage, le desespoir, la passion de faire parler de luy, & de precipiter ses vengeances luy feroient faire d'étranges
rauages. Comme il a tout le peuple pour ennemy,
ne pouuant luy oster la vie, au moins il luy en osteroit les commoditez, & voudroit l'auoir pour có-
pagnon de cette perte apres sa mort. Il imiteroit
ceux qui font perir les vaisseaux qu'ils ne peuuent
plus deffendre; & comme Herode qui deuant
mourir cómanda le massacre des plus apparens de

son Royaume, afin qu'on versast des larmes, & qu'on portast le dueil à sa mort, encore que ce ne fût pas pour son sujet.

Il seroit difficile que les meilleures natures ne se relaschassent aysément au vice, si elles voyoient que la mort en laquelle elles doiuent rendre côpte à Dieu de leurs actions, fust differée pour long-temps. Dans ce terme elles croiroient auoir raison de s'abandonner aux sensualitez, pourueu qu'elles eussent dessein de reseruer les dernieres années de l'aage, à la reforme. Ne seroit-ce pas vn extreme abus de n'offrir à Dieu que la lie & le marc de nos puissances; de luy donner seulement ce reste de forces, qui est vn rebut de la volupté, de commencer à viure quand il faut mourir, de ne quitter le vice, que parce que l'on n'en peut plus iouyr?

Mais quelles asseurances peut-on auoir de reüssir en cette conuersion qu'on se propose; de vaincre des habitudes, qui se sont fait vn droict dedans l'ame par le long vsage? d'oster de l'esprit des especes qui luy ont seruy d'idole? de faire reuiure vn cœur depuis long-temps conuerty en des obiects de sensualité? Si les soldats ont tousiours vescu sans discipline, sans exercice, & dans de continuelles dissolutions, ie laisse à penser ce qu'ils peuuent faire dans vne bataille qui doit terminer le differend d'vn Royaume; Enfin c'est pouruoir aux équipages d'vn vaisseau quand il tient la pleine mer; & aux fortifications d'vne ville au temps qu'elle est assiegée, de remettre les actions de vertu aux derniers iours de la vie, où l'esprit a bien de la peine à supporter les incommoditez de la Nature; où l'apprehension d'vn iugement prochain met l'ame en desordre, & la iette bien souuent dans le desespoir.

On ne se peut deliurer de la seruitude des pechez que par le moyen des graces de Dieu; & qu'on iuge si ces miserables en sont dignes, qui se prostituent de propos deliberé, sous pretexte qu'il leur pardonnera, & qui se rendent meschans parce qu'il est bon. N'est-ce pas se mocquer de sa Iustice, autant que feroit d'vn Prince celuy qui voleroit son Espargne, en luy disant, vous auez de la clemence, vous ne me punirez pas. La misericorde donc le pardon des fautes quãd le cœur les desaduoüe; mais quand on reserue la penitence aux dernieres années de la vie, remarquez que par vne mesme volonté on veut offenser Dieu, & en obtenir pardon; On se reserue vn long-temps pour le mespriser par les pechez, & bien peu pour le seruir, & pour se remettre en grace par la penitence. En tout cela on agit pour ses propres interests: si l'on examine les consciences, & le fond des cœurs, l'on y verra de secrettes affections pour les mesmes vanitez, & les mesmes crimes dont on se dit penitent.

Ie ne puis m'imaginer de moyens plus propres à retrancher ses profusions de la chose la plus precieuse du móde, à bien ménager le temps, & à donner tous les momens de nostre vie aux exercices de

Ooo iij

la vertu, que l'incertitude où nous sommes de l'heure de nostre mort. On se doit representer le throsne formidable de ce souuerain Iuge, qui examine tous les sentimens de nostre cœur, & qui ne veut point d'autres tesmoins pour condáner que les consciences. L'arrest qu'il prononce à l'heure de la mort est definitif, le compte de nos actions est clos, & cet estat ne nous laisse plus le chemin ouuert aux merites, Helas! si nous sommes surpris dans le peché, & que nos ingratitudes nous fassent passer des plaisirs de cette vie, dans les supplices eternels de l'autre! Cette pensée est puissante sur les ames qui agissent auec raison; c'est ce qui les entretient dans leur deuoir, & dans vne continuelle garde d'elles-mesmes ; comme les villes qui durant vn siege attendent tous les iours qu'on leur donne assaut.

On peut rapporter plusieurs autres considerations, pour monstrer que la cónoissance de nostre dernier iour seroit grandement préiudiciable aux interests publics & particuliers, & la source d'vne infinité de crimes; au contraire que son incertitude nous tient tousiours en haleine; qu'elle modere les plus violentes de nos passions, qu'elle anime continuellemét nos courages, comme si chaque iour deuoit mettre fin à nostre combat, & couronner nos fatigues. Enfin elle est conforme à la plus saine Philosophie: Car le sage n'a point d'affections qui l'attachent au monde, il est vn debteur de bonne foy,

DE LA IVSTICE DE DIEV. 467

toufiours prest à s'acquitter de sa debte quand elle luy sera demandée. Il acheue tous les iours ses actions comme si chaque nuict luy estoit la derniere, & prend le leuer du Soleil pour vn nouueau répit qui luy est donné. Il sçait que la vie de tous les hommes consiste en vne certaine succession, qui forme vn concert de loüanges à Dieu, où ny les paroles, ny les tons ne doiuent pas estre de mesme mesure, ny d'vne cadence préueuë qui ne fasse point de nouueauté.

Il n'y a que les mauuaises ames, qui se plaignent de cette surprise, parce qu'elles apprehendent de mourir auec le peché. Il est vray que c'est vne chose horrible à la creature d'estre presentée deuant le Throsne d'vn Dieu Tout-puissant, surprise dans de flagrants delits, comme elle ourdissoit la traime de ses perfidies; qu'elle adoroit les idoles de l'opinion; encore couuerte de sang, & chargée des despoüilles de l'innocence qu'elle venoit de persecuter. Certainement les craintes de ces mal-heureux sont tres-iustes, mais leurs plaintes sõt tres-iniurieuses, parce que s'il est conuenable pour la Maiesté de Dieu, & pour les interests de nostre salut, que l'heure de nostre mort ne nous soit pas connuë; les pecheurs se doiuent imputer leur perte, s'ils se font du mal de ce bien, & vn poison de ce remede.

Ils s'abusent quand ils parlent de ces morts subites & inopinées, comme si elles n'estoient pas naturelles. Car si l'on iuge que les choses sont naturelles, qui sont plus frequentes, & en plus grand nombre, la mort des ieunes gens merite ce nom, pluftoft que celle des vieillards, d'autant que peu de perfonnes arriuent à ces longues années, qui reffemblent à la grandeur des Geans, poffible, mais bien rare en noftre efpece. En quelque eftat, & en quelque condition que foit l'homme, il ne fe trouue point affeuré de fa vie; l'adolefcence n'eft pas plus efloignée de la mort que la vieilleffe; au contraire cet âge eft plein de plus de perils, où les excez font plus frequents, & les précautions plus rares. La mort ne talonne pas feulement la vie, mais elle la charge fans remiffion, & il ne s'écoule aucun momét où elle n'en emporte quelques dépoüilles. Neantmoins ces perfonnes imprudentes laiffent perdre les occafions de leur falut. Quand elles paffent le temps ou à ne rien faire, ou à faire le mal, ou à faire toute autre chofe que ce qu'elles doiuent, elles exhalent toutes leurs forces en defirs, toufiours attentiues au lendemain, iamais au prefent, de forte qu'elles ne viuent pas, mais feulemét elles ont quelque enuie de viure. Si la vie s'échappe fi toft des mains de ceux mefmes qui en ménagent tous les inftans; ce n'eft pas merueille fi elle femble bien courte à ceux qui la paffent comme dans vne lethargie, & qui en ont perdu toutes les iournées.

Nous voyons continuellement en nous quelques auant-coureurs de la mort, par les foibleffes du corps, le fommeil, les maladies, par les ruines

des

### DE LA IVSTICE DE DIEV.

des beautez qui deuiennent difformes dans la vieillesse; tant de dueils, de sepulchres, de funerailles, nous en donnent tous les iours des assignations. Quelle apparence donc de dire, qu'il y ait de la surprise en la mort, si ce n'est que nous voulions fermer les yeux à tous les objets, desaduoüant nos propres experiences, & la voix publique de la Nature, qui nous aduertissent sans cesse de ce peril?

Il nous faut considerer la vie comme vn depost que nous deuons tousiours estre prests de rendre; comme vne debte dont le payement n'estant pas conditionné, ny remis à vn certain temps, se doit faire à la discretion du creancier. Si ces hommes mécontents eussent bien iugé de leur estat, & selon toutes les apparences qu'ils en auoient; la mort ne leur paroistroit pas vn coup de hazard. Cette mauuaise creance leur vient de ce qu'attachant leurs affections aux vanitez de la terre, ils les retirent des mains de Dieu, & veulent s'approprier le droict de la vie, qui luy appartient. Tellement qu'ils sont possesseurs de mauuaise foy, ainsi obligez selon les Loix, de supporter les morts subites, quand mesme on les mettroit au nombre des cas fortuits.

Vn Capitaine n'a point d'excuse s'il est attaqué de l'ennemy durant le chemin, ou quand il croit faire son logement; vn Pilote s'il est surpris de la tourmente dans vne plage où il esperoit le calme; vn homme s'il est frappé de la mort dans vn aage où il se persuadoit iouyr en repos des faueurs de la Nature, dautant que la chose estant de soy incertaine, il n'a pas deu auoir des esperances sans crainte. Mais dans ce doute la raison luy monstre qu'il deuoit estre sur ses gardes, & se mettre en estat de n'estre point offensé quand l'affaire reüssiroit autrement qu'il ne le desire; dautát que la presóption est plus forte pour la mort, que pour la vie, entre vne infinité de causes internes & externes qui nous en menassent; & selon l'Aphorisme des Medecins, les plus robustes santez precedent immediatement les plus dangereuses maladies; les fiévres s'enflamment auec plus de vehemence dans les ieunes corps, où le sang & la bile regnent; comme l'air souffre de plus grands orages durant les chaleurs d'Esté.

S'il nous estoit permis d'entrer dans le secret de la Prouidence diuine, nous verrions que ces morts inopinées, dont les nouuelles donnent tant d'admiration, seruent à préuenir de grands mal-heurs qui menassoient les Estats; qu'elles arrestent ordinairemét les deluges d'vne ambition, d'vne vengeance, d'vne auarice, toutes prestes à verser le sang d'vn pauure peuple. Cette mort qu'on regarde comme vne surprise, est dans les personnes particulieres vn remede qui les exempte de beaucoup de maux qu'elles deuoient commettre, ou souffrir; elle les met à couuert de ce que la fortune auoit de plus rude; c'est vn port qui les sauue de la tourmente; Enfin c'est vn droict de la Nature, dont personne n'a sujet de faire des plaintes, ny de le trouuer estrange, puis qu'elle nous le rend si ordinaire.

C'est peu de chose, dites vous, de cette vie; ce qui est plus considerable en ces morts inopinées, c'est qu'elles priuent l'homme de la gloire, le tirant du monde en mauuais estat; s'il eust vescu dauantage il eust fait penitence de ses pechez, & se fut remis en grace auec Dieu. O excuse vaine & mensongere, & qui n'est pas plus receuable que celle des criminels, qui estant au gibet font de belles protestations, qui neantmoins seroient inutiles quand on leur donneroit la vie. Surquoy peut-on fonder cette opinion de penitence, puis que les passions croissent comme le feu, plus elles rencontrent de matiere, & que les mauuaises habitudes qui ont fait dans l'ame comme vn naturel du peché, menassent d'vn plus énorme débordement. Il faut croire que Dieu aime l'homme, & que voyant tous les ressorts de sa liberté, il le tire du monde en l'estat où il a le plus d'innocence; s'il luy oste ses graces auec la vie, c'est par vne espece de grace qui l'empesche de se rendre plus criminel, luy tirant des mains ce dont il eust infailliblement abusé.

Mais, dit-on, si Dieu a rendu le Baptesme necessaire entre les Chrestiens pour estre sauué, pourquoy infond-il l'ame dans vn corps qui doit mourir au ventre de la mere? Pourquoy luy donne-t'il l'estre, luy déniant les moyens de s'aduancer à la beatitude? Ie respons premierement qu'on

Ppp ij

peut considerer icy Dieu comme cause vniuerselle qui rencontrant dans vn corps toutes les dispositions propres pour receuoir l'ame, la luy donne, par ce que sa puissance ne doit non plus manquer en cette creation, que celle de la Nature en la generation des autres formes ; comme il ne permet point de vuide dans le monde, il ne laisse point de dernieres dispositions, qui ne soient aussi-tost remplies de leurs formes. Si apres elles s'alterent par quelque accident, si la mort préuient la naissance de ce petit corps; ie dis que nous voyons dás la conduite de la Nature, que le dessein eternel de Dieu n'a pas esté d'empescher toutes les cõtingences des causes secondes, ny de faire venir toutes les cõceptions à terme, comme il ne tire pas des fruits de toutes les fleurs. En secõd lieu, il faut cõsiderer que ces enfans mort-nez n'auront pas veritablement la beatitude surnaturelle qui consiste en la claire vision de Dieu, & en des ioyes qui surpassent nos pensées aussi bien que nos merites : Neantmoins ils ne sont pas si miserables qu'ils n'ayent en cet estat les satisfactions de l'intellect & de la volonté qui sont du ressort de la Nature ; Ainsi Dieu exerce tellement sa Iustice, les priuant du priuilege de la gloire pour le peché de leurs parens, qu'il ne laisse pas de leur faire vne grande misericorde, leur donnant vn estre si excellent, & des contentemens naturels qu'elles n'ont aucunement merité. Ie n'enfonce pas dauantage cette matiere, parce qu'elle dépend de plusieurs

DE LA IVSTICE DE DIEV. 473

principes de Foy, qui n'estant pas de mon dessein, m'obligent de passer à des questions plus sensibles, & qui sont dans l'experience du monde.

*Pourquoy d'vne faute particuliere la peine en est quelquesfois publique ?*

CHAP. XII.

LA Lune ne paroist ordinairement point au temps de sa conionction auec le Soleil, comme si elle luy deferoit toute la gloire des communes influences de cét aspect ; neantmoins si elle se rencontre lors dans l'eclyptique, on la void passer dessus luy, desorte qu'obscurcissant ce qu'elle en peut occuper auec son globe, elle ne luy laisse au reste, au lieu de son éclattante lumiere, qu'vne rougeur qui semble tesmoigner sa honte dans sa foiblesse. Cét accident fait aussi tost tomber la Nature en defaillance; dans les plus beaux iours d'Esté des vents froids s'éleuent, des nuées entre les blanches & noires tachent l'azur du Ciel, les forests fremissent par vn murmur inaccoustumé ; les oyseaux de iour se cachent, ceux de nuict iettent leurs cris funebres, & l'horreur saisit les corps de ceux mesmes qui sçauët la cause de ce prodige. Vn estat souffre les mesmes accez sous vn Prince dont l'esprit est obscurcy des passions que luy impriment

Ppp iij

ceux qui l'approchent, & qui en receuant plus de lumiere qu'ils ne doiuent, luy ostent celle qui luy appartient. L'agreable serenité de la paix se change en trouble, en guerres, en reuoltes, en proscriptions; les loix ne sont plus entenduës dans le bruit des armes, & la Iustice opprimée sous de beaux pretextes est contrainte de ceder à la violence. Parmy ces calamitez les bons se cachent, les méchans paroissent auec vne authorité qui donne cours à leurs pernicieux desseins, & le pauure peuple qui void bien la cause de ses desolations, en a de l'horreur sans oser en faire des plaintes, de peur qu'on ne luy en fasse des crimes. Les eclypses du Soleil ne durent iamais trois heures entieres, toute sa face n'est pas obscurcie, & comme sa condition est indifferente selon les Astrologues, la Nature est soulagée en ce rencôtre par la vertu des autres planettes. Mais on ne void point de fin aux ambitions qui causent les malheurs publics; la tyrannie s'enflamme par ses cruautez, elle couure vn crime par l'autre, sans laisser de secours au peuple, puis qu'elle tient pour maxime, d'abbatre tout ce qui est éminent. Ce qui est de plus lamentable, c'est que les ennemis estrangers se seruent de la desunion des cœurs, & du mécontentement des esprits, comme d'vne breche pour entrer dans les Royaumes, où ils exercent les pillages, les violemens, les incendies, les sacrileges, & les autres actes d'hostilité, c'est à dire, tous les crimes que la fureur, & que la rage la plus desespe-

DE LA IVSTICE DE DIEV. 475

rée peut commettre pour la destruction de l'homme, & le mespris des choses Diuines.

C'est déja beaucoup pour le pauure peuple qu'il ne reçoiue pas le soulagement qu'il esperoit de ceux qui gouuernét; que si de plus la vanité, la cholere, l'ambition les transportent; si l'imprudence les precipite dans les entreprises temeraires; Il n'y a point de Iustice, dit-on, qu'il porte la peine de leurs fautes, que le chastiment qui doit estre personnel, comme l'est le crime, soit icy public; que Dieu redouble les afflictions aux affligez, qu'il accable l'innocence; que la punition d'vn crime se prenne sur ceux qui en portent le dommage; & qui ont droict d'en demander la reparation.

Il seroit bien difficile de fermer la bouche à la douleur, & luy oster la liberté qu'elle tient de la Nature, de se soulager par les plaintes. Mais si apres ces premiers mouuemens l'homme iouït de quelques interualles de raison, ie le supplie tres-humblement de considerer, que la Republique fait vn corps moral, par vn assemblage proportionné, & vne iuste subordination de parties. Or nous voyós qu'en nos corps vne partie reçoit les mauuaises qualitez d'vne autre, ou parce qu'elle est infirme, ou parce qu'elle luy est suiette. Ainsi to<sup>9</sup> les mébres compatissent aux maladies du cerueau; ils sont noyez de ses fluxions; & si les sens internes perdent leur vigueur, les exterieurs demeurent sans exercice. Par l'epilepsie le corps souffre des agitations inuolontaires qui font horreur; l'apoplexie luy oſte le ſens & le mouuement, dans la paralyſie vniuerſelle, ou particuliere il n'eſt viuant que pour ſe conſiderer comme mort; les conuulſions luy font ſouffrir vn mouuemét qu'il ne voudroit pas; Tous accidens qui procedent, & qui ont leur ſource des diuerſes infirmitez du cerueau.

Enfin c'eſt la police ordinaire de la Nature, de faire ſentir aux parties ſuiettes, les maladies qui affligent les ſuperieures; d'autant qu'il eſt equitable, ſelon meſme les maximes des Iuriſconſultes, qu'on ſupporte les dommages d'vne choſe dót on reçoit les profits. Tous les membres tirent leur allegreſſe, le ſens, & le mouuement de la teſte; il eſt donc iuſte qu'ils compatiſſent à ſes incommoditez. Cela conclud ſans autre application, que ſi le peuple tire ſon bon-heur de la bonté, & de la ſageſſe de ceux qui luy commandent, ce n'eſt pas merueille ſi leurs mauuaiſes qualitez, ſi leurs ambitions, & leur peu de ſageſſe eſt la cauſe de ſes infirmitez. On ne doit pas accuſer d'iniuſtice vn procedé qui eſt conforme aux diſpoſitions de la Nature, & que les Loix humaines obſeruent comme tres-équitable, quád elles obligent les heritiers au payement des debtes paſſiues; quand elles chargent de tutelles ceux que la proximité rend habiles à la ſucceſſion; quand elles contraignent les vaſſaux de prendre les armes pour ſouſtenir les querelles du Seigneur dont ils tiennent les terres à fief.

C'eſt

### DE LA IVSTICE DE DIEV. 477

C'est la nature d'vne quantité continuë de suiure le mouuement qui luy est imprimé, quand on touche vne de ses parties. L'alliance est si étroite entre les Princes & le peuple, que comme ils ne peuuent estre l'vn sans l'autre, selon la nature de la relation, comme ils ne font ensemble qu'vn corps, aussi leurs ioyes, & leurs peines doiuent estre communes; l'vn ne peut souffrir que l'autre ne s'en ressente; le Prince est souuent puny pour les mauuaises qualitez du peuple, & le peuple pour la mauuaise conduite d'vn Prince, par vne compensation tres-iuste, de ce qu'elle est reciproque.

Mais de plus, la qualité de suiet que porte le peuple, le rend comme ceux qui dans les conuentions d'vne societé doiuent contribuer dauantage de leur trauail, & souffrir vne plus grande partie des pertes, que les autres qui n'y apportent que leur conduite, & leur industrie.

A Rome si vn pere de famille estoit assassiné dedans sa maison, & qu'on n'en sçeust pas le meurtrier, tous ses esclaues estoient condamnez à mort; par vne rigueur que ces gráds faiseurs de loix creurent tres-iuste, afin d'obliger à la fidelité par la crainte, les viles personnes peu sensibles à l'amour; & puis on iugeoit leur vie naturelle peu considerable, à cause qu'ils la tenoient de la courtoisie de leurs maistres, & qu'elle estoit déja vne mort ciuile. Considerez l'homme en ce monde, particulierement apres ce que la Foy Chrestienne croit du peché originel, c'eſt vn eſclaue condamné à la mort, qui jouït des richeſſes de la Nature ſás droit, comme on le peut voir, quand elles luy ſont tous les iours oſtées contre ſon conſentement; ſi donc les peuples ſouffrent la pauureté, & la mort meſme par la mauuaiſe conduite de ceux qui gouuernent, ce ſont des eſclaues qui meurent, & ils ne ſe doiuent pas plaindre de Dieu, s'il permet qu'ils perdent des biens dont ils n'auoient pas la proprieté.

Les Philoſophes qui conſiderent l'homme auec toutes les prerogatiues de ſa Nature, ne s'étonnent point de ces calamitez, par ce qu'ils ne iugent pas que la ſanté, que les richeſſes, que l'honneur, que la vie ſoient noſtres, mais à la fortune, & en la diſpoſition des cauſes eſtrangeres de nous. Ils tiennent que les biés temporels nous ſont pluſtoſt des ſuiets d'inquietude, que de felicité; qu'il faut regarder les ſouffrances comme de glorieuſes occaſions de merite, & la mort comme vne perilleuſe nauigation qui nous rend à noſtre Patrie.

On fait les inciſions à la plus haute partie de l'arbre qui porte le baulme, afin d'en extraire cette precieuſe liqueur; & Dieu permet que les Princes manquent en leur gouuernement, que le corps de l'Eſtat ſoit offenſé en la teſte pour en tirer de la deuotion. Car l'on a veu les Republiques incomparablement plus diſſoluës ſous de bons Princes, que ſous des Tyrans, qu'elles faiſoient d'auſſi grandes pertes des biens de l'eſprit ſous la clemence des premiers, que de ceux du corps sous la cruauté des seconds. Doit-on s'étonner si Dieu oste aux peuples ce dont il void asseurémét qu'ils abuseroient? s'il les fait déchoir d'vn en bon-point, & d'vne excessiue repletion, qui leur causeroit des maladies? s'il permet qu'on trouble les serenitez de la paix par des entreprises de guerre, pour les réueiller de leur assoupissement par cette agitation? s'il les tire d'vne bonace plus perilleuse que la tourmente? s'il les combat pour vaincre leurs rebellions, & les obliger de luy rendre hommage? Vne infinité de personnes voyant l'inconstance des biens du monde, en détachent leurs cœurs, & prennent resolution de trauailler pour l'éternité. Combien d'ardentes prieres à Dieu, combien de vœux, d'offrandes, de contritions, d'amendemens de vie, dans ces miseres publiques. Ie veux qu'ils ayent perdu leurs biens, peut estre la vie; mais ils y ont sauué leurs ames; Hé! ne iugerez-vous pas que leurs pertes leur sont auantageuses, puis qu'ils reçoiuent de Dieu le traitement qu'il fait à ses fauoris; puis qu'il les meine au Ciel par vn chemin tout couuert d'espines, & qu'il les iette dans le port par vne tourmente? Voila comment les peuples souffrent ces calamitez, à cause qu'ils sont suiets à l'impression de ceux qui gouuernent; ils les attirent encore dessus eux, dautant qu'ils sont des parties malades, & que ce traictement est conforme à leur demerite; Ce sont leurs pechez qui forment les foudres dont ils se voyent battus; qui donnent efficace à la tyrannie; qui empeschent que Dieu ne s'oppose à ses vsurpations, & aux miseres qui les accompagnent. Ils portent en leurs consciences les veritables causes des desordres, & des calamitez qu'ils s'imaginent proceder d'vn mauuais gouuernement. Cóme vne personne qui releue de maladie auec vn reste de mauuaises humeurs, s'il retombe, il en accuse quelque petit excez qu'il aura fait, ou quelque viande difficile à digerer; neantmoins il est vray que cét accident procede de son indisposition, & qu'il ne seroit pas malade s'il eût esté bien purgé.

Quand mesme celuy qui gouuerne auroit toutes les mauuaises qualitez qui font les Tyrans, & qui desolent le monde, bien souuent les peuples se doiuent imputer ces dommages, non seulement à cause qu'ils les ont meritez par leurs crimes, mais encore parce qu'ils les ont fomentez par leurs flateries. Ils ont rendu cét homme superbe, ambitieux, insolent, cruel, sanguinaire, quand ils ont dressé des Panegyriques à tous ses excez; quand ils ont donné le tiltre de vaillance à ses vsurpations; de Iustice à ses inhumanitez; de force à son mauuais courage; de sagesse à ses perfidies, & que tous les artifices de la Cour se sont employez pour ietter dans le precipice vn esprit desia fort ébranlé par la bonne opinion qu'il auoit de sa suffisance ; Seneque au 6. Liure des Bien-faits, chap. 30. traite ce suiet auec de pressantes considerations, & des termes si genereux que ie ne les pourrois rendre françois auec la satisfaction de tous les esprits. I'aime mieux, mon Lecteur, que vous les voyez en leur source, pour conclurre, que selon le sentiment de ce Philosophe, c'est le peuple qui enflamme l'ambition par les flatteries, c'est luy qui détache cette furieuse beste, & qui excite sa rage par ses applaudissemens. Il n'a donc point de droict d'en faire des plaintes selon la regle des Iurisconsultes, qui ne permet point de poursuite contre vne prétension, à celuy qui en est cause ou garand; Qu'on ne s'étonne donc pas de la Iustice de Dieu, si elle permet que les hommes soient exercez par ces miseres publiques, durant vne vie que nous deuons considerer comme vn esclauage & vne milice; si elle leur ordonne ces purgations & ces saignées pour leur santé; si elle s'en sert comme d'vn preseruatif contre des maladies plus dangereuses; si elle leur fait porter la peine d'vne faute qu'ils ont commise; si elle ne les traite en criminels que pour les rendre plus innocens, & leur ouurir le chemin du Ciel.

Nous auons veu que tous les composez faits par la Nature, ou par l'artifice, sont sujets à se dissoudre par la défaillance de leurs parties, & sous l'effort des causes estrangeres qui les attaquent. Selon cette regle les Republiques doiuent prendre fin, & souffrir les alterations communes à toutes les choses corruptibles, par des defauts qui leur sont essentiels, quand on n'admettroit point les periodes fatales, selon le sentiment des Platoniciens. Or comme sous vn mesme vent la mer est plus agitée que les fleuues & que les fontaines ; ainsi les accidens qui accablent les Estats sont proportionnez à leur grandeur, & plus vniuersels que ceux qui rauagent les familles. Ils perissent par les tyrannies, par les cruautez, par les guerres, par l'inuasion des ennemis, comme les corps meurent par les fiévres hectiques, par les gangrenes, par les causes exterieures, par les coups qui font vne solution de continuité ; si ces disgraces sont generales, il ne faut pas s'estonner si les personnes particulieres s'y trouuent enueloppées, & si le peuple suit la mauuaise fortune du Prince, comme tous les membres meurent auec la teste, & les ruisseaux tarissent auec leur source. Ces disgraces estant donc naturelles aux Estats, Dieu ne fait rien contre la Iustice, de ne les pas empescher ; & quoy qu'elles arriuent par la malice des hommes, sa Prouidence ne laisse pas d'en tirer vne infinité de biens ; comme le restablissement d'vne meilleure police ; la correction des mœurs ; le zele de la pieté, qui s'enflamme par ces contrarietez, & qui deuient plus genereux apres les combats. Il est certain que si les hommes n'opposent point leurs pechez aux misericordes de Dieu qu'en ces rencontres, il tire de grandes lumieres des tenebres ; il faict succeder le bon-heur d'vne longue paix aux desolations de la guerre; l'abondance aux sterilitez, les bons Princes amateurs du peuple, aux Nerons & aux Heliogabales. De sorte qu'vn âge souffre des pertes pour les commoditez d'vn autre, comme la terre se monstre pauure durant les Hyuers, afin de fournir aux profusions de l'Esté; & comme vne partie du corps endure les incisions & le cautere pour soulager celles qui sont malades.

*Pourquoy les enfans sont punis pour les pechez de leurs peres?*

## Chapitre XIII.

LEs brutes n'aiment leurs petits par inclination, que dans leur foiblesse; & lors qu'ils ne peuuent encore se pouruoir d'eux-mesmes dans leurs necessitez: mais l'amour de l'homme enuers ses enfans n'est point limité à vn certain âge, parce que son principal objet n'est pas l'interest du corps, mais l'excellence de l'ame qui estât immortelle merite vn amour qui soit continu; & comme elle découure ses perfectiós dás le progrez de la vie, comme elle y acquiert ces precieuses qualitez qui la rendent plus semblable à Dieu, les parens trouuent tous les iours quelques nouueaux suiets de redoubler leur amour. Neantmoins le mesme abus qui employé aux commodités des sens, les inclinations qui nous sont données pour le bien de l'ame; qui diuertit aux recherches insatiables de l'auarice & de l'ambition, les auiditez qu'ont nos puissances d'vn souuerain bien : Ce mesme abus trompe icy l'amour des peres, & fait qu'au lieu des biens de l'esprit, ils ne souhaitent que ceux de fortune à leurs enfans. Ils trauaillent iour & nuict pour leur acquerir de grandes richesses, pour leur donner l'entrée dás les belles charges, dans la Cour, & dans la faueur des grands; pour les allier auec des partis aduantageux qui releuent les defauts de leurs naissances; enfin s'il leur estoit permis ils les esleueroient sur les throsnes, & leur donneroient l'Empire du monde. Agrippine eût cette passion pour son fils, & souhaita de le voir Empereur de Rome, quoy qu'on luy predist, qu'elle achepteroit cette grandeur au prix de sa vie. Tous les iours on void des hommes qui prennent des resolutions encore plus desesperées, quand ils s'exposent aux indignations du Ciel, & à perdre la vie de l'ame, pour aduancer leurs enfans aux biens de fortune. Vous les verrez pour cela suer dans des negoces sordides ; commettre des concussions ; des faussetez, des perfidies, desoler les villes & les prouinces par leurs vsures, vsurper le bien des pauures, tousiours dans l'inquietude, tousiours alterez, & portans leurs desseins au delà des choses possibles.

 La Iustice de Dieu a voulu donner remede à
vn

vn mal si pernicieux au bien des particuliers, & à la societé des hommes, & pour arrester ces extrémes cupiditez elle nous monstre quantité d'exemples de ceux qui estant heritiers de plusieurs biens mal acquis par leurs parens, les perdent, & sont reduits à la pauureté par des disgraces inéuitables.

Dieu ne s'oppose pas aux vsurpations des parens, peut-estre parce que l'excez de leurs pechez les rendoit indignes de ses graces extraordinaires; ou parce qu'il se seruoit de leur mauuaise foy pour retirer des richesses ceux qui s'y alloient perdre; pour leur arracher des mains ces armes qu'ils employent contre leur deuoir; pour donner de l'exercice à la vertu; Enfin sa Prouidence a differé de les contraindre, tant qu'elle en a voulu tirer quelque bien, comme la Iustice ciuile differe l'execution des femmes enceintes iusques à ce qu'elles ayent donné leur fruit à la Republique. Et puis elle n'eust pas apporté remede à cet amour desordonné, si elle n'eust fait paroistre au monde, que les biens mal acquis ne profitent pas; que les hommes embarquent leurs enfans dans vn vaisseau qui ne se peut sauuer du naufrage; qu'ils renuersent eux-mesmes leur fortune s'ils l'establissent par des moyens illegitimes. Ce sentiment est dans l'esprit de plusieurs, qui modere, s'il n'esteint tout à fait, les passions déreglées qu'ils ont pour l'auancement de leur famille, & si on ne laisse pas de commettre des iniustices: ie croy qu'elles seroient incomparablement plus grandes si elles n'estoient retenuës par ce frein.

I'ay remarqué plus haut, que les Loix ciuiles donnent vne double action contre les voleurs; l'vne qui regarde la peine du crime, & qui ne s'estend pas plus loin que la personne qui l'a commis; l'autre poursuit la restitution de ce qui a esté mal pris, mesme contre les heritiers qui en profitent; Car il n'est pas iuste, dit la Loy, qu'ils tirent aduantage du crime de celuy qu'ils representent, & s'ils n'en portent pas la peine, au moins ils n'en doiuent pas tirer du profit; Autrement ils retiendroient des possessions sans iuste tiltre, & seroient eux-mesmes vsurpateurs, puis que le droict successif ne s'estend que sur les biens qui restent liquides apres qu'on en a fait la déduction des debtes. Cela fait connoistre, que quand Dieu permet que les enfans des vsuriers souffrent des pertes de biens, ce n'est pas tant vne peine du crime de leurs parens, qu'vne restitution des richesses qu'ils auoient volées, & que la Iustice diuine remet tres-équitablement dans la masse du public.

Dans ces pertes du temporel les enfans peuuent faire de notables profits spirituels, en ce qu'ils sont sensiblement destournez du mauuais chemin de leurs peres, & qu'ils connoissent par leurs propres experiences, que les biens de fortune n'ont rien d'aresté; qu'il faut agir pour des objets plus sublimes; qu'en cette vie il nous faut faire des thresors de bonnes œuures qui nous accompagnent au Ciel.

 Les enfans ne souffrent pas seulement des pertes de biens, comme pour reparation de la mauuaise foy de leurs parens, mais encore ils sont quelques fois affligez de maladies, de déshonneur, de bannissement, de fausses accusations, de la haine des Princes, & d'vne infinité d'autres disgraces, qui rendent nostre vie miserable selon l'estime du monde. Cette consideration nous met insensiblement dás celle du peché originel, où l'on demande quelle iustice il y a de punir tous les hommes pour vne faute commise par leur premier Pere ? Mais ie me reserue à déduire cette matiere lors que ie me seray fait l'entrée dans les mysteres particuliers de la Foy. Cependant ie dis, que comme il est tres-iuste qu'vne ville, ou qu'vne Republique paye la debte qu'elle a contractée, & satisfasse aux conditions qu'elle a promis, encore que les personnes publiques qui auoient agy dans ces traitez, ne soient plus en vie. Comme on arme contre vn Royaume pour en retirer les terres qu'il tient iniustement, quoy que le Prince qui en auoit fait les vsurpations, soit mort; dautant que c'est tousiours vn mesme Estat quand il renouuelle ses habitans; comme c'est tousiours vn mesme fleuue, où les eaux se changent par vn flus continuel, & ne sont iamais les mesmes. Ainsi plusieurs personnes qui succedent en qualité d'heritiers, ne doiuent eftre confiderées toutes enfembles que comme vn corps, & comme vne famille qui eft condamnée pour fon propre fait, quand le fils porte la peine temporelle des fautes du pere.

La Iuftice humaine le pratique ainfi lors particulierement que pour les crimes de leze Maiefté, elle ordonne les confifcations, les exils perpetuels, contre tous les defcendans du criminel, & qu'elle leur ofte les droicts de Nobleffe & de Bourgeoifie. La fanté, les biens, l'honneur, les dignitez dont iouyffent les hommes en cette vie, font des priuileges que Dieu accorde à quelques maifons par préferance, & qu'il peut tres-iuftement reuoquer quand elles s'en font renduës indignes ; c'eft vn acte de mifericorde d'en auoir differé le chaftiment; & c'eft vne Iuftice tres-équitable, & tres-neceffaire au monde quand il l'execute fur les heritiers.

Nous parlons d'vne famille par vn terme collectif; nous en admirons les merites, la fplendeur, les grandes actions, comme d'vne perfonne particuliere, les Nobles en tirent leur gloire, & l'éclat qu'ils ont, vient de la lumiere de leurs anceftres. N'eft-il donc pas tres-équitable, que Dieu la confidere comme vne chofe finguliere, quand il s'agit d'executer les Arrefts de fa Iuftice, puis que les hommes la regardent ainfi, quand ils en veulent porter iugement? Ils croient tres-iufte que fa bonté Diuine

## DE LA IVSTICE DE DIEV. 489

donne des benedictions à leurs descendans, en reconnoissance de quelques actions signalées de vertu qu'ils auront faites pour son seruice; par mesme raison l'on doit aduoüer tres-iuste, qu'il verse ses maledictions sur la posterité des meschans, & qu'il punisse les crimes auec des peines opposées aux recompenses temporelles de la vertu.

L'Arrest de condemnation auoit esté rendu contre les autheurs de l'iniure, mais il n'est executé que sur leurs descendans, afin que la peine corresponde au delict qui auoit esté commis pour leur respect, & que le vice ne triomphe pas de l'innocence. C'estoit vn combat pour les gens de bien, lors qu'ils souffroient les persecutions de ces familles insolentes de leurs prosperitez, & qui faisoient de grands projets de s'éleuer sur les ruines des autres; mais en fin Dieu se declare pour la vertu; il renuerse ses desseins ambitieux, & les rend suiettes de celles sur qui elles auoient vsurpé vne espece de domination. Le monde qui void ces notables euenemens, leue aussi-tost les mains au Ciel, adore, & craint cette souueraine Iustice qui ne laisse point de crimes impunis, ny en cette vie, ny en l'autre.

Au reste ces chastimens s'exercent en ce qui est des commoditez exterieures, dont Dieu ne fauorise pas tousiours ceux qu'il cherit le plus, comme i'ay dit, de sorte que les heritiers des méchans n'ont pas suiet de se plaindre, si tenant quelque chose du crime de leurs ancestres, ils reçoiuent vn

Rrr iij

traitement semblable à celuy des Sainéts. Procedé admirable de Dieu, qui se monstre le protecteur de l'innocence, quand il renuerse en fin ces hautes fortunes cimentées du sang des pauures, & cependant il fauorise ceux sur qui les executions sont faites, en ce qu'il leur oste les moyens de se perdre à l'exemple de leurs deuanciers, & que par vne Iustice toute pleine de misericorde il les charge de quelques incommoditez temporelles pour les garentir des peines de l'autre vie.

*De la punition des pechez en l'autre vie.*

## CHAPITRE XIV.

C'Est vne merueille de voir, que les hommes estant de mesme nature, citoyens d'vn mesme monde, suiets d'vn mesme Prince, obligez à mesmes loix, sont neantmoins dans vne si grande antipathie de sentimens, & contraires en ce où ils deuroient estre vnaniment d'accord. Ils pourroient bien auoir vne diuersité d'appetits, aussi bien que de qualitez & d'excellences, comme les animaux d'vne mesme espece; ie ne trouuerois pas étrange, qu'ils en vinssent iusques à se faire la guerre, pour la pretention d'vn objet qui ne peut estre possedé de plusieurs; mais quand il s'agit de l'obseruation des commandemens diuins, ils deuroient tous y conspirer, amortir leurs querelles particulieres, & n'auoir qu'vn cœur pour cét interest public; comme les corps contraires en qualitez prennent vn mesme mouuement quand il est question d'empescher le vuide; & d'entretenir l'vnité du monde, qui est le grand souhait de la Nature. Cependant s'il se trouue quelques personnes obeïssantes aux volontez de Dieu, & fideles à son seruice, le nombre est beaucoup plus grand de ceux qui blasphement tous les iours contre sa Majesté, d'esprit, & par œuures, iusques à mener les crimes en triomphe.

Quoy que les Loix Diuines commandent la charité, la paix, la patience dans les iniures; qu'elles fassent de tous les hommes comme vn corps, dont chaque partie satisfaite de ses propres qualitez, n'a que des dispositions à secourir, & non pas à vsurper celles des autres; On void dans le monde des humeurs cruelles qui n'employent leurs forces & leurs industries, que pour rauir les biens de leur prochain; insolentes en leur pouuoir; insatiables en leur auarice; furieuses en leur cholere; tousiours alterées du sang humain; non contentes de troubler le repos des particuliers, & la felicité des familles, elles allument le flambeau de discorde dans les Royaumes, pour se faire vn spectacle de leurs desolations, comme fit Neron de l'embrazement de Rome. Si elles portent quelques apparences de pieté sur le visage, c'est pour exercer leurs inhumanitez sous de beaux pretextes; encores que la Religion n'ait rien de si sainct, qu'elles ne prophanent; ny de veritez dont elles ne se mocquent dedans leurs cœurs; en fin figurez-vous ces ennemis de Dieu, & des hommes, au dernier poinct de la malice & du sacrilege; seroit-il possible qu'il n'y eust point de supplice pour eux en l'autre vie, & qu'ils eussent impunément offensé vne souueraine puissance?

Cette Iustice naturelle qui regne dedans nos cœurs, & de qui les Loix humaines empruntent ce qu'elles ont d'équité, nous fait cónoistre, que comme les bons reçoiuent des recompenses de leur vertu, que les meschans doiuent estre punis de leurs crimes; que des manieres de vies directement opposées reçoiuent aussi des traictemens tout à faict contraires; qu'il y a des peines pour les laschetez & les trahisons; s'il y a des couronnes pour la fidelité & les bons courages.

De deux propositions contradictoires, l'vne est necessairement fausse, si l'autre est vraye, sans milieu qui en modere les assertions; quand le mouuement naturel s'aduance à vn terme, il quitte celuy dont il se depart, & s'écarte de l'vn à proportion de ce qu'il s'approche de l'autre; Ainsi les hommes s'éloignant de Dieu par le peché, en ce qu'ils ne veulent pas suiure ses volontez, ils doiuent perdre ce qu'ils pouuoient auoir par la participation de cette souueraine Bonté, à sçauoir, le repos, la ioye,

la

la vie, la lumiere, l'acquiescement de leurs puissances, leur derniere felicité; & comme ils se sont portez aux creatures, ils doiuent auoir ce qui est propre à la creature, à sçauoir, l'indigence, la misere, les tenebres, la confusion, les inquietudes; & les supplices. Or cela ne se fait pas en ce monde où ils paroissent auec beaucoup d'éclat dans l'abondance des biens temporels; La Iustice de Dieu reserue donc leurs peines en l'autre vie, pour les reduire à l'égalité, & empescher qu'ils n'ayent fait leur condition meilleure par leurs démerites, ce que mesme les Loix humaines ne permettent pas dans le commerce.

Les raisons generales que i'ay deduites plus haut, sont des preuues suffisantes de cette verité, reconnuë aussi de tous les peuples, qui ont vnanimement creu que l'ame au sortir du corps entroit dans vne region heureuse, ou infortunée selon ses merites; Et quand les Philosophes ont dit, que les peines & les recompenses estoient les deux elemés de la vertu; ils voulurent signifier que la consideration de ces deux estats estoit vn puissant motif aux ames craintiues, ou genereuses pour les animer au bien.

Quand le discours ne nous donneroit aucunes preuues de cette Iustice, les pecheurs en sont instruits suffisamment par les remords de la conscience, qui sont les premieres pointes des flammes qui doiuent supplicier dans l'autre vie, si elles ne s'amendent. Neron apres ses parricides ; Antonius Caracalla apres auoir fait tuer son frere, Caligula se representant ses cruautez ; Theodoric apres auoir mis à mort Boëce le Senateur, n'eurent iamais de repos en l'ame, des furies interieures les agiterent, d'horreurs, d'épouuantes, de troubles, de desespoirs, mesme durant le sommeil, en ce temps que la nature se reserue pour se soulager de ses trauaux: Selon les sentimens de la tyrannie, ils auoient lors de grands suiets de se réiouyr d'auoir osté du monde des personnes suspectes à leur puissance, pour viure plus asseurez entre celles qui donnoient des applaudissemens à leurs crimes. Ces craintes ne leur venoient donc pas pour des considerations de cette vie; mais comme on dit, que c'est vn presage d'vn malheur insigne, quand les foudres tombent dessus les lauriers ; ces desolations de l'ame dans vne fortune triomphante, sont de secrets prognostiques des infelicitez d'vne autre vie.

L'on a veu quelques libertins insolens iusques à se faire vn ieu de leurs crimes, à tourner en gausserie ce qui se dit de l'Enfer, & des supplices preparez aux mauuaises ames : mais quand quelque maladie sans remede les met aux approches de la mort, c'est lors qu'ils leuent le masque, & qu'ils changent ces confiances contrefaites en de furieux desespoirs de leur salut. Quoy qu'on leur parle des misericordes de Dieu, quoy que l'amour propre trauaille à l'excuse de leurs pechez, & à leur en faire

DE LA IVSTICE DE DIEV.     495

esperer l'abolition; neantmoins ils voyent si sensiblement qu'il est iuste qu'ils soyent punis en l'autre monde, qu'on ne leur sçauroit persuader le contraire, si Dieu leur voulant faire misericorde, ne leur donne des graces particulieres pour les deliurer de ces frayeurs.

    S'il s'est peut-estre trouué dans le cours de plusieurs siecles vn seul Athée qui a tenu ferme dans ces impietez iusques à la mort; Ie dis à cela, que la nature n'a point de productions si accomplies, où il ne se rencontre auec le temps quelque défaut extraordinaire; & qu'il n'y a point de verité si certaine qui n'ait esté combatuë par l'extrauagance de quelque esprit. Comme les malades qui ont l'imaginatiue offensée meurent en riant sans reconnoistre leur mal; Ces ames maudites se sont tellement imprimées de l'impieté à force de la soustenir, qu'elles en ont perdu le ressentiment; la vanité mesme les peut faire parler contre leur conscience, afin de se donner la reputation d'estre sortis du monde auec vn courage qui ne s'est point relasché, & d'auoir tenu des opinions qui n'estoient point suiettes au repentir. Mais le peuple qui se rend spectateur de ce desespoir, le regarde comme la plus grande de toutes les abominations, & se confirme dauantage dans l'apprehension des iugemens de Dieu; comme chacun ressent quelque mouuement de crainte quand on void vn homme qui de gayeté de cœur se iette dans vn precipice.

                                              Sff ij

Il vaut mieux conduire nostre vie auec vne innocence qui nous mette à couuert de ces peines, que d'auoir la curiosité de sçauoir quelles elles sont; neantmoins il est aisé de iuger qu'elles doiuent estre bien grandes, pour estre proportionnées au delit, & à la qualité de la personne offensée. Si la felonnie d'vn vassal contre son Seigneur; si le crime de leze Maiesté au premier chef; si l'infidelité contre la Patrie; si les parricides sont des crimes poursuiuis par des accusations publiques, & chastiez par les plus rigoureuses peines de la Iustice, ont peut iuger ce que merite vne ame criminelle contre Dieu, qui est nostre Prince, nostre Pere, nostre derniere fin; les excellences infinies de sa Nature, & les extrémes obligations que luy ont les hommes, rendent les offenses commises contre luy si enormes, qu'il n'y a point de peines assez grandes pour les punir. On ne doit donc pas alleguer icy la bonté de Dieu, dautant qu'elle n'empesche pas sa Iustice, comme i'ay dit; mais au contraire plus elle se monstre liberale enuers les hommes, le mespris qu'ils en font les rend encore plus criminels, & dignes d'vn plus grand supplice.

S'il en faut iuger par l'opposition de la gloire des Bien-heureux, toutes les puissances de l'ame seront priuées des objets qui leur peuuent donner de la satisfaction; l'intellect ne cognoistra que ce qu'il voudroit ignorer; il aura quelque idée de la gloire des Bien-heureux, d'où naistront de furieux desefpoirs de s'en voir à iamais exclus. Toutes les graces dont ils auront esté prodigues durant cette vie; toutes les occasions de se sauuer qu'ils auront perduës, leur seront continuellement presentes, ce qui les armera de rage & de fureur contr'eux mesmes, d'auoir esté cause de leur perte. Neantmoins la volonté qui ne sera plus en estat de changer de resolution, non plus que de meriter, n'en pourra conceuoir de repentir. Sa haine sera continuë contre vne bonté souuerainement aimable, parce qu'elle ne se sera pas renduë digne de son amour, & qu'elle souffrira les peines de sa Iustice, comme les yeux malades s'offensent des belles lumieres du Soleil qu'ils ne sçauroient supporter.

Le consentement de tous les peuples s'accorde auec ce que la Foy nous enseigne, qu'outre ces supplices interieurs, qu'outre le ver qui rogera la consience de ces ames miserables, elles seront encores tourmentées par vn feu materiel. Mais on demande comment il se peut faire qu'vn corps agisse dessus l'esprit qui est d'vne plus noble cathegorie, & qui n'est pas disposé à receuoir les qualitez qu'il imprime par son action? L'on peut respondre premierement, que comme l'ame est vnie au corps d'vne façon qui ne se peut dire, de sorte qu'elle compâtit à ses douleurs, & prend part à tous ses plaisirs; que de mesme elle pourra estre affligée par le feu, son demerite & l'Arrest de Dieu luy ordonnant de la correspondance auec ce corps estranger, pour en souffrir l'action, comme la Nature luy donne de la sympathie auec le sien propre pour luy inspirer la vie. Et puis il faut considerer que l'ame est tellement spirituelle, qu'elle contient originairement en soy toutes les puissances des sens ; si l'œil void, si l'oreille entend, si la main touche, c'est l'ame qui leur communique cette vertu ; Ainsi estant la source des sens, elle n'a pas moins de dispositions à souffrir ce qui les afflige, qu'à se plaire en ce qui les delecte ; comme le cœur endure non seulement s'il est blessé en ses arteres, mais en sa substance. Pour trancher toutes ces difficultez on peut dire que Dieu tient vn empire absolu sur toutes les creatures, esleue l'actiuité du feu, & luy donne autant de forces qu'il en faut pour supplicier les ames.

Mon dessein ne me permet pas de traiter icy de la resurrection des corps, parce que c'est vn Mystere purement de Foy ; mais la supposant, il est certain que le corps doit compatir aux peines de l'ame, comme l'ayant desbauchée de son deuoir, & s'estant rendu le principal autheur de ses crimes ; & comme les Loix ciuiles imposent des chastimens contraires aux delits, quand elles punissent les faux témoins du droict de porter iamais témoignage en iugement ; qu'elles bannissent les perturbateurs du repos public : Ainsi l'on doit croire que dans ces cachots de l'Enfer il y aura

DE LA IVSTICE DE DIEV. 499

des objets qui offenseront les sens selon les pechez qu'ils auront commis, des infections & des pourritures qui blesseront l'odorat, des spectres, des figures hideuses, des tenebres, des ruines, des precipices qui espouuanteront la veuë, des feux, des roües, des gesnes qui tourmenteront l'attouchement.

Si vn homme s'arrestoit serieusement à cette pensée, il verroit tous les plaisirs illicites & contraires à la Loy de Dieu, comme des viandes delicieuses qui couurent vn poison, comme ces extraits violens de Chymie, qui soulagent pour vn quart d'heure, & donnent la mort sans remede. Où sont toutes ces delicatesses, ces pompes, ces thresors, ces grandes possessions, ces trains magnifiques, ces desseins ambitieux, tant de vanitez où l'on a perdu le temps de la vie, & prodigué les graces de Dieu? helas! il n'en reste plus rien qu'vn cuisant ressouuenir dans ces mal-heureuses ames; il ne leur reste plus que les crimes qu'elles ont commis, & les peines qui les tourmentent, ce qui est espouuantable, durant vne eternité qui ne finira iamais.

*De l'eternité des peines.*

## Chap. XV.

Qvand noſtre vie ſeroit prolongée iuſques au dernier terme que la Nature permet à noſtre eſpece, il nous la faut touſiours conſiderer comme vn eſtat ſemblable en beaucoup de choſes à celuy des enfans enfermez dans le lieu où ils ont pris leur premiere formation ; ils y viuent en tenebres, leur repos n'eſt qu'vn aſſoupiſſement; leurs actions ſont demy-mortes, leurs ſens ne iouyſſent pas encore de leurs objets ; & ce qui eſt de plus à noter, c'eſt que les corps retiennent pour toute la vie les proportions auec les marques qu'ils auoient en cet inſtant qui les met au iour. Chacun ſçait que nos ignorances ſont extrémes en ce monde, nous n'y auons point de repos qui ſoit veritable, nos puiſſances n'y trouuent pas leurs dernieres ſatisfactions, & ne poſſedent pas le bien pour lequel elles ſont creées, neantmoins ce que nous faiſons icy dans le temps, nous importe pour l'eternité; & ſi l'ame eſt dans les peines, ou dans la Beatitude en l'autre vie, c'eſt à proportion des merites ou des démerites qu'elle auoit au ſortir du corps. Les perles demeurent touſiours belles, ou obſcures, ſuiuant ce que le Ciel auoit de ſerenité lors
qu'elles

qu'elles furent formées : le corail qui est molasse dans l'eau deuient dur si tost qu'on l'en tire, & se conserue dans la grandeur qu'il auoit acquise, & auec les figures qu'on luy a données, lors qu'il estoit capable de diuerses impressions. Ainsi l'homme iouyt durant cette vie d'vne liberté, par le moyen de laquelle il peut faire de grands acquests de merite ; mais si tost que l'ame quitte le corps, elle entre dans vn pays de necessité, où n'ayant plus le pouuoir de croistre, le poinct de merite qu'elle auoit au sortir du monde, luy est vn estat de consistance ; & elle sera tousiours bien-heureuse, selon que le Ciel luy estoit lors fauorable. Nous iettons icy les fondemens de nostre edifice spirituel, nous semons par nos bonnes œuures ce que nous deuons recueillir durant vne eternité. Pensée extrémement douce aux bonnes ames, mais espouuantable, pleine d'horreur & de desespoir pour ceux qui se sont fait icy bas vn Dieu de l'objet des sens, & qui ont vescu comme s'il n'y auoit point d'autre vie.

S'ils portent la veuë sur le passé, les années de leurs débauches, ces plaisirs qui auoient esté recherchez par de si longues poursuites, ne leur paroissent plus qu'vn moment ; ces choses qui sont écoulées & qui ne sont plus en l'estre, ne sont plus rien en leur estime. Cela fait que considerant vne durée sans fin, où leurs mauuaises actios doiuent estre punies, ils blasphement contre Dieu, comme s'il n'estoit pas iuste d'imposer des peines qui durent tousjours, à des fautes de soy finies, limitées, & dont le plaisir a esté si court.

I'aduoüe que cette creance est de foy, & qu'elle est fondée pluftost sur les reuelations Diuines, que sur les demonstrations naturelles, neantmoins on ne la doit pas condamner comme contraire à la raison, puis que les plus sages de l'antiquité payenne l'ont publiée, & qu'elle estoit receuë par vn consentement public; quand ils nous décriuent l'Enfer comme vn Fort, dont les portes & les murailles sont d'airain, gardé par des Cerberes, par des monstres inexorables, & tousiours veillans; enceint pour fossé de sept retours de deux grands fleuues qui iettent les flammes; quand ils dépeignoient leur Pluton auec des clefs, ils voulurent signifier que Dieu pouruoit luy-mesme à la seureté de ces Geoles, & que la sortie en estoit impossible aux ames qui y estoient condamnées; quand ils décriuent des Danaïdes, qui versent sans cesse de l'eau dans des muids percez; vn Syciphe qui remonte & precipite continuellement vne pierre sur vne montagne; vn Tantale alteré au milieu des eaux, dont iamais il ne peut esteindre sa soif: vn Titius dont le Vautour ronge le foye tousiours renaissant; ils monstrent assez, que les peines dont les ames criminelles seront tourmentées en l'autre vie, ne prendront iamais de fin. Il se peut faire qu'il n'y ait point de Danaïdes, de Syciphe, de Tantale, de

### DE LA IVSTICE DE DIEV.

Styx, ny de Cocyton, & que ces discours soient des fables, pour le particulier de l'Histoire, neantmoins les Poëtes qui leur ont voulu donner de la creance, les ont fondez sur cette verité dont tout le monde demeuroit d'accord, que les grands crimes sont punis en l'autre vie de peines eternelles. Si elles furent iugées équitables par vn âge qui n'auoit pas encore receu les lumieres de la Foy, nous serons sans doute dans les mesmes sentimés, si nous examinons cette cause, auec vn esprit dégagé de propre interest.

 Considerez la gloire dont iouyssent les bien-heureux, ces inexplicables felicitez, ces lumieres, ces ioyes, ces rauissemens, cette sur-abondante satisfaction de toutes les puissances en la vision de Dieu ; Il est certain que le trauail de plusieurs siecles ne pouuoit pas meriter ces recompenses infinies en leur durée, & en leur objet ; Dieu pouuoit tres-iustement exiger de nous de longs & de trespenibles seruices pour les obtenir, neantmoins sa misericorde a voulu abreger le terme de nos souffrances, & si nous sommes fideles à garder ses Loix durant le cours de peu d'années, qui acheuent nostre vie, il nous donne vne gloire qui ne finira iamais : Et dautant que nostre nature a des infirmitez qui la pourroient rendre lasche en l'acquit de son deuoir, la souueraine Sagesse dispose toutes les creatures, comme i'ay dit, pour animer nos courages ; les Anges nous assistent continuellement de leurs conseils ; ils nous donnent des graces surnaturelles.

Ttt ij

& suffisantes pour nous releuer de nos defauts; Que si les hommes ne se peuuent pas préualoir de ces faueurs; s'ils se soufmettent à des ennemis qu'ils pouuoient vaincre auec ces puissans secours; s'ils n'employent pas bien le temps qui leur estoit accordé pour meriter la Beatitude; qu'ainsi ils tombent dans vn estat qui luy est contraire, ils n'en doiuent accuser que leur negligence.

On est bien aise que la Iustice de Dieu assigne des recompenses eternelles à des actions de foy basses, meslées de defaut, & dont le trauail n'est guere que d'vn moment, encore qu'à la rigueur il ne nous doiue aucune reconnoissance des seruices que nous luy rendons par obligation; quelle apparence donc de se plaindre, s'il impose des peines aux crimes à proportion des couronnes qu'il accorde misericordieusement à la vertu; & s'il fait autant durer les supplices des mauuaises œuures, que les recompenses des bonnes? L'eternité qui suit le terme si court de nostre vie, nous est aduantageuse si nous viuons bien. Il est donc tres-iuste, que si nous viuons mal, nous endurions ce qu'elle a de seuerité, selon la maxime du Iurisconsulte, qui condamne à porter les dommages d'vne chose dont on reçoit les profits, particulierement, lors que les pertes suruiennent par nostre faute.

Si les voluptez du peché se sont passées comme vn songe, & si l'ame s'espouuante de ce que leurs peines ne prendront iamais de fin, cela procede de la condition de deux differétes vies où elle se trouue. Celle-cy est toute dans le mouuement; & comme les corps prennent leur croissance par vn progrez continuel, & s'alterent pour se corrompre, ou se perfectionner; Ainsi l'ame raisonnable iouït en ce monde d'vne liberté par laquelle elle se peut porter à de belles actions qui luy meritent la gloire, ou à vn déreglement qui l'en rende indigne. L'autre vie est vn estat de repos, où elle demeure arrestée dans le bon-heur, ou dans la peine qu'elle s'est acquise estant en ce monde.

Il ne faut point s'estonner si ces peines durent tousiours, car c'est le propre des personnes qui pretendent à quelque prix, d'en souffrir vne perte irreparable pour le défaut qui s'est rencontré dans leur action. On fait vne course de bague, celuy qui ne l'emporte pas demeure à iamais priué de cét honneur, & porte tousiours la honte de n'auoir pas reüssi en cette occasion ; On se mocqueroit de celuy qui voudroit recommencer les courses, apres celles dont on estoit conuenu ; & qu'on presentast des prix iusques à ce qu'il les eût merité. Iamais on ne viendroit au temps des recompéses, si on estoit tousiours dans celuy du combat, & de la poursuite; & si enfin l'on ne tomboit dans vn defaut, dont il ne fut plus possible de se releuer.

Cette Loy est conforme à celle de la Nature qui ne permet pas le retour de la priuation à l'habitude; vn nerf couppé ne se réioint plus, le corps ne reproduit pas les parties qui en sont ostées ; les fruits ne sçauroient deuenir sains depuis qu'ils ont esté corrompus ; les eaux perdent sous l'oppression de la gelée, vne pureté qu'elles ne recouurent iamais. Dieu ne nous tient pas vne si grande rigueur, car si nous tombons dans quelque peché, nous auons tout le temps de la vie pour nous releuer de cette cheute par la penitence ; mais apres toutes les inspirations, & toutes les graces qui nous y portent; apres plusieurs iours & plusieurs années, dont tous les momens nous font des offres de nous restablir en nostre bon-heur ; enfin nous arriuons à vne vie qui termine tous ces mouuemens par vne stabilité de peine ou de gloire. Ainsi les Loix Romaines ordonnoient que les fermiers de la Republique fussent aduertis tous les ans de leur deuoir par les Cómissaires qui les visitoient ; mais depuis qu'on les auoit ostez de la Ferme pour leur demerites, iamais il ne leur estoit permis d'y reuenir. Les soldats sont animez par les harangues militaires, & poussez au combat par les sergens, tant qu'ils demeurent dans les compagnies ; mais s'ils sont deserteurs & traistres iusques à se rendre volontairement à l'ennemy, ils perdent pour iamais le droict qui les restituë en leur ancienne liberté.

Les voleurs, les homicides, ceux qui entreprennent contre le Prince & la Patrie, sont punis d'vne mort dont il n'y a point de retour, quoy que les actions qui les rendent criminels se soient acheuées en moins d'vn quart d'heure. La peine que la Iustice leur impose est eternelle en ce qu'elle leur oste la vie, qu'ils ne recouureront plus ; & on s'étonne si ceux qui ont mal administré les graces de Dieu, qui ont violé ses Loix, troublé la Police de la Nature; si ces parricides & ces sacrileges sont punis d'vn supplice qui n'a point de fin. Miserables qui font grand estat d'estre pour iamais priués de Dieu apres la mort, & qui neantmoins ont negligé ce sentiment durant leur vie, quoy qu'ils sçeussent la condamnation qu'ils encourreroient.

Il n'y a rien si iuste, comme i'ay desia representé, que de priuer vne personne du droict contre lequel elle a failly, d'exclurre de la succession celuy qui la fraude, & de la tutelle s'il s'y gouuerne auec peu de fidelité. Or par le peché l'homme quitte Dieu pour la creature; il est donc iuste qu'il soit puny d'vne peine eternelle, parce qu'il s'est diuerty du bien eternel, & qu'il a donné ses affections à des choses qui de soy n'ont en propre que le défaut & la priuation.

Si vous examinez les secretes intentions des personnes abandonnées dans le vice, vous verrez qu'ils ne se soucient aucunement des felicitez de l'autre vie, ny de la vision de Dieu, pourueu qu'ils possedent le plaisir des sens; leurs affections font vn diuorce auec le Ciel, & s'il leur estoit possible ils rendroient leurs voluptez eternelles. Vous voyez doncques qu'en defir elles fe priuent eternellemét de Dieu, y a-il rien de plus iufte, qu'eftant furprifes par la mort dans ce crime, elles fouffrent cette eternelle priuation qu'elles ont fouhaitté, encore qu'elles n'ayent pas le plaifir des fens, parce que le defir eft iniufte, déraifonnable, & la iouÿffance impoffible en cét eftat. Les voyla doncques priuées de Dieu felon leur defir, & des commoditez du monde par l'iniuftice & l'impoffibilité de la condition.

Si les crimes meritent vne peine proportionnée à la qualité de la perfonne qu'ils offenfent, on peut fouftenir quoy que l'action du peché foit finie en foy, que neantmoins offenfant vne Majefté infinie, elle doit eftre infinie, finon en la qualité du tourment, au moins en durée; comme vne iniure qui feroit petite, fi elle offenfoit vne perfonne de baffe condition, deuient vn crime de leze Majefté digne de mort, quand elle eft commife contre la perfonne d'vn Prince.

Les criminels conuaincus de cét attentat, peuuent bien murmurer contre le Roy de ce qu'il exerce fur eux cette feuerité, mais cependant tout le refte de fon Royaume le loüe de fa Iuftice; Ainfi lors que ces miferables condamnez aux peines eternelles blafphement contre la Iuftice de Dieu, il eft loüé de tous les Anges & de tous les Sainéts, auffi tranquille en fa gloire, que l'eft le Soleil en fa lumiere, quand tous les yeux feroient deuenus aueugles.

aueugles. Ces miserables connoissent bien que leurs plaintes sont tres-iniustes; aussi comme elles procedent d'vne rage desesperée, & contre leur iugement, elles font vne grâde partie de leurs peines.

Ils souffrent encore le feu materiel, comme i'ay dit, & il n'est pas impossible que les corps soient eternellement dans ces flammes obscures sans se consommer, puis que la Nature nous monstre quantité de choses & qui resistent au feu, & qui mesme y entretiennent leur vie, comme les Pyraustes dans les fournaises d'airain, & certains petits vers qu'on void dans les fontaines sulphurées. Callimachus alluma vne lampe sur le dosme du Temple de Minerue en Athenes, auec vne mesche qui brusloit sans se consommer, & sans s'éteindre: L'asbestos & plusieurs autres pierres dont parlent les Naturalistes, ont cette mesme proprieté. Dieu ne peut-il pas donner vne telle trempe au corps apres la Resurrection, qu'il pourra souffrir sans se diminuer dans le feu? & l'on peut dire mesme que cela est conforme aux Loix qui seront lors en la Nature, en ce que le mouuement des Cieux estant arresté, il ne se fera plus d'alteration; les causes secondes auront leurs actiuitez, sans pouuoir conuertir en soy les suiets qui en receuront l'attaque. Mort espouuentable, qui mettât fin à tous les contentemens, & à toutes les esperances, ne finit iamais? Nous auons icy cette consolation dans les maladies, que si elles sont fortes elles sont courtes,

Tome 3. Vuu

elles sont surmontées par la Nature, ou par leur propre violence; mais les supplices des miserables damnez durent continuellement; ce leur est vn furieux desespoir, que l'esprit ne se puisse imaginer aucun espace dans l'aduenir, où leurs peines soient allegées, & que cent mille ans passez dans les feux, ne rabattent rien de leur condemnation.

Les grands pecheurs qui se voyent dans le chemin de ce precipice, nous disent, pourquoy Dieu nous a-il créés pour nous perdre? il nous eust esté meilleur de n'estre point, que d'auoir vne vie immortelle pour endurer des supplices eternels. Ie responsà cela, que leur supposition n'est pas vraye quand ils disent que Dieu les a creés pour les perdre, d'autant qu'il ne s'est pas proposé cette fin si peu conuenable à sa Bonté; mais au contraire il a creé tous les hommes pour les rendre heureux, s'ils veulent cooperer aux graces qu'il leur presente; que s'ils en abusent, & s'ils se precipitent volontairement, il le permet, parce qu'il ne veut pas contraindre leur liberté, & qu'il estoit meilleur pour l'ordre du monde, comme i'ay dit, qu'ils fussent indifferens au bien, & au mal, que d'estre necessitez à faire le bien; Ainsi sa cognoissance eternelle qui préuoyoit leur cõdamnation future par leur faute, ne deuoit pas pour cela manquer à l'action de cause vniuerselle en creant leurs ames, quand les corps se sont trouués disposez à les receuoir; & à leur donner des graces suffisátes pour les sauuer, quoy qu'ils se perdent volontairement auec ces secours.

J'aduouë qu'il seroit meilleur pour eux qu'ils ne fussent point, mais il n'est pas meilleur à l'égard de Dieu, qui a déployé sa Toute-puissance en leur creation ; sa misericorde en ce qu'il les a fait capables de la gloire, & qu'il leur donne des graces suffisantes pour l'obtenir : Quand ils en sont priuez, c'est par leur faute, qui ne diminuë rien de la bonté diuine, comme les liberalitez publiques d'vn Prince, ne sót pas moins à estimer, quoy que quelques-vns s'en seruent à commettre des excez. De ce mal Dieu ne laisse pas, comme i'ay dit, d'en tirer vn bien, à sçauoir l'execution de sa Iustice, sa gloire paroist dans les supplices eternels des damnez, & en ce que l'on void l'abus manifeste qu'ils ont fait de ses faueurs ; sa Bonté & sa Misericorde, en ce qu'ils sont tousiours punis moins que ne meritent les pechés commis contre vne Maiesté infinie.

*Des Misericordes de Dieu.*

## CHAPITRE XVI.

Ceux qui font naufrage en pleine mer, ne laissent pas d'employer tous leurs efforts pour se sauuer sur quelques pieces de leur débris ; vne Ville assiegée tient iusques à l'extremité, entre les desolations de la faim, le massacre des asfaults ; la perte de ses habitans, la foiblesse ou la perfidie de ses alliez, elle se promet encore du secours par quelqu'vn de ses euenemens qui ont plusieurs fois défait les armées sans rendre combat ; les captifs condamnez aux galeres perpetuelles attendent que quelque heureuse rencontre leur redonne la liberté. Ainsi la fortune nous rauissant tous les biens, ne nous oste l'esperance qu'auec la vie ; & n'y a point de disgraces, ny de craintes si extremes, qui ne soient temperées de cette douceur, comme il n'y a point de nuicts si obscures qui n'ayent quelque petite participation de lumiere.

Ie croy que cette inclination procede du sentiment naturel que nous auons de la bonté Diuine tousiours preste à nous secourir, & comme nous luy donnons cette secrette creance, pour ce qui regarde les necessitez du corps, nous auons suiet d'en attendre des faueurs plus signalées pour ce qui concerne le salut de l'ame ; De sorte que les plus grands pecheurs qui considerant l'enormité de leurs fautes, se recognoissent dignes des peines eternelles, conçoiuent tousiours quelque esperance sur ce que Dieu est plein de misericorde.

C'est le titre le plus fauorable à nos miseres, & le plus glorieux à sa Majesté. S'il nous a tirez d'entre les choses possibles pour nous aduantager d'vn estre si noble ; si le Ciel nous continuë ses influences & ses mouuemens, si la terre nous oblige de ses feconditez ; en vn mot toutes les choses qui entre-

## DE LA IVSTICE DE DIEV.

tiennent nos vies, sont des effets de son infinie misericorde. Aussi nous la pouuons considerer comme vne cause vniuerselle de tous ses attributs relatifs: Car s'il donne son concours à toutes les actiós par son immensité, s'il distribuë à toutes choses ce qui appartient à la perfection de leur nature, par sa Iustice; s'il est nostre Pere par sa bonté, nostre Souuerain par sa puissance, nostre principe, nostre milieu, nostre fin, c'est par vne misericorde qui a voulu fauoriser vne creature de soy infirme, & qui ne pouuoit meriter ses graces; C'est pourquoy comme la cause vniuerselle contribuë dauantage de son influence, à l'action, que la particuliere, nous pouuons dire que la misericorde de Dieu surpasse toutes ses autres œuures, ausquelles elle tient lieu comme d'vn principe, sans lequel elles ne seroient pas.

Le Soleil nous la represente sensiblement, en ce qu'estant le Monarque du Ciel, il distribuë ses lumieres aux autres Planettes, & verse sur le monde inferieur des influences benignes qui donnent la vie aux sujets qui en sont capables. Et pour adoucir ce qui pourroit estre de trop fort en sa vertu, il a deuant soy trois Planettes, la Lune, Mercure, & Venus, dont les qualitez moderément chaudes & humides ont de grandes sympathies auec nos temperamens.

Nos infirmitez estoient trop grandes pour se contenter d'vn seul acte de misericorde; aussi Dieu nous la continuë, & nous fait d'insignes faueurs, lorsmesmes que nous deurions ressentir les seueritez de sa Iustice. Combien void-on d'hommes qui tous les iours offensent sa Maiesté, par des dissolutions plus excessiues que celles des brutes; neantmoins le Ciel ne les écrase pas de ses foudres, la terre n'ouure pas ses abysmes pour les engloutir, la pluye tombe sur leurs moissons aussi bien que sur celles des iustes, & toutes les creatures inferieures qui se deuroient liguer pour la querelle de Dieu, leur continuent neantmoins l'obeyssance? La Souueraine bonté en dispose ainsi, afin de vaincre ces cœurs endurcis par la continuation de ses bienfaits, & les rendre honteux d'vne si criminelle ingratitude.

Elle exerce encore de plus grandes liberalitez pour la vie de l'ame, que pour celle du corps; car c'est vne insigne misericorde de nous donner des graces surnaturelles, pour nous rédre les lumieres de la verité, & les pratiques de la vertu plus aisées, & de releuer nos actions par vn merite qui nous porte à la iouyssance de nostre derniere fin. Si tost que nous sommes tombez, encore que ce soit par nostre faute, Dieu nous tend la main pour nous releuer; il se rend le Medecin de nos maladies, le tuteur de nostre enfance, le guide de nos voyages, il nous donne conseil dans nos troubles & nos ignorances; il soulage nos necessitez, il nous console dans nos miseres; il destine à nostre seruice les mesmes esprits bien-heureux qui sont domestiques du Ciel, & qui assistent deuant sa Diuine Maiesté. O misericorde infinie! hé qu'est-ce que l'hôme pour receuoir toutes ces faueurs? C'est vn ingrat, vn sujet rebelle, vn enfant desobeyssant, indigne d'vn nouueau bienfait en cet estat où il deuroit perdre ceux qu'il a receus; quand il peche c'est vn monstre qui ne meriteroit pas moins que d'estre estouffé; neantmoins lors mesme qu'il est le plus criminel, & qu'il offense cette Souueraine Maiesté par ses sacrileges, elle recherche ses affections par des voix interieures, par des lumieres, & des mouuemens de la conscience qui luy persuadent vn amandement de vie; il ne luy a pas plustost donné son consentement par vn acte de contrition, qu'il ressent des douceurs inaccoustumées, & des applaudissemens qui luy font connoistre que la Bonté Diuine l'a remis en grace.

Elle est tousiours preste de l'y receuoir, si tost qu'il se conuertit, quand mesme il auroit passé toute sa vie dans les abominations & les sacrileges. Il y a de grands perils comme i'ay dit, à remettre la penitence à l'extremité de la vie; à ne donner à Dieu que la lie de nos actions; & le rebut de la volupté; neantmoins il est si bon, qu'il nous reçoit en quelque temps qu'on recoure à luy, & ie croy qu'il faut que les démerites des hômes soient extremes pour encourir sa condemnation; dautant qu'il nous a creez à sa ressemblance, & pour iouyr de sa gloire; sa premiere volonté fut de nous sauuer tous, & pour cet effect il a disposé toutes les parties du monde auec des beautez capables de nous attirer à luy ; il nous donne de plus des graces surnaturelles qui peuuent remedier à ce qui nous reste d'infirmité. Ainsi nous auons toutes les conjectures possibles de nostre salut, en ce qu'il accomplit la fin qu'il s'est proposée, & empesche que les moyens dont il s'est seruy ne soient inutils.

La qualité qu'il porte de Createur, de Pere, de bon, de principe, de milieu, de fin, d'vnité, de gloire, & tous ses autres attributs nous sont de puissans motifs, qui entretiennent en cecy nos esperances. Le premier acte de sa misericorde fut de nous donner l'estre ; le second de nous assister de ses graces suffisantes ; le troisiéme qui est comme la fin des autres, c'est de nous faire iouyr de sa gloire ; comme au premier acte il surmonte nostre neant originaire par sa puissance, comme au second il surpasse les termes de la Nature, nous obligeant de ces qualitez Diuines, pourquoy n'excederoit-il pas nos merites pour nous donner la beatitude ? Si les centres redoublent leurs attractions sur les corps, quand ils sont prés de s'y reünir, il est à croire que la Bonté Diuine rend ce dernier acte de misericorde plus signalé, qui doit terminer tous les mouuemens de nostre vie, & nous reporter à luy comme à nostre centre, quoy que nous soyons partis de diuers endroits de la circonferance.

On

DE LA IVSTICE DE DIEV.

On ne doit pas estimer vn pouuoir qui ne fait que de la peine, & qui ne donne que de la crainte, cela est commun au feu, aux torrens, aux mers, aux Lyons, mesme les petites choses sont assez puissantes pour nous nuire, & se faire craindre comme les basilics, les scorpions, les araignées: Mais d'estre puissant pour faire du bien, & pour soulager l'infirmité des autres, c'est vne vertu sublime, vne clemence propre au Prince, mais bien plus à Dieu, qui estant vne cause vniuerselle, releue les causes secondes de leurs infirmitez, pour les mettre en possessiõ de leurs fins. C'est la gloire d'vn Legislateur que tous ses Citoyens soient heureux, comme d'vn bon Medecin, que les personnes qu'il traitte iouyssent d'vne parfaite santé.

Ie dis ces choses pour oster vne superstitieuse créance de certains petits esprits qui se figurét Dieu comme vn Tyran, tousiours armé pour la défaite des hommes, impitoyable en ses arrests, cruel en ses executions, & qui semble n'estre tout puissant, que pour nous rendre plus miserables. Pour moy i'ay des sentimens tout contraires de sa Bonté; ie croy qu'il faut que les hommes soient coulpables d'vne extreme ingratitude pour encourir sa condemnation, & que sa misericorde a des secrets qui surpassent nos intelligences: Mais quittons ces lasches & honteux sentimens de crainte seruile, pour prendre ceux d'amour enuers vne souueraine Bonté. On ne sçauroit apporter trop de fidelité à son seruice, & si noſtre deuoir nous oblige à nous monſtrer reconnoiſſans de ſes faueurs par l'integrité de noſtre vie, nos intereſts, & mille raiſons nous le perſuadent. Conſiderez que vous n'eſtes pas au monde pour vous rendre eſclaue des plaiſirs du corps, vous eſtes creé pour vne fin plus releuée, voſtre origine eſt celeſte, vous auez Dieu pour pere, qui vous appelle à la iouyſſance de ſa gloire, ſi comme vous eſtes formé à ſon Image, vous vous rendez imitateur de ſes perfections. Il eſt vne ſouueraine Bonté qui demande toutes vos amours; c'eſt vne vnité tres-ſimple & tres-accomplie, qui vous aduertit de recueillir vos puiſſances de tous les objets ſenſibles qui les partagent, pour vous éleuer à luy auec vne ame plus forte de ce qu'elle ſera moins diuiſée. Il eſt eternel, eſtendez vos penſées au delà des ſiecles, pour adorer ſon amour qui dés touſiours vous a predeſtiné à tant de graces, & contemplez la gloire ſans fin, qu'il prepare à voſtre fidelité. Comme il eſt immuable, ſoyez conſtant dans les pratiques de la vertu, que les faueurs, ny les diſgraces de la Fortune ne puiſſent triompher de voſtre courage. Quand vous le contemplez infiny en ſes excellences, ne mettez point de bornes aux acqueſts que vous deuez faire de la vertu, & que cette ſaincte cupidité vous rende bon meſnager de tous les momens de voſtre vie. Banniſſez l'ignorance de voſtre eſprit, pour eſtre moins diſſemblables à ſa ſouueraine Sageſſe, & ſouſmettez voſtre iugement à cette Regle qui ne peut fail-

## DE LA IVSTICE DE DIEV. 519

lir: Ayez de l'amour pour celuy qui vous a aimé dés l'eternité, & ne soyez pas ennemy de vous mesmes iusques à vous opposer aux effects de sa grande misericorde.

Pauures mortels qui ne sçauent pas posseder les aduantages de leur nature, ny se préualoir des faueurs Diuines, nous sommes nés maistres de tout le monde, les Cieux & les elemens continuent leurs reuolutions pour nostre seruice, ils nous font vn spectacle continuel de leurs beautez; la terre nous donne ses fleuues, ses fontaines, ses fleurs, & ses fruicts; Miserables qui au lieu de posseder ces biens dans le calme d'vne heureuse paix, en loüant les misericordes de Dieu qui nous les presente, se les rauissent & les font perir par les dégats de la guerre; ils se font eux-mesmes desperils dans les lieux de seureté; des famines parmy l'abondance; plus furieux que les Lions, puis qu'ils ne pardonnent pas à leur espece; puis qu'ils mettent l'honneur à defaire le plus bel oüurage de Dieu, & à s'oster vne vie pour qui toute la Nature trauaille. Ces desseins ambitieux, ces folles amours, ces vanitez, ces emplois extrauagans de ceux qui suiuent le cours du monde, n'ont pour fruict que de grandes inquietudes, & pour les contentemens imaginaires, les hommes quittent leur vray bien où consiste leur felicité.

La veuë de ces desordres me fait tous les iours iuger les personnes tres-heureuses, qui ont fait choix d'vne vie tranquille, où s'estant défait des

X xx ij

idoles de l'opinion, elles reçoiuent en repos les graces de Dieu, & aduancent leur salut à la faueur de ses infinies misericordes. Il n'est pas vn seuere creancier, il se paye principalement en volontez; luy satisfaire, c'est receuoir; l'ame qui adore ses perfectiós infinies, & qui se connoist redeuable à sa Bonté de tout ce qu'elle a de bien, s'esleue par ses soubmissions, & deuient plus riche par ses acquits. I'ay tâché de porter les hommes à ce deuoir par tout ce Volume, que ie sousmets tres-humblement à l'Eglise Catholique, Apostolique, & Romaine, tout prest de corriger mes fautes, quand i'en auray receu les aduis. Apres auoir apporté l'estude qui m'a esté possible en la déduction de ce suiet, ie suis bien aise de me voir encore condamné d'auoir trop peu dit; si ce reproche m'est fait par vn vif sentiment qu'on ait des grandeurs de Dieu; & par vne idée plus sublime que tout ce que le discours en peut exprimer; mais mes ioyes seront entieres si les œuures s'accordent auec les pensées; si comme on le conçoit souuerainement aimable, on luy donne toutes ses amours, auec tout ce qui se peut de fidelité à son seruice par les deuoirs de Religion, & par vne integrité de vie dont ie vous prepare les Traictez.

FIN.

# TABLE DES MATIERES.

## A

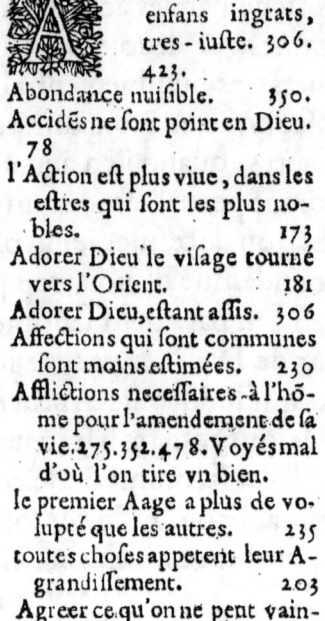BDICATION des enfans ingrats, tres-iuste. 306. 423.

Abondance nuisible. 350.
Accidés ne sont point en Dieu. 78
l'Action est plus viue, dans les estres qui sont les plus nobles. 173
Adorer Dieu le visage tourné vers l'Orient. 181
Adorer Dieu, estant assis. 306
Affections qui sont communes sont moins estimées. 230
Afflictions necessaires à l'homme pour l'amendement de sa vie. 275. 352. 478. Voyés mal d'où l'on tire vn bien.
le premier Aage a plus de volupté que les autres. 235
toutes choses appetent leur Agrandissement. 203
Agreer ce qu'on ne peut vaincre. 226
l'Air est comme vn iardinier à gage pour arrouser la terre. 187
Ambition aussi furieuse dans l'œconomie, que dans la police. 3
nostre Ame est vne table d'attente. 371

l'Amour doit estre plus grand enuers ce qui a le plus de merite. 261. 262
Amour ennemy de la côtrainte. 286
Amour entre les choses contraires. 288
Amour de sympathie. 26. 27. 75. 194. 195. 264
l'Amour de la terre a plus de plaisir en sa recherche qu'en la iouyssance. 50
Il a souuent des succez infortunez. 248
l'Amour tasche tousiours de s'accroistre comme le feu. 51
Il se nourrit par la consideration du propre interest. 169
Trois causes de l'amour. 129
l'Amour de Dieu est plus grãd enuers l'homme, qu'enuers les creatures inferieures. 260
C'est vn grand aduantage à l'homme de pouuoir aymer Dieu. 130. 132
nostre Amour a Dieu pour Pere, & la pauureté pour mere, 131
l'Amour de l'homme enuers ses enfans, est plus grand que celuy des brutes. 483
les cognoissances qui naissent de l'amour sont plus excellentes que celles qui s'ac-

Xxx iij

quierent auec l'estude. 133
l'Amour propre est puissant sur
　l'homme. 128. 168. 338. Ses
　abus. 368. 416. 421. 483. 484
Anges sont les Lieutenans de
　Dieu. 178. 179
Antipathie des plantes. 36. des
　Planettes 269. des hommes.
　491
Apparences trompeuses. 351
Aristocratie ce qu'elle a de bô.
　73
Athée desesperé. 495
les Attributs de Dieu s'entre-
　tiennent, & l'vn se prouue par
　l'autre. 62. 63
Les negatifs sont plus asseurez
　que les positifs. 63
Auguste eut l'esprit tranquille,
　pour donner la paix au mon-
　de : Il portoit naturellement
　sur son corps des marques en
　forme de la petite ourse cele-
　ste. 180
Il se rendoit Iuge des causes
　particulieres. 203

B.

Beauté en toutes les parties
　du monde. 106
Pourquoy les diuerses nations
　ne s'accordent pas au iuge-
　ment de la Beauté. 110
Beauté plus parfaite en ce qui
　est plus esloigné de la matie-
　re : elle est la fleur de la Bon-
　té. 113
il n'y a point de Beauté ny de
　Bonté, qui n'ait ses admira-
　teurs. 127
Consolation sur la mort d'vne
　Beauté. 246. &c.
Bestes cruelles & veneneuses

necessaires au monde. 231
les Biens du monde sont trom-
　peurs. 351
ils sont meslez de defaut. 228.
　258
Souuerain bien que l'homme
　desire naturellement. 227. 228
quelques-vns croyent qu'il
　consiste en la satisfaction de
　la conscience. 162
Bien-fait receu d'vne personne
　fort eminente, tourne plustost
　à honneur qu'à reproche. 201
Bien-fait doit tellement estre
　moderé, qu'il soit continu. 207
Il doit estre conferé par prefe-
　rence à ceux qui le meritent le
　plus. 305
Bien-fait qui semble desobli-
　ger. 351. &c.
Bonté de Dieu enuers les hom-
　mes. 114
La Bonté a l'aduantage sur la
　puissance, dans l'ordre de la
　Nature. 117. 118
la Bonté essentielle de Dieu,
　comment elle est differente
　de celle des creatures. 118
Toutes choses, celles mesmes
　que nous appellons mauuai-
　ses, sont bonnes. 215

C.

la Caballe recherche la na-
　ture des intelligences
　motrices. 195. 196
Cause principale de plusieurs
　maladies compliquées. 279
la Cause contient auec emi-
　nence les perfections de ses
　effects. 60. 121. 122. 143. 180.
les plus nobles causes agissent
　dauantage pour la conserua-

## Table des Matieres.

tion de leurs effects. 205
les Causes vniuerselles sõt toũ-
iours disposées pour assister
les particulieres. 206.217
elles agissent selõ les dispositiõs
des suiets. 425.441.472
comment les Causes secondes
agissẽt auec l'vniuerselle. 209
Toutes choses sont secouruës
par des causes d'vne nature
superieure. 394
nous ne cognoissons pas les
causes de tous les biens que
nous receuons. 219.395
Censeurs dãs les Republiques
qui examinoient la vie des
personnes particulieres. 224
Cercle represente Dieu. 96
Cerueau, sa dignité. 262
Cieux excellens en beauté.
107.250
les Cieux ne sont pas le destin,
& n'imposent pas de necessité à toutes les choses inferieures. 316. &c.
Pourquoy nous leuons les
mains au Ciel pour adorer
Dieu. 96
Climats, s'ils sont dominez par
les Planettes. 268.269
Cœur le Prince du corps, le
soing que la Nature prend
pour le conseruer. 261
les Commencemens des plus
grandes choses sont petits.
31.383
Communauté de biens dans les
Estats n'est pas possible. 80.81
tout Composé est imparfaict.
77.81.82
Concours de Dieu necessaire à
toutes les actions particulieres. 288. &c.
Personne n'est content de sa
condition. 3. 4
Connoissance, Voyez science.
Cognoissance de ses imperfections necessaire. 442
nous auons plus de connoissance, que de volonté. 50
Conscience, ses satisfactions.
161.162.369.375. ses re-
mords. 369.376.
Constãce du sage. 81.157.158.
160.445
elle nous est enseignée par les
choses naturelles. 377
les choses sont conseruées, par
ce qui les a produites. 182.
198.205.393.
Contemplation est la felicité
des Republiques & des particuliers. 9
Contrarieté necessaire au mõde 231.238. &c.
Contradiction n'est pas en tous
les suiets où nous la croyons.
281
dans le Corps les parties compatissent les vnes aux autres.
475
les Corps des damnez souffrent
auec les ames. 497
Couronne d'or, ce qu'elle signifie aux Princes. 122
Courtisans pourquoy ils de-
chéent souuent de leur bonne fortune. 351
Coustume oste l'admiration &
le plaisir. 5
la Crainte ne ruine pas la liberté. 285.286
Crainte necessaire pour bien
conduire les hommes. 427

Creatures insensibles coment elles loüent Dieu. 20. 21
Corruptiõs en quoy elles sont bonnes, & pourquoy elles se font dans le monde, 236. 238
Curiosité de sçauoir l'aduenir, & particulierement le iour de la mort. 466

### D.

Damnez, en quoy consistẽt leurs peines. 496
Defauts du corps qui signifient ceux de l'ame. 258
Desirs de l'homme qui ne sont iamais satisfaits. 227. 377. 392. 411. 412
Destin, ce que c'est. 312. 313
qu'il n'oste pas la liberté des hommes. 318. &c.
Determination des estres procede d'vne cause libre. 143
Dieu veut estre conneu de l'homme. 19. 20. &c.
la connoissance & l'amour de Dieu, sont des remedes asseurez contre l'opinion. 5
connoissance de Dieu combien elle est necessaire. 7. 23. &c.
connoissance de Dieu par l'instinct, n'est pas suffisant. 27. 28. 30.
les connoissances de Dieu par la raison sont imparfaites. 36
Dieu est ineffable. 46. 47. &c.
l'imitation de Dieu pour s'aduancer à la vertu. 14. 15. 518
l'Infinité de Dieu ne doit pas empescher qu'on ne s'efforce de le connoistre. 57. 58
Dieu est sans composition. 75. &c. Infiny. 83. &c. Immense. 92. Eternel. 129. sa beauté. 109. sa bonté. 114. sa sciẽce. 121. 122. son amour. 128. Il est le Principe, le milieu, & la fin des creatures. 134. sa liberté. 140. sa Toute-puissãce. 148. il est nostre Pere. 155. nostre vie. 155. le Roy des siecles. 156. la Verité. 157. le chemin. 158. vn feu. 159. vne lumiere. 159. la paix. 160. sa sainċteté. 161. sa gloire. 163. il n'est pas oisif. 177. il gouuerne immediatement le monde. 107. 108. 109. 200. 201. Voyez sagesse, Prouidence.
Dignitez publiques ont leur esclat de l'opinion. 2. elles sont deuës aux merites. 147. 184. 263. 413.
Pourquoy les sages les refusent. 179. 344. 346. 347
ceux qui ont exercé de grandes dignitez, s'ils se doiuent raualer aux moindres. 291
Pourquoy les plus gens de biẽ ne sont pas les plus eminens en dignitez. 339
Il est difficile de s'y conseruer dans l'integrité. 346.
Pourquoy les dignitez & les honneurs sont accordez aux meschans. 358
Distinction necessaire à la cognoissance. 54
la Diuersité tâche d'imiter l'infiny. 100. 104. 119. 229. 379
la Diuersité est agreable & necessaire au monde. 240. 241. &c. 404. 405. 414.

### E.

Eclypse du Soleil descrite 473

Edoüard

Edoüard Roy d'Angleterre, cōmanda qu'estant mort l'on portast ses os en l'armée. 330
Enfans nourris sans cognoistre leur pere & mere. 22
Enfans morts-nez, quelle est leur cōditiō en l'autre vie. 472
Enfans pourquoy punis pour les fautes des peres. 485.&c.
l'Enuie ne se rencontre point entre les bien-heureux. 414
Epicure mettoit le souuerain bien en oysiueté. 175
les Especes ne se pourroient conseruer sans la Prouidence de Dieu. 250.251
les grands Esprits se plaisent dans les grandes affaires. 179
les Estats sont gouuernez de Dieu. 265.&c.
miseres publiques d'vn Estat. 474.475.
l'Estre n'appartient pas en propre à la creature. 203
Eternité que c'est. 101
Excuse criminelle qui se fonde sur l'accusation des innocens. 173.174
les Extremitez où l'homme se porte pour excuser ses defauts 451
Exstase qui donne la cognoissance de Dieu. 38. 133.
Elle est vne courte Theologie. 41.42

## F.

la Felicité consiste plus en la cognoissance, qu'en la possession du bien. 124
Feu represente la Diuinité. 159
Feu d'Enfer, comment il peut agir sur les ames. 497

Fleurs excellentes en beauté. 108
Fleuues & fontaines d'où elles procedent. 219
Foiblesse est tousiours fauorisée. 217. 232. 233
Foiblesse pourquoy elle se rencontre en la naissance des choses. 233
Fortune, ce que c'est, 509. &c. diuers euenemens de bonne fortune. 510
pourquoy elle est representée aueugle sur vne boule flottante. 329. 330
la bonne Fortune ne nous dispense pas d'vser de nostre industrie. 55
pourquoy la bonne Fortune est inconstante. 331

## G.

Generations dans le mōde, dependent du concours continué de Dieu. 207. 208
Gloire desirée naturellement de l'homme. 412. 413
la Gloire d'vne victoire est deuë au Prince, quoy qu'il n'ait pas assisté au cōbat. 179
la Gloire & la felicité de Dieu consiste au repos. 104
la Gloire des bien-heureux en quoy elle consiste. 413. 414
les degrez en sōt differēds. 413
la Gloire que les creatures insensibles rendent à Dieu. 163
ceux qui Gouuernent sont plus à estimer que les autres. 184
quelles conditions ils doiuent auoir. 184
Graces particulieres que Dieu donne aux hommes. 389.&c.

## Table des Matieres.

Graces suffisantes. 395. 396
elles se perdent en vn instant
sans qu'il en reste rien. 399.
402. &c.

Graces gratuites. 410

vne Grace bien menagée en
produit vne autre. 39

### H.

le Hazart ne doit pas empescher qu'on ne se serue d'industrie. 52. 53

Hieron le Tyran auoit des espions par tout. 126

l'Homme se plaist à se dire miserable. 4

il est obligé de loüer Dieu. 20

Honneur. Voyez dignité.

l'Honneur adoucit la peine des dignitez publiques. 341

Humilité genereuse. 89

l'Humilité accompagne la vertu. 291. 333. 334

### I.

IGnorance des hommes qui ne merite point d'excuse, 451.

Immensité de Dieu. 96

Imperfection necessaire au monde. 227. 253. 268. &c.

cognoissance de ses imperfections necessaire. 442

Inconstance de l'esprit de l'homme. 105

l'Independance est la cause de la grandeur. 84. de la subtilité. 100. 101

Inegalité des merites necessaire dans les Estats. 232

Infiny, creu par les Philosophes, principe du monde. 86

Infinité de Dieu n'exclud pas les estres particuliers. 88

l'Infiny ne se peut multiplier. 149

Instinct, ce que c'est. 31. 32. Il vient de Dieu. 189. 190

diuers instincts des brutes, la nature intellectuelle est la plus noble, & la plus puissante. 121

le propre interest est le principal motif de nos actions. 168

la Iustice de Dieu est vne partie de la Prouidéce. 362. 366. &c.

Iustice naturelle, ses forces dedans nos cœurs. 363. 364. 372. 373

Iurage de la Iustice distributiue dans la nature, dans les sciences, & dans les arts. 365

Iustice de Dieu punitiue. 416. & suiu.

### L.

LAcedemoniens auoient tousiours dans leurs armées dequoy presenter des sacrifices. 275. comment ils esleuoient leurs enfans.

la Liberté de Dieu. 140. &c. 283. 382. 406. 407

Dieu est Libre, encore qu'il soit immuable. 146

la Liberté de l'homme ne peut estre violentée. 182. &c

elle n'est point empeschée par la presence de Dieu. 279. 280

la Liberté de l'homme est vn état moyé entre celuy des Anges, & des choses materielles. 379

elle rend nostre condition aduantageuse. 384. 385

elle nous est vne occasion de merite. 384. &c.

la Limitation procede d'vne cause superieure. 84.93
Loix naturelles côneuës de toꝰ les hômes. 363.364.372.482
Loix Diuines necessaires pour l'instruction de l'homme. 372
Lumiere pourquoy nous l'aymons. 123
elle est vne Image de la Diuinité. 159

## M.

le **Mal** est fondé sur le biē. 437
Mal d'où l'on tire vn bien. 229. 252. 253. 275. 333. 334. 350. 420. 432.
le mal de coulpe ne vient pas de Dieu. 430
quand Dieu le permet, il n'en est pas cause. 432. &c.
Matiere premiere, ce que c'est. 178
elle est diametralemēt opposée aux perfections de Dieu. 149
elle n'est pas eternelle. 135. 136.
Memoire prodigieuse de Cyrus, & de Themistocles. 223
Meres aymēt tendrement leurs petits. 182
Misericorde est vne vertu Royale. 300
Misericorde de Dieu en la cōuersion des pecheurs. 400
elle est representée par le Soleil. 514
elle est tousiours preste de receuoir les pecheurs. 514
Monarchie est le plus noble gouuernement. 73
le Monde a ses perfections limitées. 143
Il a de l'imperfection. 383

Monstres, d'où ils procedent, & pourquoy Dieu les permet. 251. 252
pourquoy nous les admirons plus que les productions ordinaires. 254. 255
Ils sont souuent les presages de quelques malheurs publics. 257
Montagnes de quoy elles seruent au monde. 107
la Mort nous monstre vn visage hideux. 237
elle est plus heureuse, quād elle surprēd dans le bō heur. 248
l'heur de la mort ne depend pas des astres. 322. 323
la curiosité de la sçauoir. 458
ce nous est vn grand bien de ne pas sçauoir l'heure de nostre mort. 460. 461. 462. &c.
Multitude de Dieux reiettée par les Sages. 70. 71
Il faut garder certains moyens pour obtenir vne fin. 419

## N.

**N**aissances necessaires pour peupler le monde. 241. 242
leurs defauts ne doiuent pas estre imputez au concours general de Dieu. 256
la Nature a des Loix necessaires. 226
Nostre Nature doit estre instruite par vne superieure. 371
Il y a plus de ce qui est selon la nature, que de ce qui luy est contraire. 433
les natures moins heureuses, ont de plus grands subiets de merite. 449

Necessitez des actions naturelles. 139
Necessitez de la Nature, secouruës par des moyens extraordinaires. 298. &c.
le Necessaire est au dessus du contingent. 314.355
Noms Diuins. 61.62.&c.
Noms de Dieu composez de quatre lettres chez tous les peuples. 102
Nouueauté pourquoy desirée. 3.4

O.

l'Obeïssance que nous rendons à Dieu est glorieuse. 374.375
combien elle nous donne de ioyes. 368.369
entre les choses qui sont regies, les plus parfaites sont les plus obeïssātes aux superieurs. 455
Oblations faites par les meschans, ne sont pas agreables à Dieu. 308
Oeuures de Dieu sont parfaites, & c'est vn grand crime de les condamner. 223.224
Opinion, ses abus, & comment elle cōbat la felicité de l'hōme. 1.2.&c.159.160.443
elle augmente la misere de l'homme. 193
Or, où il croist. 445
l'Ordre est vn effet de raisō. 191
Organes des animaux propres aux actions qu'ils doiuent faire. 391
l'Oysiueté ne fait pas le bonheur de Dieu. 174.&c.
la Nature est ennemie de l'oysiueté. 175.176

P.

Paix, est vn nom qui conuient à Dieu. 160
Paroles n'expliquent iamais bien toute la pensée. 47.48
Parties du corps qui compatissent les vnes aux autres. 475
Passions empeschent le iugement. 222
elles changent la nature de l'homme. 306
la raison s'en peut bien seruir. 448. elle les peut vaincre. 449
Pauureté fait paroistre la vertu en son naturel. 343.344
Peché, comment Dieu concourt à son action. 424
les Pecheurs sont des monstres. 424
ils forgent eux-mesmes les foudres dont ils sont punis. 425
ils meritent des peines eternelles. 500.&c.
Penitēce differée iusques à l'extremité de la vie, blasmable & perilleuse. 464.465.471
le nom de Pere, ce qu'il signifie. 155.156
il conuient à Dieu. 155
l'amour excessif des peres enuers leurs enfans. 484
la Perfection est naturellemēt aymée de l'homme. 167
Permettre le mal, n'est pas tousiours en estre cause. 432
Pertes auantageuses. Voyez mal, d'où l'on tire vn bien.
Petites choses, qui sont causes de grands degats. 214
Petites choses ont ordinairemēt plus de beauté. 216.278

## Table des matieres.

elles font dignes de grandes merueilles. 223

elles estoient necessaires au monde pour establir l'ordre. 379.

Peuple est obligé de supporter les fautes de son Prince. 479 &c.

la Pieté nous est vn puissant remede contre les accidens de cette vie. 288

elle est plus efficace que la vertu. 282. 283

nom de Planettes appropriez à Dieu. 60

les sept Planettes sont comme des Princes establis au gouuernement du monde. 195

sçauoir s'ils sont causes de la diuersité des mœurs qu'ont les peuples. 268. 269

science Politique vient de Dieu, 13. 24. 270. 271.

Pouuoir plus que l'on ne fait. 150.

Précaution necessaire dans les choses douteuses. 469

Predictions naturelles. 286

Presages des malheurs publics 253. 257.

Presence de Dieu nous anime à la vertu. 97

Prieres qu'on presente à Dieu par vne inclinatiō naturelle, & que sa presciēce n'en empesche pas l'effet. 298. &c.

Dieu veut que nous le prions. 303.

les Prieres des meschās ne sont pas enterinées. 305. &c.

Pourquoy les bons ne sentent pas tousiours vn effet fauorable de leurs prieres. 310. 311. &c.

Princes esleus de Dieu par des prodiges, 271. 272

Prince doit auoir la bonne fortune auec la vertu. 328. 330. &c.

Princes voudroient estre presens en personne par tous leurs Royaumes.

leur gloire, c'est d'estre bons à leurs peuples. 115. 116

ils doiuent auoir beaucoup de sagesse. 13. 14. 121. 122. 126. 179. 180.

quelles autres conditions ils doiuent auoir. 182

s'ils se doiuent rendre Iuges des causes particulieres, & visiter eux mesmes leurs Prouinces. 203. 204.

les respects qui leur sont deubs. 261. 267.

leur Religion. 13. 14. 280

Principes, que chaque science suppose. 221

Prodiges qui deuancent le chāgement des Estats. 272

Prouidence de Dieu enuers les petites choses. 210. &c. 278. 345.

Prouidence Diuine, combien il importe de la croire. 169. &c.

il faut s'y sousmettre, sans en rechercher la cause. 219. &c.

Toute-puissance de Dieu. 149

l'homme tasche de l'imiter. 152

toutes les Puissances passiues, sont secouruës par d'autres actiues. 149

Puissance plus à estimer, qui fait du bien, que celle qui ne

Yyy iiij

*Table des matieres.*

donne que de la crainte. 517
Puissances organiques ne se peuuent arrester à vn petit objet apres s'estre remplies d'vn excellent, les spirituelles sont tout au côtraire. 217. 218
la Punition d'vn mal est iuste, & nous l'approuuons naturellement. 421, 552
Punitions qui ont du rapport au delict. 409
Punition des pechez, pourquoy elle est quelques fois differée. 485

R.

le discours de la Raison necessaire pour auoir la connoissance de Dieu. 52. 53
la Raison humaine se doit soumettre à la Prouidence Diuine. 367. 368. &c.
elle se doit soumettre aux Loix Diuines & humaines. 454
Rayon Diuin, comment il se répand, & se refleschit dans les ames raisonnables. 395
Recherches des biens du monde sont plus agreables que la iouyssance. 414
Refus qui oblige & qui gratifie. 309. &c.
la Religion vient de Dieu. 279. 280.
le Repos est propre à la felicité, & non pas le changement. 104. 105.
Repos plus à estimer que l'employ. 345
Republique se doit proposer la contemplation pour souuerain bien. 9

elle imite l'Vnité Diuine quand elle est en paix. 80
les Republiques sont conseruées par vne prouidence particuliere de Dieu. 265. 266
elles ne sont pas sujettes aux Astres. 273
elles sont sujettes à prendre fin. 481.
la République est vn corps moral. 475
Retraicte necessaire à ceux qui gouuernent. 177
elle est necessaire à tous les hommes. 353
les Richesses & les honneurs ne sont pas de vrais biens. 340. 342.

S.

SAincteté de Dieu. 168
Sage qui est tranquille, represente l'Vnité essentielle de Dieu. 81. 445
Sages conseillers des Princes. 126.
Sagesse vient de Dieu. 13
Sagesse de Dieu en la conduite du monde. 122
Sagesse necessaire au Prince. Voyez Prince.
Sapience ce que c'est. 12
Sauuages, pourquoy Dieu permet que leurs mœurs ne soient point cultiuez. 268
Science naturelle, ses excellences. 6
elle est fautiue. 10. 11. 281
elle se perfectionne par le moyen des diuersitez qui paroissent au monde. 242. 243

elle n'est pas tousiours accompagnée d'vne integrité de vie. 74.

la Science est meslée d'ignorance durant cette vie. 43. 44. &c. 126. 127. 219.

effets, & pouuoir de la Science. 121.

Science qui naist de l'amour, Voyez amour.

Science de Dieu infinie. 121. &c. 157. 211. 283. 284.

pourquoy l'on dit qu'elle est effectiue. 287

la Science est plus parfaite qui connoist iusques aux moindres petites parties de son object. 211. 212

la vraye Science se possede au Ciel. 413

Secret necessaire au gouuernement. 258. 259. 462

trop grand secret du Prince est mauuais. 126

Silence, par lequel l'on connoist & l'on adore Dieu. 49. &c.

Soleil donne la fertilité à la terre. 193

Solitude est l'élement de l'innocence. 408

Sympathie des plantes. 26. 75

Sympathies procedent du Ciel. 194.

l'homme feroit des prodiges, s'il sçauoit les Sympathies de toutes choses. 196

Sympathies du Soleil auec quelques plantes, & quelques animaux. 389.

T.

TEmperamens desaduantageux, qu'on peut faire seruir à la vertu. 407

Tenebres, creus Principes de l'Vniuers. 49

Terminus, Idole. 86

nombre Ternaire. 129

Terre pourquoy elle a quelques parties inhabitables. 191

Terres plus fertiles qui ont plus de Soleil. 196

Tremblement de terre sans remede. 265

Theologie est la plus sublime, & la plus necessaire de toutes les sciences. 6. 7. 8. &c.

elle est la vraye Sapience. 13

deux sortes de Theologie. 52

Tout est en chaque chose. 79. 80.

Tranquillité & force d'esprit necessaire au gouuernement. 179. 180.

Tullus Hostilius côsommé par le foudre dans son Palais. 459

Tyrans à qui les bons Princes ont succedé. 275

Tyrans abattent les plus eminentes testes de l'Estat. 290

pourquoy Dieu permet les Tyrans, & les vsurpateurs des Royaumes. 334. 335

Tyrans quels rauages ils feroient s'ils n'estoient point retenus par la crainte. 463.

V.

VErité, est vn nom qui conuient à Dieu. 157

Vertu ce que c'est. 15

Vertus pratiquées à l'imitation de Dieu. 14

nous deuons pratiquer les vertus, parce qu'elles sont conformes à nostre nature rai-

## Table des matieres.

fonnable. 293.&c.
la Vertu eſt ſatisfaite de ſes propres biens. 161.162
elle eſt vn remede contre les accidés de cette vie. 288.&c.
il faut touſiours croiſtre en Vertu, Dieu n'empeſche pas ce progrez. 289.&c. 446
noſtre Vertu eſt imparfaite en cette vie. 282.283.370.442
les Vertus ſont les armes d'or, qui combattent le deſtin. 325.335.
elles ſont vn bien propre à l'homme. 343
elles paroiſſent en leur naturel dans la pauureté. 344
la Vertu a beſoin de biens exterieurs. 348
amour naturel de la Vertu. 363. 364
la Vertu n'a pas ſes recompenſes en cette vie. 413
elle eſt combattuë de quantité d'ennemis. 372
elle n'eſt pas de ſi difficile accés qu'on ſe l'imagine. 443. 444.
Victoires dependent de Dieu. 275.

Dieu eſt noſtre Vie. 132
quelle eſt la vraye Vie de l'homme. 156
l'eſtat de cette Vie reſſemble à celuy des enfans qui ſont au ventre de leur mere. 500
Villes maritimes ont beſoin de Legiſlateur tres-ſage. 375. 376.
Vnité en toutes choſes. 68.69
toutes choſes tendent à l'Vnité. 76.77.79.263
l'Vnité du monde. 86
l'Vnité comment en Dieu elle s'accorde auec l'Infinité. 89
Volonté de l'homme n'eſt iamais ſatisfaite en cette vie. 75. Voyez deſirs.
elle doit eſtre ſatisfaite en l'autre vie. 413
eſtant vne puiſſance aueugle, comment elle peut prendre de bonnes reſolutions. 288
Volupté ſe rencontre principalement au premier âge. 235.

### Z.

Zone torride habitable, & tres-fertile. 193.

FIN.

www.ingramcontent.com/pod-product-compliance
Lightning Source LLC
Chambersburg PA
CBHW070829230426
43667CB00011B/1737